European Communication Council Report

DIE INTERNET-ÖKONOMIE

Strategien für die digitale Wirtschaft

Springer

Axel Zerdick, Arnold Picot, Klaus Schrape,

Alexander Artopé, Klaus Goldhammer, Ulrich T. Lange, Eckart Vierkant

Esteban López-Escobar, Roger Silverstone

Springer
Berlin
Heidelberg
New York
Barcelona
Hongkong
London
Mailand
Singapur
Tokio

EUROPEAN COMMUNICATION COUNCIL

DIE INTERNET-ÖKONOMIE

Strategien für die digitale Wirtschaft

European Communication Council Report

DIE INTERNET-ÖKONOMIE

Strategien für die digitale Wirtschaft

Die Autoren:

Zerdick, Axel (geb. 1941), Prof. Dr., Institut für Publizistik- und Kommunikationswissenschaft, Freie Universität Berlin, E-mail: zerdick@ibm.net

Picot, Arnold (geb. 1944), Prof. Dr. Dr. h.c., Institut für Organisation, Seminar für Betriebswirtschaftliche Informations- und Kommunikationsforschung, Ludwig-Maximilians-Universität München, E-mail: picot@bwl.uni-muenchen.de

Schrape, Klaus (geb. 1946), Prof. Dr., Vizedirektor und Leiter des Bereiches Medien und Kommunikation, Prognos AG, Basel, a.o. Professur, Universität Basel, E-mail: klaus.schrape@prognos.com

Artopé, Alexander (geb. 1969), Dipl. Kfm. M.A., Managing Editor, European Communication Council, E-mail: alexanderartope@compuserve.com

Goldhammer, Klaus (geb. 1967), Dr., Managing Editor, European Commmunication Council, E-mail: goldhammer@email.com

Lange, Ulrich (geb. 1953), Dr., freiberuflicher Medien- und Kommunikationswissenschaftler und Inhaber des institut für medienarchitektur und -gestaltung, Berlin E-mail: ulilange@compuserve.com

Vierkant, Eckart (geb. 1972), Dipl.-Kfm., Institut für Publizistik- und Kommunikationswissenschaft, Freie Universität Berlin, E-mail: evierkant@aol.com

López-Escobar, Esteban (geb. 1941), Prof. Dr.; Departamento de Comunicación Pública, Universidad de Navarra, Pamplona, E-mail: elef@unav.es

Silverstone, Roger (geb. 1945), Prof., PhD; Chair of Media and Communications, Department of Sociology, London School of Economics, E-mail: R.Silverstone@lse.ac.uk

E-mail: contact@ecc-report.org

Supported by: MGM MediaGruppe München

ISBN 3-540-64915-8 Springer-Verlag Berlin Heidelberg New York

Die Deutsche Bibliothek – CIP-Einheitsaufnahme

Die Internet-Ökonomie: Strategien für die digitale Wirtschaft/ European Communication Council. Von Axel Zerdick, Arnold Picot, Klaus Schrape, Alexander Artopé, Klaus Goldhammer, Ulrich T. Lange, Eckart Vierkant, Esteban López-Escobar, Roger Silverstone – Berlin; Heidelberg; New York; Barcelona; Hongkong; London; Mailand; Paris; Singapur; Tokio: Springer, 1999 (European Communication Council Report; 1999)

ISBN 3-540-64915-8

Einbandgestaltung und Satz: Schömann, Büro für Gestaltung/Berlin
SPIN: 10680349 68/3020 – 5 4 3 2 1 0 – Gedruckt auf säurefreiem Papier

Gesprächspartner und Workshop-Teilnehmer

Der ECC dankt den folgenden Gesprächspartnern und Workshop-Teilnehmern:

Name	Funktion	Organisation
Alfieri, Thomas	Manager Interactive Research	NBC
Bachem, Christian	Strategic Planning, Marketing Services	Pixelpark
Bonnaure, Patrick	Manager Business Development	WebTV Networks
Bunger, Stan	Producer New Media News	KRON-TV, Channel 4
Carlton, Jim	Technology Reporter	The Wall Street Journal
Catchings, John	Station Operations Director	KPIX Television – CBS
Cavagnaro, Ed	Director News and Programming	KCBS NewsRadio
Cringely, Robert X.	Freier Journalist, Buchautor	
Dennis, Everette E.	Distinguished Visiting Professor	Fordham University
Diamond, Michael	Associate Director, Corporate Strategy and Planning	Time Warner
Dixon, Christopher P.	Managing Director, Entertainment Research	PaineWebber
Eliashberg, Jehoshua	Professor of Marketing	University of Pennsylvania
Fischer, Claude S.	Professor of Sociology, College of Letters and Science	University of California at Berkeley
Henkin, Michael	Director of Operations Planning	Loral Space & Communications
Kellog, Nelson R.	Professor of Interdisciplinary Studies	Sonoma State University
Kim, Jasmin	Marketing Manager	Yahoo!
Kounalakis, Markos	Executive Communications Strategist	Silicon Graphics
Kürble, Peter	Dozent	Fontys Hogescholen, Venlo
McGowan, David	Attorney at Law	Howard, Rice, Nemerovski, Canady, Falk & Rabkin
Meluso, Peter	Chief Service Officer	I-Traffic
Neuert, Ulrich	Executive Vice President	Bertelsmann New Media
Noam, Eli M.	Professor of Finance and Economics, Director of the Columbia Institute for Tele-Information	Columbia University
Poliza, Andreas	Chairman and CEO	GoLive Systems
Reiss, Spencer	Senior Editor	Wired Magazine
Riquier, David	Associate Director	MIT Media Lab
Schambach, Stefan	President and CEO	Intershop Communications
Schöneberger, Markus	Bereichsleiter Film-, Fernseh-, Medienwirtschaft	RTL Television
Shirk, George	News Director	The Gate – Online Service
Stipp, Horst	Director, Social and Development Research	Research Department, NBC
Swank, Gabriel	Corporate Strategist	Intershop Communications
Tannenbaum, Percy	Professor	University of California at Berkley
Varian, Hal R.	Class of 1944 Professor, Dean of the School of Information Managament and Systems	University of California at Berkeley
Weiber, Rolf	Professor des Lehrstuhls für Marketing	Universität Trier
Weinberg, Ulrich	Geschäftsführer, Professor für Computeranimation und -grafik,	Terratools, HFF Potsdam/Babelsberg
Woroch, Glenn A.	Professor of Economics, Director Executive Consortium for Research on Telecommunications Policy, Haas School of Business	University of California at Berkeley
Worthman, Susan	Managing Director	MDG.ORG, Multimedia Development Group

Danksagungen: Institute for International Research

Der European Communication Council

Der European Communication Council (ECC) ist eine Gruppe unabhängiger Wissenschaftler aus Europa und den USA. Kommunikations-Experten aus unterschiedlichen Fachrichtungen werden für jeden neuen Bericht eingeladen, um entweder als Fellows des Council oder als Autoren an der Erstellung der Reports mitzuwirken. Ziel des ECC ist die Formulierung von Beiträgen aus der Wissenschaft für Praktiker und Visionäre der Kommunikationsindustrie sowie für Gestalter der Medienpolitik.

Die ECC-Reports analysieren Schlüsselentwicklungen in den Bereichen Medien, Telekommunikation und Informationstechnologie, die für die weitere Entwicklung der Kommunikationsindustrie von herausragender Bedeutung sind.

Der European Communication Council ist als unabhängiges Drittmittel-Forschungsprojekt an der Freien Universität Berlin organisiert und wird vollständig durch privatwirtschaftliche Mittel der MGM MediaGruppe München finanziert.

An den ECC-Reports haben bisher mitgewirkt:

Name	Funktion	Organisation
Artopé, Alexander	Managing Editor 1998/99	Freie Universität Berlin
Carlton, Jim	Autor 1998/99	The Wall Street Journal, San Francisco
Claisse, Gérard	Autor 1997	Laboratoire d´Economie des Transports, Lyon
Cringely, Robert X.	Autor 1998/99	Journalist und Autor, San Mateo
Gaster, Jens	Autor 1997	Europäische Kommission, Brüssel
Goldhammer, Klaus	Co-ordinating Author 1997, Managing Editor 1998/99	Freie Universität Berlin
Kelly, Kevin	Autor 1998/99	Wired Magazine, San Francisco
Kleinsteuber, Hans J.	Autor 1997	Universität Hamburg
Lange, Ulrich T.	Co-ordinating Author 1997, Autor 1998/99	Freie Universität Berlin
López-Escobar, Esteban	Fellow 1998/99	Universidad de Navarra, Pamplona
Martinoli, Mario	Autor 1998/99	Databank Consulting, Milano
Negroponte, Nicholas	Autor 1998/99	MIT Media Lab, Boston
Noam, Eli M.	Autor 1997	Columbia University, New York
Paterson, Richard	Autor 1997	British Film Institute, London
Picot, Arnold	Fellow 1998/99	Ludwig-Maximilians-Universität, München
Pilati, Antonio	Autor 1997	Instituto di Economia dei Media, Milano
Richeri, Giuseppe	Autor 1997	Universität Bologna / Universität Lugano
Rosenbach, Marcel	Autor 1997	Universität Hamburg
Schlesinger, Philip	Fellow 1997	University of Stirling, Großbritannien
Schrape, Klaus	Autor 1997, Fellow 1998/99	Universität Basel / Prognos AG
Seufert, Wolfgang	Autor 1997	Deutsches Institut für Wirtschaftsforschung
Shapiro, Carl	Autor 1998/99	University of California at Berkeley
Silj, Alessandro	Fellow 1997	ROMA – Research on Media Associates/ Consiglio Italiano per le Scienze Sociali, Rom
Silverstone, Roger	Autor 1997, Fellow 1998/99	London School of Economics
Tannenbaum, Percy	Fellow 1997	University of California at Berkeley
Varian, Hal	Autor 1998/99	University of California at Berkeley
Vierkant, Eckart	Autor 1998/99	Freie Universität Berlin
Wattenberg, Ulrich	Autor 1997	GMD Forschungszentrum Informationstechnik, Berlin

Die Autoren

hinten v.l.n.r.: Axel Zerdick, Ulrich Lange, Esteban López-Escobar, Alexander Artopé
vorne v.l.n.r.: Klaus Goldhammer, Roger Silverstone, Klaus Schrape, Arnold Picot

ECC
EUROPEAN COMMUNICATION COUNCIL

ECC
EUROPEAN COMMUNICATION COUNCIL

Inhalt

Vorwort

Der European Communication Council

Auf Initiative von Michael Wölfle und Hans Lauber von der MGM Media-Gruppe München entstand 1996 die Idee des „European Communication Council" als einer kleinen Gruppe vorwiegend europäischer Kommunikationswissenschaftler mit einer ungewöhnlich reizvollen Aufgabe: Beiträge aus der europäischen (und internationalen) Kommunikationswissenschaft zur Analyse der Entwicklung der Medien- und Kommunikationsindustrien in die Diskussion der Entscheider einzubringen, und Themen von besonderer Relevanz für die zukünftige Entwicklung zu benennen. In den verschiedenen wissenschaftlichen Fächern, die sich mit der Entwicklung der Kommunikationsindustrien beschäftigen, und in den zahlreichen Ansätzen in verschiedenen Forschungseinrichtungen vieler Länder haben sich zum Teil hoch spezialisierte und zum Teil außerordentlich interessante Diskussionsstränge entwickelt. Die in diesen Diskussionen entstandenen Beiträge sind bereits für Wissenschaftler schwer zu überschauen – und ganz unmöglich wird das für Entscheider und Visionäre in den Unternehmen und in der Politik, deren operative Kernaufgaben ihnen keine Zeit lassen für das Sichten und Verarbeiten einer solchen Vielfalt und Vielzahl wissenschaftlicher Texte. Daraus entsteht die Aufgabe des European Communication Council: das weite Feld der aktuellen wissenschaftlichen Diskussion zu sondieren und daraus diejenigen Trends und Themen herauszuarbeiten, die für die zukünftige Entwicklung der Medien- und Kommunikationsindustrien besonders wichtig sind, und die als Anregung für die Diskussion der Visionäre und Entscheider geeignet sind.

Aufgabe des ECC

Den European Communication Council „europäisch" zu nennen ist in verschiedener Hinsicht eine Herausforderung. Dabei ist die pragmatische Ebene leicht zu bestimmen: In unserem Kontext bedeutet „europäisch", daß zumindest die wesentlichen Kommunikationsmärkte in Europa behandelt werden sollen, aber auch andere europäische Länder (innerhalb und außerhalb der EU), in denen sich interessante und wichtige Entwicklungen abzeichnen. Der Begriff soll auch eine europäische Perspektive benennen, sowohl im Unterschied zu engeren nationalen Blickwinkeln, als auch mit dem Anspruch, Entwicklungen in anderen Ländern (hauptsächlich in den USA und Japan) von Europa aus zu betrachten.

Die europäische Dimension

Die Beziehung des European Communication Council zu europäischen Institutionen ist in dreierlei Hinsicht komplementär: Erstens zur wichtigen und erfolgreichen Arbeit europäischer Institutionen wie der Europäischen Kommission, der Europäischen Audiovisuellen Informationsstelle oder dem Europäischen Observatorium für Informations-Technologie (EITO) oder dem Europäischen Medien-Institut (EIM). Wir haben auf ihrer Arbeit aufgebaut, und

„Kein Bereich der Wirtschaft kann sich dem Sog der Vernetzung entziehen."

auch unsere Tätigkeit wird mehr Aufmerksamkeit auf diese Einrichtungen lenken. Zweitens ist die Arbeit des ECC komplementär zur Europäischen Union, da der ECC vollständig aus privatwirt-schaftlichen Mitteln finanziert ist – nicht ein einziger EU-ECU wurde hierfür ausgegeben. Sichtbare Unabhängigkeit von wirtschaftlichen und von politischen Interessen ist deshalb Leitbild der Arbeit des ECC. Und drittens sind die Berichte des ECC komplementär zu offiziellen EU-Berichten, da der ECC nicht das politische Europa abbilden muß – weder das vollständige EU-Europa, noch die Gesamtheit der Interessen und Perspektiven der Mitgliedsländer. Diese beiden Aspekte sind für offizielle europäische Berichte notwendig und richtig. Der European Communication Council diskutiert seine Themen unabhängig von diesen Überlegungen und hat so die Chance zur Formulierung anregender Gedanken – international, interdisziplinär und im intellektuellen Austausch zwischen Wissenschaft und Praxis.

Komplementarität von EU und ECC

Der erste ECC-Bericht „Exploring the Limits – Europe's Changing Communication Environment" enthielt mehrere Aspekte, Analysen und Vorschläge auch zum Internet. Aber die Zukunft des Internets war keineswegs klar vorgezeichnet. „Internet-Jahre", so lautet die Faustregel in der Kommunikationsindustrie, „sind wie Hundejahre: Siebenmal so schnell." Heute, Anfang 1999 und damit – um in der Analogie zu bleiben – über 21 (Menschen)jahre Internet-Entwicklung weiter, kann sich kein Bereich der Wirtschaft dem Sog der Vernetzung entziehen. Überall wird die Bedeutung des Internets erkennbar, nicht nur in den Prognosen verschiedener US-Forschungsinstitute zum E-Commerce, sondern in konkreten neuen Angeboten und in konkreten neuen Arbeitsverfahren in vielen Unternehmen aus ganz unterschiedlichen Branchen.

Gesetze der klassischen Ökonomie scheinen nicht mehr zu gelten

Doch alle diese Unternehmen, so scheint es, ringen auch mit dem Neuen – mehr und intensiver als bei anderen Entwicklungen. Die Potentiale des Internets sind offenbar besonders schwierig zu erschließen, und es scheint mit höheren Risiken verbunden zu sein. Häufig sind es unbekannte Newcomer im Internet, die in atemberaubender Geschwindigkeit neue Märkte eröffnen oder zu gefürchteten Konkurrenten etablierter Branchenriesen werden. Die gewohnten Gesetze der klassischen Ökonomie scheinen nicht mehr oder nur noch eingeschränkt zu gelten; es hat den Anschein, daß die Spielregeln, Strategien und Perspektiven im Internet-Geschäft ganz andere sind, als wir sie bislang kennen. Weil diese neuen Spielregeln für nahezu alle Bereiche der Wirtschaft, vor allem aber für die Medien-, Informations- und Telekommunikations-Industrien wettbewerbsentscheidend werden, hat der European Communication Council seinen hier vorgelegten zweiten Bericht ganz auf die Frage ausgerichtet, welche ökonomischen Gesetzmäßigkeiten die Entwicklung des Internets begleiten und bestimmen.

Speaker and Fellows

Dieser Bericht entstand in Zusammenarbeit zahlreicher Wissenschaftler, die auf unterschiedliche Weise in den Arbeitsprozeß eingebunden waren. Zunächst wurden vom Sprecher des ECC (Axel Zerdick, Freie Universität Berlin) vier weitere unabhängige Wissenschaftler eingeladen, als *Fellow* des European Communication

Councils mitzuwirken und den Kern der Diskussion zu bestimmen. Durch die Mitarbeit von Arnold Picot (Ludwig-Maximilians-Universität München), Klaus Schrape (Prognos AG und Universität Basel), Esteban López-Escobar (Universidad de Navarra) und Roger Silverstone (London School of Economics) konnten ungewöhnlich interessante Wissenschaftler für den Report gewonnen werden, die mit ihren Beiträgen zur Ökonomie der Medien international Beachtung gefunden haben.

Managing Editors

Eine zweite Gruppe hat auf der Grundlage der gemeinsamen Diskussionen die verschiedenen Texte des Berichts entworfen und dabei viele eigene Gedanken eingebracht: Alexander Artopé, Klaus Goldhammer sowie Ulrich T. Lange und Eckart Vierkant als *Managing Editors* und Autoren haben den Prozeß der Entwicklung und Realisierung des ECC-Reports auch über diese Autorentätigkeit hinaus an jeder Stelle und in jeder Weise maßgeblich unterstützt.

Autoren

Als dritte Gruppe haben mehrere weitere Spezialisten an diesem Report dadurch mitgewirkt, daß ihre Anregungen auf verschiedene Weise in unsere Arbeit eingeflossen sind. In einigen Fällen hat die Zusammenarbeit in der Form persönlicher Gespräche und gemeinsamer Diskussionen eine erhebliche und außerordentlich wertvolle Vertiefung unseres Verständnisses erbracht. Ausgewählte Texte von Robert X. Cringely (Journalist und Autor des Buches „Accidental Empires"), Bill Gates (mit einem Memorandum, das Jim Carlton vom Wall Street Journal publizierte), Kevin Kelly (Executive Editor, Wired Magazine), Mario Martinoli (Senior Consultant, Databank Consulting), Nicholas Negroponte (Gründer des MIT Media Labs, Cambridge), sowie Carl Shapiro und Hal Varian (University of California at Berkeley) sollen zu einigen Aspekten des Themas besondere Akzente setzen.

Das Ergebnis des Berichts wird durch die intensive Diskussion geprägt, die durch eine für wissenschaftliche Projekte relativ aufwendige Arbeitsweise ermöglicht wurde. Neben einer Reihe von Arbeitstreffen zwischen Fellows und Managing Editors, in deren Verlauf der Bericht in seinen Leitlinien und in seiner stufenweisen Konkretisierung entwickelt wurde, veranstaltete das ECC 1998 zwei größere Workshops in Berlin und einen in Berkeley. Allen Teilnehmern (sie sind auf Seite 6 aufgeführt) sowie allen anderen Gesprächspartnern sei an dieser Stelle noch einmal für ihre Anregungen herzlich gedankt. Unser besonderer Dank gilt Uta Hartleb und Armin Doll (Schömann, Büro für Gestaltung) sowie Thomas Lehnert (Springer-Verlag), die für die perfekte professionelle Erscheinung des Reports verantwortlich zeichnen.

Im Unterschied zum ersten Report wird diesmal neben einer englischen auch eine deutsche Fassung vorgelegt, um der großen Nachfrage aus dieser Region besser gerecht zu werden. Das Kapitel 6 „Facts & Figures" wurde dieses Mal von der Prognos AG erstellt; hier wird der anspruchsvolle Versuch unternommen, eine in sich konsistente Datenbasis zu liefern, die auf 50 Seiten die wichtigsten europäischen Kennzahlen zusammenstellt. Auch hier konzentrieren sich die vorgelegten Daten auf die großen europäischen Flächenländer, die EU als Ganzes sowie die USA und Japan.

EUROPEAN COMMUNICATION COUNCIL

Kapitel 1

Die Internet-Ökonomie als strategische Herausforderung

1.1 Zehn Thesen zur Internet-Ökonomie

1. Die Digitalisierung der Wertschöpfung als strategische Herausforderung

Die Realität verändert sich: Die Internet-Ökonomie erfaßt immer mehr Bereiche der Volkswirtschaft. Sie basiert auf einer neuen elektronischen Infrastruktur, die den Wechsel von physischen Atomen zu digitalen Bits beschleunigt und altbekannte Strategien zunehmend unwirksam werden läßt. Die Konsequenzen sind radikal, machen sich aber nur schleichend bemerkbar.

Bits kann man verkaufen und gleichzeitig behalten: Original und Kopie sind nicht voneinander zu unterscheiden. Zudem tendieren die Grenzkosten für die Produktion weiterer Kopien gegen null. Man benötigt keine Lagerhallen: Bits haben kein Gewicht und bewegen sich mit Lichtgeschwindigkeit. Bits halten sich nicht an Grenzen, ihre Bewegungen lassen sich in einer vernetzten Wirtschaft praktisch nicht kontrollieren oder behindern: Der Marktplatz von Bits ist global. (Negroponte)

2. Kritische Masse als Schlüsselfaktor der vernetzten Wirtschaft

Die neue Netzwerk-Ökonomie bedeutet die zunehmende Vernetzung von Akteuren, Infrastrukturen und Objekten inner- und außerhalb der Medien- und Kommunikations-Sektoren. Daraus folgen besondere ökonomische Spielregeln (kritische Massen, Setzen von Standards), deren Kenntnis insbesondere für Medien- und Kommunikations-Unternehmen notwendige Voraussetzung zum Erfolg ist: Ansonsten gerät die Navigation in einer Netzwerk-Ökonomie zum Blindflug!

Positive Feedbacks durch Netzeffekte stellen das vorherrschende Marktmodell auf den Kopf: nicht Knappheit, sondern Überfluß bestimmt den Wert eines Gutes. Nur das Erreichen einer kritischen Masse innerhalb kürzester Zeit ermöglicht die Standardsetzung: Der so erreichte Kunden Lock-In ist die notwendige Voraussetzung für die Marktführerschaft.

3. Kannibalisiere Dich selbst, bevor es jemand anderes tut!

Die zunehmende Vernetzung der Medien- und Kommunikations-Sektoren führt zur Erosion traditioneller Wertschöpfungsketten. Das Motto „Kannibalisiere Dich selbst, bevor es ein anderer tut“ fordert nicht nur von Kommunikations- und Medien-Unternehmen frühzeitige Aktion. Denn auf digitalen Märkten wird mit Informationsprodukten und informationsintensiven Leistungen gehandelt, die extrem hohen Netz- und Skaleneffekten unterliegen: Verspäteter Markteintritt wird bestraft.

Der Grund für die Verlagerung auf multimediale Wertschöpfungsprozesse ist neben geringen Transaktionskosten eine größere Leistungsvielfalt und ein attraktiveres Angebot (media richness). Traditionelle Wertschöpfungsketten werden kontinuierlich ausgehöhlt: Bestehen wird nur derjenige, der frühzeitig Zugang zu den wachsenden Zahlungsströmen der Multimedia-Wertschöpfungsketten des Internet gewinnt. Voraussetzung für den Erfolg bleibt dabei der Mehrwert in den Augen der Kunden.

4. Verschenken von Produkten als Erfolgsrezept

Die Preisstrategie „Follow the Free“ ist eine besonders typische Regel der Netzwerk-Ökonomie. In einem ersten Schritt wird durch Verschenken ei-nes Produktes aufgrund von Netzeffekten innerhalb kürzester Zeit eine kritische Masse an Nutzern aufgebaut. In einem zweiten Schritt werden Erlöse durch den Verkauf von Komplementärleistungen wie Upgrades oder leistungsfähigeren Programmen generiert.

Hierbei wird zudem deutlich, daß Wettbewerb in einer Netzwerk-Ökonomie in erster Linie Geschwindigkeitswettbewerb ist. Paradebeispiel für diese Preisstrategie ist Netscape, die mit dem Verschenken des Internet Browsers Netscape Navigator 1995 innerhalb von sechs Monaten einen weltweiten Marktanteil von rund 80 Prozent erreichten. Voraussetzung zur Realisierung der Preisstrategie Follow the Free ist neben der Möglichkeit, einen Standard zu setzen, die vorteilhafte Kostenstruktur digitaler Angebote: Die Grenzkosten der Produktion und des Vertriebs tendieren gegen Null.

5. Wettbewerb und Kooperation durch Wertschöpfungsnetze

Die Wettbewerbsstrategie der Business Webs fordert einen strategischen Perspektiv-wechsel für Medien- und Kommunikations-Unternehmen. Der strategische Fokus wird zugleich enger und breiter als bisher: Enger, da man sich im Wettbewerb auf seine Kernkompetenzen beschränkt, und breiter, da man die Bildung von Allianzen mit als strategisches Element begreift.

Die Strategie der Business Webs stammt aus der systemischen Welt der Informationstechnologie. Bekanntestes Beispiel ist das Wintel-Gespann: Microsoft und Intel dominieren seit Anfang der 90er Jahre ein Wertschöpfungsnetz und dadurch die Profitmargen der Computer-Industrie. Grundlage des Erfolges sind die positiven Feedbacks einer komplementären Systemarchitektur, die sich mit zunehmender Vernetzung als Standard ausdehnen könnte: Von der Computer-Industrie lernen, heißt siegen lernen.

6. Gleichzeitigkeit von Kostensenkungs- und Differenzierungsstrategie

Extreme Spezialisierung, also Konzentration auf Kernkompetenzen, und weltweite Vernetzung verstärken sich gegenseitig und bilden die Grundlage für kostengünstige und zugleich kundenindividuelle Konfigurationen von Leistungspaketen. Dies gilt nicht nur für Informations-, Medien- und Kommunikationsprodukte, sondern für alle Formen von Leistungen.

Globale Vernetzung eröffnet neue Spezialisierungschancen, da bekanntlich die Größe des Marktes das Ausmaß der Spezialisierung bestimmt. Zugleich erlaubt die fallweise Vernetzung spezialisierter Anbieter dem kundenorientierten Intermediär die flexible Konfiguration hoch differenzierter oder individueller Marktleistungen. Auf diese Weise können die bislang als konträr angesehenen Grundstrategien der Kostenführerschaft (Spezialisierung) und der kundenorientierten Differenzierung (flexible Konfiguration) eine Verbindung eingehen.

7. Produktdifferenzierung durch Versioning

Versioning bezeichnet eine neue Form der Vermarktung von digitalen Inhalten, die das Prinzip der Produktdifferenzierung auf Medien- und Informationsprodukte überträgt. Die digitale Form ermöglicht es, die Inhalte in einzelnen Eigenschaften (z.B. Leistungsumfang, Aktualität, Präsentationsform) zu variieren, als Produktlinie zu konzipieren und zu vermarkten. Der Aufwand hierfür ist einfach und kostengünstig wie nie zuvor: Produktgestaltung at your fingertips.

Ein Beispiel ist das PAWWS Financial Network, das Börseninformationen für 50 US Dollar im Monat in Echtzeit anbietet. Falls Kunden 20 Minuten Verzögerung der Informationen in Kauf nehmen, kostet der Dienst nur noch 20,95 US Dollar. Grundlegende Voraussetzung ist die Identifikation der Produkteigenschaft, die von Konsumenten hinsichtlich der Nutzenstiftung als unterschiedlich eingeschätzt wird, hier Aktualität. Anschließend wird entlang der Abstufungen eine Produktlinie gestaltet.

8. Individualisierung der Massenmärkte

Neue marktsegmentierende und individualisierende Kommunikationsstrategien sind möglich, da das Internet den Informationsaustausch zwischen Anbietern und Nachfragern beschleunigt, intensiviert und internationalisiert. Ins-besondere der Einsatz intelligenter Agenten und kollaborativer Filter sowie kundenbezogene Interaktionsangebote sind wichtige Konzepte zur Gewinnung von Wettbewerbsvorteilen.

Wirkungsvolles Eins-zu-Eins-Marketing wird in der Internet-Ökonomie selbst für Anbieter von Massenmedien als individualisierte Massenkommunikation realisierbar. Voraussetzung hierfür ist die Kombination dreier Instrumente: Interaktionsmöglichkeiten der Kunden, kostengünstige und leistungsfähige Datenbanken sowie baukastenbasierte Individualisierbarkeit von Leistungen (Mass Customization).

9. Überkommene Regulierungsmodelle werden obsolet

Die heutigen Zuständigkeiten für Regulierung werden den laufenden Konvergenz- und Vernetzungsprozessen auf den Medien- und Kommunikationsmärkten immer weniger gerecht. Die überkommene Regulierung wird dadurch bestenfalls wirkungslos, schlimmstenfalls kontraproduktiv.

Die Entscheidungskompetenzen sind zu stark verteilt und zu wenig koordiniert. Die Umsetzungsverfahren sind zu kompliziert und dauern zu lange. Damit kann in vielen Fällen nicht mehr das bewirkt werden, was bewirkt werden soll. Insbesondere in Deutschland sind die Zuständigkeiten für die Regulierung des digitalen Rundfunks sektoral und vertikal aufgesplittert: EU, Bund, 16 Länder-Staatskanzleien; Regulierungsbehörde für Telekommunikation und Post, 15 Landesmedienanstalten, Kommission zur Ermittlung der Konzentration im Medienbereich (KEK), Aufsichtsgremien des öffentlich-rechtlichen Rundfunks, Kommission zur Ermittlung des Finanzbedarfs des öffentlich-rechtlichen Rundfunks (KEF). Diese Aufsplitterung hat zu strategischen Fehlorientierungen der Marktakteure geführt und die Entwicklung des Marktes eher behindert. Eine der Aufgaben künftiger Regulierungspolitik wird es sein, für eine Vereinfachung, verbesserte Transparenz und Vernetzung der Zuständigkeiten zu sorgen.

10. Hauptaufgaben zukünftiger Regulierung

Durch die Globalisierung und die Konvergenz der Medien- und Kommunikationsmärkte werden die Anforderungen an die Regulierungsebene(n) künftig eher zu- als abnehmen. Um eine permanente Überforderung zu vermeiden, muß die Regulierung zugleich abstrakter, konkreter und experimenteller werden.

Die technischen Möglichkeiten und Marktverhältnisse ändern sich in der digitalen Welt schneller als die Regulierung zu folgen – geschweige denn zu führen – vermag. Es entsteht der Eindruck eines permanenten Politikversagens. Als Ausweg aus dieser Situation bietet sich ein Rückzug aus der Regulierungstiefe an (Deregulierung), bei gleichzeitigem Ausbau einer „starken" und wirksamen Regulierung für den Fall einer Verletzung wichtiger Eckpunkte, z.B. bei einer Überschreitung vorher angekündigter konkreter Eingriffsschwellen. Eine solche starke Regulierung ist erforderlich für das europäische und nationale Wettbewerbsrecht, Urheberrechte, Jugendschutz, Datenschutz und Verbraucherschutz.

1.2 Perspektiven

Die Arbeit an diesem Bericht ist abgeschlossen, und wir sind sicher, daß wir Anregungen für die Diskussion haben geben können. Wie sehen nun die Perspektiven der Internet-Ökonomie aus, und welche Rolle spielt Europas Wirtschaft hierbei?

Nach einer „Hype-Phase" für das Internet scheint inzwischen eine „Abschwungphase der Erwartungen" eingekehrt zu sein: Die Goldgräberstimmung weicht langsam der selbstverständlichen Einsicht, daß sich nicht alle Investitionen im Internet kurzfristig auszahlen werden.Vorläufig jedenfalls hat sich die nüchterne Erkenntnis durchgesetzt, daß die mit dem Internet zusammenhängenden Märkte wie jeder andere Markt sorgfältig und mit adäquaten Strategien entwickelt werden müssen. Dennoch greifen die Gesetzmäßigkeiten der Internet-Ökonomie immer schneller auf andere – im Prinzip alle – Bereiche der Volkswirtschaft über: nicht ob sie sich durchsetzen werden, ist die zentrale Frage, sondern wie schnell.

Internet-Ökonomie greift auf alle Bereiche der Wirtschaft über

Eine mögliche Ausnahme von dieser Ernüchterung sind sogenannte „Concept IPOs", das heißt auf erfolgversprechenden Konzepten und Gewinnerwartungen basierende Börsengänge von Internet-Unternehmen: sie versprechen vor allem Gründern und Kapitalgebern einen kurzfristig hohen „Return on Investment", sind allerdings vom Risiko des Scheiterns auch nicht ganz frei. Es bleibt offen, inwieweit sich die jetzt schon zu beobachtende Vorsicht bei den Investoren als Trend durchsetzt, oder in welchem Maße es ideenreichen Gründern auch weiterhin gelingen wird, geniale (oder genial erscheinende) Konzepte in Börsengewinne auch dann schon umzusetzen, wenn Umsätze gering und reale Gewinne negativ sind.

Die Gewinner des Goldrausches sind nicht die Schürfer

Die Analogie zur „Goldgräberstimmung" ist vielleicht nicht völlig falsch: am amerikanischen Goldrausch im vergangenen Jahrhundert haben nicht nur einige glückliche Schürfer verdient, sondern auch viele Händler, die die notwendigen

Geräte und Ausrüstungen verkaufen konnten. Am interessantesten waren jedoch die Gewinne derjenigen, die die Aktien ihrer Goldbergwerke nach phantastischen (und manchmal durchaus zutreffenden) Berichten an hoffnungsvolle Investoren verkaufen konnten.

Vorbedingungen zur Durchsetzung der Internet-Ökonomie

Die Durchsetzung der Internet-Ökonomie in Europa wird auch weiterhin zum Schaden der europäischen Wirtschaft hinter derjenigen in den USA hinterherhinken, wenn es nicht endlich gelingt, einige wesentliche Voraussetzungen zu ändern: In der Konkurrenz zu den USA sind es vor allem die Entwicklungen in der Infrastruktur, die Preise für den Zugang zu Kommunikationsdiensten und die politische Einsicht in den umfassenden Charakter der Entwicklung, die zur raschen Verankerung von Internet-Kompetenzen in allen gesellschaftlichen Bereichen zwingt.

Der Zugang zum Internet muß erleichtert werden

Zu langsam, und vor allem zu wenig konkret setzt sich die Erkenntnis durch, daß der ubiquitäre Online-Zugang für alle förderungswürdig ist. Hieran sind zentrale Forderungen geknüpft: Internetzugänge müssen überall verfügbar, leicht zugänglich und mit geringen Kosten verbunden sein. Dabei stehen alle Institutionen in der Pflicht, die diese Forderungen unterstützen oder umsetzen könnten. Dies reicht von zukunfts- und kundenorientiertem Verhalten der Infrastruktur-Unternehmen bis zu umfassenden Maßnahmen des Staates. Bisherige staatliche Projekte wie „Schulen ans Netz" sind dabei nur erste (zaghafte) Versuche. Sie stellen Ansätze in die richtige Richtung dar, sind aber nicht weitreichend genug, um zu wirken. In Deutschland sind nicht einmal die laufenden Kosten der Schulen für den Netzzugang gesichert, von den Aufwendungen für Hard- und Software-Updates ganz zu schweigen. In dieser Form zeugen Programme zwar von einem wachsenden Problembewußtsein der Verantwortlichen ... aber zugleich von einem Mangel an realistischen Konzepten und Lösungen, um auf die erkannte Situation zu reagieren.

Auch die „Herrscher der Netze" stehen in der Pflicht. Zentrales Wettbewerbsfeld der Online-Welt ist gegenwärtig die Infrastruktur. Dabei wird die Verfügbarkeit von Bandbreiten zum entscheidenden Kriterium in den globalen Konkurrenzverhältnissen, und zwar unabhängig davon, auf welchen technischen Wegen diese Bandbreiten realisiert werden: Der rasche Ausbau der Bandbreiten im Telefonnetz ist keine Alternative zur Nutzung von Kabelmodems, sondern langfristig komplementär zu sehen. Für beides müssen die Voraussetzungen nicht nur in der Form von Pilotprojekten, sondern mit konkreten und funktionsfähigen sowie bezahlbaren Angeboten verbessert werden. Auch die Zugangsmöglichkeiten in den mobilen Netzen brauchen rasche Erweiterungen an Bandbreite.

Prohibitive Telefongebühren

Für die Erschließung des wichtigen Potentials kleinerer Unternehmen und der privaten Online-Kundschaft ist vor allem die Entwicklung der Zugangspreise entscheidend. Dabei stehen nicht so sehr die einmaligen Kosten für die technische

Ausstattung, sondern vielmehr die kontinuierliche Belastung der Kundenbudgets für den Zugang zum Internet im Vordergrund. Die Kosten der Onlinenutzung sind für den privaten Nutzer in den USA inzwischen unerheblich, da sie über Grundgebühren oder Werbung abgedeckt werden. In zahlreichen europäischen Ländern, und nicht zuletzt in Deutschland, stellen die Telefongebühren gegenwärtig für einen großen Teil der Bevölkerung eine prohibitive Belastung dar. Eine andere Preispolitik im Bereich der Telefongebühren für Onlinesitzungen hat im Endeffekt Vorteile für beide Seiten: für die Kunden durch niedrigere Kosten ihrer Internetnutzung, für die Anbieter durch die erwartbare Vervielfachung der Online-Zeiten und die höhere Auslastung ihrer digitalisierten Netze.

Die Zukunft des Internet

In Zukunft wird die Inanspruchnahme globaler Infrastrukturen zur Selbstverständlichkeit, für die kein Nutzer mehr bezahlen muß, und für die kein Anbieter mehr Geld verlangen kann. In den Vordergrund der Multimedia-Strategien rücken dann attraktive Inhalte, die gekoppelt an den Onlinezugang die Geldströme erzeugen und rechtfertigen. Bislang richtet sich das Augenmerk zu stark auf technische Entwicklungen, die – für Technikbegeisterte zweifelsohne spannend – für die meisten Konsumenten belanglos sind: nur wenige Menschen interessiert es beispielsweise, mit welcher Technologie ihr Fernsehgerät ausgestattet ist; zusätzliche Nutzungsmöglichkeiten dagegen sind leicht vermittelbar.

Die Technologie ist für Konsumenten belanglos

Für die Produzenten von Inhalten besteht deshalb die Aufgabe, die bisherige Kernkompetenz der Inhaltserstellung konzeptionell und technisch in einem neuen Medium zu realisieren. Die Bereitschaft der Kunden zur optionalen Nutzung des interaktiven Potentials der Internetangebote sollte dabei nicht unterschätzt werden: Interaktivität und Passivität sind keine zwangsläufigen Gegensätze, sondern nur unterschiedliche Ausprägungen eines umfassenderen Verhaltensmusters, das jeder Konsument situativ einsetzt, wie die Wahl zwischen Information und Unterhaltung.

Die Dialektik von Passivität und Interaktivität

Das hat zur Folge, daß in der Zukunft nicht nur viele (feste und mobile) Übertragungswege genutzt werden können, sondern je nach Nutzungszweck und Nutzungssituation eine Vielzahl von unterschiedlichen Endgeräten (mit ganz unterschiedlichen Bildschirmgrößen) zur Verfügung stehen. In allen solchen Endgeräten sind multifunktionale technische Möglichkeiten und vor allem ihre situationsabhängige Nutzung prinzipiell vorstellbar. So zeigt beispielsweise die Nutzung von Videotext in Deutschland, daß Interaktivität auch im Fernsehen schon heute akzeptiert wird. Ansätze wie Web-TV sind dann als „enhanced TV", das heißt als Fernsehen mit verbesserten Möglichkeiten der interaktiven Anreicherung und Begleitung anzusehen.

Enhanced TV

Eine Funktionstrennung von Fernsehgerät und PC und ihre unterschiedliche räumliche Zordnung erscheinen dennoch auch auf Dauer sinnvoll. Der jeweilige Nutzungsschwerpunkt (Entspannung oder Arbeit) bestimmt auch auf Dauer

Auslegung, Design und Anordnung des Geräts – im jedem der Geräte sind je nach Komfort- und Preisklasse dann auch Zusatznutzungen integrierbar: Fernsehnutzung im PC, Internetnutzung im Fernsehgerät. Die Zuführung der Signale über Telefon, Kabel, Satelliten- oder terrestrischen Rundfunkempfang ist dabei in ganz verschiedenen Kombinationen sinnvoll vorstellbar. Ähnliche Funktionsmischungen zwischen beibehaltenem Nutzungsschwerpunkt und optionaler Zusatznutzung können auch in anderen, vor allem in mobilen Bereichen zweckmäßig sein: bei Autoradios und Navigationssystemen, bei Mobiltelefonen, bei Pocket Organizern und bei Spielekonsolen. Gemeinsam ist diesen Entwicklungen vor allem eines: Die Frage nach der Verdrängung eines Geräte- oder Nutzungstyps durch einen anderen wird nebensächlich. Im Vordergrund stehen die Chancen, die mit der größeren Zahl unterschiedlicher Geräte, der Anreicherung mit Zusatzfunktionen und vor allem mit den unterschiedlichen Versionen informativer und/oder unterhaltender Inhalte gegeben sind.

Europa ist nicht abgekoppelt von der Internet-Entwicklung

Wir befinden uns gegenwärtig in der Frühphase der Internetrevolution: der größte Teil liegt noch vor uns. Europa hat dafür trotz aller Vorsprünge der USA gute Voraussetzungen, die bislang kaum genutzt wurden. Im Vergleich mit den USA oder Japan läßt sich konstatieren, daß Europa durchaus Anschluß an die weltweite Internet-Entwicklung gefunden hat und behalten kann. Ein ermutigender Indikator hierfür ist das immer häufiger zu beobachtende Vorgehen europäischer Software-Unternehmen, die Entwicklung ihrer Programme in Europa zu betreiben, während die Distribution und Vermarktung für den Weltmarkt in den USA vorgenommen wird.

Europas Kommunikationsindustrie sollte deshalb mit neuem Selbstbewußtsein und den notwendigen Aktivitäten die Einführung der Internet-Ökonomie vorantreiben, um einen nachhaltigen Vorteil im globalen Wettbewerb zu erreichen. Diese Forderung bezieht sich sowohl auf Unternehmen als auch auf die Ordnungspolitik. Das ECC verbindet mit diesem Report und den darin enthaltenen Gestaltungs- und Strategieempfehlungen die Hoffnung, hierfür einen (bescheidenen) Beitrag geleistet zu haben.

Kapitel 2

Grundlagen der Internet-Ökonomie

Drei Grundkonzepte

In diesem Bericht steht die ökonomische Analyse der Medien- und Kommunikations-Sektoren, das heißt Medien, Telekommunikation und Informationstechnologie (IT), im Vordergrund. Die folgenden Ausführungen sind mehr als eine reine Beschreibung der Marktrealität in diesen Sektoren. Vielmehr soll ein Einblick in die grundlegenden Funktionsweisen vermittelt werden. Dazu werden drei Konzepte vorgestellt, die einen kurzen Überblick über wichtige ökonomische Sachverhalte des Medien- und Kommunikations-Sektors ermöglichen:

2.1 Systematisierung möglicher Formen zur Generierung von Erlösströmen

2.2 Darstellung des Konzepts der Wertschöpfungsketten

2.3 Problematik der Charakterisierung von Erlösquellen und -potentialen

2.1 Systematik der Erlöstypen und Erlösmodelle

Zu den bedeutendsten unternehmerischen Entscheidungen gehört die Frage, wie und in welcher Höhe Erlöse zur Finanzierung der Geschäftstätigkeit erzielt werden sollen. Diese Entscheidungen gliedern sich generell in zwei Teilbereiche: Grundsatzentscheidungen über Erlöstypen/-modelle und Entscheidungen der Preispolitik. Ausführlich behandelt wird in der Management- und Marketingliteratur der Bereich der Preispolitik.

> *„Die Preispolitik (Entgeltpolitik) beinhaltet … alle absatzpolitischen Maßnahmen zur Bestimmung und Durchsetzung der monetären Gegenleistungen der Käufer für die von einer Unternehmung angebotenen Sach- und Dienstleistungen.“*[1]

Entscheidungen zur Preispolitik

Preispolitische Entscheidungen betreffen demnach grundsätzlich die Festsetzung von Preisen für ein angebotenes Produkt. Diese Preisfestsetzung kann sich an den Produktionskosten, an der Nachfrage, an dem Verhalten der Wettbewerber und/oder an Interdependenzen innerhalb von Produktlinien orientieren. Befaßt man sich weiterhin mit der Festsetzung unterschiedlicher Preise im Zeitablauf oder in verschiedenen Marktsegmenten, handelt es sich dabei um die Entwicklung einer Preisstrategie. Preisstrategien, die die Entwicklung der Preise im Zeitablauf betreffen, sind die Penetrations- und die Abschöpfungs-Preisstrategie, die weiterführend in Kapitel 5.1.3 erläutert werden. Preisstrategien, die sich auf die Festlegung unterschiedlicher Preise für verschiedene Marktsegmente beziehen, sind Strategien der Preisdifferenzierung. Dabei kann nach zeitlichen Kriterien (Telefontarife zu verschiedenen Tageszeiten), nach räumlichen Kriterien

1 Diller 1991, S. 20f.

(Theaterplatz im ersten oder vierten Rang), nach Abnehmergruppen (Zeitschriftenabonnements für Studenten oder Berufstätige) oder nach ähnlichen Kriterien differenziert werden.

Erlöstypen und Erlösmodelle

Diesem weiten Feld der Preispolitik geht aber ein Entscheidungsbereich logisch voraus, dem bislang sowohl in Wissenschaft als auch in Praxis wenig Beachtung geschenkt wurde: Entscheidungen über die Anwendung von Erlöstypen und Erlösmodellen. Dabei stellt sich beispielsweise für Medienunternehmen die Frage, ob Erlöse im Rahmen von Abonnements, Einzeltransaktionen oder durch Werbefinanzierung generiert werden sollen. Erst wenn diese Entscheidung getroffen wurde, können die jeweiligen Preise für Abonnements, einzelne Produkte oder Werbezeiten festgelegt werden. So steht ein Zeitschriftenverleger zunächst vor der Entscheidung, ob er ein reines Anzeigenblatt verlegen möchte und sich somit ausschließlich über Werbeerlöse finanziert oder ob er auf einen Mix aus Werbe- und Vertriebserlösen zurückgreifen möchte. Erst im Anschluß an diese Entscheidung kann die Festlegung der Höhe des Preises für Anzeigenseiten oder des Verkaufspreises der Zeitschrift am Kiosk erfolgen. Die nachfolgende Abbildung verdeutlicht diesen zweistufigen Entscheidungsprozeß.

Abbildung 2.1: Zwei Teilbereiche der Erlösentscheidungen

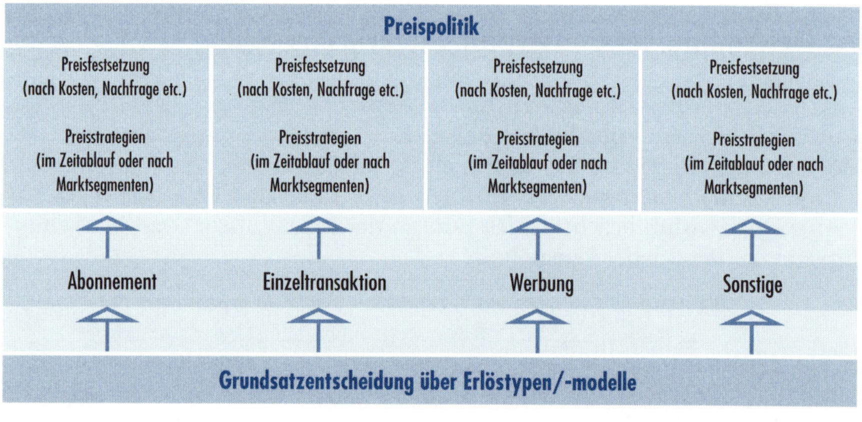

Trotz der hohen Relevanz dieses Themas ist bislang keine Strukturierung der Erlösformen für den Medien- und Kommunikations-Sektor erfolgt, die Unternehmen bei der strategischen Planung ihrer Angebote nutzen können. Dies ist allerdings leicht zu erklären: Es bestand kein Bedarf für eine solche Strukturierungsleistung, da der Markt für jedes Medienangebot ein bestimmtes „Korsett“ an Erlösformen vorgab. Ein Spielraum für diesbezügliche Entscheidungen war kaum vorhanden und damit auch kein Bedarf.

Durch das Internet verändert sich dieser Entscheidungsraum in hohem Maße, da nicht nur eine weitere Verwertungsstufe der Inhalte, sondern auch weitere Erlösmodelle hinzutreten, die bei einem Produzenten von Inhalten zur Anwen-

Quelle

Abbildung 2.1: ECC 1998

dung kommen können. Aus der Konstante der Festlegung von Erlösformen für Medienangebote wird eine Variable, deren Einsatz Unternehmen unabhängig von der bisherigen Konstellation planen können.

Internet erweitert Entscheidungsspielräume

Vor diesem Hintergrund unternimmt die nachfolgende Darstellung den Versuch, die Erlösformen des Medien- und Kommunikations-Sektors zu identifizieren und dabei vorhandene Zusammenhänge und Differenzen zu analysieren. Dementsprechend wird eine Systematik entworfen, die als „Baukasten“ für die Nutzung unterschiedlicher Erlösformen gelten kann.

„Baukasten“ der Erlösformen

Abbildung 2.2: Systematik der Erlösformen

Erlösformen				
Direkt			Indirekt	
Nutzungsabhängig	Nutzungsunabhängig		via Unternehmen	via Staat
	Einmalig	Regelmäßig wiederkehrend		
Einzeltransaktionen *nach* Leistungsmenge *nach* Leistungsdauer	Anschluß-gebühren Lizenz-gebühren Spezielle Empfangs-geräte (z.B. Dekoder)	**Abonnement** **Rundfunk-gebühren** Sonstige Grund-gebühren	**Werbung** Datamining Kommission Sonstige Formen	**Subventionierung**

Diese Abbildung enthält vier systematisch zu unterscheidende Erlöstypen, die nachfolgend näher beschrieben werden: direkt-nutzungsabhängige Erlöse, direkt-nutzungsunabhängige Erlöse, indirekte Erlöse von Unternehmen und indirekte Erlöse vom Staat. Des weiteren werden bei dieser Beschreibung fünf Grundformen von Erlöstypen in den Medien- und Kommunikations-Sektoren identifiziert, die auch in der Abbildung durch Fettdruck hervorgehoben sind: transaktionsbasierte Erlöse, Abonnementgebühren, Rundfunkgebühren, Werbeerlöse und Subventionen. Der essentielle Charakter als Grundform basiert dabei nicht auf systematischen Unterschieden, sondern vielmehr auf der häufigen Anwendung dieser fünf Erlöstypen in den Medien- und Kommunikations-Sektoren und der damit verbundenen grundlegenden Bedeutung.

Fünf Grundtypen

Die Analyse der Zusammenhänge der einzelnen Erlösformen beruht in der ersten Ebene auf einer systematischen Unterscheidung zwischen direkten und indirekten Formen der Zahlung. Direkte Erlöse werden dabei unmittelbar vom Nutzer der Leistung bezogen. Indirekte Erlösformen nehmen darauf Bezug, daß die Inanspruchnahme von Medien- und Kommunikations-Leistungen oftmals nicht unmittelbar durch den Konsumenten bezahlt wird. Vielmehr stammen

Quelle

Abbildung 2.2: ECC 1998

indirekte Erlöse von Dritten, die ein irgendwie geartetes Interesse daran haben, daß der Konsument die Medien- und Kommunikations-Leistung nutzt.[2]

Transaktionsbezogen

In der zweiten Strukturierungsstufe werden bei den direkten Erlösformen drei Subformen unterschieden. Zunächst kann die Zahlung von der Inanspruchnahme der Leistung nach Menge oder Zeit abhängig gemacht werden. Beispiele für solche nutzungsabhängigen Erlöse sind die Nutzung von Datenbankdiensten (Bezahlung abhängig von der Leistungsmenge) oder die Gebühren für ein Telefongespräch (Bezahlung abhängig von der Leistungsdauer). Da in beiden Fällen diese Zahlungen in Abhängigkeit von einem bestimmten Nutzungsparameter der jeweiligen Transaktion anfallen – Menge oder Zeit – lassen sie sich zu der ersten Grundform der transaktionsbezogenen Erlösform (Transaktion) zusammenfassen.

Einmalige Anschlußgebühren

Dieser nutzungsabhängigen Erlösform stehen einmalige und regelmäßig wiederkehrende nutzungsunabhängige Erlöse gegenüber. Sie sind durch eine pauschale Zahlungsweise gekennzeichnet, die dem Einzelabrechnungscharakter der nutzungsabhängigen Erlöse entgegensteht. Einmalige nutzungsunabhängige Zahlungen sind Anschluß- und Lizenzgebühren. Hierzu zählen auch Kaufpreise für spezielle Empfangsgeräte, die Voraussetzung für die Inanspruchnahme der jeweiligen Leistungen sind, aber für den Konsumenten keinen originären Wert darstellen (Beispiel: Dekoder).

Abonnement

Demgegenüber sind Abonnementzahlungen und Grundgebühren Zahlungen, die in regelmäßigen Zeitabständen zu wiederholen sind. Diese Abonnementzahlungen (Subskription) besitzen eine große Bedeutung zur Refinanzierung von Medien- und Kommunikations-Leistungen und sind demnach als weitere Grundform zu charakterisieren. Herausragendes Merkmal dieser Erlösform ist die Optionalität bezüglich der konkreten Nutzung: Egal ob oder wie häufig ein Konsument Inhalte nutzt, immer fällt der gleiche Pauschalbetrag an, dem der Optionswert – also die generelle Nutzungsmöglichkeit – des Abonnements gegenübersteht. Abonnementgebühren werden beispielsweise im Printbereich für den Bezug einer Zeitung oder im TV-Sektor für den Bezug eines Pay-TV-Programms verlangt. Sie basieren auf einer freiwilligen Kaufentscheidung, die anschließend regelmäßig wiederkehrende Zahlungen nach sich zieht.

Rundfunkgebühren als Sonderform

Rundfunkgebühren fallen ebenso wie Abonnementgebühren auch als nutzungsunabhängige Zahlungen regelmäßig wiederkehrend an. Sie zeichnen sich gegenüber den Abonnementgebühren aber durch einen faktischen Zahlungszwang aus und gleichen somit einer Steuer oder Abgabe. Aufgrund ihrer großen Bedeutung im Mediensektor stellen sie hier eine weitere Grundform der Erlöstypen dar.

Bei den indirekten Erlösformen ist zu unterscheiden, wer die Zahlung an den Medien- und Kommunikations-Anbieter vornimmt. Am weitesten verbreitet sind Zahlungen durch andere Unternehmen oder den Staat. Das Interesse von Unter-

2 Dem Begriff der indirekten Erlösform liegt der Gedanke zugrunde, daß bei der indirekten Refinanzierung von Medien- und Kommunikations-Leistungen durch Unternehmen oder Staat die entstehenden Kosten in Form von höheren Produktpreisen oder Steuern wieder auf den Endverbraucher umgelegt werden. Obwohl dabei Divergenzen zwischen der aggregierten und der individuellen Betrachtungsebene in Kauf genommen werden müssen, erscheint diese Auffassung zur begrifflichen Festlegung zweckmäßig.

nehmen, Medien- und Kommunikations-Leistungen für den Nutzer zu finanzieren oder zu subventionieren, läßt sich in drei Arten untergliedern. Im ersten Falle der Werbefinanzierung sind die (werbungtreibenden) Unternehmen an der Aufmerksamkeit der Nutzer interessiert. Anbieter aus dem Print- oder elektronischen Medienbereich schaffen durch ihr jeweiliges Angebot diese Aufmerksamkeit in Form von Auflage oder Reichweite und erzielen darüber die nötigen Erlöse.

Indirekte Erlöse via Unternehmen

Seitens der Unternehmen besteht hohes Interesse an mehr oder weniger detaillierten Daten über Konsumenten. Die Medien- und Kommunikations-Anbieter generieren durch ihr Angebot diese Daten und verkaufen sie an dritte Unternehmen. Des weiteren können die Daten auch zur Optimierung des eigenen Medien- und Kommunikations-Leistungsangebotes dienen. Diese zweite Erlösform wird als Datamining bezeichnet. Sie erhält insbesondere in Verbindung mit den Möglichkeiten des Internet eine erweiterte Bedeutung.

Datamining

Ein dritter Zahlungsanreiz für Unternehmen kann durch die direkte Vermittlung von Transaktionen geschaffen werden. Dies ist beispielsweise der Fall, wenn ein Nutzer eines bestimmten Medien- und Kommunikations-Angebotes im Internet über einen Werbebanner zum Online-Buchladen Amazon.com geleitet wird und dort ein Buch kauft. Als Folge vergütet Amazon.com dem Medien- und Kommunikations-Anbieter, der das Banner plaziert hatte, einen Anteil von 15 Prozent am Erlös der vermittelten Transaktion. Diese Erlösform wird als Kommission bezeichnet.[3]

Kommissionen

Aufgrund ihrer überragenden Bedeutung – insbesondere in der Medien-Industrie – stellt die Werbefinanzierung (Advertising) die vierte Grundform dar. Dabei reichen die Möglichkeiten der Werbefinanzierung von einem „subventionierten" Verkauf, zum Beispiel bei Zeitungen und Zeitschriften, bis zu einer für den Konsumenten scheinbar kostenlosen Weitergabe von Inhalten, wie bei den rein werbefinanzierten Rundfunkprogrammen und Anzeigenblättern.

Werbung

Indirekte Einnahmen, die vom Staat bezogen werden, sind Subventionen. In der Regel kommen diese für meritorische, das heißt förderungswürdige (bzw. von der politischen Mehrheit als förderungswürdig angesehene) Leistungen in Betracht. Ein Beispiel für diese indirekte Erlösform sind Universitäten, die Studenten einen kostenlosen Internetzugang zur Verfügung zu stellen. Die Refinanzierung des Angebotes wird in diesem Falle über die Subventionen des Staates an die Universitäten vorgenommen. Diese Form der Refinanzierung von Medien- und Kommunikations-Leistungen steht außerhalb der übrigen Erlösformen, da die entsprechenden Zahlungsströme von dem Bestehen eines Subventionsanspruchs abhängen. Folglich sind sie nicht an den Zuspruch der Endverbraucher gebunden. Damit ist das Risiko inbegriffen, Leistungen zu fördern, die nur geringen Marktnutzen beinhalten. Subventionseinnahmen sind grundsätzlich keine Erlöse. Dennoch stellen sie eine Grundform zur Finanzierung von Geschäftstätigkeit dar, die in den Medien- und Kommunikations-Sektoren eine große Rolle spielt.

Staatliche Subventionen

3 Die Erlösformen des Datamining und der Kommission werden in Kapitel 4.2.3 ausführlicher beschrieben.

ECC
EUROPEAN COMMUNICATION COUNCIL

„... und der zweite Schritt: ihre Synthese in kombinierten Erlösmodellen."

Die Bedeutung der fünf beschriebenen Grundformen variiert in den einzelnen Medien- und Kommunikations-Sektoren erheblich. Die Werbefinanzierung ist beispielsweise im privatwirtschaftlichen Rundfunk die dominierende Erlösform, während sie im Bereich der Informationstechnologie keine Rolle spielt.

Mischung einzelner Erlösformen in kombinierten Erlösmodellen

Der isolierte Einsatz einzelner Erlösformen ist innerhalb der Medien- und Kommunikations-Sektoren nur in wenigen Fällen zu beobachten. Beispielsweise hat sich bei Büchern die transaktionsbezogene Bezahlung nach der Menge der gekauften Bücher durchgesetzt.[4] Im Vergleich hierzu existieren bei Zeitungen oder Zeitschriften drei verschiedene Erlösformen. Einige Rezipienten zahlen Abonnementgebühren, andere transaktionsbezogen durch den Kauf von Zeitschriften, und darüber hinaus entstehen Werbeeinnahmen der Industrie.

Zwei Zieldimensionen

Die Kombination der Erlösformen und ihre Gewichtung sind von großer Bedeutung für den Erfolg von Medien- und Informationsprodukten. Bei der Festlegung eines geeigneten Mixes an Erlösformen zur Refinanzierung von einzelnen Medien- und Informationsprodukten sind zwei Zieldimensionen zu berücksichtigen.

Kostenstruktur

Aus unternehmerischer Sicht bietet die Struktur der anfallenden Kosten bei der Gestaltung der Erlösformen einen ersten Anhaltspunkt. Beispielsweise sind im Falle von regelmäßig wiederkehrenden Angeboten Abonnementgebühren zu bevorzugen. Bei technischen Empfangsgeräten hingegen ist aufgrund der hohen Entwicklungskosten eine Refinanzierung und Amortisation der Investitionen in möglichst kurzer Zeit erstrebenswert, so daß in diesem Fall der Einsatz von Einmalzahlungen sinnvoll erscheint.

Nutzenwahrnehmung und Nutzungsverhalten

Die zweite Dimension bei der Festlegung der Erlösform ist die Nutzenwahrnehmung und das Nutzungsverhalten der Konsumenten. Generell gilt der Zusammenhang, daß eine konkretere Nutzenwahrnehmung auch mit einer höheren Zahlungsbereitschaft verbunden ist. Aus diesem Grund bieten sich transaktionsbezogene Erlösformen, bei denen der Nutzungsbezug am deutlichsten hervortritt, für alle Medien- und Informationsprodukte mit einer hohen Nutzenstiftung an. Ein Beispiel hierfür ist die transaktionsbezogene Zahlung eines Filmes, entweder im Kino, per Video oder als Pay-per-view.

Das Nutzungsverhalten bezieht sich vor allem auf etablierte Gewohnheiten der Konsumenten. So sind Konsumenten – mit wechselnder Akzeptanz und in unterschiedlichem Maße – dazu bereit, Fernsehprogramme durch Werbung unterbrechen zu lassen, wenn ihnen dadurch eine kostenlose Nutzung ermöglicht wird. Eine erfolgreiche Anwendung dieser Erlösform bei Büchern ist nur schwer und in besonderen Situationen vorstellbar.[5] Generell sind Konsumenten wohl kaum dazu bereit, sich das entspannende Lesevergnügen eines Buches alle zwei Seiten von einer Anzeige unterbrechen zu lassen.

Die Wahl der geeigneten Erlösformen bewegt sich also immer im Spannungsfeld zwischen betriebswirtschaftlichen Kostenzwängen und Nutzenvorstellungen

4 Andere Formen spielen eine nur untergeordnete Rolle (Abonnementcharakter der Buchclubs) oder sind als gescheiterte Versuche anzusehen (Werbung bei rororo).

5 Eine Akzeptanz von Werbung ist vielleicht bei Lehrbüchern denkbar, da sie die sehr hohen Kostenbelastung der betreffenden Studenten stark verringern könnte.

der Rezipienten. Bei der Gestaltung des Erlösmixes ist darauf zu achten, daß diese beiden Zieldimensionen ausgewogen berücksichtigt werden. Der Absatz der Produkte setzt immer Akzeptanz und eine damit verbundene Zahlungsbereitschaft der Konsumenten voraus. Die Orientierung bei der Wahl der geeigneten Erlösformen ist folglich in erster Linie auf die jeweiligen Nutzenvorstellungen der Konsumenten in Abhängigkeit vom betreffenden Produkt zu richten, wobei eine Deckung der entstandenen und entstehenden Kosten nur kurz-, aber nicht mittel- oder langfristig vernachlässigt werden kann.

Beispiele für Nutzenorientierung: Spielkonsolen und Satellitenempfänger

Generell resultiert daraus eine beschränkte Einsetzbarkeit der einmaligen nutzungsunabhängigen Erlösform, die beispielsweise beim Erstanschluß des Telefons oder beim Kauf gewisser Empfangsgeräte zur Anwendung kommt. Die Wahl dieser Erlösform erscheint unproblematisch für Produkte, mit denen sich zwar kein eigener Kundennutzen verbindet, die aber Voraussetzung für die Inanspruchnahme von Leistungen mit einem sehr hohen und dauerhaften subjektiven Nutzen sind. So sind beispielsweise die Erfolge von Spielkonsolen bei Jugendlichen oder von Satellitenempfangsgeräten bei Fernsehzuschauern, die keinen Zugriff auf einen Kabelanschluß haben, zu erklären.

Beispiel für Kostenorientierung: DF1

Deutlich anders ist die Situation bei Produkten, die aufgrund der schlechten Beurteilbarkeit des damit verbundenen Angebotes für den Konsumenten zu einer diffusen Nutzenvorstellung führen. So erwies sich die gewählte Erlösform der Einmalzahlung für die Set-Top-Box bei DF1 (d-Box) als problematisch. Aufgrund des hohen Neuigkeitsgrads war das Programmangebot für potentielle Käufer nur schwer zu beurteilen. Ein konkreter Nutzen des DF1-Angebotes, der für die Anschaffung der d-Box die Zahlung eines Preises von über 800 DM gerechtfertigt hätte, war demzufolge nicht zu erkennen.

Spannungsfeld zwischen Kosten- und Nutzenorientierung

Anhand dieses Beispiels wird auch das Spannungsfeld der beiden Zieldimensionen deutlich. Presseberichten zufolge stand bei der Preispolitik von DF1 die betriebswirtschaftliche Kostenbetrachtung im Vordergrund, die eine möglichst schnelle Refinanzierung der hohen Investitionskosten für die d-Box anstrebte. Der Konsumentenperspektive wurde dabei jedoch zu wenig Beachtung geschenkt. In solchen Fällen bietet sich eine Quersubventionierung der Entwicklungs- und Produktionskosten der Empfangsgeräte durch höhere monatliche Abonnementgebühren an, da der Konsument diese mit einer konkreten Nutzenvorstellung verbindet. DF1 hat diesen Schritt mittlerweile vollzogen.

2.2 Konzept der Wertschöpfungsketten

Wertschöpfung

Der Begriff der Wertschöpfung entstammt ursprünglich der volkswirtschaftlichen Gesamtrechnung. Die Bruttowertschöpfung gibt den Wert desjenigen Teils der gesamten Produktionsleistung aller Sektoren an, der in der Erhebungsperiode der sogenannten letzten Verwendung (als Konsumgut, als Investitionsgut oder durch Export) zugeführt wird und damit den inländischen Produktionskreislauf endgültig verlassen hat. Würde man dabei die für alle Wirtschaftssektoren ermittelten Produktionswerte addieren, käme es zu Doppelzählungen, da ein Teil der produzierten Güter als Vorleistung in den Produktionsprozeß anderer Unternehmen eingeht. Die Bruttowertschöpfung eines Wirtschaftssektors errechnet sich also durch Abzug der Vorleistungen vom Produktionswert. Die Summe der Bruttowertschöpfung in allen Wirtschaftssektoren ist das Bruttoinlandsprodukt (BIP).

Wertschöpfungsquote

Die Wertschöpfungsquote gibt das Verhältnis von Bruttowertschöpfung zu Produktionswert an. Sie ist ein Indikator für den Grad der volkswirtschaftlichen Arbeitsteilung beziehungsweise die Zahl der Produktionsstufen, die die Güter im Produktionsprozeß durchlaufen. Auf Unternehmensebene korrespondiert hierzu der Begriff der Fertigungstiefe.

Wert(schöpfungs)kette („value chain")

Aus der mikroökonomischen beziehungsweise betriebswirtschaftlichen Perspektive eines einzelnen Unternehmens ist die Wertkette („value chain") ein Instrument der wettbewerbsorientierten Unternehmensanalyse und dient der Entwicklung von Strategien. Die Wertkette eines Unternehmens setzt sich aus den Wertaktivitäten und der Gewinnspanne zusammen:

Abbildung 2.3: Modell der Wertkette nach Porter

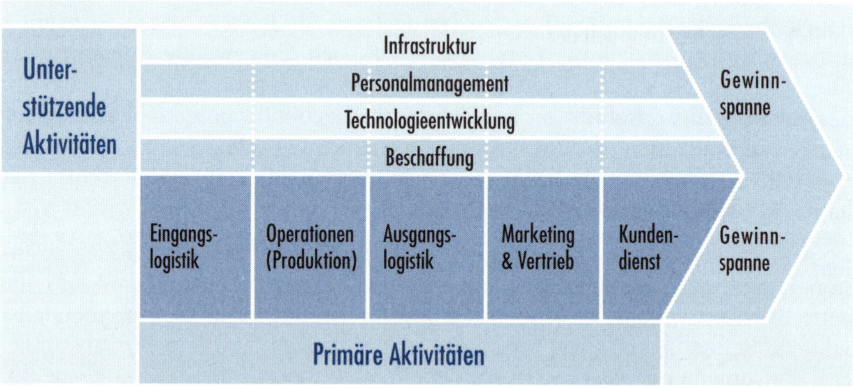

Wertaktivitäten sind Prozesse, die Nutzen für den Kunden stiften. Die Gewinnspanne ist der Unterschied zwischen dem Gesamtwert, das heißt dem Ertrag, und den für die Ausführung der Wertaktivitäten entstandenen Kosten für gekaufte Inputs, Anlagen, menschliche Ressourcen, Technologie und Information.

Wertschöpfungssystem

Hervorzuheben ist, daß die Wertkette eines Unternehmens mit den vor- und nachgelagerten Wertketten der Lieferanten und Abnehmer verknüpft ist. Zusammen bilden sie das Wertschöpfungssystem eines Produktes, eines Marktes oder einer Branche. Erst das „reibungslose" Zusammenspiel der einzelnen Glieder der Wertschöpfungskette garantiert, daß bei den Kunden ein entsprechender Nutzwert entsteht, der die Schwelle zur Kaufbereitschaft übersteigt. Gelingt dies nicht, erfolgt keine – oder eine nur unzureichende – Wertschöpfung. Der Marktbil-

Quelle

Abbildung 2.3: Porter 1985, S. 37

dungsprozeß ist gescheitert. Im Extremfall einer mißlungenen Markteinführung ergibt sich für einzelne Unternehmen sogar eine Wertvernichtung.[6]

Integrative Kraft des Konzepts der Wertschöpfungsketten

Ein Vorzug des Wertschöpfungsketten-Konzeptes liegt darin, daß es vielfältige Verknüpfungsmöglichkeiten mit ökonomischen Teilkonzepten eröffnet, die bislang unverbunden nebeneinander stehen. Als Beispiele seien genannt:

* die Innovations-Diffusionstheorie mit ihrer Unterscheidung von System- und Netzwerkgütern,
* die Produkt- und Marktlebenszyklus-Konzepte,
* die klassifikatorischen Unterscheidungen verschiedener Güterarten (zum Beispiel Such-, Erfahrungs- und Vertrauensgüter),
* verschiedene Produktions-, Vertriebs- und Preisgestaltungskonzepte (zum Beispiel Abschöpfungs- und Penetrations-Preisstrategien), Transaktionskostenansätze oder Ansätze zur Analyse von Wettbewerbs- und Kooperationsstrategien.

Grundmodell und Variationen

Den Ausgangspunkt zur Analyse von Märkten bildet die folgende Grundstruktur der Wertschöpfungskette:

Abbildung 2.4: Grundmodell der Wertschöpfungskette

Diese Darstellung hat den Vorzug, den Kunden als Ziel aller wertschöpfenden Tätigkeiten der Anbieter auszuweisen. Ursprünglich entstammt dieses Modell dem Sachgüterbereich, in dem wirtschaftliches Handeln vereinfacht als sequentielle Kombination von Investition, Produktion, Vertrieb sowie Rechnungsstellung /Inkasso dargestellt wird.[7] Aufbauend auf diesem Grundmodell wird nachfolgend für die einzelnen Medien- und Kommunikations-Sektoren eine Anpassung an die jeweiligen Marktstrukturen vorgenommen.[8] Damit ist gewährleistet, daß trotz einer erheblichen Variation der jeweiligen Medien- und Kommunikations-Wertschöpfungsketten eine gemeinsame Grundstruktur gegeben ist.[9]

2.3 Neue Märkte – alte Daten: Probleme der Erfassung von Erlöspotentialen

Die Entwicklung der Medien- und Kommunikations-Märkte ist in erheblichem Maße davon abhängig, inwieweit die Unternehmen ihre wertschöpfenden Aktivitäten finanzieren können. Dazu müssen die angebotenen Gesamtleistungen von den Endverbrauchern in hinreichendem Ausmaß akzeptiert, gekauft und genutzt werden. Nur in diesem Fall kommt es bei den Anbietern zu Geldrückflüssen,

6 Siehe auch Webseite des Dead Media Projects: http://www.eff.org/pub/Net_culture/Folklore/ Dead_Media_Project/
7 Generell ist darauf hinzuweisen, daß die modellhafte Darstellung einer Wertschöpfungskette nicht berücksichtigt, daß in der Realität die Produktion und der Verbrauch einer Leistung oftmals gleichzeitig stattfinden. Dies ist insbesondere bei integrativen Leistungserstellungsprozessen der Fall (vgl. Kleinaltenkamp 1997).
8 vgl. Abschnitt 3.1.3/3.2.5/3.3.4
9 Zu weiterführenden Konzepten zum Bereich Wertschöpfung vgl. Abschnitt 4.2.4.

Quelle

Abbildung 2.4: ECC 1998

können die Investitionen refinanziert und unternehmerische Gewinne erzielt werden. Daraus ergibt sich unmittelbar eine zentrale Bedeutung der Erlösquellen und -potentiale für die Entwicklung der Medien- und Kommunikations-Märkte.

Drei Nachfragesektoren

Grundsätzlich bestehen drei Segmente als potentielle Erlösquellen. So werden in privaten Haushalten (Consumer), in Unternehmen (Business) und in öffentlichen beziehungsweise staatlichen Institutionen (Public) Entscheidungen über die Verwendung von Geldmitteln für Medien- und Kommunikations-Leistungen getroffen. In allen drei Nachfragesektoren kann dabei die knappe Ressource Kaufkraft, die das größtmögliche Erlöspotential darstellt, für unterschiedliche Leistungen verausgabt werden, so daß Konkurrenzsituationen zwischen Medien- und Kommunikations-Leistungen und anderen Verwendungsmöglichkeiten auftreten (in privaten Haushalten zum Beispiel Wohnen, Kleidung oder Reisen). Diese Verwendungsentscheidung ist bei den Entscheidungsträgern in unterschiedlichem Ausmaß an drei andere, ebenfalls knappe Ressourcen gekoppelt: Zeit, Akzeptanz und Kompetenz.

Die Höhe der Erlöspotentiale und ihre Entwicklung im Zeitablauf ist in allen drei Nachfragesektoren eng mit der gesamtwirtschaftlichen Entwicklung verbunden:

Private Haushalte

* Die Medien- und Kommunikations-Ausgaben der privaten Haushalte sind ein Teil des privaten Verbrauchs und hängen als solche unmittelbar von dem Wohlstandsniveau der Volkswirtschaft ab. Ihre absolute Höhe und ihr Anteil am verfügbaren Einkommen variiert je nach Einkommensklasse. Auch im internationalen Vergleich bestehen hier zum Teil beträchtliche Unterschiede zwischen den verschiedenen Staaten.

Unternehmen

* Die Medien- und Kommunikations-Ausgaben der Unternehmen betreffen insbesondere die Zwecke der internen und externen Kommunikation zum Beispiel in Form von Werbung. Dabei besteht ein enger Zusammenhang zwischen diesen Ausgaben und der allgemeinen Geschäftsentwicklung. Eine in der Managementwissenschaft oft vorgeschlagene antizyklische Abkoppelung der Werbeausgaben von der Geschäftsentwicklung läßt sich bislang nicht nachweisen. In langfristiger Betrachtung läßt sich bei zunehmender Wettbewerbsintensität ein stetiger Anstieg der Kommunikationsintensität feststellen. Diese stellt den Anteil der Kommunikationsausgaben an den Gesamtaufwendungen der Unternehmen dar. Eine vollständige Erfassung der Kommunikationsausgaben der Unternehmen ist nur für einzelne Länder und Stichjahre möglich. International einigermaßen vergleichbare Daten liegen nur für den Teil der Werbeaufwendungen vor.

Staat

* Die Medien- und Kommunikations-Ausgaben der staatlichen Organisationen variieren mit den Steuereinnahmen und hängen folglich ebenfalls von der gesamtwirtschaftlichen Entwicklung ab. Sie werden in der Regel weder systematisch noch vollständig erfaßt.

Zukunftsgerichtete Schätzungen zur Entwicklung von Erlöspotentialen basieren generell auf Vergangenheits- und Gegenwartsdaten als Ausgangsbasis. Damit sind mehrere Probleme verbunden:[10]

* In der volkswirtschaftlichen Gesamtrechnung (VGR) existiert bislang kein einheitlich abgegrenzter Medien- und Kommunikations-Sektor als Wirtschaftszweig.
* Daraus resultieren internationale Vergleichbarkeitsprobleme, da für einzelne Studien unterschiedliche Abgrenzungen verwendet werden.
* Je nachdem, ob eine engere oder weitere Definition bevorzugt wird, werden folglich unterschiedliche Basisdaten verwendet, die zu verschiedenen Entwicklungsprognosen führen.
* Weiterhin ist auch eine statistische Differenzierung auf der Angebotsseite in die Bereiche Medien, Telekommunikation und Informationstechnologie sowie auf der Nachfrageseite in die Segmente Consumer, Business und Public nicht überall möglich.
* Letztlich fehlt eine adäquate statistische Berücksichtigung von Substitutionsbereichen. Intrasektorale Substitutionsbeziehungen bestehen beispielsweise zwischen Ausgaben für Printmedien, Video und Briefpost. Intersektorale Beispiele bieten Ausgaben für Seminare, Geschäftsreisen, Paketpost und Handel.

Probleme der Abschätzung zukünftiger Erlöspotentiale für Medien- und Kommunikationsmärkte

Bisherige Prognosen zu den Erlöspotentialen haben zumeist den Charakter von Umsatzprognosen. Sie beziehen sich entweder auf einen der drei Medien- und Kommunikations-Teilmärkte Medien, Telekommunikation oder Informationstechnologie oder auf einen unterschiedlich abgegrenzten Multimedia-Sektor. Zudem ist die statistische Basis oftmals unklar, so daß die Ergebnisse nur schwer vergleichbar sind.

Große Wachstumserwartungen, kleine empirische Basis

Jedoch ist allen Prognosen gemein, daß für den gesamten Medien- und Kommunikations-Sektor ein großes Wachstum erwartet wird. Unbeantwortet bleibt dagegen die Frage, woraus sich dieses Wachstum speisen soll. Addiert man beispielsweise die Entwicklungsprognosen für die einzelnen Medien- und Kommunikations-Teilmärkte, übersteigt die Gesamtsumme jede realistische Größenordnung, die durch das zu erwartende Wachstum der Gesamtwirtschaft und des privaten Verbrauchs zu vertreten ist. Damit sich diese Prognosen erfüllen, müßten in großem Umfang Ausgaben aus sektorfremden Substitutionsbereichen in den Medien- und Kommunikations-Sektor verlagert werden.

Änderung der statistischen Erfassungskonventionen dringend erforderlich

Eine statistische Abbildung solcher Umverteilungen erfordert aber eine entsprechende Änderung der Erfassungskonventionen. Aus diesen Überlegungen leitet sich die Notwendigkeit ab, schnellstmöglich eine standardisierte Definition und Erfassungsweise für die Entwicklung des Medien- und Kommunikations-Sektors und seiner Bereiche zu erarbeiten, die sowohl von nationalen Statistikämtern als auch von Einrichtungen der Europäischen Union verwendet werden

10 vgl. Schrape/Seufert 1997, S. 69-109

kann. Nur so kann die erforderliche Vergleichbarkeit intersektoraler und internationaler Studien gewährleistet werden.

Am Beispiel Deutschlands lassen sich die bestehenden statistischen Probleme konkret veranschaulichen. Zur Abschätzung des Erlöspotentials aus dem Segment der privaten Haushalte stehen grundsätzlich drei statistische Quellen zur Verfügung.

Volkswirtschaftliche Gesamtrechnung

* Das Zahlenwerk der volkswirtschaftlichen Gesamtrechnung (VGR): Die amtliche Statistik im Rahmen der VGR kennt keinen eigenen Medien- und Kommunikations-Sektor. Unternehmen, die schwerpunktmäßig Medien-, Telekommunikations- und IT-Produkte herstellen und vertreiben, sind verschiedenen Wirtschaftsbereichen zugeordnet. Die definitorische Abgrenzung und statistische Erfassung eines eigenen Medien- und Kommunikations-Sektors gestaltet sich deshalb äußerst schwierig. Dies betrifft sowohl die Angebotsseite als auch die Nachfrageseite. Für einige Teilbereiche sind nur grobe Schätzungen möglich. Zudem ergeben sich bei Änderungen der Wirtschaftszweigsystematik, wie zum Beispiel bei den Umstellungen von 1979 oder 1993, neue Zuordnungen und Zeitreihenbrüche.

Mikrozensus

* Die Mikrozensusdaten: Der Mikrozensus erfaßt die gesamten Ausgaben der privaten Haushalte mit Hilfe einer Stichprobe, die für drei verschiedene Haushaltstypen ausgewertet wird. Eine für alle Haushalte repräsentative Erfassung der Medien- und Kommunikations-Ausgaben ist damit nicht möglich. Die statistische Methodik begrenzt also die Verläßlichkeit und Vollständigkeit dieser Angaben. Zudem werden die Ausgaben der Segmente Staat und Unternehmen nicht berücksichtigt.

Realisierte Nachfrage

* Letztendlich lassen sich die Erlöspotentiale am besten über die realisierte Nachfrage nach Medien- und Kommunikationsprodukten erfassen. Entsprechende Daten liefern die Branchenverbände sowie einige Einzelstudien. Zu beachten ist dabei allerdings, daß in der Regel die drei Nachfragesegmente Consumer, Business und Public zusammen erfaßt werden, so daß eine differenzierte Betrachtung der Segmente nicht möglich ist. Ferner variieren auch die Erhebungsgrundlagen. So werden teilweise die Endverbraucherpreise, teilweise auch die Abgabepreise an den Handel verwendet.

Dies sind schlaglichtartig die wichtigsten Probleme, mit denen eine Abschätzung des Erlöspotentials der privaten Haushalte konfrontiert ist.

Sektorbestimmung und Abschätzung zukünftiger Erlöspotentiale für Deutschland

Im Jahr 1995 erarbeiteten Prognos und das Deutsche Institut für Wirtschaftsforschung (DIW) eine Abgrenzung des Medien- und Kommunikations-Sektors.[11] Daraus ergab sich für die Medien- und Kommunikations-Ausgaben der privaten Haushalte in der Bundesrepublik Deutschland für 1992 ein Gesamtvolumen von 103 Milliarden DM. Unter Verwendung derselben Abgrenzung ist dieses Volumen bis 1996 nominal um 26 Prozent auf 130 Milliarden DM gestiegen.

11 vgl. Schrape/Seufert 1997, S. 69ff.

Für das Jahr 2010 erwartet man im Vergleich zur Prognose von 1995 ein etwas geringeres Wachstum auf 235 Milliarden DM. Dabei ist insbesondere die abgeschwächte Wirtschaftsentwicklung in den letzten Jahren berücksichtigt. Die folgende Tabelle stellt diese Daten für den Sektor der privaten Haushalte nochmals dar und zeigt auch die Strukturänderungen der Medien- und Kommunikationsausgaben.

Abbildung 2.5: Medien- und Kommunikationsausgaben (MuK) der privaten Haushalte in der Bundesrepublik Deutschland

	1992		1996		2010		Index 2010
	abs.	%	abs.	%	abs.	%	(1996 = 100)
MuK-Ausgaben Gesamt in Milliarden DM							
Medienausgaben	76	74	86	66	136	58	158
Kommunikations-ausgaben	27	26	44	34	99	42	225
MuK-Ausgaben	103	100	130	100	235	100	181
MuK-Ausgaben pro Haushalt in DM							
in DM/Jahr	2.886		3.523		6.152		175
in DM/Monat	240		294		513		175
Privathaushalte (in Millionen)	35,7		36,7		37,0		

Aufgrund der aufgezeigten Differenzierungsproblematik ist eine Abschätzung der Finanzierungspotentiale nur auf dem dargestellten Aggregationsniveau für den gesamten Medien- und Kommunikations-Sektor möglich. Da ferner eine Abschätzung für die Nachfragesegmente der Unternehmen und öffentlichen Institutionen nur ungenau möglich ist, wird in der nachfolgenden Analyse der drei Medien- und Kommunikations-Sektoren Medien, Telekommunikation und Informationstechnik auf eine weitergehendere Betrachtung der Erlöspotentiale verzichtet.

Abschätzung zukünftiger Erlöspotentiale für einzelne Bereiche auf der vorhandenen statistischen Basis nicht konsistent möglich

Quelle

Abbildung 2.5: ECC 1998

ECC
EUROPEAN COMMUNICATION COUNCIL

Kapitel 3

Der Blick zurück nach vorn: Analyse der Medien- und Kommunikations-Sektoren

3.1 Inhalt bleibt Trumpf – Analyse des Medien-Sektors

Der folgende Abschnitt konzentriert sich auf die Untersuchung des Mediensektors als auffälligsten Bereich der Medien- und Kommunikations-Industrie. Hierzu zählen neben den klassischen Printmedien (Zeitung, Zeitschrift und Buch), der Bereich der Kino- und Videofilme, die Tonträgerbranche sowie der Rundfunksektor mit Hörfunk und Fernsehen.

Schwerpunkt Rundfunksektor

Von der finanziellen Bedeutung her zeichnet sich seit der Einführung privater TV-Sender in vielen europäischen Ländern ab Mitte der achtziger Jahre auf breiter Front die Dominanz der elektronischen Medien ab. Sie konnten ihre Umsätze beständig steigern, während die Umsätze der Printmedien auf mehr oder minder hohem Niveau stagnieren. Im folgenden Abschnitt wird deshalb der Schwerpunkt auf den Rundfunksektor gelegt.

Inhalte gekennzeichnet durch Nichtrivalität ihres Konsumes

Während die anderen Medien- und Kommunikations-Sektoren Telekommunikation[12] und Informationstechnologie[13] stärker auf infrastrukturelle Aspekte konzentriert sind, steht der Medien-Sektor als Synonym für die Produktion und Verbreitung von Inhalten. Die Erstellung und Vermarktung von Inhalten ist schwierig, da sie sich nur selten in industrielle Produktionsprozesse integrieren lassen: Oftmals entstehen Inhalte aus den kreativen Eingebungen einzelner Künstler. Der Erfolg solcher Inhalte – gemessen an der Höhe der Aufmerksamkeit – ist aber kaum vorhersagbar. Die Besonderheiten eines Medienproduktes machen sich aber nicht nur auf der Produktions-, sondern auch auf der Konsumseite bemerkbar. Obwohl Inhalte privatwirtschaftlich verwertet werden, besitzen sie den Charakter eines „öffentlichen Gutes". Aus diesem Grund besteht bei medialen Inhalten – insbesondere in der Film- und Fernsehproduktion – eine perfekte Nichtrivalität im Konsum. Das bedeutet, daß ein Inhalt wie zum Beispiel ein Kinofilm unabhängig von der Anzahl der Konsumakte keine physische Wertminderung erfährt. Dadurch entstehen für den Produzenten, gleichgültig, wie oft und in wie vielen Ländern ein Medienprodukt verwertet wird, bis auf den einmaligen Produktionsaufwand keine zusätzlichen Kosten bei der Verbreitung.[14]

Dennoch (oder gerade deshalb) besteht ein nahezu unersättlicher Bedarf der Medien nach interessanten Inhalten: Inhalte und nicht die Technik sind der Grund, warum Menschen mediale Infrastrukturen nutzen und Unternehmen Wertschöpfungsketten im Mediensektor[15] überhaupt aufbauen können. Content bleibt deshalb weiterhin Trumpf; nicht nur für die Medien, sondern für den gesamten Medien- und Kommunikations-Sektor.

12 vgl. Abschnitt 3.2
13 vgl. Abschnitt 3.3
14 Kruse 1994, S. 185; Owen / Wildman 1992, S. 25
15 vgl. Abschnitt 3.1.3

3.1.1 Struktur und Entwicklung des europäischen Medienmarktes

Wichtigster Bestimmungsfaktor bei der Analyse des Medienmarktes ist sicherlich die Zahl der Anbieter in Europa. Dabei ist für den europäischen Fernsehmarkt auffällig, daß der Gesamtmarkt an Sendern weiterhin wächst. Zwar erreichen in Westeuropa die Märkte langsam ihren Sättigungspunkt, dafür bieten die osteuropäischen Staaten zusätzliche Wachstumspotentiale.

Abbildung 3.1: Zahl der TV-Kanäle in Europa

	1993	1994	1995	1996
Frankreich	14	14	16	18
Deutschland	14	14	18	19
Italien	12	12	13	13
Spanien	13	13	13	13
Großbritannien	52	52	64	80
EU5*	105	105	124	143
EU15**	159	162	189	214

Ersatzprodukte / Substitutionspotentiale

Feststellen läßt sich eine Herausforderung des klassischen Rundfunksektors durch Ersatzprodukte. Ein großes Potential weist vor allem der Bereich der Computer- und Videospiele[16] sowie das Internet und hier insbesondere der Teil des heutigen WWW auf, der individualisierte Massenkommunikation anbietet. Schon heute beginnt die private Online-Nutzung vor allem die Fernsehnutzung in der *prime time* zu substituieren. Obwohl technische Standards wie der *Real Player* erst seit Februar 1997 offiziell auf dem Markt sind,[17] bieten immer mehr Websites audiovisuelle Inhalte als Streaming-Verfahren: Ende 1998 waren weltweit rund 7.000 Sender allein aus dem Hörfunkbereich online.

Internet, Computer- und Videospiele als mögliche Ersatzprodukte des Rundfunks

Print- vs. elektronische Medien

In der traditionellen Abgrenzung,[18] bei der zwischen Print- und elektronischen Medien unterschieden wird, werden dem Medien-Sektor folgende Mediengattungen zugeordnet:

Abbildung 3.2: Klassische Abgrenzung von Print- und elektronischen Medien

Printmedien	Elektronische Medien
Zeitungen Zeitschriften Anzeigenblätter Bücher	Fernsehprogramme Hörfunkprogramme Kinofilme Videoprogramme Tonträger

16 vgl. Abschnitt 5.1.5

17 Vorprodukte wie Real Audio waren bereits ab 1995 am Markt erhältlich.

18 In dieser Betrachtung werden sämtliche neuen Medien wie Video- oder PC-Spiele und alle übrigen Multimedia-Angebote nicht berücksichtigt, da diese in den Kapitel 4 und 5 gesondert untersucht werden.

Quelle

Abbildung 3.1: Europäische Kommission / Screen Digest, April 1998, S. 96

* EU5 – Die fünf großen europäischen Flächenstaaten Frankreich, Deutschland, Italien, Spanien, Großbritannien

** EU15=Die 15 europäischen Länder

Abbildung 3.2: ECC 1998

Die fünf häufigsten Erlösquellen im Rundfunk: Werbung, Abonnements oder Gebühren, Verkauf und Subvention

Medien refinanzieren sich, wie in Kapitel 2 dargestellt, über die fünf häufigsten Erlösquellen: Werbung, Abonnements oder Gebühren sowie Verkauf/Transaktion und Subventionen. Zahlreiche Misch- und Sonderformen sind hierbei möglich. Im folgenden Abschnitt sollen die Marktstrukturen des Mediensektors anhand dreier Bereiche, dem privaten Rundfunk als Beispiel für einen werbefinanzierten Medienmarkt, dem Pay-TV-Markt als Beispiel für die Abonnementerlöse, sowie dem Pay-per-view-Sektor als Beispiel für einen transaktionsbasierten Medienmarkt, untersucht werden.

Marktstrukturen werbefinanzierter Medien: Beispiel werbefinanziertes TV

Kennzeichen werbefinanzierter Medien: Die Dreiecksbeziehung

Bei allen werbefinanzierten Medien besteht eine Dreiecksbeziehung zwischen Inhalteanbieter[19], den Werbekunden sowie den Rezipienten. Hierbei stellen die Rezipienten wie auch die Inhalte selbst nur den mittelbaren Bezugspunkt für die eigentlich entscheidende Geschäftsbeziehung zwischen dem Medium und dem Werbekunden dar: Jedes werbefinanzierte Medium erbringt seine Leistungen letztlich primär in Hinsicht auf die Interessen der Werbekunden, indem es Reichweiten als eine Form von potentieller Aufmerksamkeit an diese verkauft. Werbefinanzierte Medien sind also gekennzeichnet durch eine ihnen systemisch innewohnende Doppelbindung, wobei sie ihre Leistungen primär für die Werbekunden und sekundär für die Rezipienten erstellen. Für die Rezipienten ist das „sekundäre Produkt", das Programm, scheinbar kostenlos.[20]

Abbildung 3.3: Dreiecksbeziehung werbefinanzierter Medien

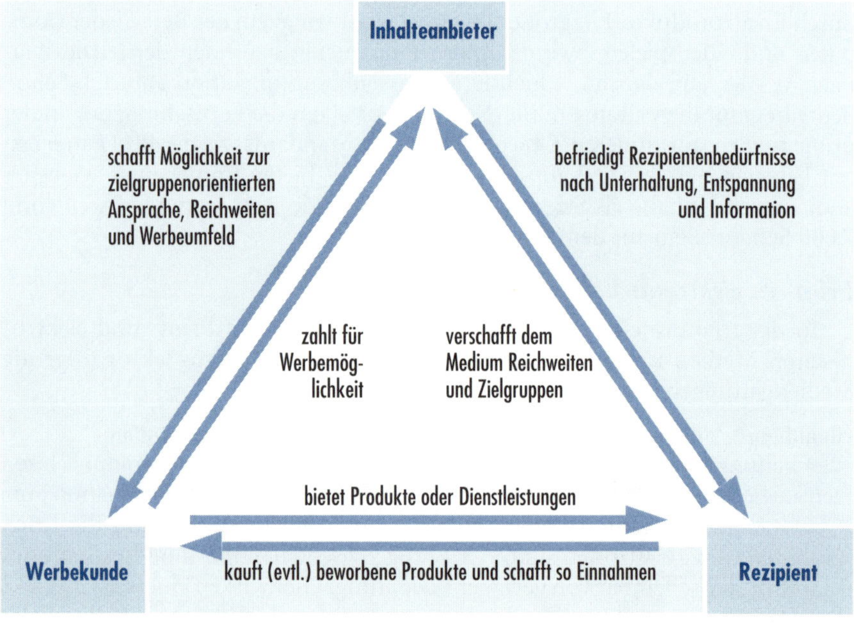

19 Als primäre Inhalteproduzenten können zum Beispiel Filmstudios oder Musiker und ihre Verlage verstanden werden, die eigenständig Inhalte erstellen. TV- beziehungsweise Radiosender, die auf die Filme oder die entsprechende Musik für ihr Programm zurückgreifen, erstellen in diesem Falle keine eigenen, sondern nutzen vorhandene Inhalte, indem diese für die Belange und Interessen der Rezipienten in das Programm des Senders eingepaßt, konfektioniert werden. Die Sender werden deshalb als Repackager oder auch als Aggregatoren bezeichnet. Selbstverständlich werden auch Radio- oder Fernsehsender zu eigenen Inhalteproduzenten, sobald sie zum Beispiel eigene Beiträge oder TV-Movies erstellen und finanzieren.

20 Scheinbar kostenlos sind die Programme deshalb, weil Unternehmen, die durch ihre Werbung die Programmanbieter refinanzieren, ihre Kosten wiederum auf die Produkte umlegen. Allerdings sind vielfach die Käufer eines Produktes als Refinanzierer nicht die Nutzer des entsprechenden Programmes.

Quelle

Abbildung 3.3: Goldhammer 1998, S. 149; Haas/Frigge/Zimmer 1991, S. 692

Da das Potential der Finanzströme zwischen Werbekunde und Inhalteanbieter langsam an seine Wachstumsgrenzen gelangt, ist es aus Sicht der Medien sinnvoll, neue direkte Erlöspotentiale – diesmal zwischen Rezipient und Inhalteanbieter – zu erschließen, zum Beispiel durch Pay-TV oder Pay-per-view. Hierdurch können neue direkte Erlösströme realisiert werden, wenn sie innerhalb eines Wertschöpfungsnetzes für die Konsumenten genügend wahrgenommenen Mehrwert bieten, um als zusätzliches Angebot genutzt zu werden.

Pay-TV oder Pay-per-view helfen, neue Erlösströme zu erschließen

In einem weiteren Schritt wird in die Betrachtung der Struktur des Medienmarktes auch der Beschaffungsmarkt integriert: Die meisten Medienanbieter fungieren weniger als Inhalteproduzent, denn als Aggregatoren oder (Re-) Packager, indem sie Inhalte zu- oder ankaufen und sie entsprechend den Interessen ihrer Rezipienten zusammenstellen und aufbereiten. Aus dieser Perspektive fungieren die Medienanbieter als Mittler zwischen den Interessen der drei relevanten Märkte, auf denen sie sich bewegen.

Medien als Mittler zwischen drei relevanten Märkten

Abbildung 3.4: Relevante Teilbereiche eines werbefinanzierten Medienmarktes

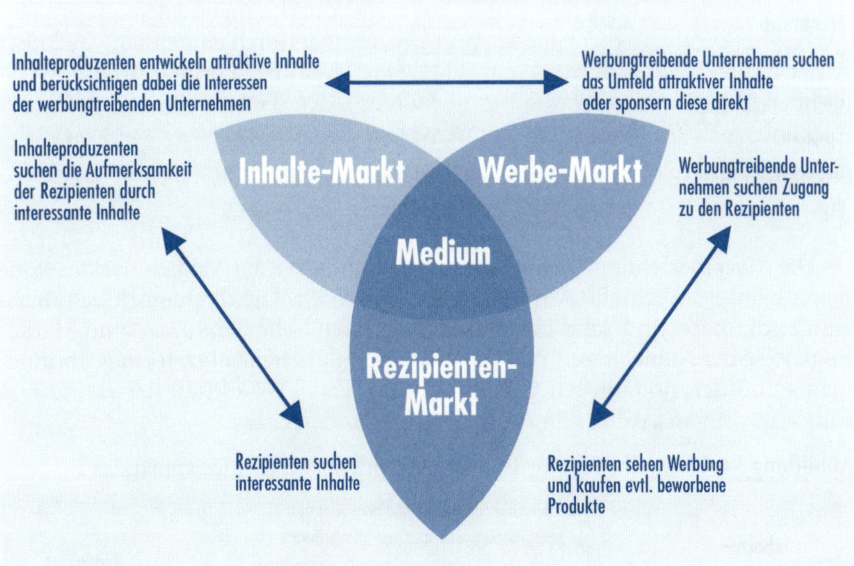

Allerdings sind die Beziehungen von unterschiedlicher Intensität: Die starke Relation zwischen Werbe- und Rezipientenmarkt ist deutlich. Aber auch auf den Beschaffungsmärkten (für Inhalte: Auftragsproduktionen, Kaufprogramme, Lizenzen sowie Personal, Sendelizenzen, Ausrüstung und Kapital) ist die Quantität und Qualität des erreichten Rezipientenmarktes wichtig, da hiervon die Erlöspotentiale direkt betroffen sind. Der Bezug zwischen Werbe- und Beschaffungsmarkt ist nur scheinbar von geringer Bedeutung: Hier wirken einerseits indirekte Kräfte in Form von attraktiven Rechten aus dem Beschaffungsmarkt, die wieder-

Quelle

Abbildung 3.4: ECC 1998

um für die Werbewirtschaft attraktive Werbeumfelder ermöglichen. Bedenkt man aber, daß die Werbe- oder Sponsoringerlöse erst den Kauf von Bild- und Filmrechten ermöglichen, werden die Dimensionen der Beziehung zwischen Beschaffungsmarkt und Werbemarkt mittels des Inhalteanbieters deutlich.

Marktstrukturen abonnementfinanzierter Medien: Beispiel Pay-TV

Pay-TV mit deutlichem Entwicklungsschub in England und Frankreich

Vornehmlich abonnementfinanzierte Medienbereiche wie zum Beispiel der Pay-TV-Markt haben in den letzten Jahren in Europa, und hier vor allem in Frankreich und England, einen deutlichen Entwicklungsschub hinsichtlich der Zahl der Abonnenten und der entsprechenden Umsätze gemacht; dies macht die folgende Tabelle deutlich. Die deutsche Pay-TV-Allianz zwischen Bertelsmann, KirchGruppe und der Deutschen Telekom scheiterte hingegen 1998 am Einspruch der Brüsseler Kartellbehörde.

Abbildung 3.5: Zahl der Pay-TV-Abonnenten in Europa (in Tausend)

	1994	1995	1996	1997
Frankreich	4.568,0	5.036,3	5.271,9	4.593,2*
Deutschland	860,0	1.011,9	1.337,0	1.455,0
Italien	650,0	800,0	856,9	868,2
Spanien	1.011,6	1.351,6	1.612,1	1.464,9*
Großbritannien	6.716,0	9.095,0**	16.230,0**	k. A.
EU5	13.805,6	17.294,8**	25.307,9**	k. A.

Jeder Pay-TV Abonnenten ist gut für 1.000 Dollar Umsatz

Die Marktbeziehungen eines abonnementfinanzierten Medienmarktes können als simple Wechselbeziehung aufgefaßt werden. Die direkten Beziehungen zum Endkunden sind dabei gekennzeichnet durch hohe Beratungs- und Marketingkosten der Anbieter. Auf Basis der durchschnittlichen Laufzeit eines Abonnements und der monatlichen Gebühr wird im Pay-TV-Geschäft der akquirierte Kunde mit einem „Wert" von rund 1.000 Dollar berechnet.

Abbildung 3.6: Wechselbeziehung des abonnementfinanzierten Medienmarktes

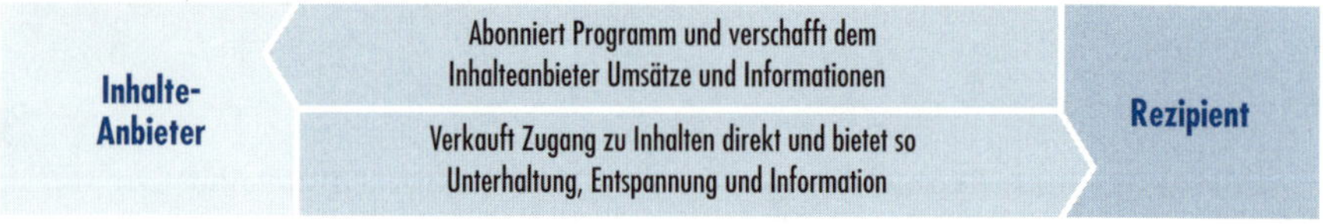

Obwohl die Erschließung solcher direkten Erlösquellen attraktiv erscheint, besteht neben den bereits erwähnten Marketingkosten auch ein Substitutionsproblem: Die Kunden sind um so weniger dazu bereit, den Mehrwert eines zusätzlichen Programmes oder Bouquets durch ein Abonnement zu honorieren, je höher die Zahl der vorhandenen werbefinanzierten Sender ist, die scheinbar kostenlos Inhalte zur Verfügung stellen.

Quelle

Abbildung 3.5: Europäische Audiovisuelle Informationsstelle 1998, S. 170
* = Zahl nur für Canal+,
** Angaben einzelner Sender fehlen

Abbildung 3.6: ECC 1998

Abbildung 3.7: Werbefinanzierte TV-Kanäle vs. Pay-TV-Penetration in Europa (1996)

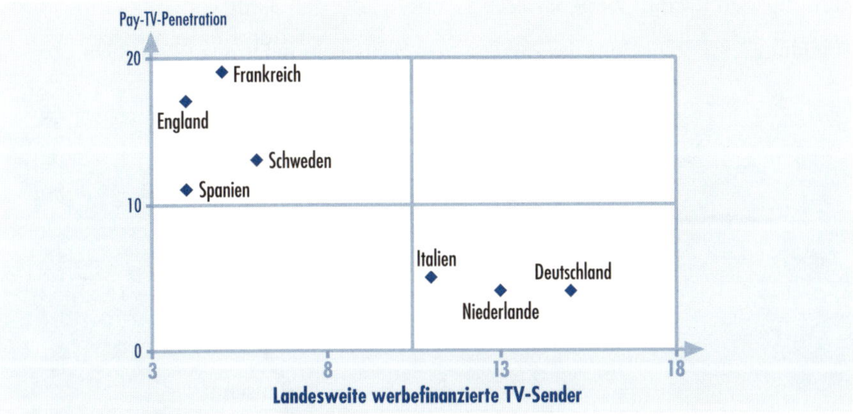

Dieses Problem wird kaum zu überwinden sein, so lange nicht die einzelnen Verwertungsfenster zeitlich beziehungsweise qualitativ differenziert werden, so daß attraktive Inhalte zunächst und ausschließlich im Pay-TV zu sehen sind, bevor sie auch werbefinanziert ausgestrahlt werden können.

Je größer die Zahl der werbefinanzierten Kanäle, um so niedriger die Bereitschaft, einen Pay-TV-Dienst zu abonnieren

Marktstrukturen transaktionsfinanzierter Medien: Beispiel Pay-per-view (PPV)

Neben Pay-per-view (PPV), dessen Marktstrukturen in Europa im Anschluß analysiert werden soll, lassen sich eine Reihe weiterer Medien benennen, die transaktionsfinanziert sind. Dazu zählen vor allem der Kino- und der Tonträgermarkt. Hier stammen die Erlöse nahezu ausschließlich von direkten Transaktionsbeziehungen zwischen Kunden und Anbietern. Auch im Printmarkt findet sich ein hoher Anteil transaktionsbasierter Erlösformen: Bücher werden fast immer vollständig über den Verkaufspreis refinanziert; bei Zeitungen und Zeitschriften haben die Vertriebserlöse je nach Land und Medientyp stark divergierende Anteile am Gesamterlös.[21]

PPV-TV verkauft einzelne Programme oder Beiträge an seine Kunden zu jeweils variablen Preisen, anstatt den Zugang zu einem kontinuierlich laufenden Programm für einen festen monatlichen Preis im Abonnement zu vermarkten.

Inhaltlich handelt es sich dabei oftmals um Spielfilme oder Erotik, Konzerte oder Sportereignisse. Dabei wird der Zugang zu einem PPV-Angebot für einen bestimmten Zeitraum verkauft (ein Film, „eine Nacht" oder 24 Stunden); bei Sportevents werden teilweise auch mehrere Einzelereignisse in einem „Saison-Ticket" gebündelt. Während Sportereignisse bereits direkt nach ihrem Ende in den Augen der meisten Rezipienten obsolet sind, haben manche Spielfilme wie zum Beispiel der Klassiker „*Casablanca*" eine sehr viel höhere „Lebensdauer". Das Interesse der Pay-per-view-Anbieter liegt darin, durch eine geschickte Bündelung

21 So liegt der Anteil der Vertriebserlöse bei Tageszeitungen in Europa zwischen 33 und 66 Prozent der Gesamterlose; bei Zeitschriften liegt der Anteil sogar zwischen 0 und 100 Prozent. Vgl. auch: ECC 1997, S. 289

Quelle

Abbildung 3.7: Künstner 1997

Bündelung unterschiedlicher Inhalte optimiert Optionswert

lang- und kurzfristig attraktiver Inhalte ein Maximum an Aufmerksamkeit und Zahlungsbereitschaft zu generieren.

Abbildung 3.8: Entwicklung des Pay-Per-view-Fernsehens in Europa 1994 – 1998

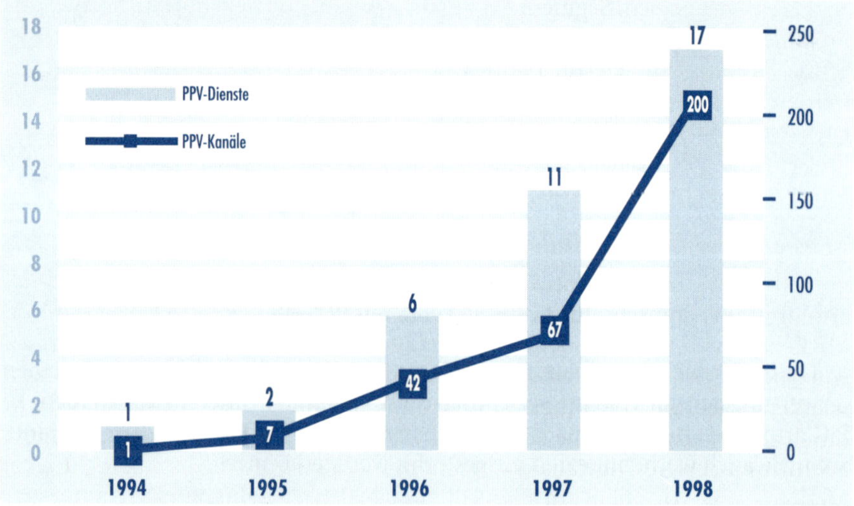

Seit dem Start des französischen Anbieters Multivision im Jahre 1994 ist die Zahl der Pay-per-view-Dienste und die Zahl der angebotenen Kanäle beständig gewachsen: In Europa arbeiten 1998 insgesamt 17 Pay-per-view-Dienste, die rund 200 Kanäle anbieten. PPV-Anbieter sind in den meisten europäischen Ländern aktiv, darunter Dänemark, Deutschland, England, Frankreich, Holland, Spanien und Schweden. Viele Anbieter senden bereits digital. 1999 werden PPV-Dienste in Italien, Norwegen und Finnland starten. Betrachtet man die Umsätze aus PPV, so sind derzeit französische Anbieter für rund drei Viertel des europäischen Marktvolumens verantwortlich. Der Anteil Frankreichs soll aber bis zum Jahre 2002 auf etwa 30 Prozent zurückgehen, die europäischen Flächenstaaten sollen bis dahin jeweils rund 10 Prozent Marktanteil erreichen, England sogar rund 25 Prozent.[22]

In Frankreich werden drei Viertel der europäischen PPV-Umsätze realisiert

Ebenso wie beim Abonnement besteht auch bei PPV eine Wechselbeziehung zwischen Kunde und Anbieter. Allerdings muß sich der Kunde statt der einmaligen Entscheidung für das Abonnement eines Pay-TV-Kanals (mit Ausnahme von Saison-Tickets) stets neu für die Rezeption eines speziellen Angebotes entscheiden. Während dies vorteilhaft für den Kunden sein kann, weil er keine Dauerbindung eingehen muß, erscheint dieser Umstand aus Sicht des Anbieters zunächst nachteilig, weil zur Mobilisierung der Käufer ein hoher Marketingbedarf entsteht. Erschwerend kommt hinzu, daß oftmals ein Impulskauf nicht möglich ist, da die Kunden der meisten PPV-Sender bislang das Programm telefonisch aufwendig bestellen müssen. Dennoch ist PPV auch für die Anbieter attraktiv, weil sie eine maximale Abschöpfung der Konsumentenrenten bei Top-Ereignissen realisieren

22 vgl. Screen Digest, Jan. 1998, S. 9 - 16

Quelle

Abbildung 3.8: Europäische Audiovisuelle Informationsstelle 1998, S. 179

„In anderen Worten, die Studios erhalten einen größeren Anteil an einem größeren Kuchen, wenn Konsumenten ihre Filme per PPV sehen, anstatt ein Video zu mieten..."[23]

können, da die PPV-Kosten für den Konsumenten aus Gründen der Aktualität und/oder Attraktivität eines dargebotenen Ereignisses sowie wegen der Bequemlichkeit zumeist höher sind, als der Preis für das Ausleihen eines Videos.

PPV ermöglicht optimale Abschöpfung von Zahlungsbereitschaften

Da es – neben dem Segment der Spielfilme – aber nicht genügend hochwertige Ereignisse gibt, um ein PPV-Programm vollständig zu füllen, muß die überwiegende Zahl der Anbieter in Europa auf Hollywood-Filme zurückgreifen. Dazu werden Output-Deals geschlossen, bei welchen die Studios laut der englischen Fachzeitschrift Screen Digest einen Anteil von 40 bis 50 Prozent des Endabgabe-Preises erhalten, weshalb auch für die Studios eine solche zusätzliche Verwertungsstufe finanziell interessant ist.

Marktentwicklung: Digitales Fernsehen

Digitalisierung evolutioniert auch den Fernsehsektor

Sehr häufig wird die Entwicklung eines Marktes maßgeblich bestimmt durch erfolgreiche technische Innovationen und ihre Verfügbarkeit. Derzeit wird der Mediensektor – wie auch der Telekommunikations- und IT-Sektor – beherrscht von einem Trend zur Digitalisierung, sowohl bei der Produktion und Distribution wie der Rezeption von Inhalten. Nicht nur der Buch- und Musikhandel wird durch das Internet und die seit Mitte 1998 auftauchenden digitalen „Bücher"[24] evolutioniert. Die Digitalisierung stellt auch für die Marktentwicklung im Medien- und vor allem im Fernsehbereich den entscheidenden Faktor dar: Digitales Fernsehen bedeutet eine Umstellung der gesamten Produktions-, Contributions-, Distributions-, und Endgeräte-Technik, bei der auf allen Ebenen Innovations- und Kostenreduktionspotentiale realisiert werden können. So erlaubt digitales Fernsehen eine um den Faktor vier bis sechs höhere Belegungsdichte[25] der vorhandenen Kapazitäten auf den Übertragungswegen Satellit, Kabel und Terrestrik. Nicht nur deshalb dürften die Möglichkeiten des digitalen Rundfunks für den Fernsehsektor einschneidende Veränderungen mit sich bringen, falls sie sich am Markt durchsetzen können.

In Europa begann im Januar 1996 mit dem italienischen Sender Telepiù das digitale Fernsehzeitalter, 1994 war bereits der US-Sender DirecTV gestartet. Obwohl Ende 1997 insgesamt rund 100 Programme digital über Satellit ausgestrahlt wurden, konnten sich – außer in Frankreich und Spanien – in Europa bislang kaum digitale Sender erfolgreich breitenwirksam etablieren, zumal Digital-TV bislang überwiegend als Pay-TV oder Pay-per-view-Fernsehen auf den Markt kam. Ein solcher Ansatz ist zwar aus Anbietersicht attraktiv, da die digitale Technik das Handling und Billing solcher Angebote erleichtert, sie schöpft aber weder die inhaltlichen noch die technischen Möglichkeiten des digitalen Fernsehens aus und behindert so die breite Markteinführung.

23 Screen Digest, Jan. 1998, S. 11
24 vgl. Wired, 7/1998, S. 98-104
25 Ursprünglich war eine um den Faktor 5-10 erhöhte Belegungsdichte in der Diskussion. Offensichtlich kommt hier aber die (Komprimierungs-)Technik an ihr Ende.

Abbildung 3.9: Marktpenetration digitales Fernsehen in den USA und Westeuropa (April 1997 und Mai 1998)

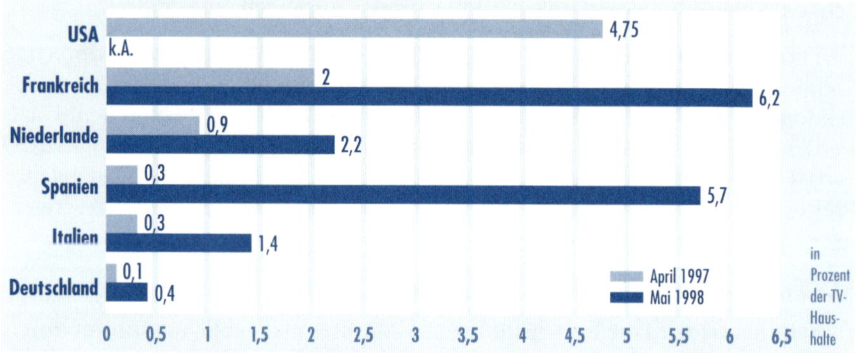

Käuferakzeptanz für digitales TV ist noch völlig ungewiß

Die Innovationskurve des digitalen Fernsehens wird deshalb vermutlich eine evolutionäre Entwicklung beschreiben. – Auch hierbei wird sowohl von den Marktteilnehmern wie von den politischen Instanzen Lernbereitschaft und Kooperationswillen verlangt. Zusätzlich wird sich noch herausstellen müssen, ob die Konsumenten bereit sind, in die neue Technik zu investieren und digitale TV-Empfänger in großen Stückzahlen kaufen.[26] Während die amerikanische Regulierungsbehörde FCC das Jahr 2006 als den Termin für die Umstellung von analogen auf digitalen Rundfunk festgelegt hat, sind solche fixen Termine in Europa, mit Ausnahme Englands, noch keineswegs endgültig beschlossen.[27]

Bislang fehlt deshalb in Europa – nicht nur in Hinblick auf die Termine, sondern auch in Hinblick auf die unterschiedlichen Standards – eine gemeinsame und erfolgsversprechende Strategie zur zügigen Implementierung des digitalen Fernsehens. Entscheidende Einflußfaktoren sind dabei die jeweilige Distributionsinfrastruktur in den einzelnen Ländern, das Angebot an analogen (werbe- oder gebührenfinanzierten) Fernsehprogrammen sowie die Verbreitung von analogem Pay-TV.

Chancen des digitalen TV insgesamt eher gering

Die gegenwärtige Zahlungsbereitschaft der Endverbraucher für digitales Fernsehen ist limitiert: Der Bezug von digitalem TV erfordert eine zweistufige Kaufentscheidung für Technik und Programm bei einem hohen Risiko bezüglich der technologischen Entwicklung und der jeweiligen Standards. Dies gilt auch für Haushalte, die in bezug auf die Umrüstkosten keine finanziellen Probleme haben. Die von der Anbieterseite eingeschlagenen Strategien trugen den systemtechnologischen Netzeffekten des digitalen Fernsehens bislang kaum Rechnung. Sie wählten eine den Bedürfnissen der Nachfrager inadäquate Hochpreisstrategie und boten inhaltlich zudem keinen nennenswerten Mehrwert, der angesichts des Wettbewerbs durch werbefinanziertes Fernsehen für eine Adoption notwendig gewesen wäre. – Bislang sind die Chancen des digitalen Fernsehens in Europa als Wachstums- und Innovationsmotor deshalb eher als gering einzuschätzen.

26 vgl. Schrape 1997
27 Für Deutschland hat die Initiative digitaler Rundfunk im August 1998 die definitive Umstellung auf das Jahr 2010 empfohlen.

Quelle

Abbildung 3.9: Schrape 1997; prognos

Zur weiteren Untersuchung des Medien-Sektors und seiner finanziellen Marktmechanismen wird nun der Fokus auf die möglichen Erlöstypen und Erlösmodelle gerichtet, die zur Refinanzierung der Leistungen der Medienanbieter genutzt werden.

3.1.2 Erlöstypen und Erlösmodelle im Mediensektor

Bei der Analyse der möglichen Erlöstypen beziehungsweise -modelle für die Finanzierung von Medienangeboten läßt sich eine Fülle von Varianten feststellen. Deren Bedeutung und Anwendungshäufigkeit variiert in den einzelnen europäischen Ländern deutlich. Deshalb soll im Rahmen dieser Untersuchung der Schwerpunkt auf den Bereich der Finanzierung von Rundfunkangeboten gelegt werden.

Grundsätzlich differenzieren kann man den Bereich der Rundfunkfinanzierung zunächst in staatliche Erlösquellen, unterschieden in direkt und indirekt rundfunkbezogene Quellen und nicht-staatlich determinierte Erlösquellen, unterschieden in marktbezogene und nicht-marktbezogenene Quellen.

Abbildung 3.10: Erlöstypen im Rundfunkbereich

Erlöstypen			
Staatlich		Nicht-staatlich	
Direkt rundfunkbezogen	Indirekt rundfunkbezogen	Marktbezogen	Nicht-marktbezogen
Nutzergebühren medienspezifisch einkommensspezifisch gerätespezifisch	**Zuschlag zur Stromrechnung**	**Entgelte** Einzelentgelte Abonnement	**Spenden**
Besteuerung privater Anbieter	**Produktsteuer bei Geräteanschaffung**	**Werbung** Spotwerbung Sponsoring Teleshopping Infomercials Product-Placements	**Mitgliedsbeiträge**
Auktionserlöse für Sendelizenzen	**Zuweisung aus allgemeinen Steuermitteln**	**Sonstige Erlöse** Kofinanzierung Licensing/Merchandising Bartering Vermietung eigener Kapazitäten Zinsen Beteiligungen	

Quelle

Abbildung 3.10: ECC 1998; nach: Pehtig/Blind 1998, S. 28

Marktbezogene Erlöstypen sind besonders ausgefeilt

Zu den staatlichen, direkt rundfunkbezogenen Erlöstypen zählen alle Arten von Nutzergebühren, die Besteuerung privater Anbieter[28] und die vor allem in England genutzten Auktionserlöse von Sendelizenzen. Zu den indirekt rundfunkbezogen Erlöstypen werden dagegen Zuschläge zur Stromrechnung, Produktsteuern bei der Geräteanschaffung und die direkte Finanzierung aus Steuermitteln gerechnet. In der vorstehenden Abbildung ist erkennbar, daß die marktbezogenen Erlöstypen sehr viel elaborierter und umfangreicher sind als die übrigen Erlöstypen. Zu den marktbezogenen Erlöstypen zählen neben der Entgeltfinanzierung auch die Werbeerlöse sowie Erlöse aus sonstigen Quellen. Zu den nicht-marktbezogenen, nicht-staatlichen Erlöstypen zählen Spenden und Mitgliedsbeiträge.

Zu den drei am häufigsten angewandten Erlösmodellen des Rundfunks werden Werbung, Abonnements beziehungsweise Rundfunkgebühren sowie Erlöse aus direkten Transaktionen gerechnet. Deren Erlösdeterminanten werden nun einzeln untersucht.

Erlösdeterminanten werbefinanzierter Medien: Umsatzkubus

Umsatzkubus beschreibt die von einem Anbieter beeinflußbaren Determinanten

Die Erlösdeterminanten werbefinanzierter Medien können anhand des Umsatzkubus analysiert werden. Der Umsatzkubus ergibt sich aus der bereits beschriebenen interdependenten Dreiecksbeziehung des werbefinanzierten Medienmarktes zwischen Anbieter, Rezipient und Werbekunden und beschreibt diejenigen Variablen, die ein Rundfunkanbieter selbst maßgeblich beeinflussen kann. Die wichtigste Determinante ist hierbei die erzielte Reichweite oder vielmehr der Zugriff auf Rezipienten als dem eigentlichen Produkt eines werbefinanzierten Mediums. Dem entgegen wirkt der inter- und intramediale Rezipientenwettbewerb.

Abbildung 3.11: Umsatzkubus – Modell der Erlösdeterminanten werbefinanzierter Medien

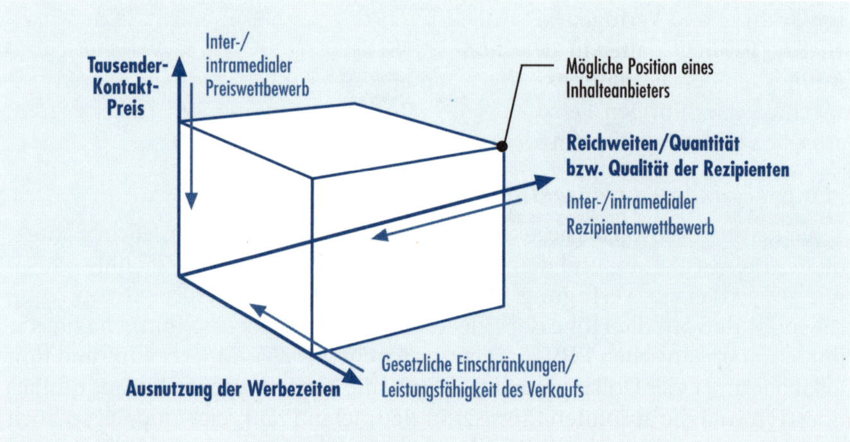

28 Zum Beispiel bei Radiosendern im deutschen Bundesland Niedersachsen.

Quelle

Abbildung 3.11: Goldhammer 1998, S. 151

Als weitere Bestimmungsfaktoren und in direkter Abhängigkeit zu den jeweils anderen Determinanten wirken der Tausender-Kontakt-Preis (TKP) als relationaler Preis für den Kontakt zu 1.000 Rezipienten und wichtiges Entscheidungskriterium der Werbekunden sowie die davon abhängige Ausnutzung der Werbezeiten. Mit Hilfe dieser drei Determinanten läßt sich die Konkurrenzsituation innerhalb eines Rundfunkmarktes gut analysieren.

Erlösdeterminanten abonnementfinanzierter Medien

Zunächst muß klar getrennt werden zwischen gesetzlich vorgeschriebenen Abonnements, die in Form einer Rundfunkgebühr[29] gezahlt werden müssen, und freiwilligen Abonnements. Freiwillige Abonnements beziehen sich im Fernsehsektor bislang auf den Bezug eines Pay-TV-Senders. Volkswirtschaftlich ließe sich begründen, daß ein einzelner gebührenfinanzierter Anbieter, dem mehrere Kanäle zur Verfügung stehen, ceteris paribus ein wohlfahrtsoptimales, vielfältiges Programmangebot bereitstellen könnte.[30] Sicherlich erleichtert das Erlösmodell der Rundfunkgebühr die Erstellung von Programmen, die stärker kulturpolitisch erwünscht sind, doch ist dabei die Gefahr der Bevormundung oder der Indoktrination stets gegeben.[31] Außerdem ist bei nahezu allen gebührenfinanzierten Rundfunkanbietern der politische Einfluß auf die Programme unerfreulich hoch. Dies führt zu der Problematik, daß die Programmgestaltung auch an den Interessen der Institutionen orientiert wird, die über die Gebühren zu entscheiden haben, und nicht an den Interessen der Rezipienten.[32]

Theoretisch könnte ein gebührenfinanzierter Rundfunk ein optimales Programm erstellen. Praktisch steht dagegen der zu große Einfluß der Politik

Bei Pay-TV-Angeboten, also den freiwilligen Abonnements, findet hingegen zwischen Anbietern und Nachfragern eine optimale Ausprägung der Interessenbeziehungen statt: Der Abonnent will ein möglichst attraktives Programm, der Anbieter hierfür maximale Erlöse. Die Erlöse stehen also in direkter Abhängigkeit vom inhaltlichen Angebot (Spielfilme, Sportereignisse und Erotik), der Vermarktung und Verfügbarkeit sowie dem Preis des Abonnements. Der Vorteil von Pay-TV liegt daher in der Interessenbeziehung zwischen Anbietern und zahlungsbereiten beziehungsweise zahlungsfähigen Konsumenten. Durch den Ausschluß aller übrigen Personen vom Konsum des vormaligen Kollektivgutes Fernsehen bleibt Pay-TV trotzdem insgesamt pareto-suboptimal.

Vorteil von Pay-TV liegt in der direkten Interessenbeziehung – trotzdem bleibt es pareto-suboptimal

Erlösdeterminanten transaktionsbasierter Medien

Bei den transaktionsbasierten Medien haben neben dem inhaltlichen Angebot, der Preisgestaltung und dem Marketing auch die passende Zugangstechnologie sowie das zur Verfügung stehende inhaltliche Auswahlspektrum einen großen Einfluß auf die Höhe der Erlöse: Während der durchschnittliche Preis je Film bei amerikanischen PPV-Anbietern zwischen 1987 und 1997 von rund fünf Dollar auf unter vier Dollar gesunken ist, sind die Nutzerkosten in Europa oftmals höher. Obwohl die absoluten Preise zum Beispiel in Frankreich doppelt so hoch sind wie in Spanien, werden PPV-Filme in beiden Ländern um 30 bis 55 Prozent über den jeweiligen lokalen durchschnittlichen Video-Verleihpreisen angeboten.[33]

29 Dabei gibt es verschiedene Formen des Inkassos: So wird in Griechenland die Rundfunkgebühr als Aufschlag auf die Stromrechnung erhoben und beinhaltet dabei auch eine Variation der Gebührenhöhe in Abhängigkeit vom Stromverbrauch.

30 vgl. Steiner 1952

31 Es muß dazu nicht einmal in das Credo des Deutschen NDWR-Generaldirektors Adolf Grimme ausufern, der zu senden verlangte, "... was die Leute sehen wollen sollen."

32 vgl. Pethig/Blind 1998, S. 78-79. Insofern finden die theoretischen Überlegungen aus der VWL in der Realität leider keinen Widerhall.

33 Screen Digest, Jan. 1998, S. 13

Abbildung 3.12: Preise für PPV-Filme in Europa

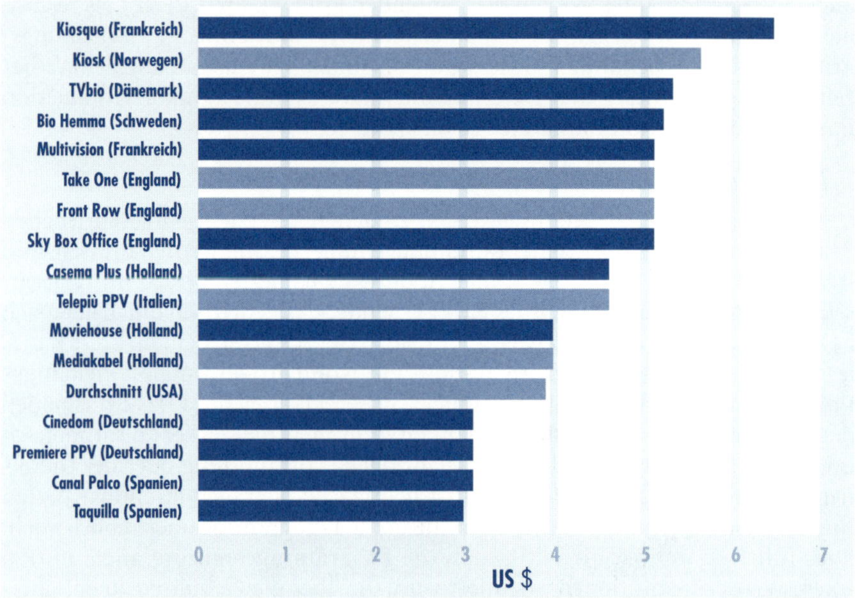

PPV-Filme um 30 bis 55 Prozent teurer als Verleihpreise der Videotheken

Der Marktpreis für PPV wird also durch das Videoverleihgeschäft determiniert. Zugleich enthält PPV einen Premium-Aufschlag, der für die Zusatzleistung des direkten Zugriffs auf Inhalte berechnet wird, anstatt extra zu einer Videothek laufen und den Film dort später zurückgeben zu müssen.

Mike Tyson boxte zu teuer: Eine Sekunde für mehr als einen halben Dollar

Daß das Pricing selbst zu den entscheidenden Erlösdeterminanten zählt, macht ein Beispiel aus dem Sportbereich deutlich: Die ersten drei Kämpfe des Boxers Mike Tyson nach seiner Entlassung aus dem Gefängnis dauerten zumeist nur wenige Minuten, während die Preise stets zwischen 40 und 50 Dollar lagen. Dadurch entstanden den Zuschauern Kosten von zum Teil über 0,5 Dollar je Sekunde! Daraufhin sank die Zahl der PPV-Kunden bei den folgenden Kämpfen.

Quelle

Abbildung 3.12: Screen Digest, Jan. 1998, S. 12
Teuerste Angebote im Nov. 1997, Angaben in US-Dollar, Helle Säulen: Preise in Planung

Abbildung 3.13: PPV in den USA – Boxte Mike Tyson zu schnell?

Boxkampf: Mike Tyson vs. ...	Zahl der PPV-Zuschauer	Kampfdauer in Min.	Preis auf US Pay - Kanal	Kosten pro Sekunde	Umsätze* durch PPV
Peter Mc. Neely	1,7 Millionen	1:29	$ 39,95 – $ 49,95	$ 0,44 – $ 0,56	$ 68 m – $ 85 m
Buster Mathis	1,4 Millionen	8:32	$ 39,95 –$ 49,95**	$ 0,09 – $ 0,12	k.A.
Frank Bruno	k.A.	6:50	Kostenlos bei Fox		
Bruce Seldon	1 Millionen	1:49	ca. $ 40	$ 0,37	etwa $ 40 m
Evander Holyfield	k.A.	33:37	Bis zu 49,75**	$ 0,02	k.A.
Evander Holyfield	ca. 2 Millionen	9:00	$ 60*	$ 0,15	$ 120 m

Erst der Anbieter Cablevision bot beim Kampf Tysons gegen Evander Holyfield das folgende Pricing-Modell: Für die erste Runde mußten 9,95 US-Dollar bezahlt werden, für jede weitere Runde wurden weitere 9,95 Dollar verlangt, bis schließlich der Endpreis von 49,75 US-Dollar nach fünf Runden erreicht wurde. Alle weiteren Runden wurden nicht berechnet. Zum Glück für alle Beteiligten dauerte dieser Kampf mehr als eine halbe Stunde, so daß sowohl die Zuschauer mit Minutenpreisen von 0,02 US-Dollar auf ihre, als auch der Anbieter auf seine Kosten kamen.

Wichtig für die Höhe der Umsätze – bestimmt durch die Kaufraten – ist aber auch die Zahl der Kanäle, also die zur Verfügung stehende Auswahl an Inhalten innerhalb eines PPV-Senders oder eines Kabelnetzes sowie die mögliche Auswahl der Abrufzeiten.

Umsätze der PPV-Anbieter wird bestimmt durch die Zahl der Kanäle

Abbildung 3.14: Kaufraten und Zahl der angebotenen PPV-Kanäle

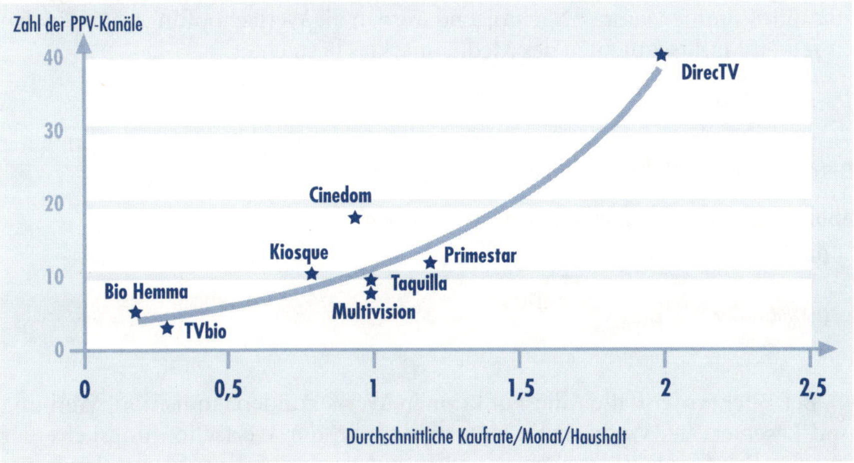

Quelle

Abbildung 3.13: ECC 1998; ECC 1997, S. 312
* Geschätzt
** Abhängig von der Art, wie der Kampf bestellt wurde (Über Telefon oder DSS-Fernbedienung)

Abbildung 3.14: Screen Digest, Jan. 1998, S. 12

Die Kaufrate, definiert als durchschnittliche Zahl der Käufe eines PPV-Angebotes (zum Beispiel eines einzelnen Spielfilmes) je Monat in allen Haushalten, die einen PPV-Dienst empfangen können, ist um so größer, je höher die Zahl der verfügbaren Kanäle innerhalb eines Dienstes ist. Hierbei erzielt analoges PPV mit nur 1 bis 6 Kanälen eine Kaufrate von 0,2 bis 0,5; digitales PPV mit 7 bis 16 Kanälen Kaufraten zwischen 0,5 und 1,25 und digitales PPV (als Near Video on Demand) mit 40 und mehr Kanälen Kaufraten um 2,0 je Monat. Allerdings bestehen keine linearen Beziehungen zwischen Kanalanzahl und Kaufrate.

Kaufrate bleibt selbst bei 40 Kanälen überraschend niedrig

Fazit der bisherigen PPV-Angebote: Die Kaufrate steigt nicht proportional zur Zahl der Kanäle. Statt dessen bleibt selbst bei sehr vielen zur Auswahl stehenden Kanälen die Kaufrate bislang ausgesprochen niedrig.

3.1.3 Wertschöpfungsketten im Medienbereich

Der Mediensektor umfaßt in volkswirtschaftlicher Abgrenzung die wertschöpfenden Aktivitäten von Unternehmen, die schwerpunktmäßig mit der Produktion von Inhalten der (Massen-)Medien befaßt sind.

Konfektionierung und Distribution als Vorbedingung für erfolgreiche Wertschöpfung im Medienbereich

Aus der Perspektive der Medieninhalte produzierenden Unternehmen erfordert erfolgreiche Wertschöpfung weitere wirtschaftliche Leistungen, ohne die weder Medieninhalte produziert oder verbreitet werden können, noch eine Nachfrage entstehen kann. Dabei handelt es sich um Leistungen, welche die medienspezifische Herstellung und Konfektionierung der Inhalte erlauben, der Vervielfältigung und/oder Distribution dienen und die Inanspruchnahme durch den Endverbraucher ermöglichen. Diese Leistungen können entweder selbsterstellt oder fremdbezogen werden. Sie sind aber in jedem Fall notwendige Voraussetzung dafür, daß erfolgreiche Kommunikation und somit Wertschöpfung zustande kommen kann.[34] Nachfolgend werden die Wertschöpfungsketten in den einzelnen Marktsegmenten des Medienmarktes betrachtet.

Printmedien

Die typische Wertschöpfungskette von Printmedien läßt sich in funktionaler Betrachtung wie folgt darstellen:

Abbildung 3.15: Wertschöpfungskette Printmedien

Bei Büchern entfallen die Funktionen Werbekundenakquisition, Werbung und Leserservice. Wesentliche Unterschiede in der Wertschöpfungskette der anderen Printmedien bestehen vor allem auf der Vertriebsstufe und damit eng verknüpft auch bei den Erlöstypen. Während die Anzeigenblätter kostenfrei und

34 = Versuch einer systemtheoretischen Reformulierung des Produktions-/Distributions-Stufen-Konzeptes. Die Unwahrscheinlichkeiten erfolgreicher Kommunikation und Wertschöpfung müssen überwunden werden: Erreichen der Adressaten, Annahme durch den Adressaten, Verstehen durch den Adressaten, Zahlungsbereitschaft des Adressaten (= Konsumenten).

Quelle

Abbildung 3.15: Sennewald 1997, S. 56

unverlangt zugestellt und ausschließlich werbefinanziert werden, praktizieren alle anderen Zeitungs- und Zeitschriftentypen einen Mix aus verschiedenen Vertriebssystemen (eigenes Zustellsystem beziehungsweise Zustellung per Post bei Abonnenten, Einzelverkauf am Kiosk etc.) und Erlösformen.

In den europäischen Ländern gibt es unterschiedliche Traditionen der direkten/indirekten staatlichen Subventionierung (Förderung) von Printmedien.[35] Als Instrumente dienen vor allem: Preisbindung bei Büchern, reduzierte Mehrwertsteuersätze, subventionierte Preise für den Postvertrieb, direkte Presseförderung. Ziel ist es in der Regel, eine meritorische Vielfalt und Qualität der Presseversorgung aufrechtzuerhalten. Die Vertriebserlöse (plus gegebenenfalls staatliche Subventionen) decken im allgemeinen nur einen Teil der Produktionskosten von Presseerzeugnissen. Werbeerlöse aus dem Verkauf von Anzeigenraum ist für das wirtschaftliche Überleben der allermeisten Printmedien unerläßlich (Extrembeispiel: Anzeigenblätter). Eine Refinanzierung der Produktionskosten allein aus Vertriebserlösen würde die Zahlungsbereitschaft des Endverbrauchers in den meisten Fällen überfordern.

Werbefinanzierung als strukturelle Koppelung unterschiedlicher Wertschöpfungsketten

Die (anteilige) Werbefinanzierung eines Mediums läßt sich systemtheoretisch als erfolgreiche strukturelle Koppelung von verschiedenen Wertschöpfungsketten interpretieren. Beispiel Printmedien: der Erfolg auf dem Lesermarkt – gemessen in Reichweiten beziehungsweise Kontaktwahrscheinlichkeiten – steigert die Erfolgschancen[36] auf dem Werbemarkt. Dies bedeutet für werbungtreibende Unternehmen, die an der quantitativen und qualitativen Medienleistung interessiert sind, daß sie die Intermutation der Rollen von Rezipienten als Konsumenten für die eigene Wertschöpfung besser ausnutzen können.

Im Unterschied zu elektronischen Medien entfällt bei Printmedien ein (sonst) notwendiges Glied der Wertschöpfungskette in Produktform: die Endeinrichtung als technisches Interface zwischen dem für Distributionszwecke gewandelten Medienangebot und dem Mediennutzer. Sofern der Rezipient physisch in der Lage ist zu lesen, die erforderliche Sprach-/Lesekompetenz vorliegt, Aufmerksamkeit und Motivation zum Lesen besteht, kann das zuvor gekaufte Printmedium direkt und ohne weitere Investitionen genutzt werden.

Auffällig an der oben zitierten Wertschöpfungskette für Printmedien ist, daß der Leser – als Käufer oder Kunde, als Konsument und Nutzer der Medieninhalte – nicht beziehungsweise nur in der Funktion „Leserservice" auftaucht. Dies erstaunt aus zwei Gründen: Erstens schafft der Leser mit seiner Nutzung der redaktionellen Inhalte des Mediums die Voraussetzung für den Erfolg auf dem Werbemarkt und die damit verbundenen Werbeerlöse. Zweitens stellt er mit seinem Kaufverhalten die zweite Erlösbasis dar (Vertriebserlöse).

Außer dem Leser fehlen in der idealtypischen Wertschöpfungskette noch weitere Glieder, die für einen funktionierenden Printmarkt unerläßlich sind. Zu erwähnen sind insbesondere die Verkoppelung mit dem Personalbeschaffungs-

35 zum Beispiel in Österreich, Frankreich, Norwegen, Schweden, Deutschland, Schweiz.
36 Die Anschlußwahrscheinlichkeiten werden über die monetarisierte "Währung" TKP und Zielgruppen-/Kontaktqualitäten transformiert.

markt, die Vorleistungsbezüge im Druckbereich, die Kooperation mit den Werbeagenturen sowie mit der Markt-/Mediaforschung (indirekte Rückkoppelung).

Tonträger (Musikmarkt)

Die funktionalen Hauptelemente der angebotsseitigen Wertschöpfungskette des Musikmarktes zeigt die folgende Abbildung:

Abbildung 3.16: Hauptelemente der Wertschöpfungskette des Musikmarktes

Musikmarkt profitiert von zwei Verwertungsstufen

In der funktionalen Darstellung der Wertschöpfungskette fehlt der Endverbraucher als Ziel und Ressourcenpotential der Wertschöpfung mit seinen Nutzungsformen (Hören, Kaufen, private Vervielfältigung). Zudem erfolgen Erst- und Zweitverwertung in der Regel gleichzeitig.[37] Die Zweitverwertung im Rundfunk (Radio und Fernsehen) ist zugleich eine notwendige Marketingvoraussetzung (Promotion, Werbung) für die Erstverwertung.

Eine erweiterte Darstellung der Wertschöpfungskette verbindet drei Perspektiven: die funktionale, die juristische und die institutionelle (Abbildung 3.17).

Abbildung 3.17: Erweiterte Wertschöpfungskette des Musikmarktes

37 Die Promotionsaktivitäten für Neuerscheinungen erfolgen heute auf der Zweitverwertungsschiene sogar häufig zeitlich vor der Erstverwertung im Handel.

Quelle

Abbildung 3.16: ECC 1998

Abbildung 3.17: ECC 1998

In der erweiterten Version der Wertschöpfungskette des Musikmarktes ist der Konsument mit seinen Nutzungsaktivitäten enthalten, die wechselseitigen Voraussetzungsverhältnisse zwischen Erst- und Zweitverwertung jedoch nicht. Durch die Zuordnung von Funktionen und juristischen Eintrittspunkten wird jedoch zusätzlich sichtbar, daß der Musikmarkt von politisch-rechtlichen Regelungen abhängig ist, welche die Rechtsverhältnisse zwischen den Akteuren auf der Angebotsseite[38] und zwischen diesen und der Nachfrageseite festlegen (Copyright). Die Zuordnung von Funktionen und institutionellen Akteuren indiziert darüber hinaus die enge strukturelle Koppelung der Wertschöpfungskette des Musikmarktes mit anderen Wertschöpfungsketten: der Autoren, der Kopierwerke, der Rundfunkveranstalter und der sonstigen Zweitverwerter.

Internet und Music on Demand stellen klassische Wertschöpfungskette für Tonträger in Frage

Bis heute wird die Wertschöpfungskette des Musikmarktes von den Tonträgerfirmen beherrscht. Die Marktführer gehören allesamt großen internationalen Medienkonzernen an. Digitaltechnik und Multimedia bedrohen die beherrschende Stellung der Tonträgerfirmen in der Wertschöpfungskette des Musikmarktes. Internet und Music on Demand (MoD) ermöglichen eine Unabhängigkeit der Künstler von den Musikfirmen und digitale Speichergeräte erlauben verlustfreies Kopieren. Zugleich enthalten sie ein Potential zur Auflösung der traditionellen Wertschöpfungsstrukturen dieses Marktes.

Film

Im Filmsektor verknüpfen sich audiovisuelle Produktion und Rechteverwertung

Bei der Wertschöpfungskette im Filmbereich sind zwei eng miteinander verbundene Aspekte zu unterscheiden: Erstens die Wertschöpfungskette aus der Perspektive der audiovisuellen Filmproduktion und zweitens die Aus- beziehungsweise Verwertungskette der Filmrechte. Aus der Produzentenperspektive wird die Grundstruktur der Wertschöpfungskette üblicherweise wie folgt dargestellt.

Abbildung 3.18: Die Wertschöpfungskette der Filmproduktion

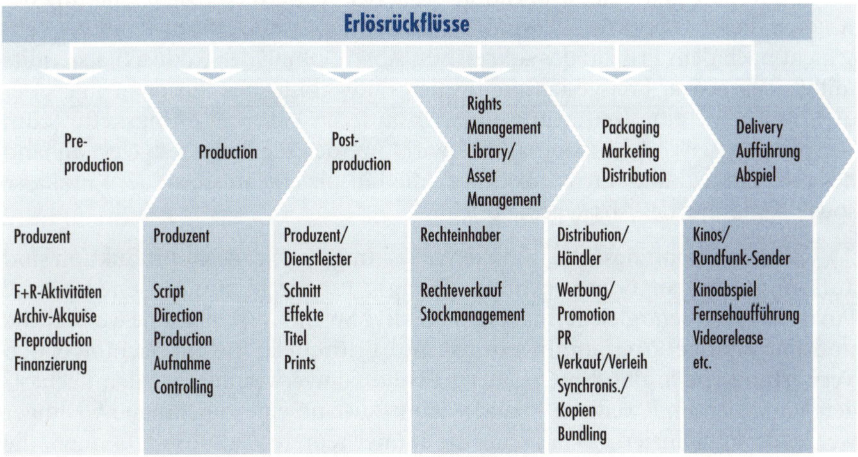

38 und damit auch die Spielregeln für die Verträge, welche die Erlösanteile und Zweitverwertungsentgelte bestimmen.

Quelle

Abbildung 3.18: ECC 1998

Ein Nachteil dieser Darstellung ist, daß die Schlüsselfunktion Vorfinanzierung eines Filmes bestenfalls unter dem Fenster Preproduktion auftaucht, nicht aber als wesentliche Gatekeeper-Funktion für das Zustandekommen der Wertschöpfungskette aufgezeigt wird. Ein weiteres Defizit ist das Fehlen des Endverbrauchers, des Kinobesuchers, der mit seiner Zahlungsbereitschaft beim Kinobesuch[39] über den Erfolg beziehungsweise Mißerfolg eines Films entscheidet und damit über dessen künftigen Wert auf den nachfolgenden Verwertungsstufen.

Asymmetrische Erlösrückflüsse führen zu instabilen Wertschöpfungsketten

Vorteilhaft ist dagegen, daß in dieser Darstellung erstmals im Gegenlauf zu den Leistungen, die miteinander kombiniert werden müssen, um eine Wertschöpfungskette erfolgreich in Gang zu bringen, auch die Erlösrückflüsse enthalten sind. Damit eröffnet sich eine zusätzliche Analysedimension: die Frage, ob den erbrachten (notwendigen) Leistungen auf einzelnen Stufen der Wertschöpfungskette auch entsprechende („faire") Anteile aus den Erlösen zugeordnet sind. Sofern (dauerhafte) asymmetrische Leistungs-/Erlösbilanzen für die einzelnen Akteursklassen auf den Stufen der Wertschöpfungskette vorliegen – wie es zum Beispiel für die europäischen Filmproduzenten der Fall ist –, kann dies ein wesentlicher Grund dafür sein, daß einzelne oder branchenspezifische Wertschöpfungsketten nicht erfolgreich etabliert werden können.

Die Verwertungskette von Spielfilmen beginnt nach erfolgreicher Produktion und Vermarktung mit der Erstaufführung in den Kinos und nimmt dann typischerweise folgenden Verlauf:

Abbildung 3.19: Verwertungskette von Filmrechten[40]

Profit Windows als sukzessive Abschöpfung der Exklusivitäts-Rendite

In Europa entfällt die Syndication-Stufe der Verwertung. Die Gestaltung der Abfolge dieser „opportunity-windows" beziehungsweise „profit-windows" geschieht nach dem Prinzip der sukzessiven Abschöpfung der Exklusivitätsrendite mittels degressiver Preisgestaltung für den Endverbraucher. Für denjenigen, der die Filmrechte zur Verwertung in einer anderen Wertschöpfungskette (zum Beispiel Fernseh- oder Videomarkt) erwirbt, werden die Preise festgelegt anhand des Erfolgsindikators „gross box office", die Einspielergebnisse an der Kinokasse sowie der Größe des Absatzgebietes.

Die Wertschöpfungskette und die Verwertungskette der Filmproduktion sind aufs engste miteinander verknüpft. Das gilt für die Leistungsebene und die Finanzierungsebene gleichermaßen. Attraktive Spielfilme stellen eine wesentliche und notwendige Programmressource und Erlösquelle für die nachfolgenden Verwertungsstufen dar. Im Gegenzug ist die Filmverwertung auf den nachfolgenden Stufen im jeweiligen Inland wie im Ausland eine zunehmend wichtiger werdende Refinanzierungsbasis für die immer teureren Filmproduktionen, die

39 abhängig vom Drehbuch, Schauspielerbesetzung, Regisseur und PR/Marketing-Einsatz
40 um eine WSK erfolgreich in Gang zu bringen.

Quelle

Abbildung 3.19: Financial Times, Charles Brown, S. 37 (Beispiel: USA)

sich durch „gross box office"-Erlöse alleine kaum noch finanzieren lassen. Bei den sogenannten „output deals" bilden die erworbenen Verwertungsrechte die Kalkulationsgrundlage für die Mitfinanzierung von Filmproduktionen durch die Akteure der nachfolgenden Verwertungsstufen und der Banken beziehungsweise Filmfinanzierungsfonds.

Dies ist ein Beispiel dafür, daß Leistungsströme und Erlösströme im Wertschöpfungsnetzwerk von emergenten Märkten gegenläufig beziehungsweise asynchron miteinander verknüpft sein können oder sogar verknüpft werden müssen. In solchen Fällen liegt die Leistungserwartung und die Vorfinanzierung zeitlich vor der Leistungserstellung und dem Leistungsnachweis; eine hochriskante Konstellation.

Rundfunk (Schwerpunkt: Fernsehen)

Wertschöpfungskette im klassischen Rundfunk ohne direkte Beziehung zwischen Anbietern und Rezipienten

Die Wertschöpfungskette im klassischen Rundfunk ist dadurch charakterisiert, daß zwischen Content Provider und Nutzer keine direkte, sondern nur eine indirekte und anonyme, durch Publikumsforschung vermittelte Kundenbeziehung besteht. Die Darstellung der Wertschöpfungskette des traditionellen Fernsehens besteht deshalb meistens nur aus vier funktionalen Komponenten:

Abbildung 3.20: Einfache Wertschöpfungskette des traditionellen Fernsehens

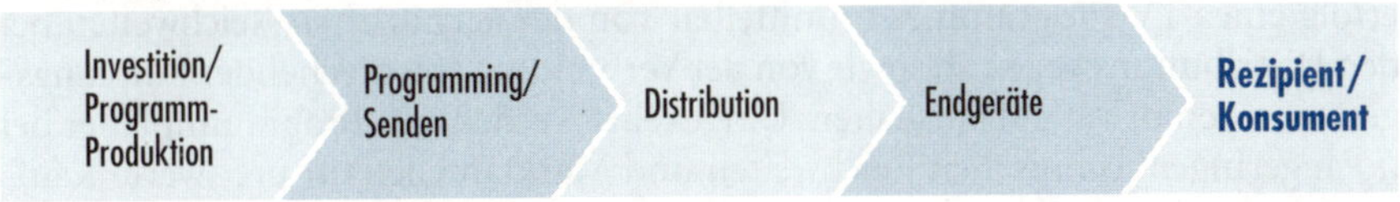

Damit lassen sich aber die komplexen Verhältnisse auf den alten Fernsehmärkten nicht hinreichend abbilden. Es fehlen die strukturellen Verknüpfungen zu den vor-, neben- und nachgelagerten Märkten beziehungsweise Aktivitäten, die für das Funktionieren des Fernsehmarktes unerläßlich sind, ebenso aber auch die Erlösströme, von denen die wirtschaftliche Tragfähigkeit des Marktes abhängt.

Um die strukturellen Koppelungen mit den vor-, neben- und nachgelagerten Märkten/Leistungen deutlich zu machen, bietet es sich an, die Produktionsfunktion in Eigen- und Fremdproduktion aufzusplitten und zusätzlich den Beschaffungsmarkt zu berücksichtigen.

Quelle

Abbildung 3.20: ECC 1998

Erweiterte Wertschöpfungskette berücksichtigt Beschaffung und differenziert zwischen Eigen- und Fremdproduktion

Abbildung 3.21: Wertschöpfungskette Fernsehen und strukturelle Koppelungen

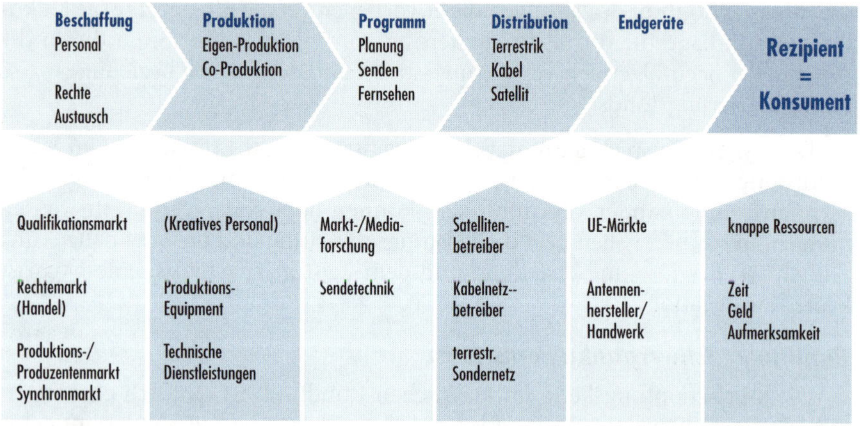

Die Einführung des privaten Fernsehens in den achtziger Jahren machte überall in Europa deutlich, daß es zwischen den Gliedern beziehungsweise Funktionen der Wertschöpfungskette wechselseitige Abhängigkeiten, genauer: Voraussetzungs- und Limitierungsverhältnisse, gibt.[41] Beispielsweise hängt der Markterfolg eines TV-Programmes unmittelbar von den technischen Reichweiten bei den Distributionswegen ab sowie von der Verbreitung entsprechender Empfangsgeräte in den privaten Haushalten. Umgekehrt werden sich Programmplaner bei noch geringen technischen Reichweiten und Marktanteilen für preiswerte Kaufprogramme von ausländischen Beschaffungsmärkten entscheiden und nicht für teure Eigenproduktionen.

Effektive strukturelle Koppelungen sind erfolgsentscheidend im TV-Markt – notfalls auch mit Hilfe der Politik

Die wirtschaftliche Tragfähigkeit eines TV-Marktes (in der Etablierungsphase) hängt demnach ganz entscheidend davon ab, ob es gelingt „just in time" effektive strukturelle Koppelungen mit den vor- und nachgelagerten Märkten herzustellen. Dazu ist der Markt alleine häufig nicht in der Lage. Um für die Akteure auf diesen Märkten eine hinreichende Planungssicherheit zu gewährleisten (Umkehrung: das Investitionsrisiko beherrschbar zu halten), ist folglich eine politische Intervention (Zielvorgabe, Regulierung, Hebammenfunktion, Subvention) erforderlich.

Betrachtet man das Fernsehsystem unter dem Fokus der Finanzierung, zeigt sich, daß die Wertschöpfungskette weiterer Ergänzungen bedarf. Neben den funktionalen Leistungsströmen müssen auch die Zahlungsströme abgebildet werden:

41 Diese Restriktionen lassen sich nur durch konzertierte Entwicklungen auflösen und benötigen Zeit.

Quelle

Abbildung 3.21: ECC 1998

Abbildung 3.22: Wertschöpfungsfunktionen und Zahlungsströme auf dem (deutschen) Fernsehmarkt

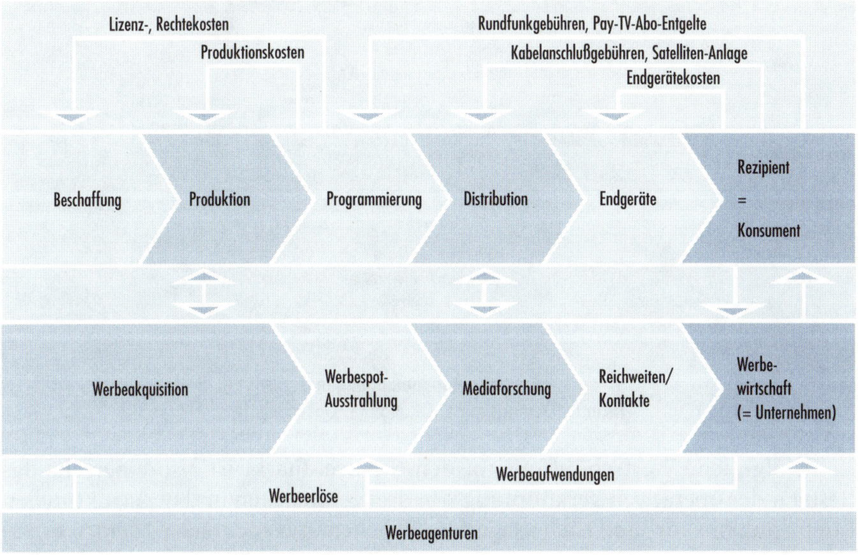

Mit diesem Schema lassen sich die Verhältnisse auf dem Fernsehmarkt realitätsnah darstellen. Fernsehveranstalter (private wie öffentlich-rechtliche) operieren auf drei Märkten zugleich: auf dem Zuschauermarkt, auf dem Werbemarkt und auf dem Beschaffungs-/Produktionsmarkt sowie in struktureller Koppelung mit den oben genannten vor- und nachgelagerten Märkten.[42] Erfolgreiche Wertschöpfung einzelner Fernsehveranstalter wie wirtschaftliche Tragfähigkeit des gesamten Fernsehmarktes kann nur gelingen, wenn dieser Gesamtzusammenhang berücksichtigt und nach Rentabilitätsgesichtspunkten, ausbalanciert für die Akteure /Funktionen, gestaltet wird. Diese Anforderung ist zum Beispiel auf dem deutschen Fernsehmarkt derzeit nur für wenige Programmanbieter erfüllt, für das Gesamtsystem wird sie deutlich verfehlt.[43]

Strukturelle Koppelung funktioniert im deutschen Fernsehmarkt insgesamt (bislang) nicht

Für derartige Defizite werden von den Marktakteuren in der Regel die ordnungspolitischen Rahmenbedingungen, wahlweise auch ungünstige wirtschaftliche Randbedingungen (Größenvorteile der US-TV-Industrie, Konjunktur- und Nachfrageschwäche) verantwortlich gemacht. Solche Zuweisungen treffen sicher zu, verdecken gleichzeitig aber auch viele Schwächen in der Selbstorganisation des Marktes durch die Akteure.[44] Dennoch weisen sie darauf hin, daß die Wertschöpfung des Fernsehmarktes abhängig davon ist, wie die strukturelle Koppelung mit dem politischen System (Ordnungspolitik und Wettbewerbsrecht) und den sozialen Randbedingungen gestaltet wird. Dieser übergreifende Kontext des Wertschöpfungsnetzwerkes Fernsehen läßt sich wie folgt veranschaulichen.

42 vgl. Abschnitt 3.1.1
43 Die Folgen: negative Wertschöpfung zum Beispiel im Fall der Einstellung von Nickelodeon oder dem Wetterkanal.
44 Beispiele: zu wenig Förderung des Beschaffungs-/Produktionsmarktes; Konditionspolitik beziehungsweise Werbekunden/-agenturen, Werbeflut.

Quelle

Abbildung 3.22: ECC 1998

Abbildung 3.23: Kontext und Grenzen des Fernsehmarktes

Erfolgreiche Wertschöpfung auf dem Fernsehmarkt ist also einerseits das Resultat der operativen Verknüpfung von drei Teilmärkten und der strukturellen Koppelung mit vor- und nachgelagerten Branchen und andererseits der friktionsarmen Akkordierung mit exogenen Randbedingungen und dem geltenden ordnungspolitischen Rahmen unter internationalem und intermediärem Wettbewerbsdruck. Anders gesagt: Die Marktakteure operieren auf einem hochkomplexen Markt; ihr Gestaltungsfreiraum wird durch Kontextbedingungen eingeschränkt, die nicht oder nur sehr begrenzt beeinflußt werden können.

Ordnungspolitische Maßnahmen nur wenig erfolgsversprechend

Für die Ordnungspolitik gilt umgekehrt: ein direktes Einwirken in die Markt- und Wertschöpfungsmechanismen durch De- oder Re-Regulierung beziehungsweise sonstige Maßnahmen erscheint wegen der hohen Eigenkomplexität und den vielfältigen Anschlußfähigkeiten[45], die zur Verknüpfung erzeugt werden müssen, wenig aussichtsreich. Überregulierung im Sinne von zu detaillierter beziehungsweise konkreter Regulierung birgt die Gefahr der Fehlregulierung (Folge: negative Wertschöpfung) oder führt zu einem permanenten Änderungsbedarf in der Regulierung[46] mit der Folge, daß Regulierungslücken beziehungsweise Regulierungsunsicherheit und verzögerte Wertschöpfung entstehen können. Politikversagen und Marktversagen lassen sich somit als die zwei Seiten einer Medaille – mißlungener struktureller Koppelung – darstellen.

3.1.4 Nutzung von Erlöspotentialen durch Profit Windows

Die Nicht-Rivalität des Konsums bei audiovisuellen Inhalten wird von Programmproduzenten und -distributoren im Rahmen des sogenannten Windowing genutzt, um Gewinnmaximierung zu betreiben, indem sie einen Inhalt, ein Programm über unterschiedliche Vertriebswege zu unterschiedlichen Zeitpunkten

45 zum Beispiel Wettbewerbsfähigkeit (international wie intermediär), Akzeptanz und Zahlungs-/Preisbereitschaft.

46 Beispiel: Novellierungen des Rundfunkstaatsvertrages zwischen den deutschen Bundesländern.

Quelle

Abbildung 3.23: ECC 1998

Profit Windows: Einmal produziert, mindestens fünfmal verwertet

verbreiten. Dies bedeutet, daß ein Spielfilm nacheinander im Kino, über Pay-per-view, Video, Pay-TV und im werbefinanzierten Fernsehen sowie danach zusätzlich durch Syndication und Programmarchive verwertet wird. Der Film wird nur einmal produziert und – neben den Merchandising- und anderen Lizenzerlösen – mindestens fünfmal verkauft. Die Verwertung über die unterschiedlichen Distributionswege – den Profit Windows – ermöglicht somit mehrfache Erlöse.[47]

Kinoerfolg determiniert Preise für die anderen Verwertungsstufen

Die Anordnung der einzelnen Verwertungsstufen richtet sich prinzipiell nach dem Erlöspotential: Beispielsweise hat die Einführung von Home-Video Anfang der achtziger Jahre dazu geführt, daß dieses Profit Window das Window werbefinanziertes TV auf einen hinteren Platz verdrängt hat, weil es erlösstärker ist. Ein weiterer Faktor ist die strategische Bedeutung eines Profit Windows. So hat die Verwertungsstufe Kino eine höhere Relevanz für das Erlöspotential, da hierüber die Attraktivität eines Filmes und damit die Preise für die weiteren Verwertungsstufen determiniert werden: Je erfolgreicher und bekannter ein Film im Kinomarkt gewesen ist, desto leichter (und umsatzträchtiger) ist die Vermarktung in den nachfolgenden Profit Windows.

Die höchste Rentabilität erzielt ein Film in der Verwertungsstufe Video, wobei der Großteil der Umsätze durch Kaufvideos (Sell-through) und nicht durch Verleih-Einnahmen (Rentals) getätigt wird. Kurz danach folgt das relativ neue Window Pay-per-view. In den USA beginnt das Pay-per-view-Window, etwa 40 bis 90 Tage nach der Filmeinführung in den Videomarkt, in den europäischen Flächenstaaten (mit Ausnahme Frankreichs) zumeist erst nach sechs Monaten. Die dem Window Pay-TV folgende Verwertungsstufe werbefinanziertes TV, ist hinter den gebührenpflichtigen Profit Windows angeordnet, da ein Konsument nur in seltenen Fällen bereit wäre, für einen Film zu zahlen, wenn dieser bereits kostenlos im Fernsehen ausgestrahlt wurde.[48]

Abbildung 3.24: Zeitliche Abfolge der Profit Windows in den USA (1996)

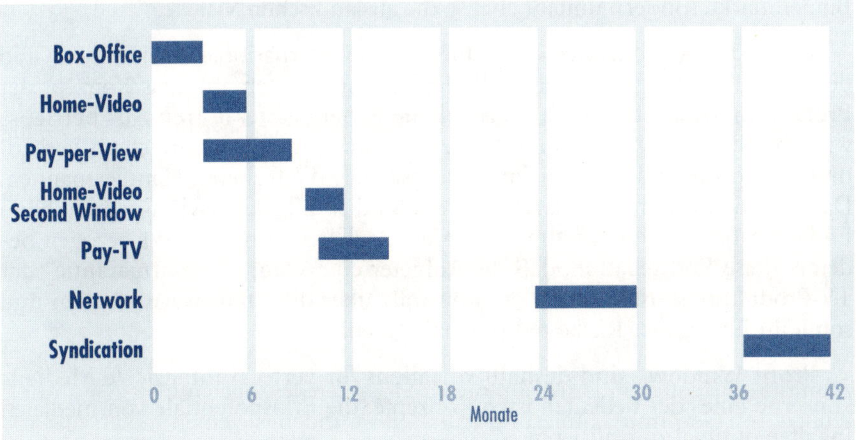

47 vgl. weiterführend Artopé/Zerdick 1995
48 vgl. Owen/Wildman 1992, S. 31

Quelle

Abbildung 3.24: ECC 1997

Neue Verwertungsstufen, wie die ab Ende 1997 eingeführte Digital Video Discs (DVD) und in Zukunft auch das Internet werden als Erweiterung des klassischen Profit Window-Konzeptes zunehmende Marktbedeutung erlangen und möglicherweise alte analoge Profit Windows ersetzen.

Abbildung 3.25: Neue Verwertungsstufen im Film- und Fernsehmarkt

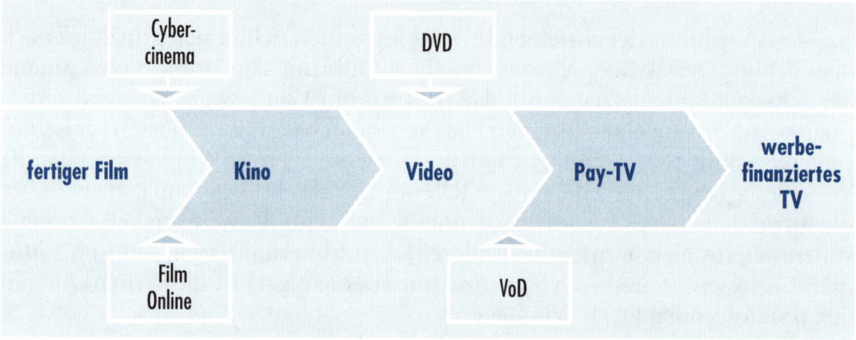

Zeitliche Differenzierung verhindert Kannibalisierung einzelner Verwertungsstufen

Die Bedeutung der einzelnen Verwertungsstufen drückt sich nicht nur in der zeitlichen Nähe der jeweiligen Verwertungsstufe zur Erstausstrahlung im Kino aus, sondern auch in der Verfügbarkeitsdauer des Filmes in einem bestimmten Window. Da die Umsatzströme in den nachfolgenden Stufen nicht „kannibalisiert" werden sollen, wird beispielsweise darauf geachtet, daß ein Kinofilm bereits ausgelaufen ist, bevor er im Videohandel erhältlich ist. Als weitere Stufe der zeitlichen Diskriminierung wird zwischen Pay-TV und werbefinanziertem TV eine „Pause" von einem Jahr eingelegt, um die Aktualität und damit den wahrnehmbaren Mehrwert von Pay-TV zu unterstreichen und gegebenenfalls die internationale Verwertung weiter voranzutreiben: Denn die mehrfache Verwertung von Film- und Fernehprogrammen beschränkt sich nicht nur auf den Binnenmarkt, sondern umfaßt ebenso die ausländischen Märkte.

Große Medienkonzerne weisen hierzu auch international einen hohen Grad der vertikalen Integration über alle Distributionsstufen auf. Das Konzept der Profit Windows setzt deshalb erhebliche Synergieeffekte frei: Aus betriebswirtschaftlicher Sicht „eliminiert" die Kombination von mehrfachem Verkauf und der Kontrolle der jeweiligen Verkaufskanäle die früheren Händlerspannen. Darüber hinaus können die Absatzpreise und somit die Gewinnspannen beim Endverbraucher selbst bestimmt werden. Auf den Fernsehmarkt bezogen bedeutet diese Konstellation, daß die Anbieter eine Vorab-„Umsatzgarantie" der TV-Produktionskosten durch die Kontrolle über die Absatzwege erhalten und somit ihr finanzielles Risiko reduzieren können.

Profit Windows sind deshalb vor allem für vertikal integrierte Medienkonzerne eines der bedeutendsten Konzepte, die Erlöspotentiale von medialen Inhalten optimal zu realisieren.

Quelle

Abbildung 3.25: ECC 1998

3.2 Herrscher der Netze: Wer besitzt die Infrastruktur? – Analyse des Telekommunikations-Sektors

Das folgende Kapitel analysiert einen Markt, der mehr als einhundert Jahre lang weltweit von staatlich geschützten Monopolen geprägt war und erst seit kurzem durch anhaltende Deregulierung Wettbewerb erfährt. Am Beginn der Entwicklung stand die Erfindung des Telefons im Jahre 1876. Der Nutzen des neuen Mediums war zunächst unklar, Gespräche zwischen Personen standen als Verwendungszweck anfangs nicht im Vordergrund. Das Telefon wurde statt dessen zur Übertragung von Opern und Konzertveranstaltungen genutzt.[49]

Die Entwicklungen der Telekommunikation führen zum „Death of Distance"

Zudem war nicht abzusehen, daß in der ferneren Zukunft Glasfasernetze mit Hilfe optischer Signale Daten beinahe in Lichtgeschwindigkeit übertragen oder daß Satelliten in der Umlaufbahn der Erde die Kommunikation zwischen Menschen aus entlegensten Gegenden der Welt ermöglichen. Insbesondere das Internet als „Netz der Netze" ermöglicht eine Vielzahl neuer Formen der Sprach- und Datenkommunikation. Die Folge dieser Entwicklungen ist der „*Death of Distance*"[50], das heißt das Ende der Bedeutung von räumlichen Entfernungen für die Kommunikation. Im Juli 1997 schloß sich der historische Kreis, als Intel in New York ein Musikfestival veranstaltete und live über das Internet übertrug: wie zu Beginn des Telekommunikationszeitalters wurde das Telefonnetz für Musikausstrahlungen genutzt.

Telekommunikation bedeutet die Übertragung von Daten jeglicher Art über Netze

Als Basis für die nachfolgenden Ausführungen ist zunächst das diesem Bericht zugrundeliegende Verständnis des Begriffs Telekommunikation zu erläutern. Dabei bezeichnet Telekommunikation in der weitesten Fassung die Übertragung von Daten jeglicher Art (Text, Grafiken, Bilder, Audio, Video, Stimme[51] und alle möglichen Kombinationen) in analoger oder digitalisierter Form über verschiedenste Netze. Die unterschiedlichen Netze und die darauf üblichen Anwendungen der Datenübertragung sind in der folgenden Abbildung dargestellt. Dabei ist zu beachten, daß die den Netzen zugeordneten Anwendungen nur den ursprünglichen Verwendungszweck der Netze kennzeichnen.[52]

Abbildung 3.26: Systematisierung der Telekommunikationsnetze und ihrer ursprünglichen Anwendungen

Netzart	Leitungsgebundene Netze			Leitungslose Netze	
Übertragungsmittel	Kupferdoppelader (twisted copper)	(Kupfer-)Koaxial	Glasfaser	Terrestrisch	Satellit
Anwendungsbeispiele	Telefon, ISDN	Kabelfernsehen	Breitbandiger Datentransfer	Mobilfunk, Rundfunk	Satellitenfernsehen

49 vgl. Picot/ Reichwald/ Wigand 1998, S. 117
50 vgl. Cairncross 1997
51 Eine Unterscheidung der Stimmdaten von Audiodaten wird hier vorgenommen, um die unterschiedlichen Anwendungen, die darauf beruhen, hervorzuheben. So tritt die Übertragung der Stimme im Rahmen der Telefonie auf, während die Audiodaten die Übertragung von Tondokumenten betrifft.
52 Inzwischen ist Telefon-, Fernseh- und Datenübertragung über all diese Netze möglich. Dies wird in Abschnitt 3.2.3 unter dem Begriff der Konvergenz der Sprach- und Datenkommunikation beschrieben.

Quelle

Abbildung 3.26: ECC 1998

Broadcasting versus Telekommunikation

Die Anwendungen und die dazugehörigen Netze sind weiterhin ihrem Basiszweck entsprechend in zwei Gruppen zu unterteilen. Koaxial-, Satelliten- und terrestrische Rundfunknetze sind Broadcast-Netze. Sie dienen in erster Linie der einseitigen Übermittlung von Inhalten von einem Sender an eine Vielzahl von Empfängern. Die Übertragung der Inhalte erfolgt unselektiert an alle Teilnehmer, die an das Netz angeschlossen sind. Demgegenüber stellen die Kupferdoppelader-, Glasfaser- und terrestrischen Mobilfunknetze Telekommunikationsnetze im engeren Sinne dar. Ihr Kernzweck liegt in der gegenseitigen Kommunikation zwischen einigen (wenigen) Teilnehmern. Die Datenübertragung in diesen Netzen erfolgt zielgerichtet an einen bestimmten eingeschränkten Teil der potentiellen Empfänger, die an das Netz angeschlossen sind.

Der Telekommunikationsbegriff in seiner weitesten Fassung kann dementsprechend unterteilt werden in Broadcasting und Telekommunikation im engeren Sinne. Für die Zwecke dieses Berichts, der die Bereiche Medien, Telekommunikation und Informationstechnologie sowie die dazwischen bestehenden und entstehenden Zusammenhänge untersucht, ist der Telekommunikationsbegriff in seiner engeren Fassung geeigneter. Das Broadcasting ist dabei dem Bereich der Medien zuzuordnen. So werden unerwünschte Überschneidungen und daraus folgende Ungenauigkeiten vermieden.

Erst im Zuge der Konvergenz der verschiedensten Netze, die – wie in Abschnitt 3.4 gezeigt wird – zur Konvergenz der Medien- und Kommunikations-Sektoren führt, werden die Broadcast-Netze in die Ausführungen dieses Kapitels mit einbezogen.

3.2.1 Größe und Struktur des europäischen Telekommunikationsmarktes

Eine allgemein übliche Marktabgrenzung liefert das European Information Technology Observatory (EITO). Dieser Marktabgrenzung liegt allerdings ein weitergehender Telekommunikationsbegriff zugrunde, der an dieser Stelle nur zur numerischen Beschreibung des Telekommunikationsmarktes herangezogen werden soll, um ein Bild von der Größe und Struktur des Marktes zu vermitteln.

Abgrenzung des TK-Marktes

Auf der Basis dieses Telekommunikationsbegriffes umfaßt der Telekommunikationsmarkt die Bereiche Netzinfrastruktur/-equipment sowie Telekommunikationsdienste.[53] Der erste Bereich beinhaltet alle Leistungen, die sich auf die Ausstattung der Telekommunikationsinfrastruktur beziehen. Dabei sind öffentliche von privaten Netzen zu unterscheiden. Während öffentliche Netze der Allgemeinheit für Telefon- und Datenkommunikation zur Verfügung stehen, bezeichnen private Netze Netzwerke in Unternehmen oder sonstigen Organisationen. Zur Ausstattung öffentlicher Netze zählen in erster Linie Leitungen und Schaltsysteme sowie Komponenten, die zum Betreiben von Mobilfunknetzen benötigt werden.

53 vgl. EITO 1998, S. 386

Die Ausstattung der privaten Netze umfaßt neben privaten Schaltsystemen (wie zum Beispiel PABX) stationäre (Telefonapparate und -anlagen) und mobile Endgeräte (Mobiltelefone, Pager) sowie Zusatzgeräte der Telekommunikation (Telefaxgeräte, Anrufbeantworter, Geräte für Videokonferenzen).

Zu dem zweiten Bereich, den Telekommunikationsdiensten[54], zählen nach EITO neben dem klassischen Telefonservice auch Leistungen des Mobilfunks, der Datenkommunikation und des Kabelfernsehens. Diese vier Dienste sind folgendermaßen abzugrenzen.

* Die Telefondienste umfassen Leistungen der Sprachtelefonie, bei denen die Kommunikation über Festnetze erfolgt.
* Davon grenzt sich der Bereich des Mobilfunks ab. Er stellt ein weiteres Segment dar, da hier Leistungen der mobilen Kommunikation über terrestrische Netze angeboten werden. Diese Dienste erfüllen beim Kunden eine andere Funktion als die Festnetztelefonie, indem sie dem Mobilitätsbedürfnis Rechnung tragen.
* Die Leistungen der Datenkommunikation betreffen die Übertragung von Daten (Text, Grafik, Video, Audio) über verschiedenste Datennetze. Hiervon ist insbesondere die Sprachkommunikation auszuschließen.[55] Vielmehr beinhaltet die Datenkommunikation beispielsweise den Bereich des Internet, sowie die Datenübertragung innerhalb und zwischen Unternehmen.
* Der Bereich des Kabelfernsehens umfaßt nur die Übertragungsleistungen der Netzbetreiber. Davon ausgenommen sind demnach die Produktion von Inhalten und das Packaging, die bereits in Kapitel 3.1 behandelt wurden.

Telefondienste dominieren westeuropäischen TK-Markt

Die Struktur des so abgegrenzten Telekommunikationsmarktes zeigt die folgende Abbildung. 1997 hatte der westeuropäische Telekommunikationsmarkt ein Volumen von 181,2 Milliarden ECU. Dabei spielt der Bereich Netzinfrastruktur/-equipment mit einem Anteil von nur knapp 17 Prozent eine eher untergeordnete Rolle. Den Hauptbereich des Marktes stellen mit 83 Prozent des Marktvolumens die Telekommunikationsdienste dar. Diesen Bereich wiederum dominieren die klassischen Telefondienste mit einem Anteil von 65 Prozent der Telekommunikationsdienste und 54 Prozent des gesamten Telekommunikationsmarktes.

54 Die Dienste beinhalten sowohl die reine Verbindungsleistung der Netzbetreiber als auch Mehrwertdienste der Telekommunikation. (vgl. auch Kap. 3.2.5)

55 Obwohl die Sprachkommunikation generell als ein Teilbereich der Datenkommunikation angesehen werden kann, ist sie zu dem Zweck einer klaren Segmentabgrenzung hier ausgenommen. Sie wird von den Bereichen der Telefondienste und des Mobilfunks abgedeckt.

Abbildung 3.27: Struktur des Telekommunikationssektors in Westeuropa* (1997)

Märkte	Marktsegmente	Marktvolumen in Milliarden ECU	Marktvolumen in %
Netzinfrastruktur/-equipment		**30,6**	**16,9**
	Ausstattung öffentlicher Netze	**13,5**	**7,5**
	Leitungen	3,8	2,1
	Schaltsysteme	6,3	3,5
	Infrastruktur für Mobilkommunikation	3,4	1,9
	Ausstattung privater Netze	**17,2**	**9,5**
	Private Schaltsysteme (z.B. PABX)	3,1	1,7
	Telefongeräte	5,0	2,8
	Mobiles Telefonequipment (z.B. Handy)	3,8	2,1
	Zusatzgeräte (z.B. Fax, Anrufbeantworter)	5,2	2,9
Telekommunikationsdienste		**150,6**	**83,1**
	Telefondienste	98,1	54,1
	Mobiltelefondienste	24,7	13,6
	Datenkommunikation	22,1	12,2
	Kabelfernsehen	5,7	3,1
Telekommunikation Gesamt		**181,2**	**100,0**

Liberalisierung und Konvergenz als Haupttrends der Telekommunikation

Die nachfolgende Analyse des Telekommunikationsmarktes konzentriert sich auf die beiden wesentlichsten Entwicklungen im Bereich der Telekommunikationsdienste:

Im ersten Teil der Ausführungen (Kapitel 3.2.2) wird das Augenmerk auf die aktuellen Liberalisierungen der Telefonmärkte gerichtet, die gegenwärtig in beinahe allen europäischen Staaten die Marktentwicklung beherrschen. Darauf aufbauend werden strategische Aspekte des Wettbewerbsverhaltens der alten und neuen Player analysiert.

Der zweite Teil der Ausführungen (Kapitel 3.2.3) bezieht sich auf die Verbindung der Sprach- und Datenkommunikation. Nach einer grundlegenden Beschreibung der Funktionalität und der Bedeutung des Internet werden die generellen Unterschiede zwischen der Datenkommunikation und der Sprach-

Quelle

Abbildung 3.27: EITO 1998, S. 350
* Westeuropa beinhaltet die 15 Staaten der EU sowie Norwegen und die Schweiz.

kommunikation dargestellt. Daran anschließend wird die Konvergenz der beiden Bereiche betrachtet, wobei sowohl die relevanten technologischen Trends als auch die ökonomischen Auswirkungen beschrieben werden.

3.2.2 Liberalisierung der Telefonmärkte in Europa

Telefonmonopole in Europa sind gefallen

Der Markt der Telefondienste ist derzeit in Europa durch die Umsetzung der EU-Richtlinie zur Deregulierung gekennzeichnet. Während der Wettbewerb um öffentliche Telefondienste in Finnland, Schweden, Großbritannien, Dänemark und den Niederlanden bereits seit einigen Jahren geöffnet ist, fiel in fast allen übrigen europäischen Staaten zum 1. Januar 1998 das Telefonmonopol. Einen weiteren Aufschub zur Umsetzung der Richtlinie erhielten nur die Länder Griechenland, Irland, Spanien, Portugal und Luxemburg.[56]

Die europäischen Telefongesellschaften spielen weltweit eine bedeutende Rolle. Dies zeigt auch die folgende Übersicht, in der die fünf größten der ehemaligen Telefonmonopolisten in den europäischen Märkten den weltweit agierenden Unternehmen für Telekommunikationsdienste gegenübergestellt werden.

Abbildung 3.28: Die 15 größten Telekommunikationsdienstleister der Welt

	Unternehmen	Land	Umsätze 1997 (in Milliarden US-Dollar)
1	NTT	Japan	71,1
2	AT&T	USA	51,3
3	Deutsche Telekom	Deutschland	40,6
4	BCE	Canada	33,2
5	Bell Atlantic	USA	30,2
6	France Télécom	Frankreich	29,4
7	SBC Communications	USA	24,9
8	Telecom Italia	Italien	24,2
9	British Telecommunications	Großbritannien	24,1
10	GTE	USA	23,3
11	Bellsouth	USA	20,6
12	MCI Communications	USA	19,7
13	Ameritech	USA	15,9
14	Telefonica de España	Spanien	15,3
15	Sprint	USA	14,9

56 vgl. EITO 1998, S. 36

Quelle

Abbildung 3.28: Elstrom et al., 1998, S. 53

Bevor eine Analyse des neuen Wettbewerbs auf den liberalisierten Märkten durchgeführt wird, sollen zunächst die generellen Vor- und Nachteile der Liberalisierung erörtert werden. Diese Ausführungen stützen sich auf Erfahrungen, die in bereits liberalisierten Märkten gemacht wurden, wie zum Beispiel in den USA, Großbritannien und Skandinavien.

Vor- und Nachteile der Liberalisierung

Vorteile der Liberalisierung gehen weit über sinkende Tarife hinaus

Die ökonomischen Vorteile einer Liberalisierung der Telefonmärkte sind zwingend, denn sie betreffen alle Bereiche einer Volkswirtschaft. Generell forciert der entstehende Wettbewerb bei den Anbietern der Telefondienste Preissenkungen, Verbesserungen beim Service, die Entwicklung und Verwendung neuer Technologien sowie das Angebot innovativer Dienste.

Das Angebot neuer Dienste konnte bereits in Form von Anrufweiterschaltung, Makeln und Dreierkonferenzen beobachtet werden, die von staatlichen Telefongesellschaften in Antizipation des Wettbewerbs bereits vor der Monopolauflösung angeboten wurden. Zudem verfolgen konkurrierende Netzbetreiber die Entwicklung weiterer innovativer Leistungen. Diese Projekte reichen von der Verbindung mobiler und festnetzbasierter Telekommunikationsleistungen bis hin zu persönlichen Rufnummern. Über diese eine Rufnummer ist der Telefonkunde sowohl im Büro als auch zu Hause, im Auto oder schließlich auf der netzinternen Mailbox zu erreichen. Diese ist durch Unified Messaging wiederum in der Lage, Anrufe, Faxe, E-Mails und andere Daten zu speichern, die der Nutzer von überall abrufen und verwenden kann.

Vor allem Geschäftskunden profitieren vom neuen Wettbewerb

Von der Entwicklung solcher innovativen Dienste profitieren insbesondere Geschäftskunden, indem sie Effizienzsteigerungen bei der Gestaltung betrieblicher Abläufe realisieren können. Weiterhin sind drastisch sinkende Tarife zu beobachten. Für Unternehmen mit großem Telekommunikationsaufkommen entstehen erhebliche Kostenersparnisse.

Privatkunden reagieren auf die verbesserten Angebote und sinkenden Tarife insbesondere durch eine Ausweitung des Gesprächsaufkommens. Durch die häufigeren und längeren Telefongespräche wächst in liberalisierten Märkten das Gesprächsaufkommen beinahe doppelt so schnell wie in monopolistisch geprägten Märkten.[57]

Diesen vielfältigen positiven Auswirkungen stehen jedoch auch Nachteile gegenüber, die die Aufhebung von Monopolen mit sich bringt. So ist die Liberalisierung von Märkten anfangs von großem Regelungsbedarf geprägt. Es treten Detailfragen auf, die vom Gesetzgeber nicht beantwortet werden oder einem Auslegungsspielraum unterliegen. Beispiele dafür sind die Wechselgebühren, die der Kunde zahlen muß, wenn er den Anbieter wechseln möchte, oder die Festlegung von Netzzugangskosten (Interconnection-Gebühren), die ein neuer Anbieter übernimmt, wenn er die Infrastruktur des ehemaligen Monopolisten in Anspruch nimmt. Allgemeines Ziel der Regelungen ist es, Interessenkonflikte auszutarieren.

57 vgl. o.V. 1998a, S. 59

Die Regulierungsmaßnahmen sollten die Interessen der Verbraucher an einem funktionierenden Wettbewerb möglichst unterstützen, dabei aber keine der beteiligten Parteien (Ex-Monopolist und neue Konkurrenten) grundsätzlich benachteiligen. Das allgemeine Wettbewerbsinteresse steht generell über den Interessen der einzelnen Parteien. Allerdings muß auch vermieden werden, daß der Ex-Monopolist durch zu wettbewerbsorientierte Entscheidungen verpflichtet wird, die Konkurrenten zu subventionieren. Mit einfacher Deregulierung ist es folglich nicht getan.

Intelligente Maßnahmen müssen die neuen Konkurrenzverhältnisse regeln

Als Folge solch ungeklärter Fragen entstehen Unsicherheiten für alle Marktbeteiligten. Den Anbietern fehlt oftmals eine gesicherte Kalkulationsgrundlage zur Bewertung und Planung ihrer Aktivitäten. Auch auf seiten der Kunden treten Verunsicherungen auf, die die finanziellen Auswirkungen eines Anbieterwechsels schwer kalkulierbar machen.

Kundenhemmnis durch mangelnde Markttransparenz

Weiterhin ist in frühen Phasen des neu entstandenen Wettbewerbs mangelnde Markttransparenz zu beobachten. Es treten eine große Zahl von Anbietern auf den Markt, deren komplizierte Tarifstrukturen – zum Teil gewollt – eine Vergleichbarkeit verhindern. Uneinheitliche Zeitfenster, Existenz von Mindestumsätzen oder Grundgebühren sowie detaillierte Rabattsysteme lassen einen exakten Tarifvergleich kaum zu. Das plötzliche große Angebot auf einem Markt, der dem Kunden bislang keinen Platz für Kaufentscheidungen ließ, erscheint schnell als Überangebot, so daß der Wettbewerb zunächst von vielen Kunden nicht angenommen wird.

Mit der Liberalisierung von Telefonmärkten treten in der Anfangsphase des Wettbewerbs einige Probleme auf, die die Etablierung neuer Anbieter erschweren und eine Adaption der neuen Verhältnisse bei den Kunden verzögern. Sind diese Nachteile der Liberalisierung nur vorübergehend, führen auf der anderen Seite die fruchtbaren Auswirkungen des Wettbewerbs um Telefondienste zu dauerhaften Verbesserungen der Marktbedingungen.

Analyse des Wettbewerbs am Beispiel Deutschlands

Deutschland ist der bedeutendste Telefonmarkt Europas

Die nachfolgende Untersuchung zur Entstehung des Wettbewerbs auf den europäischen Telefonmärkten erfolgt exemplarisch am Beispiel der Bundesrepublik Deutschland. Die grundlegenden Tendenzen, die dabei aufgezeigt werden, lassen sich auch auf die Verhältnisse in anderen europäischen Staaten übertragen. Für die Auswahl Deutschlands sprechen mehrere Gründe. Erstens ist der deutsche Markt für Telefondienste innerhalb Europas am bedeutendsten. Er liegt mit einem Marktvolumen von 24 Milliarden ECU deutlich vor dem französischen Markt, der mit 16 Milliarden ECU der zweitgrößte in Europa ist.[58] Dementsprechend ist er für neue nationale und internationale Anbieter sehr attraktiv, die folglich zahlreich in den deutschen Markt drängen. Auch wenn bei einem Teil der neuen Konkurrenten die Umsatzerwartungen bislang nicht erfüllt wurden (wie bei o.tel.o), war der Ansturm bei anderen wiederum kaum zu bewältigen (zum

58 vgl. EITO 1998, S. 328ff.

Beispiel Mannesmann Arcor, Mobilcom). Insgesamt konnten die neuen Anbieter bei inländischen Ferngesprächen bereits nach einem halben Jahr einen Marktanteil von 12 Prozent erreichen[59] – ein Indiz dafür, daß der Wettbewerb in Deutschland bei den Kunden auf große Akzeptanz stößt. So gilt Deutschland auch bereits als „Liberalisierungs-Weltmeister" oder „Telekom-Valley".[60]

Marktsegmente des Telefonmarktes

Um die Wettbewerbsverhältnisse auf dem deregulierten Markt für Telefondienste eingehender zu untersuchen, wird dieser zunächst in zwei Bereiche gegliedert. Je nach Entfernung beziehungsweise Ziel des Gesprächs sind Ortsgespräche von Fern- und Auslandsgesprächen zu unterscheiden. Die Ortsgespräche beanspruchen insbesondere die erste Meile[61], also die Verbindung von dem Anschluß der Teilnehmer bis zu den lokalen Verteilungspunkten der Netze. So weichen die Voraussetzungen für den lokalen Wettbewerb deutlich von dem Wettbewerb um die Ferngespräche ab.

Dieser Unterteilung des Telefonmarktes in den regionalen Bereich der Ortsgespräche und den überregionalen Bereich der Fern- und Auslandsgespräche wird zusätzlich die Unterscheidung in Privatkundensegment und Geschäftskundensegment gegenübergestellt. Im Geschäftskundenbereich verliert jedoch die regionale Differenzierung an Bedeutung, da insbesondere große Unternehmen mit den Anbietern von Telefondiensten zumeist Verträge über komplette Kommunikationsleistungen vereinbaren, die sowohl Ortsgespräche als auch Fern- und Auslandsgespräche beinhalten. Dementsprechend verschmelzen diese beiden Bereiche im Geschäftskundensegment zu einem Geschäftsfeld.

Abbildung 3.29: Wettbewerbsstruktur des Telefonmarktes, Beispiel Deutschland

	Ortsgespräche	Fern- und Auslandsgespräche
Privatkunden	Deutsche Telekom Betreiber von Stadtnetzen (z.B. Netcologne)	Deutsche Telekom Nationale und internationale Betreiber eigener Netze (z.B. Arcor, o.tel.o, Worldcom) Service Provider (z.B. Mobilcom)
Geschäftskunden	Deutsche Telekom Nationale und internationale Betreiber eigener Netze (z.B. Arcor, o.tel.o, Worldcom)	

Vor der differenzierten Analyse dieser drei Segmente werden zunächst die Konkurrenten auf dem gesamten Markt der Telefondienste dargestellt. Die Situationsbeschreibung der Deutschen Telekom beinhaltet bereits eine Analyse der strategischen Stärken und Schwachpunkte, da der ehemalige Monopolist in allen drei Geschäftsfeldern als Verteidiger der Marktanteile auftritt. Demgegenüber wird die Vorstellung der neuen Anbieter von Telefonleistungen nur strukturell vorgenommen.

59 vgl. o.V. 1998p, S. 1
60 vgl. o.V. 1998k, S. 13
61 Anstelle des Begriffs der ersten Meile findet sich in der Literatur zumeist der Begriff der letzten Meile. Dieser Auffassung wird hier aber nicht gefolgt, da sie den Kunden an den Rand der Betrachtungen rückt. In den Ausführungen dieses Berichts soll der Kunde jedoch Ausgangs- und Mittelpunkt der Aktivitäten sein. Vergleiche dazu auch Steinberg 1998, S. 79.

Quelle

Abbildung 3.29: ECC 1998

Die Wettbewerbssituation der Deutschen Telekom ist von einigen schwerwiegenden Altlasten geprägt. Aufgrund mangelnder Erfolgsorientierung hat sich ein immenser Schuldenberg angehäuft, der erst nach und nach abgebaut werden kann. Trotz großer Anstrengungen des Ex-Monopolisten, eine kundenfreundliche Unternehmenskultur zu etablieren, läßt die Servicementalität noch zu wünschen übrig. Der Durchsetzung konsequenter Kunden- und Erfolgsorientierung steht weiterhin im Wege, daß zahlreiche Arbeitnehmer in einem Beamtenverhältnis stehen. Eine große Belastung der Kostenstruktur des Unternehmens stellt der unverhältnismäßig hohe Personalbestand dar, der mit Hilfe sozialverträglicher Programme kontinuierlich abgebaut werden soll. Schließlich kennzeichnet das Unternehmen eine viel zu hohe Wertschöpfungstiefe, so daß stark defizitäre Geschäftsbereiche wie Kabelfernsehen und Endgeräte das Unternehmensergebnis belasten. Auch fehlt durch diesen Outsourcing-Mangel eine klare Positionierung und Festlegung der Kernkompetenzen.

Telekom kämpft um Servicementalität und gegen Schuldenberge

Auf der anderen Seite sind durch die jahrelange Monopolstellung auch Vorteile erwachsen, die von den neuen Konkurrenten zumindest auf kurze Sicht nicht einzuholen sind. Dazu zählen der Kontakt zu einer großen Kundenbasis, die etablierte und unverwechselbare Marke sowie die eingerichtete Vertriebs- und Kundenservicestruktur (T-Punkt). Des weiteren sind vor allem die großen Erfahrungen, die hohe Kapitalkraft sowie der Besitz einer umfassenden und qualitativ hochwertigen Netzinfrastruktur als Stärken der Telekom anzusehen. Diese helfen nicht nur bei der Bewältigung der bevorstehenden Herausforderungen auf dem deutschen Markt der Telefondienste, sondern können darüber hinaus auch in dem zunehmend internationalen Telekommunikationswettbewerb eingesetzt werden.

Nach einem halben Jahr sind bereits 203 Lizenzen an 120 Gesellschaften vergeben

Die Struktur der Herausforderer stellte sich in Deutschland Mitte 1998, ein halbes Jahr nach dem Fall des Monopols, wie folgt dar. Bis zum 30. Juni 1998 waren bereits 110 Lizenzen für Übertragungswege (Klasse 3) und 93 Lizenzen für Sprachtelefondienste mit eigenem Netz (Klasse 4) erteilt worden. Diese über 200 Lizenzen befanden sich in der Hand von 120 Gesellschaften, die sich folgendermaßen zusammensetzten:[62]

- Mit einem Anteil von 6 Prozent an den neuen Konkurrenten der Telekom drängen US-amerikanische Anbieter auf den Markt, wie beispielsweise Worldcom.
- Weitere 6 Prozent bieten ihre Telekommunikationsleistungen auf Basis von Corporate-Networks an. Hierzu zählen Mannesmann Arcor, o.tel.o und Viag-Interkom. Hinter diesen Unternehmen stehen zumeist bedeutende Verbindungen von ausländischen Telefongesellschaften (wie AT&T oder British Telecom) und inländischen Energiekonzernen (wie RWE, Veba oder Viag).
- 10 Prozent der neuen Lizenzbesitzer betreiben Kabelfernsehnetze und wollen damit zukünftig auch Telefondienste anbieten.

62 Aus der Halbjahres-Pressekonferenz der Regulierungsbehörde für Telekommunikation und Post am 15.7.98

* Mit 50 Prozent machen Unternehmen, die von Energieversorgern, Stadtwerken oder Stadtsparkassen gegründet wurden, den numerisch größten Anteil aus. Diesem Bereich der neuen Anbieter gehören insbesondere kleinere lokale Gesellschaften wie Netcologne an. Sie scheinen aufgrund der mangelnden Unternehmensgröße eine eher untergeordnete Rolle als Telekom-Konkurrenten zu spielen.
* Die restlichen 28 Prozent sind Anbieter von Telefondiensten, die keine eigenen Netze betreiben und die Gespräche über Mietleitungen vermitteln. Die bedeutendsten dieser Service Provider stammen aus dem Mobilfunkbereich wie beispielsweise Mobilcom oder Talkline.

Auf Basis dieser Struktur des Telefonmarktes in Deutschland wird nachfolgend die neue Wettbewerbssituation in den drei Bereichen Geschäftskunden, Privatkunden-Ortsgespräche und Privatkunden-Ferngespräche dargestellt.

Geschäftskunden

Harter Konkurrenzkampf um hohe TK-Aufkommen der Geschäftskunden

Insbesondere große Unternehmen mit einem hohen Telekommunikationsaufkommen sind aufgrund ihres großen Umsatzbeitrages für die Anbieter von Telefondiensten äußerst attraktive Kunden. So ist als erster Schauplatz des Wettbewerbes das lukrative Segment der Geschäftskunden heftig umkämpft worden. Neue Anbieter haben in diesem Segment eine aussichtsreiche Position. Da Telekommunikationsausgaben in vielen Unternehmen einen großen Kostenblock darstellen, sind die entstehenden Tarifvergünstigungen für Unternehmen sehr attraktiv. Zudem herrscht ein großer Bedarf an Serviceleistungen, technologischer Beratung, maßgeschneiderten Angeboten und Telekommunikationslösungen aus einer Hand.

Service und Beratung als zentrale Erfolgsfaktoren

Dabei richtet sich der Service- und Beratungsbedarf der Geschäftskunden insbesondere auf eine größere Transparenz des eigenen Telekommunikationsaufkommens. Obwohl die Höhe der entstandenen Telefonkosten zumeist bekannt ist, bleibt die Struktur der in Anspruch genommenen Leistungen oftmals verborgen. Die Kenntnis dieser Struktur ist aber Voraussetzung, um sich in den schwer vergleichbaren Tarifangeboten zu orientieren und das individuell günstigste Angebot herauszufinden.

Die Deutsche Telekom scheitert in diesem Umfeld zumeist an den hohen Kundenanforderungen hinsichtlich Flexibilität und Serviceorientierung. Um die Abwanderung dieses wichtigen Kundenkreises zu verhindern, ist sie deshalb auf die Gewährung großzügiger Preisrabatte angewiesen. Dennoch haben einige der attraktivsten deutschen Geschäftskunden, wie BMW, Deutsche Bank, BASF, Lufthansa oder Karstadt, der Telekom bereits den Rücken gekehrt und lassen ihren Daten- und Sprachverkehr nun von Westcom, Arcor, o.tel.o oder anderen erledigen.[63]

63 vgl. o.V. 1997a, S. 95

Ortsgespräche

Im Segment der Privatkunden ist der Wettbewerb um die lokalen Telefondienste noch nicht richtig entbrannt. Als Konkurrenten der Deutschen Telekom sind bislang nur in wenigen deutschen Städten einige Stadtwerke-Gesellschaften aufgetreten, die Gespräche über eigene Ortsnetze anbieten. Bekannte Beispiele sind Netcologne, die seit Anfang 1998 in Köln günstige Tarife anbietet, oder Hansenet, die den Hamburger Raum bedient. In der Hälfte der deutschen Städte mit mehr als 100.000 Einwohnern planen weitere City-Carrier die Aufnahme der Geschäfte. Allerdings ist anzunehmen, daß diese lokalen Telefongesellschaften aufgrund ihrer mangelnden Größe auf lange Sicht Schwierigkeiten haben, mit dem Leistungsniveau und umfassenden Angebot der großen Gesellschaften zu konkurrieren. So planen größere Wettbewerber, sich in naher Zukunft als Vollsortimenter zu etablieren. Beispielsweise will Arcor die Geschäfte in der ersten Meile Mitte 1999 aufnehmen.

Der Wettbewerb um die Ortsgespräche wartet auf die Interconnection-Regelung

Allerdings bestehen zur Zeit noch Probleme hinsichtlich der vollständigen Übernahme von privaten Telefonanschlüssen, da den neuen Anbietern noch eine Kalkulationsgrundlage fehlt. Erforderlich ist in diesem Zusammenhang die Festlegung der sogenannten Interconnection-Gebühr. Dabei handelt es sich um den technischen Zugang zu den Anschlüssen der privaten Haushalte. Da die Installation eines eigenen Netzes bis zu den rund 37 Millionen deutschen Haushalten aufgrund zu hoher Investitionen nicht rentabel ist, sind die neuen Anbieter auf die Kapazitäten der Telekom angewiesen. Eine Nutzungsüberlassung ist auch gesetzlich festgeschrieben.

Ungeklärt war lange Zeit die Art des Netzzugangs. Dies betrifft die Frage, ob die Anbieter nur die letzten Leitungsabschnitte der Telekom nutzen können (einfacher Netzzugang), oder ob sie auch Vermittlungsleistungen in Anspruch nehmen müssen, die sie selbst erbringen könnten (gebündelter Netzzugang).[64] Die Entscheidung für den einfachen, entbündelten Netzzugang hat große Auswirkungen auf die zweite Problematik, die Festlegung des Nutzungspreises (Interconnection-Gebühr). Auch bei dieser Entscheidung ist eine Interessenabwägung zwischen den Eigentumsrechten der Deutschen Telekom und dem öffentlichen Interesse an ungehinderter Marktteilnahme der Konkurrenten vorzunehmen; denn Behinderungen des Wettbewerbs im Bereich der Ortsgespräche können auch die übrigen Konkurrenzverhältnisse beeinträchtigen. So war in Schweden zu beobachten, daß der Ex-Monopolist Telia über Quersubventionierungen günstige Tarife in dem umkämpften Bereich der Fern- und Auslandsgespräche mit Hilfe von Erhöhungen der ungefährdeten Ortstarife finanzierte.

Fern- und Auslandsgespräche

Während die Ortsgespräche bislang noch eine beinahe unangetastete Domäne der Deutschen Telekom sind, werden die Fern- und Auslandsgespräche der Privatkunden inzwischen heftig umworben. Generell warten die Anbieter mit zwei Leistungen auf, die dem Kunden den Wechsel der Telefongesellschaft ermöglichen.

64 vgl. Weishaupt 1997, S. 2

Call-by-Call und Preselection

Mehr Flexibilität bietet das sogenannte Call-by-Call-Verfahren, bei dem der Kunde fallweise für jedes Gespräch den Anbieter wählen kann. Demgegenüber steht die Möglichkeit der Preselection, das heißt der festen Voreinstellung einer Telefongesellschaft für alle Fern- und Auslandsgespräche. Hat sich ein Kunde für das Preselection-Angebot einer Gesellschaft entschieden, führt er automatisch seine überregionalen Gespräche über das Netz dieser Gesellschaft.

Einfache Tarife und sekundengenaue Abrechnung überzeugen Privatkunden

Im neuen Wettbewerb zeichnen sich einige Erfolgsfaktoren ab: Dazu zählt insbesondere neben der Überzeugungskraft günstiger Tarife eine einfache Tarifstruktur. Erfolgreichstes Beispiel ist Mobilcom, deren Angebot von Ferngesprächen an sieben Tagen der Woche, rund um die Uhr, zu 19 Pfennig je Minute schnell viele Kunden überzeugte. Ferner scheinen sich auf lange Sicht Standards wie die leistungsgerechte sekundengenaue Abrechnung (zum Beispiel bei Arcor, Tele2, First Telecom, Telepassport oder Worldcom) durchzusetzen, bei der von einer Leistungsbemessung über Zeiteinheiten (verschiedene Einheiten wie bei Telekom oder festgelegter Minutentakt wie bei Mobilcom) abgesehen wird.

Die neuen Anbieter unterscheiden sich deutlich hinsichtlich der Unternehmensziele und können demnach in zwei Gruppen eingeteilt werden: reine Service Provider und Betreiber eigener Netze.

Die Strategien der neuen Anbieter: Service Provider oder Netzbetreiber

Die reinen Service Provider agieren als Wiederverkäufer von Leitungskapazitäten. Sie besitzen keine eigenen Netze, sondern vermitteln durch angemietete Leitungen die Gespräche ihrer Kunden über das Netz der Deutschen Telekom oder anderer Netzbetreiber. Da der Preis für die Anmietung von Leitungskapazitäten mit 2,7 Pfennig pro Minute (gültig bis 1999) sehr niedrig festgelegt wurde, ist der Anreiz für den Aufbau einer eigenen Infrastruktur nur gering. Diese neuen Anbieter können somit auf große Anfangsinvestitionen in Milliardenhöhe verzichten. Ihr strategischer Vorteil gegenüber der Deutschen Telekom ist in der geringeren Mitarbeiteranzahl und den flexibleren Strukturen zu sehen. Mit gutem Service, günstigeren Tarifen und dem intelligenten Einsatz moderner Computer- und Kommunikationstechnologie gelingt es den Newcomern, ein attraktives Angebot am Markt zu plazieren.

Neben solchen reinen Service Providern treten als neue Anbieter auch Betreiber eigener Netze auf den Markt, deren Strategie weit über die Ziele der Service Provider hinausgeht. Mit Blickrichtung auf eine langfristige Etablierung am internationalen Markt der Telekommunikation rüsten sich diese Unternehmen als Vollsortimenter und bieten verschiedenste, qualitativ hochwertige Sprach- und Datendienste an. Die notwendige Basis für das nähere Ziel, vollwertiger Konkurrent der Telekom zu werden, und insbesondere für das Langfristziel, an der weltweiten Telekommunikation teilzuhaben, stellt der Betrieb eines eigenen Netzes dar. Dieses kapitalintensive Vorhaben bleibt allerdings nur Unternehmen vorbehalten, die über eine ausreichende Finanzkraft verfügen. Dementsprechend gehören nur wenige neue Telefongesellschaften in Deutschland der Kategorie der

Netzbetreiber an. Die nachfolgende Abbildung beschreibt die vier Wettbewerber mit eigenen überregionalen Netzen.

Abbildung 3.30: Struktur der nationalen Betreiber von Telekommunikationsnetzen in Deutschland

	Deutsche Telekom	Mannesmann Arcor	o.tel.o	Viag-Interkom
Eigentümer	BR Deutschland, Aktionäre	Mannesmann, *(AT&T, Unisource)*[65], Deutsche Bahn, Deutsche Bank	RWE, Veba	Viag, British Telecom Telenor
Geplante Investitionen	nicht bekannt	4 Milliarden DM bis 2001	7 Milliarden DM bis 2005	8,5 Milliarden DM bis 2006
Infrastruktur	Flächendeckende Sprach-, Mobil-, Datennetze Weltweit größtes Glaserfasernetz	40.000 km digitales Telefon-, Datennetz davon 5.000 km Glasfasernetz	Netzkooperationen 11.000 km Glasfasernetz	Aufbau eines integrierten Fest- und Mobilfunknetzes 4.000 km Glasfasernetz
Wichtige internationale Partner	France Télécom, Sprint (beide über Global One)	*(AT&T, Unisource)*[65]	gesucht	BT, Concert, Telenor

Vergleich mit dem zweistufigen Liberalisierungsprozeß in den USA

US-Liberalisierung ist trotz 14 Jahren Vorsprung nicht weiter als in Europa

Im Gegensatz zu dem Liberalisierungsprozeß in Europa, der am Beispiel Deutschlands dargestellt wurde, wird nachfolgend die zweistufige Deregulierung skizziert, wie sie in den USA stattgefunden hat. Dort läßt sich trotz des bereits im Jahre 1984 begonnenen Liberalisierungsprozesses kein Vorsprung gegenüber der neuen Wettbewerbssituation in Europa konstatieren.

Die erste Deregulierungsstufe leitete das US-Justizministerium 1984 mit der Entscheidung ein, daß AT&T („Mother Bell") aufgrund der großen Marktdominanz im Bereich der Sprachtelefonie aufzuteilen ist. Als Folge entstanden sieben regionale Telefongesellschaften, die sogenannten „Baby Bells". Dieser Aufteilung von AT&T lag die Unterscheidung der Marktbereiche in lokale Telefondienste (Ortsgespräche) und überregionale Dienste (Ferngespräche) zugrunde: AT&T durfte sich nicht mehr im Bereich der lokalen Telefondienste als Anbieter engagieren, während der Ferngesprächbereich erstmals für neue Konkurrenten geöffnet wurde. Von diesem Wettbewerb um Ferngespräche waren allerdings die Baby Bells ausgenommen, die nun den Bereich der Ortsgespräche als Monopolisten dominierten. Als Ergebnis dieser ersten Deregulierungsstufe entstand im Bereich der Ferngespräche intensiver Wettbewerb, dessen Erfolg sich in einer Feststellung der Federal Communications Commission (FCC) aus dem Jahre 1995 widerspiegelt. Dabei wurde AT&Ts Marktposition als *nicht mehr dominant* bezeichnet.

65 AT&T wird aus dem Gesellschafterverbund von Mannesmann Arcor ausscheiden. Grund für diese Entscheidung ist eine Kooperation mit British Telecom, die wiederum bei dem Arcor-Konkurrenten Viag-Interkom beteiligt ist. Ein Ausscheiden von Unisource, dem globalen Partner von AT&T, wird ebenso erwartet, ist aber noch nicht bekanntgegeben worden. Unisource ist eine europäische Allianz der niederländischen PTT Telecom, der schwedischen Telia und der Swiss Telecom. Die jeweils freiwerdenden Arcor-Anteile werden vermutlich von Mannesmann übernommen.

Quelle

Abbildung 3.30: o.V. 1998d, S. 18; o.V. 1997b, S. 108f.

So waren die lokalen Telefongesellschaften paradoxerweise gezwungen, außerhalb ihres eigentlichen Kernmarktes der Sprachtelefonie, neue Geschäftsfelder zu suchen. Als sich 1992 eine zunehmende Konvergenz der verschiedenen Telekommunikationsdienste abzeichnete, bot sich eine Expansion in den Bereich der Datenkommunikation an. Die Baby Bells versuchten, ihr Defizit in diesem Bereich durch Allianzen mit Kabelgesellschaften auszugleichen. Hervorzuheben ist der 1993 bekanntgegebene und ein paar Monate später wieder abgesagte Merger zwischen Bell Atlantic und der größten US-Kabelgesellschaft TCI. John Malone, der CEO von TCI, prägte in diesem Zusammenhang den Begriff des „500 Channel Universe" und gab damit zugleich das strategische Ziel der beiden Konzerne vor, multimediale Inhalte aller Art anzubieten.

Neben Allianzen beherrschte der prognostizierte Kampf zwischen Telefon- und Kabelgesellschaften den Markt der Sprach- und Datenkommunikation in den USA. Aus dieser Zeit stammt eine Vielzahl der mittlerweile gescheiterten Testversuche zu interaktivem Fernsehen. Die Realisierung dieser Vision, Broadcasting und Interaktion zu verknüpfen, blieb jedoch einem Netz vorbehalten, das über das klassische Telefonnetz ins Haus kam: dem Internet.

Der Telecommunications Act von 1996 öffnet den Wettbewerb um Ortsgespräche

Eine zweite grundlegende Änderung der Situation ergab sich im Jahre 1996 durch den Telecommunications Act. Mittlerweile war AT&T im Ferngesprächsmarkt Konkurrenz erwachsen, insbesondere durch große Netzbetreiber wie MCI, Sprint und Worldcom. Theoretisch ermöglichte der Telecommunications Act nun auch den Wettbewerb zwischen diesen Ferngesprächsanbietern und den sieben Baby Bells um den Markt der Ortsgespräche und den Eintritt der Baby Bells in den Markt der Ferngespräche.

Die Fusionen der Baby Bells

Diese Markterweiterung führte bemerkenswerterweise dazu, daß sich die Baby Bells aus dem Geschäft der Datenkommunikation erst einmal zurückzogen und wieder auf die Sprachtelefonie konzentrierten. Um sich ihrerseits für den Markt der Ferngespräche vorzubereiten, fanden in der Folge bei den Baby Bells eine Reihe von Fusionen statt. Nach den Zusammenschlüssen von SBC Communications und Pacific Bell sowie Bell Atlantic und Nynex sind gegenwärtig noch fünf Gesellschaften übrig. Doch SBC plant bereits die nächste Übernahme und hat ein Angebot für Ameritech abgegeben. Sollte auch diese Übernahme genehmigt werden, scheint die Entwicklung den Wettbewerbsabsichten des 1996er Acts entgegenzulaufen.[66]

Auch in den USA fehlt eine Interconnection-Regelung

Nach 1996 ist die Situation in den USA zudem durch Versuche der Akteure des Ferngesprächmarktes gekennzeichnet, in den Markt der Ortsgepräche vorzudringen. Dazu sieht der Telecommunications Act die Möglichkeit vor, ungebündelte Netzwerkelemente von den Bells zu mieten. Allerdings sind erst in wenigen Staaten solche Mietpreise festgelegt worden, so daß die Eintrittsmöglichkeiten für die Ferngesprächsanbieter bislang de facto noch nicht bestehen. Eine Situation, die an den Stand der Interconnection-Regelung in Deutschland erinnert.

66 vgl. o.V. 1998m, S. 73f.

So erlangen wiederum die Betreiber von Kabelnetzen eine große Bedeutung für die Telefongesellschaften. Da den großen Telefonkonzernen aus dem Bereich der Ferngespräche wie AT&T, MCI und Sprint bislang der direkte Zugang zum Kunden in der ersten Meile fehlt, sind Kooperationen mit oder Übernahmen von Betreibern der Kabelnetze eine interessante Handlungsalternative. Diese könnten ihnen den direkten Zugang zu den Hausanschlüssen der Privatkunden und kleinen Geschäftskunden ermöglichen, ohne auf die Netze der Baby Bells angewiesen zu sein. Vor diesem Hintergrund hat AT&T im Juni 1998 den Zusammenschluß mit TCI bekanntgegeben. Durch diese Großfusion will AT&T das Monopol der Baby Bells in der ersten Meile angreifen. Mit Hilfe der Kabelverbindungen von TCI erreicht AT&T nun ein Drittel aller amerikanischer Haushalte, denen es Ortsgespräche, Kabelfernsehen und Internetzugang anbietet.[67]

AT&T und der Einstieg in Ortsgespräche über Kabelnetze

Insgesamt ist der Wettbewerb in den USA also trotz einer bereits vor 14 Jahren eingeleiteten Deregulierung noch nicht viel weiter fortgeschritten, als in den europäischen Ländern. Der Grund dafür liegt insbesondere in einer zunächst zurückhaltenden Deregulierung der ersten Stufe, die die paradoxe Situation herbeiführte, daß sich die Baby Bells von ihrem Kerngeschäft abwandten, um in anderen Bereichen zu expandieren. Erst die 1996 erfolgte zweite Deregulierungsstufe hob dies auf und bewirkte eine Rückbesinnung der Telefongesellschaften auf ihr Kerngeschäft: die Sprachtelefonie. Als Folge sind auf dem amerikanischen Telefonmarkt einerseits Konzentrationstendenzen zu beobachten. Andererseits werden auch Entscheidungen verzögert und behindert, die zur Entwicklung des Wettbewerbs in dem Bereich der lokalen Telefondienste nötig sind. So steht eine Verwirklichung der Deregulierungsabsichten des Telecommunication-Acts bislang noch aus.

3.2.3 Netheads versus Bellheads: Fusion der Daten- mit der Sprachkommunikation

Das Internet vereint immer mehr Telekommunikationsleistungen

Die nachfolgenden Ausführungen behandeln die Konvergenz der Sprach- und Datenkommunikation als den zweiten, wesentlichen Trend des Telekommunikationsmarktes. Die damit verbundenen Entwicklungen bringen nachhaltige Veränderungen der zukünftigen ökonomischen Verhältnisse mit sich, die weit über den Telekommunikationsmarkt hinausgehen. Den Ausgangspunkt dieses Trends stellt die Ausbreitung des Internet als Universalnetz dar, dem sich immer mehr Netze anschließen und das immer mehr Telekommunikationsanwendungen in sich vereint.

Die Beschreibung dieser Entwicklungen und die Analyse der Auswirkungen erfolgt in vier Schritten:

67 vgl. De Thier 1998, S. 27

- Zunächst wird die Datenkommunikation im Internet beschrieben, einschließlich der Entwicklung und Struktur des Internet. Dabei wird auch die technologische Funktionsweise der Internet-Datenkommunikation dargestellt.
- Im zweiten Teil stehen die besonderen Entwicklungen der Datenkommunikation im Vordergrund, die zur Konvergenz der Sprach- und Datenkommunikation führten. Das folgende Zusammenwachsen der Märkte schafft gänzlich neue Konkurrenzverhältnisse.
- Der dritte Baustein behandelt diese Konkurrenzverhältnisse aus technologischer Perspektive. Hierbei werden auf der Ebene der Infrastruktur die Entwicklungsmöglichkeiten der verschiedenen Netze aufgezeigt und bewertet.
- Das letzte Modul beschäftigt sich mit den gravierenden strategischen Konsequenzen der neuen Wettbewerbsverhältnisse. Im Mittelpunkt der Analyse stehen die Telefongesellschaften und die Anbieter von Internet Services sowie ihre Ausgangssituation für den bevorstehenden gegenseitigen Wettbewerb.

Aufbau und Struktur des Netzes

Internet als dezentraler Netzverbund

Telekommunikation im Internet betrifft den Transfer von Daten innerhalb und zwischen mehreren Netzen. So beinhaltet bereits die Bezeichnung „Internet", daß keine einzelne Netzeinheit vorliegt. Vielmehr ist das Internet ein weltweiter Verbund verschiedener Subnetze und Rechner, die weitgehend autonom betrieben werden. Betreiber dieser Netze sind Unternehmen, Universitäten oder andere staatliche und private Organisationen. Schlüsselaspekte wie Anschluß, Administration und Vermittlung unterliegen einer weitgehend dezentralen Organisation.

Die Protokolle TCP/IP sind das verbindende Element

Verbindendes Element der Subnetze sind die einheitlichen Vermittlungsprotokolle TCP (Transmission Control Protocol) und IP (Internet Protocol). Sie verfolgen und steuern die Übertragung der Daten durch die verschiedenen Netze und sorgen so dafür, daß die Daten die richtige Zieladresse erreichen. Die grundlegende Architektur der Protokolle wurde 1974 von Vinton Cerf und Robert Kahn festgelegt.[68] Dabei stellt TCP den Aufbau einer logischen Verbindung zur Datenübertragung sicher und überwacht die Übertragung, während das IP für die Adressierung der Daten zuständig ist.[69] Die Verwendung dieser Protokolle ist unabhängig von dem zur Datenübertragung genutzten physikalischen Netz und gestattet somit die Verbindung unterschiedlicher Netzarten.

Netze in hierarchischer Struktur

Der grundsätzliche Aufbau des Internet kann als hierarchische Netzstruktur beschrieben werden. Die unterste Ebene besteht aus zahlreichen kleineren Netzwerken mit lokaler Ausdehnung (Local Area Networks = LANs), wie sie in Firmen, Universitäten und anderen Organisationen existieren. Sie sind zumeist auf einzelne Gebäude oder Grundstücke begrenzt. Die LANs sind durch regionale Netze (Metropolitan Area Networks = MANs) miteinander verbunden. Die MANs sind wiederum in einer dritten Stufe an Datennetze mit landesweiter oder intrakontinentaler Ausdehnung (Wide Area Networks = WANs) angeschlossen, die

68 Cerf/Kahn 1974
69 vgl. Rupp 1996, S. 7

den Datenverkehr innerhalb eines Landes oder auch Kontinents bewältigen. Zur interkontinentalen Datenübertragung dienen sogenannte Backbone-Netze, die über wenige Knotenpunkte beispielsweise den transatlantischen Datentransfer zwischen Europa und den USA regeln.

Abweichend von dieser hierarchischen Struktur des Internet betreiben des weiteren große international operierende Unternehmen Netze zur Abwicklung der eigenen Datenkommunikation. Diese zum Teil weltumspannenden Netze verfügen an nur wenigen Stellen über Anknüpfungspunkte an das Internet.[70] Ähnliche Datennetze werden auch von kommerziellen Online-Diensten betrieben, um Privatpersonen und kleinere Organisationen an das Internet anzuschließen.

Der private Internetanschluß und die Bedeutung der Ortsgespräche

Ein privater Haushalt kann demnach an der weltweiten Datenkommunikation teilhaben, indem er sich über einen lokal nahegelegenen Einwahlpunkt an das Netz anschließt. Solche Stellen können Universitätsnetze oder Server von Internet Service Providern (ISP) sein. Der Datentransfer von einem Haushalt bis zum Einwahlknoten wird gegenwärtig zumeist über das Telefonnetz geleistet. Allerdings sind dazu auch zahlreiche andere Netze geeignet, an die die privaten Haushalte bereits angeschlossen sind (Kabelnetz, Stromnetz) oder problemlos angeschlossen werden können (Satellitennetz oder terrestrische Netze). Dabei befindet sich die technische Realisierbarkeit der interaktiven Datenübertragung oftmals noch im Stadium der Testphasen und Modellversuche.

Die Bedeutung des Telefonnetzes für den Internetverkehr wird deutlich, wenn der US-amerikanische Local-Carrier Pacific Bell feststellt, daß man für Aufbau und Beendigung von 40 Prozent der Internet-Verbindungen verantwortlich ist. Für Deutschland leitet sich daraus die Bedeutung einer tatsächlichen Wettbewerbsöffnung im Bereich der Ortsgespräche ab. Die dann sinkenden Ortstarife oder sogar die Einführung einer „Flat Fee", bei der Ortsgespräche in der Grundgebühr enthalten sind, könnten einen wichtigen Schub für die weitere Entwicklung der Online-Nutzung in Deutschland bewirken. So hebt Nicholas Negroponte, Gründungsmitglied des Media Labs am MIT in Cambridge (MA), diese Bedeutung hervor:

> *„Make local calls a flat fee and you would change Germany's economy more than any president could. It's a cultural demand."* [71]

Funktionsweise der Datenübertragung im Internet

Paketvermittlung versus Leitungsvermittlung

Die Datenübertragung im Internet basiert auf dem Verfahren der Paketvermittlung, bei der die Datenmenge in kleine Pakete aufgeteilt wird (Packet Switching). Bei dieser Vermittlungstechnologie ist die Art der Daten unerheblich für die Übertragung der Pakete, da sich Pakete mit Stimmdaten grundsätzlich nicht von Paketen mit Text- oder Grafikdaten unterscheiden. Die Pakete verschiedener Datenströme können so gleichzeitig über die Netze transportiert werden und dabei dieselben Leitungen benutzen. Im Gegensatz zu leitungsvermittelten Netzen (zum Beispiel Telefonnetze), die für die Datenübertragung zwischen zwei

70 vgl. Rupp 1996, S. 4
71 Negroponte 1998a

Kommunikationspartnern eine Leitung belegen (Circuit Switching), wird bei der Paketvermittlung keine permanente physikalische Verbindung benötigt.[72]

Das Funktionsprinzip der Paketvermittlung läßt sich anhand des Beispiels des Autobahnverkehrs verdeutlichen. Die Datenpakete werden demnach einzeln auf die Autobahn geschickt, die auch zum Transport anderer Pakete genutzt wird. An diversen Abzweigungen werden sie durch das Autobahnnetz weitergeleitet, bis sie an die „Ausfahrt" – zum Empfänger – gelangen. In Analogie dazu bedeutet die Leitungsvermittlung die Sperrung einzelner Autobahnabschnitte für eine einzige Datenübertragungsverbindung.

Das Prinzip der Paketvermittlung ist robust, flexibel und effizient

Die Datenübertragung durch Paketvermittlung kann auf alle Netzarten angewandt werden und ist unabhängig von deren physikalischer Beschaffenheit. Ein großer Vorteil dieser Vermittlungstechnologie liegt in der effizienten Ausnutzung der Übertragungskapazitäten eines Netzes, indem die Leitungen für mehrere Datenströme gleichzeitig genutzt werden. Weiterhin zeichnet sich die Übertragung durch eine große Flexibilität aus. Bei Ausfall oder Überlastung einzelner Netzleitungen können die Datenpakete über alternative Wege geleitet werden, was zu einer starken Robustheit gegenüber Netzstörungen führt. Die Flexibilität in der Paketübertragung führt zu einem Phänomen, das als „Hot Potatoe Routing" bekannt ist.[73] Es beschreibt das Prinzip, mit dem Netzbetreiber versuchen, ein erhaltenes Paket auf dem kürzesten Weg durch das eigene Netz zu leiten und in das Netz des nächsten Netzbetreibers zu übergeben. So sollen die Kosten minimiert werden, die durch die Inanspruchnahme der eigenen Leitungskapazitäten entstehen.

Damit verbindet sich jedoch auch ein Problem der Paketvermittlung, das auf der „Best Effort"-Methode beruht. Danach wird versucht, die Pakete möglichst schnell und zuverlässig vom Sender zum Empfänger zu übertragen. Aufgrund der flexiblen Übertragung können bei starker Netzbelastung aber große Verzögerungen auftreten oder einzelne zu einer Datenmenge gehörende Pakete werden sogar fallengelassen. Nachteile ergeben sich daraus allerdings nur für zeitempfindliche Anwendungen, die einen kontinuierlichen Datenfluß erfordern und Übertragungsverzögerungen nicht tolerieren. Beispiele dafür sind Telefonverbindungen oder Bewegtbildübertragungen.[74]

Demgegenüber reagieren zahlreiche Anwendungen, wie zum Beispiel E-Mail oder Fax, sehr elastisch auf Bandbreitenschwankungen, da sie weder eine Echtzeitübertragung noch einen kontinuierlichen Datenfluß benötigen. Für solche Anwendungen beinhaltet die paketvermittelte Technologie große Effizienzvorteile in der Ausnutzung der Leitungskapazitäten.

Insgesamt stellen also mangelnde Übertragungskapazititäten den Engpaßfaktor für einige Anwendungen im Internet dar. Die daraus resultierenden Probleme werden durch die kontinuierliche Zunahme des Datenverkehrs noch verstärkt. Demgegenüber steht der fortschreitende Ausbau der Übertragungs-

72 vgl. Rupp 1996, S. 5
73 Prof. Hal R. Varian, Dean der School of Information Management and Systems der UC Berkeley, in einem Gespräch mit dem ECC im April 1998.
74 vgl. Rupp 1996, S. 9

kapazitäten, der schon in den nächsten Jahren die bestehenden Probleme beheben kann. Dann sind auch zeitempfindliche Anwendungen komfortabel über das Internet abzuwickeln.

Konvergenz der Kommunikationsdienste

WWW macht das Netz multimediafähig

In den Anfängen diente das Internet hauptsächlich für Kernanwendungen klassischer Computernetze. Dazu gehören insbesondere die Textkommunikation, der Transfer von Dateien und Terminalsitzungen. Mit der Entwicklung der Grundlagen des World Wide Web (WWW) durch die CERN[75]-Forscher Tim Berners-Lee und Robert Cailliou ab dem Jahre 1989[76] und mit der steigenden Leistungsfähigkeit der an das Internet angeschlossenen Rechner wurde das Netz zunehmend auch für Multimedia-Anwendungen genutzt, indem Grafiken, Bilder und Video-/Audiodateien übertragen wurden. So integrierte das Internet zahlreiche Dienste, die bislang nur über unterschiedliche, voneinander getrennte Netze erbracht wurden. Das herkömmliche Computernetz entwickelte sich in der Folge zunehmend zu einem leistungsintegrierenden Universalnetz. Nunmehr vereint dieses „Netz der Netze" für ständig steigende Nutzerzahlen neben der elektronischen Post auch Fax- und Telefondienste sowie Bewegtbildübertragungen.

Diese weitreichende Integration von Diensten durch das Internet führt zu einer Konvergenz von Telekommunikationsleistungen, die bislang unabhängig voneinander Gegenstand verschiedener Märkte waren. Es kommt zu einer weitreichenden Annäherung der Märkte für Telefondienste, Fernseh- und Datenübertragungen. Besondere Aufmerksamkeit ist dabei der Konvergenz der Sprach- und Datenkommunikation zu widmen.

Bedeutungswandel in der Telekommunikation mit weitreichenden Folgen

Generell sind große Veränderungen in der Bedeutungsrelation zwischen Daten- und Sprachkommunikation anzunehmen. Der Datenverkehr, der gegenwärtig im Telekommunikationsmarkt gegenüber der Sprachtelefonie noch eine untergeordnete Rolle spielt, wird in den kommenden Jahren weltweit stark an Bedeutung gewinnen. Demgegenüber entwickelt sich das klassische Telefongeschäft – auf einem deutlich höheren Niveau – nur langsam weiter. So wächst das Datenverkehrsaufkommen mit Steigerungsraten von jährlich 100 Prozent, während das Telefonaufkommen jährlich nur um etwa fünf bis zehn Prozent wächst. Diese Entwicklungen scheinen auch in der Zukunft annähernd unverändert anzuhalten. Auch wenn Telefondienste nach EITO zur Zeit noch 65 Prozent der gesamten Telekommunikationsdienste in Westeuropa darstellen, wird sich dieser Telekommunikationsschwerpunkt in einigen Jahren umdrehen.

75 CERN (Conseil Européenne pour la Recherche Nucléaire) ist eine Organisation für Kernforschung in Genf.

76 vgl. o.V. 1998h, S. 222

Abbildung 3.31: Bedeutungswandel der Telekommunikationsdienste am Beispiel des US-Datenverkehrs

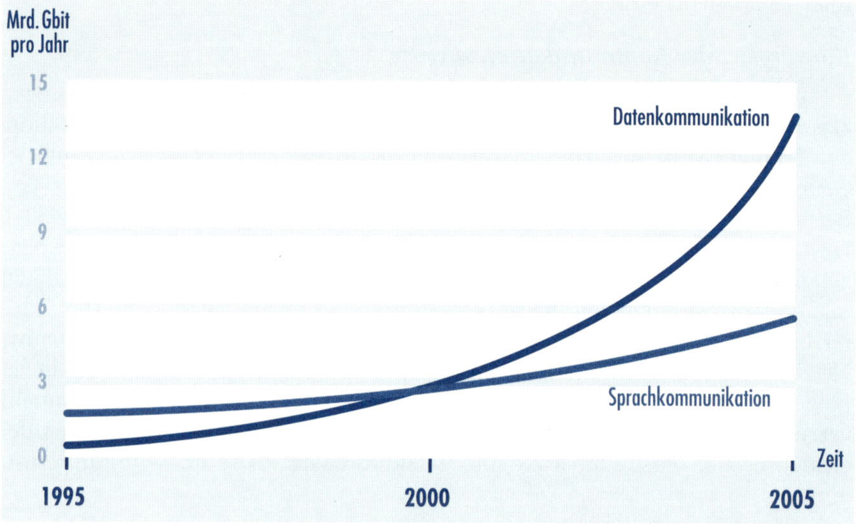

IP-Telefonie bedroht das klassische Telefongeschäft

Dieser Bedeutungswandel in der Telekommunikation wird weiterhin unterstützt von der zunehmenden Attraktivität des Internet für Sprachkommunikation. Der Hauptvorteil der Internet-Telefonie liegt in der effizienteren Nutzung von Netzkapazitäten und den damit verbundenen Kostenvorteilen der Datenübertragung. Insbesondere bei Übertragungen über weite Entfernungen (wie bei Fern- und Auslandsgesprächen) macht sich dieser Vorteil bemerkbar. Hinzu kommen kontinuierliche Verbesserungen in der Übertragungsqualität. Dazu gehört neben dem Ausbau der Übertragungskapazitäten durch breitbandige Glasfasernetze, die den Globus umspannen, auch die Weiterentwicklung der Übertragungssoftware. Ein wichtiger Schritt in Richtung einer intelligenten Datenübertragung stellt dabei die Berücksichtigung von Prioritäten dar, die zeitempfindliche Anwendungen bevorzugt behandelt. Wenn also schließlich eine dem klassischen Telefonnetz qualitativ gleichwertige Datenübertragung gewährleistet ist, können Kunden die ökonomische Überlegenheit der Internet-Telefonie ohne qualitative Abstriche nutzen.

Dementsprechend bekundeten gegenüber dem Marktforschungsinstitut Forrester Research fast 70 Prozent der Fortune-1.000-Unternehmen[77], daß sie ab dem Jahr 2000 Telefongespräche über das Internet abwickeln wollen.[78] Diesem Trend folgend wird vermutet, daß das Datennetzwerk in vier Jahren bis zu 13 Prozent des weltweiten Telefonverkehrs abwickeln wird.[79] Auf lange Sicht wird die Sprachkommunikation dann eine Teilmenge der integrierten Datenkommunikation.

77 Das Wirtschaftsmagazin Fortune veröffentlicht jährlich die 1.000 größten Unternehmen der Welt.
78 vgl. Laube et al. 1998, S. 206
79 vgl. Elstrom et al. 1998, S. 49

Quelle

Abbildung 3.31: Madden 1997, S. 2

Die TK-Dienste, -Märkte und -Infrastrukturen wachsen zusammen

Ausgelöst durch die Konvergenz der Dienste wachsen auch die Telekommunikationsmärkte zusammen. Die Leistungen zur Übertragung verschiedenster Daten werden nicht mehr nur über getrennte Infrastrukturen angeboten, sondern auch gemeinsam über das sich kontinuierlich ausdehnende Universalnetz. Auf dieser Basis konkurrieren folglich die verschiedenen Infrastrukturen (Telefonnetze, Mobilfunknetze, Kabelnetze, Computernetze und andere) und deren Betreiber und Service-Anbieter auf dem konvergenten Markt um die Nachfrage nach integrierten Kommunikationsleistungen.

Der neue Wettbewerb auf dem gemeinsamen Telekommunikationsmarkt führt zu technologischem und strategischem Handlungsbedarf bei den Marktakteuren. Die strategischen Aspekte der neuen Konkurrenzverhältnisse werden zum Abschluß des Kapitels erörtert. Auf technologischer Seite ist es erforderlich, die bereits vorhandenen Netze für das Erbringen der integrierten Kommunikationsleistungen aufzurüsten. Nachfolgend werden die dabei bestehenden Möglichkeiten beschrieben und bewertet.

Technologische Entwicklungsmöglichkeiten der Netze zur Beschleunigung der Datenübertragung

Technischer Entwicklungsbedarf des Internet für Multimedia und Telefonie

Geschwindigkeit und Zuverlässigkeit der Datenübertragung sind wie gezeigt die kritischen Erfolgsfaktoren des Internet für die Ausdehnung in andere Telekommunikationsbereiche. Dies gilt nicht nur für die zeitkritischen Anwendungen der Sprachkommunikation, sondern ebenso für die Übertragung medialer Inhalte. So ist die Nutzung von Multimediaangeboten gegenwärtig noch durch lange Wartezeiten und Verzögerungen beim Laden großer Datenmengen geprägt, die das multimediale Vergnügen teilweise stark einschränken. Selbst die sogenannte Streaming-Methode, bei der die Daten simultan zur Übertragung abgespielt werden, ist noch mit störenden Verzögerungen und Abstrichen in der Übertragungsqualität verbunden. Bei der zu erwartenden Ausweitung des Datenverkehrs werden diese Probleme noch verstärkt, so daß in Zukunft ein massiver Bedarf an Übertragungskapazität angenommen werden kann.

Bei der Behebung dieser Engpässe sind zwei technologische Problembereiche zu unterscheiden. Einerseits führt der große Bedarf an Übertragungskapazitäten zu Engpässen im Bereich der Backbone-Netze, die den weltweiten Datenverkehr bewältigen müssen. Auf der anderen Seite verhindern die geringen Übertragungsgeschwindigkeiten im Bereich des lokalen Netzzugangs, der bislang noch über das Telefonnetz erfolgt, die schnelle Abwicklung der Datenkommunikation. Die beiden Problembereiche sind in Abbildung 3.32 dargestellt.

„Die Übertragungskapazitäten werden sich alle 12 Monate verdreifachen."

Abbildung 3.32: Netzebenen der Datenkommunikation

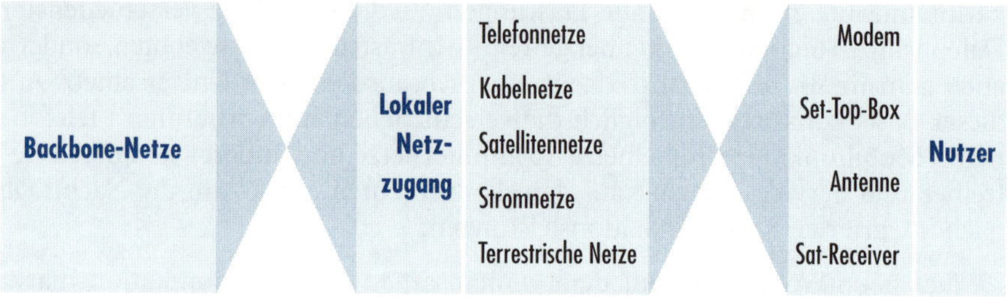

Neue Netze und „Local Storage" beheben Übertragungsengpässe im Backbone-Bereich

Zur Behebung der Engpässe in den Backbone-Netzen werden gegenwärtig weltweit Kapazitäten aufgebaut. Das Wachstum der Übertragungskapazitäten scheint demzufolge Gilder's Law zu entsprechen. Dieses von dem Autor und Journalisten George Gilder formulierte Gesetz[80] prognostiziert, daß sich die Telekommunikationsbandbreiten zukünftig alle 12 Monate verdreifachen werden.[81] Folgt der reale Ausbau der Netze diesem Gesetz, dann stellt die Bewältigung auch eines schnell wachsenden weltweiten Datenverkehrsaufkommens kein Problem dar.

Ein weiteres Prinzip, um mit den gegenwärtigen Kapazitätsengpässen umzugehen, ist „Local Storage". Danach werden die globalen Backbone-Netze von Datenverkehr entlastet, indem von Nutzern häufig gefragte Inhalte und Daten auf nahegelegenen Servern (Proxy- oder Mirrorserver genannt) beispielsweise beim Internet Service Provider gelagert werden. Greift ein Nutzer erneut auf die Inhalte zurück, müssen die Daten nicht wieder von dem Ursprungsserver durch die Backbone-Netze transportiert werden, sondern können direkt von dem Proxy- oder Mirrorserver geholt werden. Für den Nutzer ist das Prinzip des Local Storage mit dem positiven Effekt eines schnelleren Zugriffs auf die gewünschten Informationen verbunden.

In der ersten Meile sind Bandbreiten gefragt

Die Übertragungsprobleme im lokalen Netzverkehr der ersten Meile sollen technologische Aufrüstungen der dort bestehenden Netze beheben. Dabei läßt sich eine ausreichende Übertragungsgeschwindigkeit entweder durch größere Bandbreiten oder intelligente Übertragungstechniken erzielen. Die in Betracht kommenden Technologien sollen nachfolgend skizziert werden.

Der Ausbau der den weltweiten Datenverkehr bewältigenden Glasfasernetze bis zum Endkunden („Fibre to the Home") stellt den technologisch optimalen Weg dar, höchste Übertragungskapazitäten und -geschwindigkeiten zu ermöglichen. Allerdings ist diese Alternative mit überdurchschnittlich hohen Investitionen verbunden, so daß ihre Realisierung in naher Zukunft nicht zu erwarten ist.

Kapazitätsverbesserungen sind aber auch auf Basis der bestehenden schmalbandigen Telefonnetze möglich. Hier kommen Übertragungstechniken zum Einsatz, die – ohne die Kupfernetze physisch zu verändern – schnelle Datenübertragungen ermöglichen. ADSL (Asymmetric Digital Subscriber Line) ist die erfolgversprechendste der zahlreichen xDSL-Technologien. Sie nutzt die Kapazi-

80 Die Formulierung des Gesetzes orientiert sich an Moore's Law, das mit seiner Aussage über die IT-Leistungsentwicklung eine Grundlage der Internet-Ökonomie darstellt (vgl. Abschnitt 3.3.1).

81 vgl. Kelly 1998, S. 49

Quelle

Abbildung 3.32: ECC 1998, in Anlehnung an Adstead/McGarvey 1997, S. 33

täten der Kupfernetze besser aus, so daß im Hinkanal der Datenübertragung (zum Endnutzer) breitbandige Kommunikation möglich wird, während der Datentransfer über den Rückkanal schmalbandig bleibt.[82] Geeignet ist diese Technologie insbesondere für Abrufdienste wie Video-on-Demand.

ADSL macht den Daten im Telefonnetz Beine

Die Durchsetzung von ADSL ist in vollem Gange. So unterzeichneten am 11. Mai 1998 in New York einige der weltweit größten Telekommunikationsgesellschaften (Deutsche Telekom, British Telecom, France Télécom, NTT, PLC und Singapore Telecommunications) eine Beitrittserklärung zur Universal ADSL-Working Group, der bislang Compaq, Intel und Microsoft angehörten. Ziel der einflußreichen Runde ist es, die Entwicklung dieser Technologie voranzutreiben und ADSL als Weltstandard zu etablieren.[83]

Eine Technologie, die sowohl in Kupfer- (Telefon- und TV-Kabelnetzen) als auch in Glasfasernetzen angewandt werden kann, ist ATM (Asynchronous Transfer Mode). Diese Übertragungstechnik ermöglicht eine flexible Nutzung von Bandbreiten bis zu 622 Mbit/s. ATM wurde von der International Telecommunications Union (ITU) als technische Basis für die Datenübertragung auf zukünftigen Breitband-ISDN-Netzen festgelegt.[84] Der besondere Vorteil dieser Technologie liegt darin, die paketvermittelte Datenübertragung auch auf den Telefonnetzen in der ersten Meile anzuwenden, während analoge Übertragungstechniken und die digitalen ISDN und ADSL dort nur leitungsvermittelt arbeiten. So könnten die beschriebenen Effizienzvorteile der Paketvermittlung auch in der ersten Meile realisiert werden. Der Nachteil dieser breitbandigen Vermittlungstechnologie liegt allerdings in hohen Umrüstungskosten.

Ein anderes Netz, das die Übertragung multimedialer Inhalte zum Endnutzer leisten kann, ist das Breitband-Kabelnetz. Dieses wird bislang zur einseitigen (vom Sender zu den Endnutzern) Übertragung von Rundfunkinhalten genutzt und stellt bereits ausreichende Übertragungskapazitäten zur Verfügung. Allerdings muß auch in das Kabelnetz investiert werden, um interaktive Dienste zu ermöglichen. Denn bislang bestehen keine Rückkanäle, über die der Nutzer Steuersignale senden könnte.[85] Dazu sind entweder die Kopfstationen umzurüsten, von denen aus die Inhalte an die Netzteilnehmer geschickt werden, oder der Nutzer weicht zur Interaktion auf die Telefonleitung aus.

Das TV-Kabelnetz wird interaktiv

Weitere Investitionen sind erforderlich, da im Kabelnetz bislang die Inhalte ungesteuert an alle erreichbaren Teilnehmer geschickt werden. Für eine interaktive Nutzung ist es jedoch notwendig, die vom Nutzer gewünschten Inhalte gezielt an den Adressaten zu übertragen, der die Daten (zum Beispiel einen bestimmten Film) angefordert hat. Schließlich verbindet sich mit dem Kabelnetz die gemeinsame Nutzung einer Leitung durch die Haushalte in einer Nachbarschaft. Dies hat zwei Konsequenzen. Da die Leitungskapazitäten geteilt werden müssen, können bei großem Andrang die Übertragungsgeschwindigkeiten leiden. Außerdem resultiert daraus ein Sicherheitsproblem, das insbesondere bei Anwendungen wie Internet-Banking potentielle Risiken birgt. Dennoch bietet

82 Zu den Bandbreiten vergleiche die Abbildung 3.34.
83 vgl. o.V. 1998l, S. 10
84 vgl. o.V. 1998g, S. 69
85 vgl. Booz, Allen & Hamilton 1997, S. 105ff.

das Kabelnetz generell eine attraktive Möglichkeit, die Informations-, Unterhaltungs- und Kommunikationsleistungen des Internet durch die erste Meile dem Nutzer zugänglich zu machen.

UMTS beschleunigt die Mobilfunknetze

Datenkommunikation im kabellosen Mobilfunknetz ist zur Zeit mit dem europäischen GSM-Standard nur zu sehr niedrigen Übertragungsgeschwindigkeiten von 9,6 kbit/s möglich. Außerdem verbindet sich mit den Mobilfunknetzen eine große Abhängigkeit der Empfangsqualität von den örtlichen Gegebenheiten. Doch GSM wird gegenwärtig zum Universal Mobile Telecommunications System (UMTS) weiterentwickelt. Mit Hilfe dieses Systems erreichen die Datenübertragungen in den Mobilfunknetzen Geschwindigkeiten bis zu 2 Mbit/s. UMTS soll auch uneingeschränkt kombinierte Kommunikationsleistungen über Fest- und Mobilfunknetze ermöglichen.[86]

Auch Bill Gates setzt auf breitbandige Datenübertragung per Satellit

Breitbandige Datenübertragung über kabellose Netze liegt auch den Zukunftsplänen zahlreicher Satellitenprojekte zugrunde. Die Projekte zielen insbesondere auf die Entwicklung kleinerer Empfangsgeräte und auf Verbesserungen der Übertragungsgeschwindigkeiten. Dabei weist der Entwicklungsbedarf Parallelen zu den Kabelnetzen auf. Für die Nutzung aufwendiger Datenübertragungen sind Bandbreiten bis in den Bereich mehrfacher Mbit/s erforderlich, da sich alle Nutzer eines Satellitennetzes in einem Land denselben Kanal und damit dessen Übertragungskapazitäten teilen müssen.[87] Ebenso stellen die bisherigen breitbandigen Satellitensysteme, die zur Einwegübertragung von Fernsehbildern genutzt werden, keinen Rückkanal zur Verfügung. Dennoch nutzen Astra-Net und Eutelsat die Übertragungskapazitäten inzwischen auch für Kommunikationsdienste, um beispielsweise einen Abrufdienst für Katalogseiten oder Videos anzubieten.[88] Die Interaktion geschieht augenblicklich noch über den Umweg des Telefonnetzes. Die neuen Systeme hingegen sollen mit einem Rückkanal ausgestattet sein. Einen Überblick gibt die folgende Abbildung:

Abbildung 3.33: Projekte für den Aufbau von Satellitennetzen zur breitbandigen Datenkommunikation

Projekt	Cyberstar	Spaceway	Astrolink	Skybridge	Celestri	Teledesic
Unternehmen	Loral	GM-Hughes	Lockheed	Alcatel, Loral	Motorola	Craig McCaw, Boeing, Bill Gates
Verfügbarkeit (geplant)	1998	2000	Ende 2000	2001	2002	2002
Orbit	GEO	GEO	GEO	LEO	GEO, LEO	LEO
Geschwindigkeit (in Mbit/s)	30	6	9,6	Hinkanal: 60 Rückkanal: 2	155	64
Anzahl der Satelliten	k.A.	anfangs 8	9	64	63 LEO, 9 GEO	288
Antennengröße (in inches)	16	26	33-47	k.A.	24	10

86 vgl. EITO 1998, S. 124f.
87 vgl. EITO 1998, S. 125f.
88 vgl. o.V. 1997c, S. 120

Quelle

Abbildung 3.33: EITO 1998, S. 126

Besonders aktuell ist das Satellitenprojekt Iridium, das im Herbst 1998 startete.[89] Dieses Netz, das von Unternehmen wie Motorola, Siemens, Vebacom, Sprint und anderen unterstützt wird, bietet über 66 Satelliten Kommunikationsmöglichkeiten auch in den entlegensten Regionen der Welt. Allerdings reichen beim Iridiumnetz die Bandbreiten nicht für aufwendige Datenübertragungen aus, so daß sich das Angebot auf mobile Telefondienste und Pager beschränkt.

Iridium beschränkt sich auf Telefon- und Pager-Dienste

Schließlich könnten private Haushalte auch ihren Anschluß an das Stromnetz als Internet-Einstieg nutzen. Projekte, die die Stromnetze für Datenübertragungen nutzbar machen wollen, sind allerdings über die Testphase noch nicht hinausgekommen. Dabei tun sich insbesondere Telekommunikationsunternehmen mit energiewirtschaftlichem Hintergrund (Beispiel o.tel.o), Verbindungen internationaler Telekommunikations- und Energieversorgungsunternehmen sowie auch regionale Energieversorger hervor. Die britische United Utilities und die kanadische Northern Telecom beispielsweise haben in einem Großversuch die Übertragungsmethode Digital Power Line (DPL) getestet. Das Ergebnis waren Bandbreiten im Bereich von 1 Mbit/s.[90] Die Voraussetzungen für eine breitbandige Datenübertragung sind also gegeben. Entscheidend für den Erfolg der Power Lines sind jedoch Fragen hinsichtlich der Dekoderentwicklung, die noch ungeklärte Wirtschaftlichkeit des Stromnetzes gegenüber seinem Hauptkonkurrenten Telefonnetz und nicht zuletzt die Lösung von Sicherheitsproblemen.

Sind Stromnetze im Kommen? Interferenzen als Hauptproblem bei der Umsetzung der Power Lines

Besonders erfolgskritisch stellt sich das Problem der Interferenzen dar. Da die Datenübertragung der Power Lines in einem Frequenzbereich von unter 30 MHz vorgesehen ist, sind von ihrer Nutzung alle Kurzwellendienste betroffen. Insbesondere auf die Betreiber von Radiostationen würden große Aufwendungen zukommen, da sie ihre Übertragungsleistungen vervielfachen müßten, um eine gleiche Empfangsqualität zu gewährleisten. Aufgrund der aufgezeigten Probleme ist eine Umsetzung und Nutzung der Power Lines umstritten und wird keinesfalls vor dem Jahr 2000 erfolgen.

Die beschriebenen Entwicklungen der verschiedenen Netze werden in naher Zukunft erhebliche Verbesserungen für den Datenverkehr in der ersten Meile mit sich bringen. Dabei sind die Aussichten, das Telefonnetz abzulösen, unterschiedlich zu beurteilen.

Den leitungslosen Übertragungstechniken sind in der ersten Meile insbesondere dort Erfolge zuzutrauen, wo sie auf das Mobilitätsbedürfnis der Nutzer treffen. Wer auch unterwegs jederzeit Zugriff auf die Informations- und Kommunikationsdienste des Internet wünscht oder sich häufiger in entlegenen Regionen aufhält, in denen der Aufbau und die Pflege eines Leitungsnetzes ökonomisch nicht lukrativ ist, wird gerne auf die mobilen Netze zurückgreifen. Der Wunsch nach mobilen Kommunikationsleistungen wird besonders durch den Siegeszug des Mobilfunks deutlich, dessen Zuwachsraten sich in Westeuropa von 1994 bis 1997 zwischen 26 und 53 Prozent bewegten.[91]

89 vgl. o.V. 1997c, S. 113f.
90 vgl. Schürmann 1997, S. 47
91 vgl. EITO 1998, S. 350

Bei den leitungsgebundenen Netzen bietet das Kabelnetz für bereits angeschlossene Haushalte eine attraktive Möglichkeit, breitbandigen Zugang zum Internet zu erhalten. Hier ist jedoch neben den beschriebenen technischen Anforderungen die weitere Verbreitung der Kabelanschlüsse zu verfolgen. Schließlich stellt das über xDSL-Techniken verbesserte Telefonnetz eine gute Übergangslösung für die nahe Zukunft dar. In einigen Jahren werden jedoch auch die damit erreichten Bandbreiten für die gewachsenen Ansprüche der Nutzer nicht mehr ausreichen.

Bandbreiten der konkurrierenden Technologien

Die nachfolgende Abbildung stellt die zum heutigen Zeitpunkt technologisch erreichbaren Bandbreiten der konkurrierenden Netze gegenüber. Dabei sind die maximalen Übertragungsgeschwindigkeiten je nach angewandter Übertragungstechnologie aufgeführt.

Abbildung 3.34: Geschwindigkeiten verschiedener Datenübertragungsnetze im Vergleich

Netz	Technologie	Hinkanal	Rückkanal
Telefonnetz	Analoge Telefonübertragung	14,4 bis 56 kbit/s	
	ISDN	56 bis 128 kbit/s	
	ADSL (Asymmetric DSL)	1,5 bis 8 Mbit/s	640 kbit/s
	VDSL (Very high DSL)	12 bis 52 Mbit/s	192 bis 640 kbit/s
Kabelnetz	Kabelmodem	1 bis 10 Mbit/s	768 kbit/s
Glasfasernetz	T1	1,54 Mbit/s	
	T3	45 Mbit/s	
Terrestrisch	GSM	9,6 kbit/s	
	UMTS	2 Mbit/s	
Satellitennetz	Verschiedene Projekte (s.o.)	bis zu 155 Mbit/s	
Stromnetz	DPL (Digital Power Line)	1 Mbit/s	

Strategische Aspekte des Wettbewerbs um konvergente Telekommunikationsdienste

Der neue Markt der integrierten Kommunikationsleistungen

Die beschriebene Konvergenz der Sprach- und Datenkommunikation bildet einen neuen Markt der integrierten Kommunikationsleistungen, der die getrennten Märkte der Sprach- und Datenkommunikation kontinuierlich ablösen wird.[92] Folgerichtig rüsten sich gegenwärtig die Telekommunikationsunternehmen für diesen neuen Wettbewerb um den globalen Datentransfer.

Die Wettbewerber teilen sich ihrer Herkunft entsprechend in zwei Lager. Große nationale Telekommunikationsgesellschaften, die dem Bereich der Sprachkommunikation entstammen und ihre Wurzeln in den bislang monopolistischen Strukturen der Telefonmärkte haben, konkurrieren mit Unternehmen aus den dynamischen Märkten der Datenkommunikation. Die nachfolgende Betrachtung

92 vgl. zur Erosion der Märkte Kapitel 4.2.4.
93 Vergleiche dazu auch die Ausführungen von Mario Martinoli auf S. 90.

Quelle

Abbildung 3.34: U.S. Department of Commerce 1998, S. A2-14; Mertz 1998, S. 94ff.; Wayner 1998, S. 2ff.; Dehn 1998; S. 30

behandelt die Ausgangssituationen der Konkurrenten für den bevorstehenden Wettbewerb sowie ihre strategischen Handlungsalternativen.[93] Bevor jedoch der Wettbewerb der großen Player untersucht wird, die mit eigenen Netzen das Potential zum Komplettanbieter integrierter Kommunikationsleistungen auch für anspruchsvolle Kundensegmente (zum Beispiel Geschäftskunden) haben, sollen die Wettbewerbssituation und Aussichten kleinerer Anbieter von Internetdiensten, sogenannte Internet Service Provider (ISP), beschrieben werden.

Das Angebot kleiner ISP beschränkt sich zumeist auf den Zugang zum Internet und einige mehr oder weniger ausgeprägte Servicekomponenten. Die gegenwärtigen Erfolge dieser ISP werden von der äußerst positiven Marktentwicklung gestützt, die das Internet vorantreibt. So verzeichnen selbst in Ballungszentren mit hoher Konkurrenzdichte die meisten ISP ein Umsatzwachstum im dreistelligen Prozentbereich.[94] Der Markt scheint gegenwärtig Platz für eine unbegrenzte Zahl von Anbietern für Internetzugänge zu bieten. Allerdings ist anzunehmen, daß diese Marktverhältnisse bald einem harten Konzentrationswettbewerb weichen werden.

Im harten Wettbewerb scheitern kleine ISP an mangelnden Investitionsspielräumen

Wenn über die Adaption multimedialer Möglichkeiten und die Nutzung des Internet zur Abwicklung von Geschäftstätigkeiten die Ansprüche der Internet-Kundschaft steigen, werden größere Anforderungen an die Sicherheit, Zuverlässigkeit und Geschwindigkeit der Übertragung gestellt werden. Ferner werden die entstehenden Kosten und die gebotenen Zusatzleistungen (Value Added Services) zu entscheidenden Kriterien in einem harten Sondierungsprozeß werden. Vor allem um sich in dem lukrativen Segment der Geschäftskunden etablieren zu können, sind große Investitionen in Übertragungskapazitäten notwendig, die kleine und mittlere ISPs nicht leisten können. Als strategische Optionen verbleiben dann die Konzentration auf kleine Spezialsegmente oder eine Kooperation mit starken Partnern, um die elementare Infrastruktur nutzen zu können. Letzteres birgt auch die Möglichkeit einer Übernahme durch einen finanzkräftigen Partner.

Der Wettbewerb auf dem Telekommunikationsmarkt der Zukunft wird also von großen Unternehmen bestimmt, die mit hoher Kapitalkraft ausgestattet sind und so mit Hilfe eigener Netze attraktive integrierte Kommunikationsleistungen aus einer Hand anbieten können.

Next-generation Telcos investieren in modernste Netze

Darauf richten zahlreiche Unternehmen aus dem Datenkommunikationsbereich, auch „next-generation Telcos" genannt, ihr gegenwärtiges Engagement. Beispielsweise investiert PSINet derzeit in den Aufbau eines globalen Glasfasernetzes, um insbesondere Firmenkunden Hochgeschwindigkeitsübertragungen auf höchstem Sicherheitsniveau anzubieten. Ebenso verlegt Qwest derzeit ein 16.000 Meilen umfassendes modernes Glasfasernetz, das ihm große Übertragungskapazitäten sichert. Dazu hat Qwest seine Position durch die Übernahme des kleineren US-Ferngesprächanbieters LCI verstärkt. Große Kapazitäten baut auch das Satellitensystem Teledesic auf, das neben anderen auch von Bill Gates

94 vgl. Froitzheim 1997, S. 40f.
95 vgl. Abbildung 3.33

unterstützt wird.[95] Eine von dem kompletten Neuaufbau abweichende Strategie verfolgt Worldcom, das durch Zukauf von Unternehmen wie UUNet und MCI ein Internetimperium geschaffen hat. Auch wenn dabei MCI das Internetgeschäft abspalten mußte, damit der Kauf durch Worldcom von den Regulierungsbehörden genehmigt wurde, kontrolliert Worldcom jetzt einen Großteil des amerikanischen Internetverkehrs. Um diese Position global aufzubauen, hat Worldcom gemeinsam mit Cable&Wireless eine halbe Milliarde US -Dollar in ein Seekabelnetz investiert.

Die Wettbewerbssituation dieser next-generation Telcos kennzeichnen einige strategische Vorteile. Sie verfügen –wie gesehen– zweifellos über die nötige Finanzkraft, die zum Auf- und Ausbau eigener Netze erforderlich ist. Weiterhin haben sie den großen Telefongesellschaften gegenüber Vorteile hinsichtlich Kundenorientierung und Flexibilität der Unternehmenskultur. Insbesondere sind sie das hohe Innovationstempo des Internet gewohnt, bei dem Innovationszyklen in Monaten gemessen werden.

Entscheidende Bedeutung erlangt ferner die Qualität der betriebenen Netze. Wie beschrieben tätigen fast alle Herausforderer hohe Investitionen in modernste Glasfasernetze, um schnelle Datenübertragungen anbieten zu können. Diese Netze sind den Telefonnetzen, die auf Verbindungen von drei bis vier Minuten Länge optimiert sind, klar überlegen. Dies drückt sich insbesondere in höherer Effizienz und geringeren Kosten aus. Ebenso genügen die neuen Netze hinsichtlich der Sicherheit und Zuverlässigkeit höchsten Ansprüchen. Zwar bieten sie auch Zugriff auf die Angebote des Internet, sind als Extranets allerdings über Firewalls vor den anarchischen Strukturen des Internet geschützt. Somit entstehen vor allem für den lukrativen Geschäftskundenbereich neue attraktive Angebote.

Das strategische Dilemma der Telefongesellschaften

Demgegenüber kennzeichnet die Ausgangssituation der großen nationalen Telefongesellschaften zunächst ein strategisches Dilemma. Einerseits müssen sie sich für den großen Markt der integrierten Datenkommunikation rüsten. Andererseits sind ihre Bemühungen auf den Schutz ihres Kerngeschäft der Telefondienste gerichtet. Die Profite aus diesem Bereich werden benötigt, um in die neuen Technologien zu investieren. Paradoxerweise bedrohen jedoch diese Investitionen wiederum ihr Kerngeschäft, beispielsweise durch eine Entwicklungsbeschleunigung der Internettelefonie. So stellt die Unterstützung von VocalTec, einem der Pioniere in der Internettelefonie, durch die Deutsche Telekom eine Gratwanderung zwischen Selbstkannibalisierung und Investition in die Zukunft dar.

Vor diesem Hintergrund stellen sich den großen Telefongesellschaften zunächst einige Herausforderungen, die drastische Einschnitte erforderlich machen. Dabei ist vorrangig die Unternehmenskultur zu flexibilisieren, um auf schnellere Innovationszyklen reagieren zu können. Dies beinhaltet insbesondere einen Wandel von der Ingenieurkultur hin zu einer Marktkultur, die den Kunden in das Zentrum der Unternehmensaktivitäten stellt. Auf technologischer Seite sind die bestehenden Netze durch neue, konkurrenzfähige zu ersetzen. Daraus resultiert die finanzpolitische Aufgabe, gleichzeitig eine schnelle Abschreibung der bestehenden Infrastruktur und hohe Investitionen in neue Technologien zu bewältigen.

Demgegenüber besitzen die Telefongesellschaften Wettbewerbsvorteile, die ihnen insbesondere in den nationalen Ursprungsmärkten zunächst einen deutlichen Vorsprung vor der Konkurrenz sichern. Das größte Potential liegt im direkten Zugang zu den Kunden in der ersten Meile. Ferner sind Kunden den Umgang mit der jeweiligen nationalen Telefongesellschaft gewohnt. Es sind Markenbekanntheit und -vertrauen entstanden, die von anderen Unternehmen erst aufgebaut werden müssen. Der endgültige Wechsel zu neuen Anbietern ist folglich immer mit Unsicherheiten verbunden. Schließlich ist die Marktposition der Telefongesellschaften im eigenen Land durch langjährige Geschäftsbeziehungen, politische Einflußmöglichkeiten und weitreichende Netze mit hohem Standard hinsichtlich Sicherheit und Zuverlässigkeit gestärkt.

Wettbewerbsvorteile in Heimatmärkten sind schwer auf globale Verhältnisse übertragbar

Diese Stärken sind jedoch nur in den heimischen Märkten zur Verteidigung der eigenen Position einsetzbar und gelten kaum im Wettbewerb um die globale Datenkommunikation. Zur Eroberung neuer Märkte muß demnach auf langjährige Telekommunikationserfahrung und ausreichende Finanzkraft zurückgegriffen werden. Die Kapitalkraft der großen Telefongesellschaften ist für die neuen Netzbetreiber gegenwärtig noch unerreichbar, so daß sich für AT&T, Deutsche Telekom und andere Handlungsspielräume hinsichtlich der Übernahme interessanter Unternehmen oder unbequemer Konkurrenten eröffnen.

Unterstützt wird die Ausgangsposition der Telefongesellschaften durch große internationale Allianzen, die sie bereits eingegangen sind. Diese kontrollieren insbesondere die Netzverbindungen zwischen Europa und Amerika. Dazu gehören Global One (Deutsche Telekom, France Télécom und Sprint), AT&T-Unisource (AT&T und Unisource, einer europäischen Allianz von PTT Telecom, Telia und Swiss Telecom) und Concert (British Telecom, MCI und Viag-Interkom). Concert ist allerdings auch ein Beispiel für den harten Wettkampf, der um die Ausgangssituationen für den künftigen Telekommunikationsmarkt entbrannt ist, und für die Möglichkeiten, die den next-generation Telcos bereits zur Verfügung stehen. So ist die Partnerschaft zwischen British Telecom (BT) und MCI inzwischen aufgelöst, nachdem Worldcom mit einem Gebot von 37 Milliarden US-Dollar MCI übernahmen und so einen weiteren Zusammenschluß von MCI und BT verhinderten. Allerdings hat BT im Juli 1998 wieder einen neuen Kooperationspartner auf dem amerikanischen Markt gefunden: den zweitgrößten Telekommunikationskonzern der Welt, AT&T.

Gerangel um internationale Partner bestimmt die Gegenwart

Zusammenfassend läßt sich feststellen, daß der Wettbewerb um integrierte Kommunikationsleistungen von großen finanzkräftigen Unternehmen aus zwei Bereichen bestimmt wird: die next-generation Telcos aus dem Bereich der Datenkommunikation und die großen nationalen Telefongesellschaften aus dem Bereich der Sprachkommunikation. Unternehmen wie kleinere Internet Service

Provider scheitern in diesem Wettbewerb an ihrer mangelnden Unternehmensgröße.

Die jungen Unternehmen der next-generation Telcos zeichnen sich insbesondere durch den Aufbau moderner Übertragungskapazitäten und eine flexible Unternehmenskultur aus. Die Bedrohung, die diese Unternehmen für die Telefongesellschaften darstellen, zeigt beispielsweise der Triumph von Worldcom gegenüber BT bei dem Kampf um die Übernahme von MCI. Die Telefongesellschaften haben ihrerseits zunächst gewachsene Probleme zu überwinden, die insbesondere in der starren Unternehmenskultur und der Verbindung von Schutz des Kerngeschäfts und Investition in die Zukunft liegen. Können sie diese Herausforderungen bewältigen, kommen die Stärken der Telefonkonzerne in Form von großer Kapitalkraft, Erfahrung und starken Beziehungen in ihrer ganzen Marktmacht zur Geltung. Es eröffnen sich strategische Chancen, die insbesondere mit Hilfe geeigneter internationaler Kooperationspartner und durch Übernahme interessanter Unternehmen realisiert werden können, um eine starke Position im globalen, integrierten Telekommunikationsmarkt der Zukunft zu besetzen.

Fazit: Die kapitalkräftige Urgewalt der Ex-Monopolisten hat das letzte Wort

Telekommunikationsunternehmen gegen Internet Service Provider: Wer macht das Rennen?

von Mario Martinoli, Senior Consultant, Databank Consulting

In der momentanen Debatte über die Zukunft und Evolution der Marktstruktur des Internet ist die Rolle der dominierenden Telekommunikationsunternehmen eines der am heißesten diskutierten Themen. Aufgrund ihrer Vorteile durch die bereits bestehende Infrastruktur eröffneten sich ihnen durch den Einstieg in den Internetmarkt weitreichende Entwicklungsperspektiven.

Unabhängige Internet Service Provider (ISP) betrachteten den Einstieg der Telekommunikationsunternehmen in den Internetmarkt als große Bedrohung für eigene Umsätze. Zweifellos wird in Kürze die globale Neudefinition des Internetmarktes und eine Umverteilung der Kräfte zu einer Neubewertung der bestehenden Balance zwischen den Akteuren führen. Unabhängige ISP laufen dabei große Gefahr, ihren Marktanteil zu verlieren.

In der Tat ist der „Kampf" um das Internet ein Kampf um Bandbreiten. Die Telekommunikationsunternehmen haben sie, während die ISP sie benötigen. Noch überleben ISP durch ihre Primärangebote E-Mail und Web. Wenn jedoch die Nachfrage nach über das Netz verbreitetem Ton- und Bildmaterial ansteigen wird, werden diejenigen die Gewinner sein, die ihre Kabel und Drähte bereits verlegt haben. Erst dann wird sich zeigen, wer überleben kann.

Internet Access Providers (IAP) und kleine ISP, die sich ausschließlich auf Zugangsdienste beschränken, werden nicht in der Lage sein, zu überleben; es sei denn, sie widmen sich verstärkt sogenannten Mehrwertdiensten wie elektronischen Publikationen und technischer Beratung für die Erstellung und Betreuung von Webseiten. Da es ihnen zur Zeit an einer Vielzahl von Kompetenzen mangelt, wird es für sie schwierig sein, auf den profitableren Märkten präsent zu sein: Anhäufung und Bereitstellung von Inhalten und auf dem Markt für spezialisierte Anwendungen. Folglich ist es äußerst wahrscheinlich, daß sich ihre Anzahl stark verkleinern wird.

Um den bevorstehenden Verdrängungswettbewerb zu überstehen, müssen mittelständische ISP eine oder mehrere der folgenden Strategien verfolgen:

1. Gewichtige Allianzen mit Telekommunikationsunternehmen eingehen. Unter Umständen ist dies für unabhängige mittelständische ISP die einzige Möglichkeit, auf dem Internetmarkt zu überleben. Auf jeden Fall ist eine solche Strategie die weitaus sinnvollste. In Frankreich hat Oleane ein Netzwerk von „Zugangsdienstpartnern" etabliert, dem circa 70 ISP angehören. Oleane ist deren exklusiver „Backbone-Dienst" und liefert im Gegenzug einen Teil der von Endkunden erzielten Einnahmen an sie ab.

2. Den Internet Access Markt verlassen und in folgende expandierende Märkte eintreten: Entwicklung von Inhalten und mehrwertorientierten Dienstleistungen. Folglich würde man mit Online Service Providern (OSP) wie Compuserve konkurrieren. Interessanterweise führte die explosionsartige Verbreitung des Web Ende des Jahres 1996 zu einer teilweisen Deplazierung der OSP auf dem Internetmarkt. Diese Organisationen wandten sich schnell der Bereitstellung von Internetdiensten zu, womit sie den traditionell von ISP besetzten Geschäftsbereich okkupierten. In anderen Worten ausgedrückt bedeutet dies, daß aus OSP ISP wurden. Die OSP hatten den traditionellen ISP gegenüber jedoch den Vorteil, daß sie auf folgenden Gebieten schon gut positioniert waren: im Bereich der Bereitstellung kommerzieller Inhalte über das Internet und im Bereich kundenorientierter Produktlieferung. Die logische Konsequenz war, daß die ISP den von ihnen bedienten Geschäftsbereich bedroht sahen. Es scheint jedoch, als würde der Spieß durch den zur Zeit ablaufenden Verdrängungswettbewerb umgedreht werden, so daß ISP zu ernsthaften Konkurrenten für OSP werden könnten.

3. Sich bci Zugang, Dienstleistungen und geographischer Verbreitung primär auf Marktnischen konzentrieren.

Unabhängige mittelständische ISP sind sich des zur Zeit ablaufenden Verdrängungswettbewerbs bewußt, jedoch scheinen die meisten von ihnen nicht damit beschäftigt zu sein, in die Entwicklung von Mehrwertdiensten zu investieren. Auch wollen sie nur ungern Allianzen mit Telekommunikationsunternehmen eingehen. Glauben sie etwa immer noch, auf dem Markt der Internetdienste reale Wettbewerbschancen zu haben?

Was das Eindringen internationaler Anbieter (zum Beispiel WorldCom und AT&T) in den europäischen Markt betrifft, so kommt eine Reihe von Studien mehrerer Investmentbanken zu dem Schluß, daß diese Anbieter innerhalb der nächsten fünf Jahre kaum mehr als 5 bis 7 Prozent der Kunden großer europäischer Märkte (zum Beispiel Deutschland und Frankreich) erreichen werden.

Die dominanten Stellungen nationaler europäischer Telekommunikationsunternehmen, die trotz angehender Liberalisierungen auf dem Telekommunikationsmarkt noch einige Jahre bestehen bleiben werden, sowie deren schon bestehende Durchdringung des Privat- und Geschäftskundenmarktes werden für internationale Telekommunikationsunternehmen, die sich auf dem europäischen Markt etablieren wollen, Probleme aufwerfen. Um diese Hürden zu überspringen und die Profitabilität zu steigern, haben sie eine Vielzahl von Möglichkeiten. Sie bestehen vor allem darin, mit ausgewählten lokalen Anbietern Joint Ventures einzugehen, oder sich als Nischenanbieter zu etablieren und Dienste für einen sorgfältig ausgewählten Kundenstamm bereitzustellen.

Das erwähnte „Eindringungsszenarium" wird auch den Markt der Internetdienste betreffen. Bei gesteigerten Bedürfnissen nach Online-Multimediadiensten ist es als wahrscheinlich anzusehen, daß dieser Markt mittelfristig hauptsächlich von großen nationalen Anbietern und deren ISP-Aktivitäten dominiert werden wird (zum Beispiel TIN in Italien und T-Online in Deutschland). So wird neuen Anbietern der Einstieg in das Internetgeschäft der Zukunft erschwert.

3.2.4 Erlöstypen und Erlösmodelle im Telekommunikations-Sektor

Grundgebühren und nutzungsabhängige Zahlungen bestimmen den Telefonmarkt

In den einzelnen Marktsegmenten der Telekommunikation existiert eine relativ homogene Struktur der Erlösmodelle. In den monopolistischen Märkten der Telefondienste wurde als Erlösmodell am häufigsten eine Mischung aus monatlicher Grundgebühr und nutzungsabhängigen Zahlungen verwendet, die sich nach der Länge des Telefongesprächs richteten, gemessen in festgelegten Einheiten. Dieses Erlösmodell orientiert sich an den entstehenden Kosten. Dabei steht der monatlichen Grundgebühr die Leistung entgegen, den entsprechenden Haushalt direkt an das Telekommunikationsnetz anzuschließen. Wartung und Abschreibungen der letzten Leitungsabschnitte sind dem Kunden direkt zurechenbare Kosten. Demgegenüber repräsentieren die nutzungsabhängigen Zahlungen die Kosten, die bei Inanspruchnahme des Netzes durch Telefongespräche entstehen. Daneben fallen noch einmalige Anschlußgebühren an, wenn beispielsweise ein neuer Telefonanschluß freigeschaltet werden soll.

Durch die Liberalisierung der europäischen Telekommunikationsmärkte haben sich einige Änderungen beziehungsweise Abweichungen von diesem Grundmodell ergeben:

* Die Erlösform der monatlichen Grundgebühr ist für neue Anbieter nicht aufrechtzuerhalten, da den monatlichen Zahlungen in der Regel keine Leistung gegenübersteht. Erst wenn ein neuer Anbieter den Anschluß eines Haushaltes komplett von dem ehemaligen Monopolisten übernimmt, wird auch hier eine monatliche Grundgebühr erhoben. Für die Anbieter von Fern- und Auslandsgesprächen hingegen ist nur das Modell der nutzungsabhängigen Erlösform möglich, unabhängig davon, ob sie beim Kunden voreingestellt werden (Preselection) oder ob der Kunde wahlweise mit ihnen telefoniert (Call-by-Call). Mannesmann Arcor hat in Deutschland noch eine andere Mischform etabliert. Ihr Erlösmodell setzt sich aus zwei unterschiedlichen nutzungsabhängigen Erlöstypen zusammen. Dabei wird einerseits nach Leistungsdauer abgerechnet und zudem andererseits nach Leistungsmenge. Das bedeutet, daß der Kunde für jedes Gespräch, das er führt (Leistungsmenge), einen Fixpreis von sechs Pfennig bezahlt und dazu noch die Gebühren, die nach der Gesprächslänge (Leistungsdauer) bemessen werden.
* Eine weitere Neuerung im Detail scheint sich durch die Liberalisierung der europäischen Telekommunikationsmärkte durchzusetzen. So besteht inzwischen neben der ungenauen Messung der Gesprächsdauer über Einheiten bei zahlreichen Anbietern auch eine leistungsgerechtere, sekundengenaue Messung, die sich als Standard zu etablieren scheint.
* In Schweden hat das Telefongeschäft eine Form der Medienfinanzierung für sich entdeckt. So wie im werbefinanzierten Fernsehen das Angebot für den Nutzer mit keinen direkten Kosten verbunden ist und von der Werbewirtschaft getragen wird, können schwedische Telefonkunden der Gratistelefon Svenska AB kostenlos Ferngespräche führen.[96] Dafür werden gelegentlich für 30 Sekunden Werbespots in das Gespräch geschaltet. Die beiden Gesprächspartner hören dabei unterschiedliche Spots, maßgeschneidert nach den Informationen, die über sie bekannt sind. Bei dem registrierten Anrufer sind das neben den üblichen Daten auch persönliche Daten wie Beruf, Hobby und Alter. Bei dem Angerufenen ist nur eine regionalspezifische Differenzierung möglich.

Werbefinanzierung für Telefongespräche

Ein anderes Modell ist in den USA zu beobachten. Hier sind die Ortsgespräche in der monatlichen Grundgebühr enthalten, so daß dafür keine nutzungsabhängigen Zahlungen anfallen. Es liegt das Grundmodell eines Abonnements für

96 vgl. o.V. 1997e, S. 8

Flat Fee: Das Abonnement für Telefongespräche

Ortsgespräche vor. Sprint erweiterte dieses Modell inzwischen auf Ferngespräche. Für 25 US-Dollar im Monat kann der Kunde an den Wochenenden unbegrenzt telefonieren.

Das Mobilfunksegment nutzt dasselbe Grundmodell wie die Anbieter von Telefondiensten. Hier herrscht die Mischung aus monatlicher Grundgebühr und leistungsdauerabhängiger Erlösform. Allerdings bieten die meisten Anbieter unterschiedliche Kombinationen der beiden Formen an. So hat der Kunde die Wahl zwischen hohen Grundgebühren und niedrigen Minutenpreisen (attraktiv für Kunden mit hohem Gesprächsaufkommen) oder niedriger Grundgebühr und hohem Minutenpreis (attraktiv für Kunden, denen es auf die Erreichbarkeit ankommt).

Im Bereich der Datenkommunikation sind Erlöstypen für den Internetzugang von Interesse. Grundsätzlich unterscheiden sich die Erlösmodelle nicht von denen im Bereich der Telefondienste. Zu beobachten sind sowohl die Mischung aus monatlicher Grundgebühr und von der Leistungsdauer abhängigen Zahlungen als auch die Werbefinanzierung (zum Beispiel Germany Net) oder das Abonnement, bei dem nur eine monatliche Grundgebühr anfällt (Flat Fee). Allerdings ist die Bedeutung der Modelle unterschiedlich. Während im Telefondienst die nutzungsabhängige Erlösform dominiert, steht beim Internetzugang zumeist die monatliche Grundgebühr im Vordergrund.[97]

3.2.5 Wertschöpfungsketten der Telekommunikation

Vier Funktionen in der TK-Wertschöpfungskette

Die Wertschöpfungskette im Telekommunikationssektor besteht im einfachsten Fall aus vier funktionalen Elementen, die von den Marktteilnehmern in bezug auf den Endverbraucher miteinander verknüpft werden müssen.

Abbildung 3.35: Einfache Telekommunikations-Wertschöpfungskette

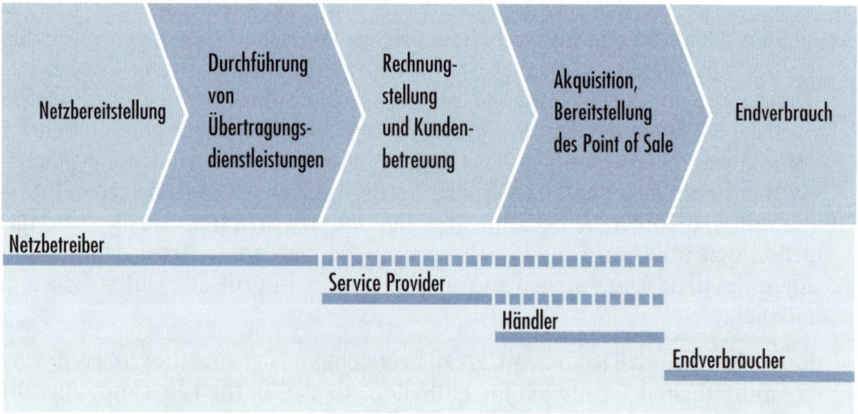

97 vgl. EITO 1998, S. 75

Quelle

Abbildung 3.35: Tewes 1997, S.18

Am Beispiel des Mobilfunks läßt sich gut zeigen, welche Tätigkeiten im einzelnen den Grundfunktionen (Investition, Produktion, Rechnungstellung und Vertrieb) zuzuordnen sind.[98]

* Mit der Investitionsfunktion korrespondiert die Netzbereitstellung, das heißt sämtliche Tätigkeiten, die der Nutzbarmachung des zugeteilten Frequenzspektrums durch die physische Erstellung der Netzbestandteile und Sicherstellung der Betriebsfähigkeit dienen. Dazu zählen der Erwerb der Frequenznutzungsrechte, die Netzplanung, Installation und Wartung der Basisstationen, Einspeisung und Aktualisierung der Übertragung in den Steuerungs- und Vermittlungseinrichtungen und ähnliche Tätigkeiten.

* Der Produktionsfunktion entspricht die Durchführung der Übertragungsdienste. Sie umfaßt zunächst nur den Prozeß der technischen Umwandlung und Übertragung der Informationsinhalte des Nutzers. Sobald die Vermittlung logisch von der Übertragung getrennt wird, ergibt sich eine weitere Differenzierung der Produktionsfunktion in der Wertschöpfungskette. Zu unterscheiden sind dann die Bereitstellung von Übertragungswegen, die Bereitstellung von Vermittlungseinrichtungen, die Durchführung von Übertragungsleistungen sowie die Durchführung von Vermittlungsleistungen.

  Die Erfassung der Nutzungsdaten ist Teil der Durchführung von Vermittlungsleistungen. Nutzungsdaten sind in erster Linie Voraussetzung für die Rechnungstellung, ermöglichen aber zugleich marketingstrategische Erkenntnisse über das Kundenverhalten, die auf verschiedene Arten verwendet werden können.[99]

Differenzierung von Übertragung und Vermittlung in der Wertschöpfung

* Die Rechnungstellungsfunktion umfaßt als Aktivitäten einerseits die Preisbewertung der vom Kunden beanspruchten Leistungen und andererseits die Übermittlung der Forderung. Das Inkasso beinhaltet auch das Recht, die Forderung durchzusetzen und den ausstehenden Betrag einzufordern.

  Vertragspartner des Endkunden ist das rechnungstellende Unternehmen. Damit verknüpfen sich weitere Verpflichtungen und Aufgaben, insbesondere die Kundenbetreuung, die zugleich als Marketinginstrument anzusehen ist.

* Als Vertriebsfunktion werden alle Tätigkeiten zusammengefaßt, die der Erstkundenakquisition (Anbahnung und Abschluß von Verträgen) dienen. Diese schließen die Bereitstellung eines physischen oder virtuellen „Point of Sale" (PoS) ein.

Den verschiedenen Anbietern von Telekommunikationsleistungen lassen sich die beschriebenen Funktionen der Wertschöpfungskette wie folgt zuordnen:

* Den Netzbetreibern kommt die Netzbereitstellung und Durchführung von Übertragungsleistungen zu (Investitions- und Produktionsfunktion).

98 Vergleiche zu den folgenden Ausführungen: Tewes 1997.
99 Wie beim Data Mining oder Data Warehousing

Welcher Anbieter übernimmt welche Funktion?

- Service Provider erfüllen die Funktion der Rechnungstellung und Endkundenbetreuung.
- Händler übernehmen die Vertriebsfunktion. Als Händler können auch Unternehmen und Institutionen auftreten, die ihren Tätigkeitsschwerpunkt in anderen Märkten haben, wie zum Beispiel Kreditkartenunternehmen, Banken oder Automobilverbände.

Eine vertikale Vorwärtsintegration der Funktionen ist für Netzbetreiber über die ganze Wertschöpfungskette möglich, ohne jedoch dabei einzelne Wertschöpfungsstufen zu überspringen. Für Service Provider steht nur die Integration der Vertriebsstufe offen. Eine Rückwärtsintegration ist dagegen nicht möglich. Die Integrationsstrategien können ferner nach Kundengruppen unterschiedlich ausgestaltet werden. In der Regel unterscheidet sich die Integration der Wertschöpfungskette für den Business-Sektor und den Consumer-Sektor erheblich.

Dienstekategorien im Mobilfunk

Im einfachen Wertschöpfungskettenmodell lassen sich differenzierte Dienstekategorien oder Verbundangebote auf den einzelnen Wertschöpfungsstufen noch leicht erfassen. So sind beispielsweise auf dem Mobilfunkmarkt vier Dienstekategorien zu unterscheiden, die anhand von drei Kriterien eingeordnet werden können:[100]

Abbildung 3.36: Klassifikation der Dienstekategorien

	Lizenzinhalt	Netzbasis	Netznutzungsvertrag
Basisdienst	ja	ja	ja
Netzabhängiger Mehrwertdienst	nein	ja	ja
Netzunabhängiger Mehrwertdienst	nein	nein	ja
Zusätzliche Leistungen	nein	nein	nein

Lizenzinhalt bestimmt die Abgrenzung der Basisdienste

Die Basisdienste werden vom Gesetzgeber durch die Lizenz vorgeschrieben und sind folglich der Produktionsfunktion (Durchführung von Übertragungsleistungen), das heißt den Netzbetreibern zuzuordnen. Hier zeigt sich, daß die Regulierung unmittelbar in die Gestaltbarkeit der Wertschöpfungskette eingreift.

Netzabhängige Mehrwertdienste, wie zum Beispiel Voice-Mail oder SMS (Short Message Service), sind qua Lizenz nicht gefordert. Da jedoch zur Erbringung solcher Dienste eine Änderung der Netzbasis nötig ist, müssen auch diese Dienste der Investitions- beziehungsweise Produktionsfunktion und damit den Netzbetreibern zugeordnet werden.

100 vgl. Tewes 1997, S. 19 ff.

Quelle

Abbildung 3.36: Tewes 1997, S. 20

Die Zuordnung einzelner Dienste zu einer dieser beiden Kategorien variiert in Abhängigkeit von den regulatorischen Bestimmungen des jeweiligen Landes hinsichtlich des Lizenzumfangs. Häufig werden sie deshalb auch unter dem Begriff der netzbasierten Dienste zusammengefaßt.

Bei den netzunabhängigen Mehrwertdiensten entfällt die enge Bindung an die Netzbasis. Sie werden außerhalb des Netzsystems als Dienstleistung erbracht und über eine Mensch-Maschine-Schnittstelle als Informationsgut über das Netz zugänglich gemacht oder als Sachgut außerhalb des Netzes geliefert. Hierzu zählen beispielsweise Ticket- oder Blumendienste und auch Informations- oder Sekretariatsdienste. Trotz der generellen Netzunabhängigkeit können solche Dienstleistungen nur von Kunden mit einem Netznutzungsvertrag in Anspruch genommen werden. Die Rechnungstellung für die Nutzung erfolgt mit der Telefonrechnung. Diese Dienstekategorie ist folglich der Rechnungstellungfunktion und somit den Service Providern zuzuordnen. Mit zunehmender Substitution der Mensch-Maschine-Schnittstelle durch eine Maschine-Maschine-Schnittstelle mit Hilfe softwarebasierter Netzintelligenz werden die Grenzen zu den netzbasierten Diensten unscharf (wie beim computergestützten Verkehrsleitsystem).

Unter den zusätzlichen Leistungen werden schließlich alle Dienste zusammengefaßt, die nicht unter die zuvor genannten Kategorien fallen. Da die Inanspruchnahme dieser Dienste nicht einmal einen Netznutzungsvertrag voraussetzt, sind sie am ehesten der Vertriebsfunktion, das heißt dem Händlerangebot zuzuordnen. Beispiele für solche Dienste sind Beratungsleistungen, Angebote von Zusatzprodukten am PoS und Telebanking.

TK-fremde Leistungen werden an die Wertschöpfungskette gekoppelt

Am Beispiel des Telebanking lassen sich Abgrenzungsprobleme veranschaulichen, wie sie analog für alle Formen des elektronischen Handels (E-Commerce) gelten. Aus der Perspektive der Mobilfunk-Wertschöpfungskette sind Telebanking-Angebote zunächst zusätzliche Leistungen der Bank. Sobald jedoch die Bank ihren akquirierten Telebanking-Kunden in Abhängigkeit vom Netznutzungsvertrag Rabatte auf Banktransaktionen einräumt, handelt es sich um einen Fall der strukturellen Koppelung der beiden Wertschöpfungsketten des Mobilfunk- und des Finanzdienstleistungsmarktes, da die Inanspruchnahme der rabattierten Bankdienstleistungen an den Netznutzungsvertrag gebunden ist. Die heutigen Marketing- und Vertriebsaktivitäten setzen vermehrt auf derartige „Bundling"-Wirkungen verschiedener Nutzendimensionen beim Endverbraucher, um so „Lock-In"-Effekte zu erzielen.

Ohne die strukturellen Koppelungen mit vor-, neben- und nachgelagerten Märkten zu berücksichtigen, sieht die erweiterte Wertschöpfungskette für den Telekommunikationssektor nun wie folgt aus:

Abbildung 3.37: Erweiterte Wertschöpfungskette im Telekommunikations-Sektor (Beispiel Mobilfunk)

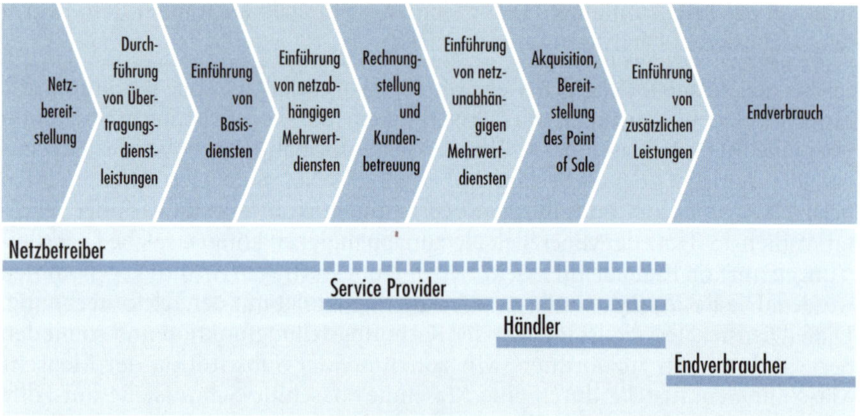

Dieses erweiterte Modell erlaubt die Identifizierung der relevanten Akteure auf den Telekommunikationsmärkten, die Zuordnung der jeweils ausgeübten Funktionen sowie die beschriebene Unterscheidung der Dienstekategorien.

Intelligente Netze erweitern die Wertschöpfungskette

Eine nochmalige Erweiterung der Wertschöpfungskette, wie sie die folgende Abbildung darstellt, ergibt sich durch die Einführung von intelligenten Netzstrukturen (IN).

Abbildung 3.38: Erweiterte Wertschöpfungskette in intelligenten Netzen

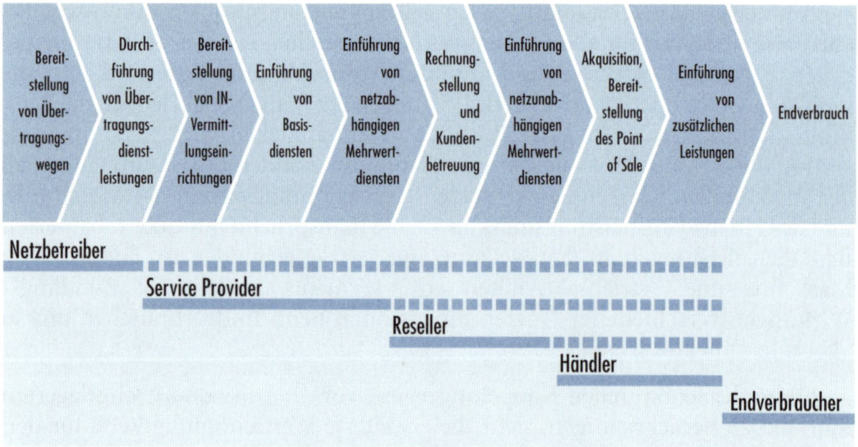

Entscheidend sind dabei die funktionale Trennung von Übertragungsweg und Vermittlung. Diese beinhaltet eine Erweiterung des Spielraumes für netzunabhängige Service Provider bei der Gestaltung und Differenzierung ihrer Leistungen. Traditionelle Service Provider, die sich allein auf die Rechnungstellungsfunktion

Quelle

Abbildung 3.37: Tewes 1997, S. 23
Abbildung 3.38: Tewes 1997, S. 66

beschränken, werden in dieser Betrachtung zu Resellern. Davon abzugrenzen sind nun Service Provider, die nicht mehr nur die Rechnungstellungsfunktion ausüben, sondern auch intelligente Vermittlungseinrichtungen betreiben.

Weitere Eintrittsmöglichkeiten für fremde Anbietergruppen

In offenen, dezentralen und intelligenten Netzstrukturen ergeben sich zusätzliche Eintrittsmöglichkeiten für weitere Anbietergruppen in die Telekommunikations-Wertschöpfungskette. Solche Gruppen sind beispielsweise:

* Anbieter von Netzmanagementdiensten für mehrere Netzbetreiber und Service Provider,
* Anbieter von Data Mining-Diensten (analog zu Marktforschungsinstitutionen), die anfallende Kundeninformationen aus mehreren Märkten sammeln, für unterschiedliche Zwecke auswerten und an interessierte Abnehmer verkaufen, sowie
* Anbieter von Inhalten, die über intelligente Plattformen Informationen aller Art in das Netz speisen.

Im letzten Fall handelt es sich um einen typischen Fall von struktureller Koppelung. Dabei nutzen Akteure anderer Wertschöpfungsketten – zum Beispiel Softwareanbieter, Musikfirmen, Verlage als Online-Publisher, Radio- und Fernsehprogramm-Anbieter oder Autofirmen – die „technische Reichweite" von Telekommunikationsnetzen jeder Art (Festnetz, Mobilfunknetz und Kabelnetz) als Absatzpotential, Vertriebsweg und Marketinginstrument für telekommunikationsfremde Leistungsangebote. Die operative Integration ehemals getrennter Wertschöpfungsketten erfolgt über Server-Rechner oder Subscriber-Management-Systeme, die mit Maschine-Maschine-Schnittstellen an das Netz gekoppelt werden.

Für die Telekommunikations-Wertschöpfungskette ergibt sich als Konsequenz solcher Koppelungen, daß die Bedeutung und der Anteil der Netzbetreiber an der erweiterten Wertschöpfungskette tendenziell zurückgeht. Sofern Netzbetreiber an der erweiterten Wertschöpfung teilhaben wollen, verbleibt nur die strategische Option der vertikalen Vorwärtsintegration in Richtung der Funktion Service Provider. Ziel solcher Integrationen ist, den gesamten vom Kunden generierten Verkehr über das eigene Netz abzuwickeln. Dabei kann sich der Netzbetreiber auf die Übernahme der Rechnungstellungsfunktion und/oder die eigene Vermarktung der von den Inhalteanbietern erbrachten Leistungen konzentrieren. Da diese dann als bloße Vorleistungslieferanten behandelt werden, stößt eine solche Strategie bei den Inhalteanbietern offensichtlich auf gegenläufige Interessen.

Damit ist die Ausgangslage für den Konkurrenzkampf um die Beherrschung der multimedialen Wertschöpfungskette beschrieben.

3.3 Das Epizentrum der digitalen Wirtschaft – Analyse des Informationstechnologie-Sektors

1941 beginnt das Computerzeitalter

Die Informationstechnologie (IT) ist der jüngste der drei Medien- und Kommunikations-Sektoren. Analog zum Begriff des IT-Sektors wird der Begriff „Computer- oder IT-Industrie" gebraucht. Nachfolgend werden unter dem Begriff Informationstechnologie alle Technologien verstanden, deren Basis die digitale Schalttechnik und die Mikroelektronik ist.

Der Beginn des Computerzeitalters läßt sich auf das Jahr 1941 datieren, als Konrad Zuse in Berlin den ersten programmgesteuerten Rechenautomaten baute. Parallel hierzu entwickelte der Amerikaner Aiken – ohne Kenntnis der Arbeiten von Zuse – zusammen mit der Firma International Business Machines (IBM) Anfang der vierziger Jahre den Rechenautomaten MARK I.[101] Dennoch dauerte es noch rund 20 Jahre, bis mit der Markteinführung des IBM S/360 Großrechners das moderne Computerzeitalter begann.

Ende der 90er Jahre herrscht uneingeschränkte Vormachtstellung der USA

Die anschließende Marktentwicklung der Computerindustrie ist in zweifacher Hinsicht bemerkenswert. Erstens ist das Marktwachstum im Vergleich zu anderen Industrien überdurchschnittlich. Eine Industrie, die in den fünziger Jahren noch nicht existierte, erreichte Anfang der achtziger Jahre bereits ein weltweites Marktvolumen von rund 50 Milliarden US-Dollar. Das dynamische Wachstum hält kontinuierlich an, so daß 1994 weltweit rund 453 Milliarden ECU und 1997 bereits rund 621 Milliarden ECU umgesetzt wurden. Aus einer globalen Perspektive besitzt der US-amerikanische Markt die uneingeschränkte Vormachtstellung in der IT-Industrie. So wurde in den USA 1997 ein IT-Umsatz von über 259 Milliarden ECU erzielt, während Europa mit 175 Milliarden ECU und Japan mit 95 Milliarden ECU ein deutlich geringeres Marktvolumen erreichten.[102]

Technologische Innovationen durch Venture Capital, intellektuelles Kapital und Mut zum Risiko

Die zweite Besonderheit der IT-Industrie ist die Geschwindigkeit des technologischen Fortschritts, die im Vergleich zu anderen Industrien extrem hoch ist. Dies erklärt auch die zentrale Bedeutung der USA, die ein Umfeld besitzen, das technologische Innovationen in einem hohen Maße begünstigt. Insbesondere in Gegenden wie dem Silicon Valley in Kalifornien oder Route 128 in Massachusetts konzentrieren sich eine Reihe positiver Einflußfaktoren: eine kritische Masse an intellektuellem Kapital durch die Nähe zu hervorragenden Universitäten und Forschungseinrichtungen und vor allem erleichteter Zugang zu Investitionskapital durch eine Vielzahl von Venture Capitalists. Zudem existiert in den USA generell eine kulturelle Akzeptanz von Fehlschlägen.[103]

Als Folge werden nach dem „trial and error" Prinzip technologische Innovationen in sehr kurzen Entwicklungszyklen auf den Markt gebracht und nach noch kürzeren Produktzyklen vom Markt genommen.[104] Die Beherrschung dieser Geschwindigkeit ist für Unternehmen eine Grundvoraussetzung, um innerhalb der IT-Industrie eine führende Rolle zu spielen, wie das Beispiel des Mikroprozessor-Herstellers Intel eindrucksvoll belegt. Selbst unter Berücksichtigung der Tatsache,

101 vgl. Gründler 1997, S. 29
102 vgl. EITO 1998, S. 21; S. 320
103 vgl. Cringely, 4. April 1998. Das bedeutet nicht, daß in den USA Fehlschläge grenzenlos akzeptiert werden, sondern vielmehr die Überzeugung, daß Unternehmensführung ein Lernprozeß ist, der auch Scheitern beinhalten kann: "To make a mistake once is human, to make it twice is a crime".
104 Dieser enorme Zeitdruck führt insbesondere bei Software-Programmen zu einer Konstellation, die in anderen Branchen undenkbar wäre. Konsumenten sind in vielen Fällen ein erweiterter Testmarkt für unvollständige und fehlerhafte Erstversionen. Der Ausdruck "First ship it, then test it" ist aus Sicht der Unternehmen eine Notwendigkeit, aus Sicht der Konsumenten ein ärgerliches Faktum.

Intel – Produkteinführung mit Schallgeschwindigkeit

daß 1997 einer der Hauptumsatzträger von Intel, der Pentium Prozessor, mit einer leistungsstärkeren Version (Pentium II) auf den Markt gebracht wurde, ist die Veränderung der Umsatzstruktur innerhalb eines Jahres extrem: Intel erzielte 1997 rund 90 Prozent seines Umsatzes mit Produkten, die 1996 noch nicht auf dem Markt waren.[105]

3.3.1 Größe und Struktur des europäischen IT-Marktes

IT-Industrie besteht aus Hardware, Software und IT-Services

Die Marktstruktur der IT-Industrie beinhaltet die Marktsegmente Hardware, Software und Services. Der Hardware-Bereich besteht aus dem Markt der Personal Computer (PCs), der Workstations und Client-Server-Systeme. PCs umfassen neben den klassischen Desktops auch den Bereich der tragbaren Computer wie Laptops. Zielgruppe sind sowohl Endverbraucher als auch Geschäftskunden. Workstations und Server-Systeme richten sich hingegen ausschließlich an das Zielsegment des Geschäftskunden-Marktes. Je nach Betriebssystem lassen sich UNIX, Windows NT oder sonstige Server-Systeme wie die IBM S/390 unterscheiden.

Darüber hinaus sind noch drei weitere Bereiche der Hardware zuzuordnen. Die notwendigen Peripheriegeräte für die jeweiligen Systeme umfassen Drucker, Tastaturen etc.; Hardware-Equipment aus dem Bereich der Datenkommunikation ermöglicht lokale und geographisch verteilte Netzwerkstrukturen, das heißt sogenannte Local Area und Wide Area-Netzwerke (LAN, WAN). Der Bereich der Bürokommunikation beinhaltet unter anderem Schreibmaschinen, Taschenrechner sowie Kopiergeräte.

Der Softwarebereich läßt sich in die beiden Marktsegmente System- und Anwendungs-Software unterteilen, die ein gleich großes Marktvolumen besitzen. Die Systemsoftware umfaßt zum einen System-Infrastruktursoftware, die den Einsatz und die Steuerung der verschiedensten Hardware-Plattformen in Systemen ermöglicht. Dabei reicht die Bandbreite von komplexen Systemlösungen für das Management der IT-Kapazitäten einer Unternehmung über die Server-Software wie UNIX bis zu Betriebssystemen wie Microsoft Windows. Zum anderen beinhaltet die Systemsoftware auch die verschiedensten Programmiersprachen der dritten (zum Beispiel FORTRAN) und vierten Generation.

Software-Anwendungen betreffen Angebote für einzelne Funktionen, die sich sowohl an den Endverbraucher- als auch den Geschäftskunden-Markt wenden. Beispiele hierfür sind Programme wie Word für die Textverarbeitung oder Excel für die Tabellenkalkulation. Zudem beinhaltet dies auch komplexe Anwendungen zur Unternehmenssteuerung, die wie das Programm R/3 von SAP von der prozeßgesteuerten Anlagenwirtschaft bis zur Finanzbuchhaltung und zum Personalwesen reichen können. Der Einsatzbereich dieser Mehrfachlösungen liegt ausschließlich im Geschäftskunden-Markt.

105 vgl. o.V. 1998j, S.3

IT-Dienstleistungen umfassen Operations-Management, System-Integration und Support Services

Der Bereich Services, das heißt Dienstleistungen jedweder Art, ist aufgrund der Komplexität von IT-Leistungen ein zentraler Bestandteil der IT-Industrie geworden. Die zunehmenden Anforderungen zur Kostensenkung von IT-Leistungen innerhalb der Unternehmen hat zu einem starken Anwachsen des Bereiches Operations-Management geführt. Darunter wird beispielsweise Outsourcing, das heißt die Auslagerung von Teilaufgaben oder die vollständige Abgabe des IT-Managements an dritte Unternehmen, verstanden.

Der zweitgrößte Markt für Serviceleistungen ist die Systemintegration. Dabei handelt es sich um die technische Implementierung von individuellen IT-Lösungen. In der Regel umfaßt dies folgende Schritte teilweise oder vollständig: das Erstellen des Lasten- und Pflichtenheftes, die Auswahl der Hardware und Software, das Programmieren individueller Software-Anwendungen und die Implementierung des Systems als auch Schulungen.

Ein dritter Bereich sind klassische Support-Services wie Telefon-Hotlines. Zudem haben sich mittlerweile eine Reihe elektronischer Support-Services wie Fax-Back-Services, Internet-Services und CD-Rom-basierte FAQ-Anwendungen entwickelt. Schließlich analysiert der managementorientierte Consultingbereich die Effektivität und die Effizienz des IT-Einsatzes in Hinsicht auf die strategische Zielsetzung der Unternehmen. Dieser Servicebereich tritt meist in Kombination mit technologischen Dienstleistungen wie Operations-Management und System-Integration auf.

Marktsegmente in Westeuropa

Die Bedeutung der beschriebenen Marktsegmente und der Subsegmente der IT-Industrie wird nachfolgend exemplarisch anhand von Westeuropa vorgestellt. Dabei ist darauf hinzuweisen, daß die Umsatzverteilung des westeuropäischen Marktes ungefähr der des US-amerikanischen und auch anderer Weltmärkte entspricht.

Unterschiedliche Kosten- und Erlösstruktur bei Hardware, Software und Services

Hardware ist mit Abstand das größte IT-Marktsegment. Aufgrund der Kostenstruktur mit relativ konstanten Grenzkosten kommt es zu insgesamt hohen Hardwareumsätzen. Dabei ist hervorzuheben, daß die Erlösstruktur des Hardwarebereichs von fallenden Margen gekennzeichnet ist. Der Grund hierfür liegt vor allem in der sinkenden Preiswürdigkeit von Hardware-Leistungen aus Sicht der Kunden.

Abbildung 3.39: Marktvolumen des IT-Sektors in Westeuropa* 1997:

Märkte	Marktsegmente	Marktvolumen in Milliarden ECU	Marktvolumen in %
Hardware		**80**	**45,7**
	Personal Computer(Desktops, Portables, PDAs)	29	16,6
	Server (Unix, NT, u.a.)	23	13,1
	Workstations	3	1,7
	Peripheriegeräte für PCs und Workstations (Drucker etc.)	10	5,7
	Datenkommunikation (LAN, WAN, Sonstige)	6	3,4
	Bürokommunikation (Kopierer, Sonstige)	9	5,2
Software		**34**	**19,4**
	System-Software (Betriebssysteme, Programmiersprachen, etc.)	17	9,7
	Anwendungen (Datenbanken, Textverarbeitung etc.)	17	9,7
Services		**61**	**34,9**
	Operations Management	20	11,5
	System-Integration	19	10,8
	Support Services	16	9,2
	Consulting	6	3,4
Gesamt		**175**	**100,0**

Ein umgekehrtes Verhältnis zwischen Kosten und Erlösen ist im Software-Segment zu beobachten. Aufgrund von Grenzkosten, die nahe an Null liegen, kommt es insgesamt zu geringeren Umsätzen. Dafür lassen sich im Softwarebereich durchwegs rentable Margen erzielen. Der Servicebereich ist durch die hohe Innovationsgeschwindigkeit und Komplexität des technologischen Fortschritts von starker Nachfrage gekennzeichnet. Deshalb ist die Bündelung von Serviceleistungen wie Wartung, Garantie und Hotlines mit Hardwareprodukten eine gängige Strategie, um die geringen Margen des Hardwarebereichs zu kompensieren.

Quelle

Abbildung 3.39: EITO 1998, S.21; *Westeuropa umfaßt die 15 Mitgliedsländer der EU und Norwegen, Schweiz

3.3.2 Phasen der IT-Industrie: vom Großrechner zum Internet-PC

System-, PC- und Netzwerk-zentrische Phasen der IT-Industrie

Die Marktentwicklung der Computerindustrie ist wesentlich durch die exponentielle Leistungssteigerung der Informationstechnologie geprägt. Als Folge dieser Innovationen entstanden mehrmals neue Schlüsseltechnologien, die nicht nur als technologischer Quantensprung, sondern vor allem als Auslöser und Begründer einer neuen Industriestruktur gelten können. Dabei sind insbesondere drei technologische Paradigmenwechsel zu beobachten, die nachfolgend zur Abgrenzung verschiedener Marktphasen herangezogen werden: die System-zentrische, die PC-zentrische und die Netzwerk-zentrische Marktphase.

In der System-zentrischen Phase hatten Großrechner und Minicomputer die zentrale Bedeutung, während in der PC-zentrischen Phase die Personal Computer den Schwerpunkt bildeten. Die Netzwerk-zentrische Phase, die um 1994 begonnen hat, ist vor allem durch die zunehmende Konnektivität von Computer- und sonstigen Netzwerken, vor allem dem Internet, geprägt.

Abbildung 3.40: Phasen der IT-Marktentwicklung

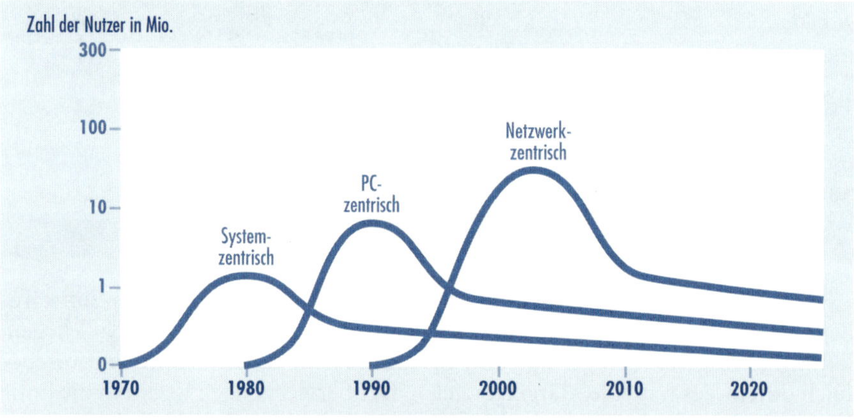

- *System-zentrische Phase (1964–1981)*

Elektronische Großrechner von IBM leiten Paradigmenwechsel ein

Das moderne Computerzeitalter begann im Jahre 1964, als IBM mit der Produktlinie S/360 elektronische Großrechner in den Markt einführte. Durch den großen kommerziellen Erfolg gelang es IBM, das bestehende Monopol im Bereich der mechanischen Rechenmaschinen in das elektronische Zeitalter zu übertragen. Die Produktlinie von IBM und deren Konkurrenzprodukte bedeuteten einen technologischen Paradigmenwechsel, da im Vergleich zu den bereits seit Mitte der fünziger Jahre verwendeten Datenverarbeitungsanlagen Transistoren erstmals zu elektronischen Schaltkreisen integriert wurden. Die Folgen waren eine drastische Reduktion des Platzbedarfes und deutliche Leistungssteigerungen der Datenverarbeitungsanlagen.[106]

106 vgl. Gründler 1997, S. 33

Quelle

Abbildung 3.40: ECC 1998, in Anlehnung an Moschella 1997, S. viii

Die Anfang der siebziger Jahre erhältlichen „Minicomputer" wie der PDP-10 von Digital Equipment Corp. (DEC) basierten auf hochintegrierten Schaltkreisen, das heißt einer technologischen Weiterentwicklung der elektronischen Schaltkreise. Minicomputer befanden sich meist im Besitz von großen Unternehmen, staatlichen oder universitären Einrichtungen und konnten, ebenso wie Großrechner, nur zentral betrieben werden. Die Datenbearbeitung war durch Eingabegeräte (Terminals) möglich, die über Datenleitungen mit einem Zentralrechner verbunden waren. Da eine ständige Beanspruchung der Rechnerleistung zu hohe Kosten verursacht hätte, wurde Rechenzeit („time-sharing") eingekauft, die dann für die verschiedensten Aufgaben zur Verfügung stand. Rechenzeit war somit eine knappe Resource, die zum zielgerichteten Umgang mit der Rechenleistung von Computern zwang.

Rechenzeit als knappe Ressource bei Großrechnern und Minicomputern

Diese Kostenrelation drückt sich durch Grosch's Law aus. Der Computer-Pionier Herbert Grosch konstatierte in den vierziger Jahren, daß sich die Rechenleistung von Computern im Quadrat seiner Kosten verdoppelt. Das bedeutet beispielsweise, daß bei einer Verdoppelung der Kosten für einen Computer eine um den Faktor vier höhere Rechenleistung verfügbar ist. Diese Aussage war eines der Hauptargumente für die Anschaffung von größeren Systemen und behielt weitgehend Gültigkeit während der sechziger und siebziger Jahre.[107]

IBM schafft mit dem Großrechner S/360 das Geschäftsmodell für die gesamte IT-Industrie

IBM schuf mit der Produktlinie S/360 nicht nur einen profitablen Geschäftsbereich, sondern vor allem ein Geschäftsmodell für die gesamte IT-Industrie. IBM produzierte die Hardware, konfigurierte das System, programmierte das notwendige Betriebssystem und die jeweiligen Applikationen, gestaltete den Vertrieb und lieferte den Service für seine Geschäftskunden. Dieses Modell einer vertikal integrierten Unternehmung erwies sich als sinnvoll, da weder im Hardware- noch im Software-Bereich ein einheitlicher Industriestandard existierte. Somit war die Konzentration auf den Verkauf von geschlossenen Systemen wirtschaftlich vorteilhafter als die Konzentration auf einzelne Bereiche der Wertschöpfungskette. Nur wenigen Unternehmen wie Electronic Data Services (EDS) gelang es damals, mit der Schwerpunktsetzung auf den Servicebereich ein bedeutender Player in der IT-Industrie zu werden.

Die vertikale Unternehmensstruktur wiederholte sich bei den Minicomputerunternehmen, wenngleich mit einigen Unterschieden. Eine Vielzahl der Minicomputerhersteller wie DEC oder Data General waren Neugründungen, die aufgrund von niedrigem Eigenkapital nicht alle Komponenten selbst entwickeln konnten und zwangsläufig auf andere Hersteller angewiesen waren. Dennoch produzierten diese Unternehmen mit zunehmendem Wachstum immer mehr Bestandteile selbst, so daß gegen Ende der siebziger Jahre die meisten Minicomputerunternehmen ebenfalls eine stark vertikal integrierte Struktur besaßen.

Generell bot die Angebotsstruktur von geschlossenen[108] Systemen für nachfragende Unternehmen den Vorteil eines stabilen IT-Umfeldes. Ein Nachteil für

107 vgl. Moschella 1997, S. 15
108 Unter einer geschlossenen Architektur wird ein System verstanden, welches seine Spezifikationen nicht offenlegt, so daß andere Unternehmen keine Komplementärprodukte anfertigen können. Den Gegenpol bilden offene Systeme. Proprietäre Architekturen bezeichnen hingegen die Tatsache, daß sich das System in der Kontrolle und im Besitz eines Unternehmens befindet. Der Gegenpol sind Systeme, die von Konsortien kontrolliert werden. Microsofts Windows ist demzufolge ein proprietäres und offenes System. UNIX ist ein durch ein Konsortium kontrolliertes Betriebssystem, das ebenso offen ist. Apple ist ein proprietäres und geschlossenes System. vgl. weiterführend Moore/Johnson/Kippola 1998, S. 51

Geschäftskunden war der sogenannte „Lock-In", das heißt, daß ein Wechsel zu einem anderen Anbieter hohe Kosten verursachen würde. Zusätzlich zu den Anschaffungskosten für Hard- und Software müßten die Mitarbeiter ein vollständig neues Betriebssystem und die entsprechenden Applikationen erlernen. Diese Alternative erschien wenig vorteilhaft, so daß die Entscheidung für eine Systemarchitektur meist langfristiger Natur war.

IBM war durch die Produktlinie S/360 und die zusätzlichen Services der klare Marktführer der IT-Industrie zur Zeit der Großrechner. Die Überlegenheit von IBM war so deutlich, daß man von IBM und seinen Wettbewerbern (RCA, General Electric, Burroughs, Univac, NCR, Control Data und Honeywell) als „IBM und den sieben Zwergen" sprach. Diese Marktdominanz konnte nur durch ein Unternehmen gebrochen werden: IBM selbst.[109]

* *PC-zentrische Phase (1981–1994)*

IBM entdeckt den Markt für Mikrocomputer – 5 Jahre nach Gates

Der Markt für Mikrocomputer erregte Anfang der achtziger Jahre die Aufmerksamkeit der Konzernstrategen von IBM. Die Bauweise eines Mikrocomputers war durch die fortschreitende Miniaturisierung von hochintegrierten Schaltkreisen möglich geworden, die 1971 zur Entwicklung des Mikroprozessors auf einem Chip führte. Frühe Mikrocomputer-Modelle waren der ALTAIR 8088 im Jahre 1975 und der erste Personal Computer (PC) von der Firma Apple, kurz Apple I genannt.[110] Da sich der Markt in einem stetigen Wachstum befand und 1980 bereits rund 1 Milliarde US-Dollar umsetzte, entschied sich IBM zum Markteintritt.

Entscheidend war die Tatsache, daß IBM aufgrund des Zeitdrucks entgegen der sonstigen Firmenstrategie die wichtigsten Baukomponenten des PC von fremden Unternehmen bezog und somit kein geschlossenes System schuf. Die 1968 gegründete Firma Intel stattete den IBM-PC mit Mikroprozessoren der Reihe 8088 aus, während die 1975 gegründete Firma Microsoft das Betriebssystem MS-DOS zulieferte. Im Herbst 1981 kam der IBM-PC auf den Markt, der die Initialzündung einer ganzen Industrie herbeiführte.

Die folgende Entwicklung der IT-Industrie ist im wesentlichen von vier grundlegenden Entwicklungstrends geprägt:

* die zentrale Rolle von Mikroprozessoren
* der Wechsel von geschlossenen zu offenen Computer-Systemen
* die Dominanz von De facto-Standards
* den Wandel von einer vertikalen zu einer horizontalen Industriestruktur

Mikroprozessoren verfügen über technologische Charakteristika, die bemerkenswerte ökonomische Konsequenzen in sich bergen. Diese lassen sich durch Moore's Law beschreiben. Moore's Law stützt sich auf eine Prognose, die der Mitbegründer des Mikroprozessor-Herstellers Intel – Gordon Moore – 1965

109 vgl. Moschella 1997, S. 2
110 vgl. Gründler 1997, S. 33

gemacht hatte. Demzufolge verdoppelt sich die Anzahl der Transistoren, das heißt die Komplexität von Mikroprozessoren alle 18 Monate bei gleichbleibenden Produktionskosten.[111] Dadurch kann eine exponentielle Steigerung der Leistungskapazität der Rechnerarchitekturen und der darauf laufenden Software erreicht werden. Die Folge ist ein radikaler Preisverfall der Prozessor- und Speicherleistungen von Computern, wie nachfolgende Grafik belegt:

Abbildung 3.41: Entwicklung der Kosten der Informationsverarbeitung pro Befehl

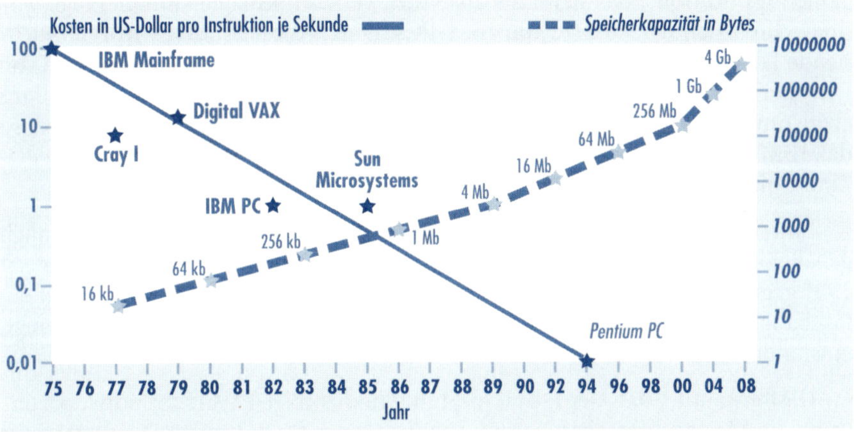

Moore's Law wurde damit zur Grundlage für die Dynamik der gesamten PC-Industrie.

Der zweite zentrale Einflußfaktor für die Entwicklung der IT-Industrie ist der Wandel von geschlossenen zu *offenen Computersystemen*, der nachfolgend anhand der Entwicklung der PC-Industrie analysiert wird. Durch die Darstellung des Wettbewerbsverhaltens wird insbesondere die Bedeutung der offenen Systeme für den Erfolg oder Niedergang von Unternehmen offensichtlich.

Geschlossene Computer-Systeme öffnen sich …

…durch die Bauweise des IBM-PC

In der Periode der Großrechner und Minicomputer herrschten geschlossene Systeme vor, das heißt jedes Unternehmen verfügte über eine eigene Hardware-Software Konfiguration, die nicht kompatibel zu anderen Hersteller-Plattformen war. Aufgrund der Kostenstruktur dieser Systeme spielte die Hardware-Konfiguration die entscheidende Rolle bei der Gewinnung von Wettbewerbsvorteilen, während Software eine untergeordnete Bedeutung besaß.

Vor dem Hintergrund dieser Erfahrung strebte IBM 1981 die Marktführerschaft primär durch eine überlegene Hardware-Konfiguration an. Obwohl durch die „offene" Bauweise des IBM-PCs, das heißt der Offenlegung der wichtigsten Spezifikationen, erstmals die Imitation der IBM-Plattform möglich war, wurde diese Gefahr von IBM als gering eingeschätzt. Erstens schien eine kostendeckende Produktion von PCs ohne die bei IBM vorhandenen Skaleneffekte als nicht durchführbar. Zudem verfolgten andere PC-Hersteller wie DEC, Tandy, Zenith

111 Der technischen Entwicklung sind physikalische Grenzen gesetzt, da der Platz auf einem Mikroprozessor nicht beliebig erweiterbar ist. Experten rechnen gegenwärtig damit, daß im Jahr 2005 der Endpunkt der Entwicklung, wie sie Moore's Law prognostizierte, erreicht wird. Dennoch arbeiten Halbleiter-Hersteller wie Intel, AMD, Cyrix und Centaur fieberhaft an Technologien, die die Gültigkeit des Gesetzes erweitern könnten. vgl. Madden 1998a, S.64.

Quelle

Abbildung 3.41: ITU (1995); World Bank;

oder Hewlett-Packard ebenfalls das Ziel, unterschiedliche geschlossene Hardware-Architekturen auf dem Markt durchzusetzen.

Die IBM-PCs konnten durch den Markennamen von IBM und die vorhandenen Vertriebsstrukturen relativ schnell eine vorherrschende Marktstellung erreichen. Ein weiterer positiver Einflußfaktor war das Tabellenkalkulationsprogramm „1-2-3" von Lotus, welches speziell für den IBM-PC geschrieben wurde. Das Anfang 1983 auf dem Markt erschienene Programm erwies sich als „killer application", das heißt als absoluter Verkaufsschlager. In der Folge verdreifachten sich die Absätze von IBM-PCs. Durch die sich relativ früh abzeichnende De facto-Standardisierung der IBM-Plattform begannen eine Vielzahl von Peripherie- und Software-Unternehmen, ihre Produkte auf diesen Standard abzustimmen. Als Folge dieser Aktivitäten etablierte sich der IBM-Standard, so daß IBM-PCs Ende 1983 einen Marktanteil von rund 70 Prozent am globalen PC-Markt hielten.

Compaq produziert als erster Hersteller IBM-Clones zu günstigeren Preisen

Eine weitere Konsequenz des Erfolgs war die von IBM für unwahrscheinlich gehaltene Konkurrenz durch preisgünstige, IBM-kompatible PC-Kopien. Der erst 1981 gegründeten Firma Compaq gelang Ende 1982 als erstem PC-Hersteller ein fast baugleiches Imitat des IBM-PCs.[112] Durch den Erfolg von Compaq angeregt, entstanden eine Vielzahl von Imitaten, sogenannte „PC-Clones".

IBM erkannte, daß der De facto-Standard des IBM-PCs nicht notwendigerweise die Marktführerschaft garantierte. So elementar die „offene" Bauweise für die Entwicklung der PC-Industrie war, so folgenschwer erwies sie sich für IBM. Im Gegensatz zur Zeit der Großrechner, als geschlossene Plattformen Schutz vor aggressiven Mitbewerbern boten, konnte IBM in der PC-Industrie nur durch schnelle Produktzyklen mit einem ständig verbesserten Preis-Leistungs-Verhältnis Marktanteile verteidigen und ausbauen. Denn eine Vielzahl von Unternehmen konzentrierte sich lediglich auf einen Bereich der Wertschöpfungskette, der ständig durch technologische Innovationen vorangetrieben wurde. Da der Großkonzern durch die vertikal integrierte Organisationsstruktur der Entwicklungsgeschwindigkeit einer horizontalen Industriestruktur unterlegen war, erodierte der Marktanteil von IBM langsam, aber beständig.

Die Dominanz von Standards und ihre Folgen ...

IBM verschenkt die Schlüssel zu einem Königreich

Diejenigen Unternehmen, die am meisten von diesem De facto-Standard profitieren konnten, waren Intel und Microsoft. Denn IBM bestand nicht auf einer exklusiven Lizenz der beiden Bauelemente, so daß Microsoft wie auch Intel ihre Leistungen generell an jedes andere Unternehmen lizensieren konnten – und dies auch realisierten. Durch die Kontrolle über die Bauelemente Mikroprozessor und Betriebssystem erhielten die Unternehmen somit die „Schlüssel zu einem Königreich".

Die strategische Bedeutung erklärt sich daraus, daß der Mikroprozessor und das Betriebssystem bei PCs die Schnittstellenfunktion zwischen der Hard- und

112 Insbesondere die Produktion des BIOS, das heißt die Verbindung des Betriebssystems mit der Hardware, erwies sich als großes Hindernis. Durch sogenanntes "Reverse Engineering" konnte Compaq diese Hürde überwinden und kostendeckend PC-Clones anbieten. vgl. Cringely 1996, S. 159ff.

Software innehaben. Erst durch einen hohen Grad der Abstimmung zwischen diesen beiden Komponenten kann ein effizienter Wirkungsgrad bei der Übertragung der technologischen Leistungssteigerungen von Mikroprozessoren in eine verbesserte Leistung der System- und Anwendungssoftware erreicht werden. Deshalb entstand in der Folgezeit zwischen Intel und Microsoft eine enge Abstimmung der Mikroprozessor- und Software-Entwicklung.

Intel und Microsoft schmieden eine enge Allianz des Erfolges

Durch die steigende Verbreitung der IBM-kompatiblen PCs konnten beide Unternehmen eine führende Marktposition erlangen und beständig ausbauen. Erstens führte die enge Koordination der Entwicklungsaktivitäten im Vergleich zu konkurrierenden PCs zu einer überlegenen Laufleistung. Zweitens ist die Imitation von Mikroprozessoren und Betriebssystemen erheblich schwieriger als der reine Nachbau einer Hardware-Konfiguration wie der des IBM-PCs.

Generell ist die Mikroprozessor-Entwicklung nicht nur zeitintensiv, sondern vor allem durch sehr hohe Investitionskosten gekennzeichnet.[113] Intel konnte durch kontinuierliches Ertragswachstum einen beträchtlichen Anteil in Forschung und Entwicklung reinvestieren, so daß ein großer technologischer Vorsprung erreicht werden konnte. Insbesondere die Produktlinie „x86" führte im PC-Bereich lange Zeit zu einer monopolartigen Marktstellung.

Die „Produktion" von Systemsoftware ist im Vergleich zur Herstellung von Mikroprozessoren deutlich kostengünstiger, so daß die Markteintrittsbarrieren für Konkurrenten von Microsoft theoretisch relativ niedrig waren und sind. Praktisch zeigte sich jedoch, daß sogenannte indirekte Netzeffekte ein erheblicher Vorteil für das weitere Marktwachstum von Microsoft wurden.[114] Dies bedeutet, daß die Attraktivität einer Systemsoftware wesentlich durch die Anzahl der für diese Plattform erhältlichen Anwendungsprogramme bestimmt wird.

Bill Gates entdeckt die Zauberformel positiver Feedbacks

Da eine Vielzahl von unabhängigen Softwareanbietern Anwendungen auf Basis des Betriebssystems MS-DOS (MicroSoft Disk Operating System) herstellte, stieg die Attraktivität von MS-DOS aus Sicht der Konsumenten immer stärker an. Bill Gates bezeichnet dies als „positiven Rückkoppelungseffekt" [115]. Folglich führten die Netzeffekte zu einer sehr starken Wettbewerbsposition von Microsofts Betriebssystem. Denn mit der steigenden Anzahl der auf MS-DOS basierenden Anwendungsprogramme erhöhte sich nicht nur die Attraktivität von MS-DOS, sondern desto schwieriger wurde es auch für Konkurrenten, Marktanteile zu gewinnen.[116]

In den Folgejahren gruppierten sich immer mehr Hardware- und Softwarehersteller um das sogenannte „Wintel"[117]-Wertschöpfungsnetz. Die „Shaper" Intel und Microsoft banden die Partner, sogenannte „Adapter", durch Lizenzverträge geschickt an die von ihnen vermarkteten Technologien.[118] Die vollständige Bedeutung des Wintel-Gespanns zeigte sich jedoch erst gegen Anfang der neunziger Jahre.

113 Dies läßt sich durch eine weitere Faustregel von Gordon Moore, die auch als zweites Moore's Law bekannt ist, ausdrücken: Nicht nur die Rechenleistung von Computern verdoppelt sich alle 18 Monate, sondern ebenso die Kosten für die Herstellung einer neuen Chipgeneration. vgl. Lewis 1997, S. 44
114 vgl. Abschnitt 4.2.1
115 Gates 1995, S.98
116 vgl. Economides, 1998, S. 74ff.
117 Aus dem Betriebssystem Windows von Microsoft und dem Unternehmen Intel kreierte Wortschöpfung.
118 Insbesondere die "Per-Processor"-Lizenzverträge garantierten Microsoft einen Lizenzbetrag von jedem PC, den die PC-Hersteller verkauften, unabhängig davon, ob es sich um MS-DOS oder ein anderes Betriebssystem handelte. Diese Praxis wurde später von den US-amerikanischen Kartellbehörden untersagt.

Apple erreicht mit dem Macintosh die technologische Führerschaft der PC-Industrie

Denn Mitte der achtziger Jahre spielte in der PC-Industrie neben IBM nicht Intel oder Microsoft die führende Rolle, sondern ein Unternehmen, dessen technologische Überlegenheit ebenso Legende ist wie die Unfähigkeit, diese in langfristige Marktdominanz umzusetzen: Apple Computer. Der im Jahre 1978 in den Markt eingeführte Apple II Computer besaß 1983 einen weltweiten Marktanteil von rund 20 Prozent.

Dennoch geriet Apple durch die IBM-PCs und PC-Clones in den nachfolgenden Jahren erheblich unter Druck. Apple reagierte auf die negative Marktentwicklung mit der Einführung des Apple Macintosh im Jahre 1984, der durch die erste grafische Benutzeroberfläche und eine Maus neue Standards in Hinsicht auf die Bedienerfreundlichkeit von PCs setzte: „The first computer for the rest of us", so der Apple-Gründer Steve Jobs.[119] Trotz gewisser Anfangsprobleme bedeutete der Macintosh die technologische Führerschaft in der PC-Industrie.

1985 erhält Apple von Bill Gates einen kostenlosen – und exzellenten – Ratschlag

Bemerkenswert ist, daß Apple neben der Programmierung des Betriebssystems auch die Fertigung der Hardwarearchitektur innerhalb des Unternehmens durchführte. Der Vorteil lag darin, daß durch die exakte Abstimmung der Hardware und Software eine verbesserte Laufleistung der Software erzielt werden konnte. Der Nachteil dieses Systems lag in seiner Geschlossenheit, da Apple seine Hardware-Konfiguration nicht an andere PC-Hersteller lizensieren wollte. Zudem hatte Apple einen Mikroprozessor von Motorola und war somit nicht kompatibel zu den IBM-PCs und PC-Clones.

Bill Gates richtete am 25. Juni 1985 ein vertrauliches Memorandum an die führenden Manager von Apple, John Sculley und Jean-Louis Gassé. Gates plädierte vor dem Hintergrund der horizontalen PC-Industriestruktur für die Lizensierung der Hardwareplattform. Das Memorandum gilt als eines der wichtigsten Dokumente in der Geschichte des Silicon Valley und wurde erst 1997 bekannt.

Apple Lizensierung der Mac-Technologie

Memorandum an das Apple-Management von Bill Gates, 25. Juni 1985

Hintergrund:

Apple besitzt nach eigenen Aussagen im Bereich der Personalcomputer die technologische Führerschaft. Diese Eigendarstellung bedeutet, daß Apple einen Standard für neue, fortgeschrittene Technologien herausbilden muß. Apple muß eine „revolutionäre" Systemarchitektur etablieren. Dies bedeutet zwangsläufig, daß diese Neuentwicklung mit den schon bestehenden Bauweisen nicht kompatibel sein darf.

Apple muß Macintosh zum Standard machen. Jedoch kann kein Hersteller von Personalcomputern, IBM eingeschlossen, einen Standard ohne die Unterstützung unabhängiger Unternehmen etablieren. Obwohl Apple dies

119 vgl. Carlton 1997, S. 3ff.

erkannte, gelang es nicht, die notwendige Hilfestellung zu erhalten, die benötigt wird, um als Standard akzeptiert zu werden.

Die nicht unerheblichen Investitionen (vor allem unabhängige Unterstützung) in einen „standardisierten Personalcomputer" resultieren in einem enormen Feedback für dessen Systemarchitektur. Gerade bei IBM PCs ist dies der Fall: kontinuierliche, hohe Investitionssummen schlagen sich in zusätzlichen positiven Feedbacks nieder . . . . Die Investitionen in die IBM PC-Architektur beinhalten auch die Entwicklung unterschiedlicher kompatibler Produkte, Software und Peripheriegeräte; die Schulung im Bereich der Nutzer und Verkaufskanäle; und, am wichtigsten: eine Einstellung und Wahrnehmung gegenüber dem Produkt, die nicht leicht zu verändern sind.

Nur eine offene Computerarchitektur...

Somit werden etwaige Mängel in der IBM-Architektur umgehend durch unabhängige Unternehmen eliminiert. Hingegen verhindert die geschlossene Architektur bei Macintosh ähnliche Hilfestellungen seitens Dritter. Vergleicht man die IBM-Architektur mit der von Macintosh, so sieht man, daß im IBM-Bereich (dies beinhaltet IBM selbst und Hersteller, die IBM-kompatible Produkte bereitstellen) technische Ressourcen zur Verfügung stehen, die die im Macintoshbereich ungefähr um den Faktor Hundert übersteigen. Diese Relationen werden noch gravierender, wenn die Hersteller von Erweiterungskarten in die Betrachtung mit einbezogen werden.

Schlußfolgerung:

... ermöglicht die Unterstützung anderer Unternehmen

Steigen die Investitionen seitens Dritter in eine „Standard"-Systemarchitektur, so verstärkt sich der positive Feedback für diese Architektur. Mittlerweile ist die Computer-Industrie an einem Punkt angelangt, der es Apple unmöglich macht, aus eigener Kraft und auf der Basis eigener innovativer Technologien, und ohne die Unterstützung sowie die damit verbundene Akzeptanz anderer Computerhersteller, einen Standard zu etablieren. Folglich muß Apple die Macintosharchitektur anderen zugängig machen, um so die unabhängige Unterstützung zu erhalten, die für das Erzielen positiver Feedbacks und zur Etablierung eines Standards unabdingbar ist.

Der Mac hat sich nicht als Standard durchgesetzt

Der Macintosh hat es nicht geschafft, die kritische Masse zu erreichen, die notwendig wäre, um langfristig als ernst zu nehmender Wettbewerber eingestuft zu werden:

a. Da es seitens Mac-kompatibler Hersteller keinen „Wettbewerb" gibt, betrachten es Unternehmen aus Preis- UND Sortimentsgründen als risikoreich, zu eng an Macs angebunden zu sein.

b. Indem Verbesserungen im Hardware- und Softwarebereich lange auf sich warten ließen (zum Beispiel Festplatten, File Server, größere Bildschirme, bessere Tastaturen, größere Speicher ...), hat Apple noch weiter dazu beigetragen, daß die Macintoshs oftmals als risikoreich wahrgenommen wurden.

c. Die negativen Schlagzeilen über Apple haben der Glaubwürdigkeit des Macintosh als langfristiger Wettbewerber auf dem PC-Markt geschadet.

d. Andere Software- und Hardwarehersteller haben die Skepsis gegenüber Apple-Produkten noch verstärkt, indem sie nur schleppend neue Software und Peripherieprodukte auf den Markt brachten.

e. Die kleine, an Apple angegliederte Verkaufsabteilung ermöglichte es Apple nicht, Präsenz, Schulung, Unterstützung etc. zu bieten, die in großen Unternehmen anerkanntermaßen für notwendig erachtet wird.

f. In europäischen Ländern führt nationaler Druck oftmals dazu, daß europäische Konsumenten Produkte lokaler Hersteller bevorzugen. Europäer haben lokale Zulieferer für IBM-Produkte, jedoch nicht für Apple-Produkte. Apple wird in Europa an Boden verlieren, was in Frankreich vor kurzem schon geschehen ist.

Empfehlung:

Die Lizenzierung als Königsweg zum Standard der PC-Industrie

Apple sollte drei bis fünf wichtigen PC-Herstellern Lizenzen für die Macintosh-Technologie erteilen, so daß diese „Mac-kompatible" Produkte entwickeln können.

US-amerikanische Unternehmen und Kontakte sind ideal, da sie nicht nur Glaubwürdigkeit verschaffen, sondern auch über große Verkaufsabteilungen verfügen, die wiederum die Mac-Architektur in großen Unternehmen etablieren können:

* AT&T (James Edwards); Wang (An Wang); Digital Equipment Corporation (Ken Olsen);
* Texas Instruments (Jerry Junkins); Hewlett Packard (John Young);

Andere Unternehmen (vielleicht die realistischeren Kandidaten):

* Xerox (Elliott James oder Bob Adams); Motorola (Murray A. Goldman);
* Harris/Lanier (Wes Cantrell); NBI (Thomas S. Kavanagh);
* Burroughs (W. Michael Blumenthal); Kodak (Stephen Weisenfeld);

Europäische Hersteller:

* Siemens; Bull; Olivetti; Phillips [sic]

Apple sollte die Macintosh-Technologie auf eine Art und Weise an US-amerikanische und europäische Unternehmen lizensieren, die es erlaubt, auch andere Unternehmen mit der Herstellung zu beauftragen. Sony, Kyocera … sind gute Kandidaten für die Herstellung von Mac-kompatiblen Produkten.

Microsoft ist äußerst gewillt, Apple bei der Implementierung einer derartigen Strategie behilflich zu sein. Wir kennen uns mit den entscheidenden Herstellern sowie ihren Strategien und Stärken aus. Weiterhin haben wir vielfältige Erfahrungen beim OEMing von Systemsoftware.

Beweggründe:

1. Die Unternehmen, die Mac-Technologie lizensieren, würden der Macintosharchitektur mehr Akzeptanz verleihen.
2. Diese Unternehmen würden durch ihre „Mac-kompatiblen" Produktlinien die Produktpalette erweitern:

* Jeder würde innovative Neuerungen schaffen und zum Basissystem Zusatzkomponenten bereitstellen: verschiedene Speicherkonfigurationen, Video Display, Tastatur-Alternativen etc.
* Apple würde von den Fähigkeiten der wichtigsten Partner, ein weites Spektrum an Peripheriegeräten zu produzieren, profitieren. Dies ginge in sehr viel schnelleren Zeiträumen, als Apple selbst jemals in der Lage wäre.
* Kunden würden sehen, daß echter Wettbewerb besteht, und sie hätten eine wirkliche Wahlmöglichkeit, was das Preis- Leistungsverhältnis angeht.

3. Apple wird von den Distributionskanälen dieser Unternehmen profitieren.
4. Durch die Wahrnehmung einer potentiellen, signifikant vergrößerten Basis erhält Macintosh die notwendige Fremdunterstützung in den Bereichen Hardware, Software und Marketing.
5. Apple wird signifikante zusätzliche Unterstützung im Bereich Marketing erhalten. Jedes Mal, wenn ein Mac-kompatibles Produkt beworben wird, ist dies auch Werbung für die Applearchitektur.
6. Die Lizensierung von Mac-kompatiblen Produkten wird Apples Image als technologisches Innovationsunternehmen verstärken. Ironischerweise wird IBM als technologisches Innovationsunternehmen gesehen, und zwar aufgrund der Tatsache, daß Hersteller von IBM-kompatiblen Produkten oft Angst haben, zu viele Neuerungen zu entwickeln und sich dadurch von etablierten Standards abzusetzen.

Übersetzung aus:
„Apple – The Inside Story of Intrigue, Egomania, and Business Blunders"
Jim Carlton: Times Business/Random House, 1997, S. 40-43

Mit freundlicher Genehmigung von Jim Carlton.

Das Gates'sche Rezept für positive Feedbacks

Apple's gravierende Fehleinschätzung und seine Konsequenzen

Der aus heutiger Sicht unverständliche Ratschlag an einen direkten Wettbewerber wird im Kontext der damaligen Zeit plausibel, denn Bill Gates hatte nichts zu verlieren und viel zu gewinnen. Die Größenverhältnisse waren klar verteilt: der Jahresumsatz von Apple betrug 1984 rund 1,5 Milliarden US-Dollar, während Microsoft gerade einmal 98 Millionen US-Dollar umsetzen konnte. Insbesondere zwei Gründe hatten Bill Gates zu dem Schreiben veranlaßt.

Erstens zielte Gates mit diesem Vorschlag primär auf eine Ausweitung des Absatzpotentials von Microsoft. Die bereits exklusiv für den Macintosh entwickelten Applikationen wie Textverarbeitung (Word) und Tabellenkalkulation (Excel) erzielten im Vergleich mit der Lizensierung der Microsoft System-Software an andere PC-Hersteller signifikant höhere Erlöse. Somit würde sich durch die zusätzliche Verbreitung des Macintosh-Betriebssystems auf weiteren Hardware-Plattformen auch die Nachfrage nach Microsoft-Applikationen vervielfachen. Zweitens war Apple aufgrund des Motorola-Prozessors nicht IBM-kompatibel und bewegte sich folglich in einem anderen Marktsegment. Deshalb war die Gefahr relativ gering, daß das Macintosh-Betriebssystem die Umsätze der IBM-kompatiblen PCs mit MS-DOS Betriebssystemen kannibalisieren könnte.

Die größte Gefahr für Gates bestand vielmehr in einem anderen Szenario: die Lizensierung der Hardware in Verbindung mit einer gleichzeitigen Umstellung des Betriebssystems auf den Intel-Prozessor. Mit diesem strategischen Zug hätte Apple auf einen Schlag den gesamten Absatzmarkt von MS-DOS gefährdet.

Nach intensiven Diskussionen bei Apple, die auch zu späteren Zeitpunkten wieder aufbrachen, wurde der Vorschlag von Bill Gates abgelehnt. Der Grund hierfür liegt vor allem in der Hybris von Apple. Das Unternehmen war der Überzeugung, daß die technologische Überlegenheit des Macintosh-Betriebssystems zusammen mit der Hardwarekonfiguration unweigerlich zum Standard der PC-Industrie führen wird. Demzufolge erachtete man die Lizensierung des Macintosh-Betriebssystems an andere Hardware-Hersteller als nicht notwendig.

Die Folgen dieser gravierenden Fehleinschätzung sind bekannt: Während Apple in der Bedeutungslosigkeit versank, setzte das Wertschöpfungsnetz Intel und Microsoft, angetrieben durch Bill Gates „Schlachtruf" nach einem Computer auf jedem Schreibtisch und in jedem Haushalt mit Microsoft-Software, den De-facto-Standard der gesamten PC-Industrie.[120] Hierdurch zeigt sich, daß in einer Phase offener Computersysteme nicht alleine die technologische Qualität von Hardware oder Software, sondern vor allem die Etablierung von Standards den entscheidenden Einfluß auf die Marktposition der jeweiligen Anbieter-Unternehmen hat.

Local Area Networks vertreiben die Großrechner

Die Verlagerung des Schwerpunktes von Großrechnern zu PCs führte nicht nur zu einem vehementen Kampf um die Standards, sondern auch zu einem Paradigmenwechsel der zentralen Struktur von Netzwerken. PCs, deren primärer Einsatz im Geschäftskundensektor stattfand, konnten durch Technologien wie Ethernet oder Token Ring zu lokalen Netzwerken (Local Area Networks – LANs) verbunden

120 Apple besaß 1997 einen weltweiten Anteil am PC-Markt von 2,6 Prozent, während Microsoft und Intel in ihren jeweiligen Marktsegmenten Mitte der 90er Jahre rund 90 Prozent Marktanteil besaßen. vgl. Moschella 1997, S. 34
Inwieweit die 1998 durch den Erfolg des „iMac" erzielten Umsatzsteigerungen eine tatsächliche Kehrtwendung für Apple bedeuten, bleibt abzuwarten.

Offene Computersysteme führen zur fragmentierten Wertschöpfung

werden. Das Zentrum dieser LANs waren einzelne PC-Server, die infolge des verbesserten Preis-Leistungs-Verhältnisses von Mikroprozessoren immer komplexere Anwendungen bewältigen konnten. Als Folge wurden viele der existierenden Großrechner und Minicomputer-Systeme überflüssig, da die dezentrale Struktur der PC-Netzwerke gleichwertige Funktionalitäten zu einem günstigeren Preis erfüllen konnte. In diesem Segment des PC-Marktes besaß das Software-Unternehmen Novell mit dem Programm NetWare eine monopolartige Marktstellung, die sich Anfang der neunziger Jahre in einem Marktanteil von rund 70 Prozent ausdrückte.[121]

Dis-Integration der Wertschöpfung der IT-Industrie

Insgesamt läßt sich festhalten, daß die Einführung der offenen Computer-Systeme eine Aufteilung der Wertschöpfung mit sich brachte. Als Folge dieser Entwicklungen kämpften Großrechner- und Minicomputer-Unternehmen mit Gegebenheiten, die vollständig neue Anforderungen stellen. Die PC-Industrie war durch den Einsatz gänzlich neuer Technologien, durch veränderte Kostenstrukturen infolge eines kontinuierlich verbesserten Preis-Leistungsverhältnisses, schnellere Entwicklungszeiten, innovative Marketingstrategien und vor allem eine erweiterte Zielgruppenstruktur aus Geschäfts- und Privatkunden gekennzeichnet.

De jure- und De facto-Standards ermöglichen die horizontale Industriestruktur

Dabei war die sich rapide vollziehende Etablierung von De jure-[122] und De facto-Standards in den einzelnen Bereichen der Wertschöpfungskette eine Grundvoraussetzung für die Entwicklung zu einer horizontalen Industriestruktur. Hervorzuheben ist, daß in Märkten mit sogenannten De facto-Standards wie Mikroprozessoren und Betriebssystemen durch Netzeffekte wirksame Marktbarrieren und somit höhere Margen möglich waren. Im Vergleich hierzu waren Marktsegmente mit De jure-Standards wie SCSI für Diskettenlaufwerke oder VGA für Monitore einem intensiven Preiskampf ausgesetzt. Durch die so entstehende Vormachtstellung gewisser Standards entwickelten sich in einigen Märkten Quasi-Monopolisten. Die Situation Anfang der neunziger Jahre läßt sich wie folgt skizzieren:

Abbildung 3.42: Folgen des Paradigmenwechsels – Spezialisten dominieren die PC-Industrie

Marktsegment	Technologischer Marktführer	Wettbewerber
Services	Electronic Data Services - EDS	Andersen Consulting, CSC, Debis Systemhaus
Datenbank-Management-Systeme (DBMS)	Oracle	Informix, Sybase
System-Software	Microsoft	Novell
Datenkommunikation	Cisco	3Com, Bay Networks (Nortel)
PCs	Compaq	IBM, Apple, Dell
Drucker	Hewlett-Packard	Epson, Canon
Festplatten	Seagate	Quantum, Conner
Mikroprozessoren	Intel	Motorola, AMD, Cyrix

121 vgl. o.V. 1998m, S. 81
122 Darunter werden Standards verstanden, die verbindlich durch Industrie-Konsortien oder offizielle Institutionen festgelegt werden.

Quelle

Abbildung 3.42: ECC 1998, in Anlehnung an Moschella 1997, S. 30

Marktbeschleunigung nimmt zu: Spezialisten erzielen hohe Lernkurveneffekte und stärken Kernkompetenzen

Insgesamt zeigte sich, daß die Fokussierung auf einzelne Wertschöpfungsstufen bei den jeweiligen Spezialisten innerhalb von kurzer Zeit zu hohen Lernkurveneffekten führte, die wiederum eine weitere Stärkung der Kernkompetenzen bedeutete. Der Vorteil dieser horizontalen Industriestruktur mit De facto-Standards ist die Verfügbarkeit eines größeren Ressourcenpools, von dem wiederum die gesamte IT-Industrie profitiert. Die Zeiten, in denen ein Unternehmen die gesamte IT-Wertschöpfungskette alleine abdecken konnte, waren vorbei. Folgerichtig führte die fragmentierte Wertschöpfung der IT-Industrie zu einer erheblichen Beschleunigung der Marktentwicklung, die von vertikal integrierten Unternehmen wie IBM oder DEC nicht adaptiert werden konnte.

Aus einer globalen Perspektive bedeutete dieser Wandel der Industriestruktur einen enormen Bedeutungszuwachs von US-amerikanischen Unternehmen. Die Mehrzahl der aus dieser veränderten Struktur hervorgehenden Player waren Unternehmen US-amerikanischer Herkunft. Ebenso wie in den USA verursachte die mit dieser Struktur einhergehende Schnelligkeit der technologischen Entwicklungen und der Produktzyklen auch in Europa und Asien für ältere IT-Unternehmen erhebliche Adaptionsprobleme.

Wandel der IT-Industriestruktur marginalisiert Europa Anfang der 90er Jahre: USA dominieren den Weltmarkt

Die vertikal integrierten Systemanbieter in den einzelnen Ländern reagierten nur langsam auf den stattfindenden Wandel zu offenen Computersystemen. Die traditionellen Anbieter wie Fujitsu, Hitachi und NEC in Japan, Siemens Nixdorf in Deutschland, Bull in Frankreich, Olivetti in Italien und ICL in England verloren in der PC-Industrie stark an Bedeutung.

Insgesamt läßt sich also festhalten, daß US-amerikanische Unternehmen von 1981 bis zum Beginn der neunziger Jahre in entscheidenden Märkten wie Mikroprozessoren, Betriebssysteme, Netzwerk-Equipment und Software die klare Marktführerschaft erlangen konnten. Nur in relativ unbedeutenden Nischenmärkten wie DRAMs oder CD-ROMs besitzen japanische Unternehmen eine klare Vormachtstellung. Fast alle europäischen Unternehmen, bis auf wenige Ausnahmen, wie SAP, sind bis auf ihre jeweiligen Heimatmärkte auf dem Weltmarkt der IT-Industrie marginalisiert worden.

* ***Netzwerk-zentrische Phase (1994 bis circa 2005)***

Die gegenwärtige Industriestruktur wird nach Schätzungen der International Data Corp. (IDC) noch für rund fünf Jahre einen Großteil des Marktvolumens der IT-Industrie ausmachen. Ebenso wie die Transformation der Großrechner-Industrie zur PC-Industrie lassen sich jedoch bereits signifikante Strukturveränderungen beobachten.

Das sichtbarste Zeichen für einen Paradigmenwechsel ist die Neugewichtung der Schlüsseltechnologien. Aufgrund der zunehmenden Verbreitung des Internet rücken Netzwerke und damit verbundene Technologien in den Mittelpunkt. Somit hat die Bandbreiten-Kommunikation für die weitere Entwicklung der IT-Industrie zentrale Bedeutung. Deshalb haben technologische Innovationen, die

die Übertragungsgeschwindigkeit oder die Bandbreite verbessern, einen höheren Wirkungsgrad für die IT-Industrie als eine zusätzliche Steigerung der Prozessorleistung. Folgerichtig liegt der Fokus der IT-Industrie hauptsächlich auf der Verbesserung von Netzwerk-Technologien.

Metcalfe's Gesetz ist Fundament der Internet-Ökonomie

Neben Moore's Law wird eine weitere Gesetzmäßigkeit die weitere Entwicklung der IT-Industrie bestimmen, die von Bob Metcalfe, dem Gründer von 3Com, erstmals beschrieben wurde. Metcalfe's Law beschreibt, daß der Wert eines Netzwerkes (W) im Quadrat der Anzahl seiner Nutzer (n) steigt: $W = n^2 - n$.[123]

Das Gesetz wird inbesondere anhand des klassischen Beispiels von Telefonen offensichtlich. Die exponentielle Wertsteigerung des Netzwerkes ergibt sich aus direkten Netzeffekten. So ist ein Telefon für einen Nutzer wertlos, solange keine anderen Telefonnutzer existieren, mit denen er kommunizieren kann. Allerdings steigt der Wert seines Telefons mit jedem zusätzlichen Telefonanschluß und damit der Wert des Netzwerkes. Für die IT-Industrie bedeutet dies, daß durch die zunehmende Vernetzung von Computern jedweder Art über ein Universalnetz – das Internet – eine exponentielle Wertsteigerung dieses Netzes erfolgt. Daraus resultiert, daß ein Anschluß an diese Infrastruktur nicht nur Notwendigkeit, sondern Voraussetzung für den zukünftigen Erfolg in der IT-Industrie ist.

Strukturwandel der PC-Industrie

Compaq durchbricht die Schallgrenze: PCs unter 1.000 US-Dollar signalisieren den Paradigmenwechsel

Im Privatkunden-Segment der PC-Industrie wurde das Ausmaß der Marktveränderungen erstmals im Frühjahr 1997 deutlich, als der PC-Hersteller Compaq mit dem Angebot eines Multimedia-PCs („Presario") für weniger als 1.000 US-Dollar die „magische" Preisgrenze durchbrach. Bislang war in der PC-Industrie das Phänomen zu beobachten, daß die zunehmende Leistung neuer Prozessorgenerationen durch einen Komplexitätsanstieg der entsprechenden Softwareprogramme kompensiert wurde. Zwar war eine stetige Leistungssteigerung von PCs zu verzeichnen, jedoch stagnierte das Preisniveau seit Anfang der neunziger Jahre bei rund 2.000 US-Dollar.

Der rapide Preisverfall läßt sich auf zwei Entwicklungen zurückführen. Erstens ist eine weitere Leistungssteigerung der PCs für einen großen Teil der Endverbraucher von untergeordneter Bedeutung. Die auf dem Markt vorhandenen PC-Modelle und die entsprechenden Software-Applikationen (Textverarbeitung, Tabellenkalkulation) haben mittlerweile ein Leistungsniveau erreicht, das die Bedürfnisse der meisten Konsumenten ausreichend deckt. Folgerichtig ist die Zahlungsbereitschaft für neue PC-Modelle mit stärkeren Prozessor- und Speicherleistungen oder komplexerer Softwareprogramme gering.

Zweitens hat die zunehmende Bedeutung von Netzwerken, insbesondere des Internet, bei PC-Herstellern einen strategischen Perspektivwechsel eingeleitet. Der Beginn dieses Perspektivwechsels war die Ende 1995 von Larry Ellison, dem CEO von Oracle, vorgestellte Idee eines Netz-Computers (NC). Der Kern des Konzepts sind günstige Endgeräte zu einem Preis von 500 US-Dollar, die mit

123 vgl. Shapiro/Varian 1998, S. 143

Netz-Computer als Tor zum Internet?

einem einfachen Betriebssystem (Browser/Java) ausgestattet als reine In- und Output-Terminals die auf Netzwerken angebotenen Softwareanwendungen und Mehrwertdienste nutzen. Das Prinzip ist, anstatt der Bearbeitung und Speicherung von Daten auf lokalen Festplatten, die gewünschten Leistungen (Information, Unterhaltung, Kommunikation) je nach Bedarf über das Netzwerk zu beziehen.

Das Angebot preisgünstiger PCs seitens der PC-Hersteller gilt als strategische Maßnahme, die durch den NC aufgezeigte Bedrohung ihres Stammgeschäftes zu antizipieren. Diese Strategie erwies sich bislang als erfolgreich, da billige Multimedia-PCs zur Erschließung neuer Käufergruppen führten, die gegen Ende 1997 bereits mehr als 30 Prozent aller PC-Käufer ausmachten. Dadurch stieg die PC-Haushalts-Penetration in den USA Anfang 1998 auf 43 Prozent, nachdem sie über drei Jahre bei 40 Prozent stagnierte.[124]

Da sich das Hauptinteresse dieser neuen Käufergruppe in erster Linie auf einfache Anwendungen wie Textverarbeitung und (Internet-)Angebote wie Shopping oder Entertainment richtet, ist die Bedeutung der Hardware-Komponenten und des Betriebssystems aus Sicht der Konsumenten gering. Somit wird die Nachfrage nach einfachen Internet-Terminals zu geringen Preisen weiter ansteigen. Generell geht die IT-Industrie in den USA davon aus, daß die Schallgrenze von 500 US-Dollar in den nächsten ein bis zwei Jahren erreicht wird.[125] Insgesamt wird der Verkauf von Hardware immer mehr zusammen mit attraktiven Inhalten, das heißt als „Bundling“ erfolgen. Im Extremfall könnten die Endgeräte sogar verschenkt werden – eine Entwicklung, die bereits im Mobilfunk zu beobachten war.

Leistungsfähige Hardware wird immer selbstverständlicher – Software macht den entscheidenden Unterschied

Folgerichtig wird der Anteil der Software an den Gesamtkosten der Wertschöpfung weiter zunehmen, während der Hardwareanteil deutlich abnehmen wird. Diese Konstellation führt zu einem erheblichen Wandel der bisherigen Geschäftsmodelle der PC-Hersteller wie Compaq, IBM oder Hewlett-Packard. Zwar führen die Preissenkungen zu einer Erhöhung der Verkaufszahlen, haben jedoch nur geringe Auswirkungen auf Umsatz und Profitmargen.

So hat sich die Anzahl der in den USA verkauften PCs von Anfang 1997 bis Anfang 1998 um über 54 Prozent erhöht, während der Umsatz nur um 10 Prozent anstieg.[126] Das bedeutet, daß die gegenwärtige Strategie der meisten Hersteller in einer deutlichen Mengenausweitung liegen muß, um durch Größenvorteile die Marktanteile und bisherigen Umsätze verteidigen zu können.

„Webifying your Company“

Auch im Geschäftskundensegment rufen die zunehmende Internetausbreitung und die Verlagerung auf Netzwerkaktivitäten Strukturveränderungen hervor, die die klassischen Geschäftsmodelle der Unternehmen erheblichem Druck aussetzen. Insbesondere ist der Trend zum „Webifying“ zu beobachten, das heißt, daß Unternehmen ihre Hard- und Software-Leistungen zunehmend für

124 vgl. Burrows 1998, S. 28
125 vgl. Kanellos 1998
126 vgl. Burrows 1998, S. 29

den Einsatz in Netzwerken ausrichten. Bemerkenswerterweise bedeutet dies eine partielle Rückkehr zur zentralen Struktur der Großrechner-Phase, da leistungsstarke Server in den Mittelpunkt des (Netz-)Geschehens rücken.

Netz-Computer senkt "Cost of Ownership" für Unternehmen

Aus diesem Grund hat auch die NC-Architektur eine große Resonanz ausgelöst. Denn der NC ist nicht nur in großen Unternehmens-Netzwerken einsetzbar, sondern bietet darüber hinaus auch wirtschaftliche Vorteile, die Unternehmen bei den Bemühungen um Kostensenkung beim IT-Einsatz unterstützen. Laut Angaben des Marktforschungsinstituts IDC lassen sich durch zentrale Administration der Daten und verringerten Wartungsaufwand jährlich rund 8.000 US-Dollar pro PC-Arbeitsplatz, sogenannte „Cost-of-Ownership", einsparen.[127] Somit ist der Einsatz von NCs eine preisgünstige Alternative zu „Ersatzinvestitionen" von Großrechner-Terminals älteren Zuschnitts.

Bis Mitte 1998 ist jedoch noch kein einziges Produkt auf den Markt gekommen, das der Idee des NC exakt entspricht. Dennoch war das Konzept der NC-Architektur eine Initialzündung für eine Reihe von Produktentwicklungen, die sich in Anlehnung an den NC in einem deutlich niedrigeren Preissegment mit verringerter Funktionalität positionieren und nachfolgend beschrieben werden.[128]

Bislang hat sich noch kein Netz-Computer-Konzept durchgesetzt

Da die NC-Architektur als Betriebssystem den Browser von Netscape in Verbindung mit Java (siehe nächste Seite) vorsah, wurde insbesondere die Strategie von Microsoft und Intel bedroht. Beide Unternehmen versuchen seit Mitte der neunziger Jahre im Geschäftskundenbereich verstärkt, ihr Wertschöpfungsnetz über den PC hinaus auch in anderen Bereichen zu etablieren. Ein Beispiel hierfür ist das von Microsoft 1993 eingeführte Workstation- und Server-Betriebssystem Windows NT, das in Westeuropa ein Marktanteilswachstum von unter einem Prozent im Jahr 1994 auf rund 12 Prozent im Jahr 1997 erreichen konnte.

Auf die unerwartete Bedrohung aus dem Niedrigpreis-Segment für Geschäftskunden reagierten Intel und Microsoft Mitte 1997 mit dem NetPC. Der zusammen mit 12 PC-Herstellern konzipierte Computer bietet im Vergleich zu klassischen PCs eine deutlich verringerte Funktionalität und ist mit einem Intel-Prozessor und dem Betriebssystem von Microsoft ausgestattet. Zudem bietet Microsoft sogenannte Windows-Terminals an, die eine weitere Variation des NC darstellen. Weltweit verkaufte sich der NetPC 1997 rund 44.000 mal, während von den Windows-Terminals über 150.000 Exemplare abgesetzt werden konnten. Im selben Jahr wurden von weiteren Variationen des NC rund 150.000 Exemplare abgesetzt. Ein Großteil dieser Verkäufe wurde von NetStation, der IBM-Variante des NC, erzielt.

Die Versuche von Sun Microsystems „JavaStation" oder der Allianz von Oracle und Netscape, „Network Computer Incorporated" (NCI), erwiesen sich als wenig erfolgreich. Als größtes Problem der originalen NC-Architektur hat sich das als „killer application" propagierte virtuelle Betriebssystem Java erwiesen. Java wurde 1996 von Sun Microsystems, einem Hersteller von leistungsstarken Servern und

127 vgl. Booz, Allen & Hamilton 1997, S. 125ff.
128 vgl. Madden, 1998b

Java wird eine der wichtigsten Programmiersprachen: "write once, run everywhere"...

Workstations, als kostenlos lizensierbare Programmiersprache in den Markt eingeführt. Java sollte ursprünglich nur ein Hilfsmittel zur verbesserten Darstellung von Webseiten sein. Grundgedanke war es, kleine Java-Programme von einem Host über das Internet zu einem Client zu übertragen, die dann unabhängig vom jeweiligen Betriebssystem (Macintosh, UNIX oder Windows) als sogenannte Applets gestartet werden können.

Die grundlegende Voraussetzung für diese universelle Einsetzbarkeit liefert eine in fast jeden WWW-Browser integrierte „Java Virtual Machine (VM)". Dieses Programm simuliert ein eigenes Betriebssystem innerhalb der Betriebssysteme, in denen es sich befindet. Man erkannte schnell, daß das Potential der Programmiersprache aufgrund der vollständigen Unabhängigkeit von den jeweiligen Betriebssystemen vor allem in der plattformübergreifenden Einsetzbarkeit lag. Somit besaß Java das Potential für eine „lingua franca" des WWW: „write once, run everywhere"[129].

Bis 1998 ist Java eine der wichtigsten Programmiersprachen geworden, mit der weltweit über 500.000 Programmierer arbeiten. Dennoch wird Java nicht, wie ursprünglich konzipiert, am häufigsten als System-Software für Terminals wie den NC eingesetzt. Vielmehr wird Java hauptsächlich zur plattformübergreifenden Kommunikation zwischen verschiedenen Computer-Systemen verwendet. Der Vorteil liegt darin, daß die entsprechende System- und Anwendungssoftware nicht individuell an die jeweiligen Hardwareplattformen angepaßt werden muß, sondern über Java programmierbar ist.

... aber vorerst kein alternatives Betriebssystem zu Windows

Hingegen ist die ursprüngliche Anwendungsidee, als virtuelles Betriebssystem auf der Browser-Plattform Netscape Navigator in NCs eingesetzt zu werden, nur schwer durchzuführen. Aufgrund der unerwartet hohen Komplexität von Java bedarf es in den meisten Fällen eigener Rechen- und Speicherleistungen bei den Endgeräten, so daß ein billiger PC die gleiche Funktion erfüllen kann.[130] Folgerichtig sind NCs, die Java verwendeten, bei Unternehmen kaum auf Resonanz gestoßen. Larry Ellison hat deshalb 1998 bekanntgegeben, daß Oracle den NC für den Geschäftskundenbereich nicht länger verfolgen wird.

Insgesamt läßt sich festhalten, daß die Zahl der 1997 abgesetzten NC-Variationen nicht mehr als 350.000 Exemplare betrug. Der Vergleich mit der im selben Zeitraum verkauften Anzahl von 43 Millionen PCs im Geschäftskundenbereich zeigt, daß NCs bislang nicht einmal ein Prozent Marktanteil erreichen.[131] Der Grund hierfür liegt darin, daß die Vorteile der NC-Architektur im Vergleich zu PCs relativ gering sind. Zum einen sind durch den Preisverfall der PCs im Privatkunden-Segment Anfang 1998 auch im Geschäftskunden-Segment Preissenkungen bis zu 20 Prozent zu beobachten.[132] Zum anderen bieten diese preisgünstigen PCs eine deutlich umfangreichere Funktionalität als die meisten NCs, so daß insgesamt ein vorteilhafteres Preis-Leistungs-Verhältnis bei den PCs vorliegt. Deshalb ist vorhersehbar, daß PCs auch innerhalb der nächsten fünf Jahre den

129 Dieser Anspruch ließ sich in der Praxis nicht immer aufrechterhalten, da plattformübergreifende Programmierung erwartungsgemäß eine Menge von Problemen mit sich bringt. Das Motto zynischer Programmierer lautet deshalb: "write once, debug everywhere".
130 o.V. 1998f, S. 82
131 vgl. Madden 1998b
132 vgl. Burrows 1998, S. 29

größten Marktanteil bei Endgeräten für das Geschäftskundensegment ausmachen werden, während für NCs nur ein moderates Wachstum zu erwarten ist.

Internetauftritt der Unternehmen wird vom Publish- zum Transact-Modell

Insgesamt ist die Bedeutung der Internetanbindung bei den meisten Unternehmen von einem reinen „Publish"-Modell, das heißt einer Webseite, zu einem weitgehenderen „Transact"-Modell, das heißt die Implementierung eines Intra- oder Extranets, geworden. Dies erfordert die Integration und Verknüpfung der unternehmensinternen und -externen Prozesse in Netzwerkstrukturen, die von einer zunehmenden Komplexität gekennzeichnet sind. Neben einer erhöhten Nachfrage nach leistungsstarken Großrechnern und Web-Servern macht sich diese Konstellation auch im Servicebereich bemerkbar. Insbesondere die Nachfrage nach „Solution Providing" führt dazu, daß der Servicebereich mit rund 12 Prozent pro Jahr in Westeuropa das stärkste Wachstum aller IT-Segmente aufweist. Vor diesem Hintergrund ist auch die im Januar 1998 erfolgte Akquisition von DEC durch Compaq zu sehen. DEC bietet einen großen Kundenstamm im Geschäftskundenbereich, der es Compaq ermöglicht, ein „Solution Provider" zu werden.[133]

Bemerkenswerterweise hat das Internet und die damit entstehende Verlagerung auf Netzwerk-Strukturen indirekt zum Wiedererstarken des vertikal integrierten Computerriesen IBM geführt. Durch die Kernkompetenz im Bereich leistungsstarker Server und Großrechner und der von Chairman Lou Gerstner relativ früh eingeleiteten Fokussierung auf das Internet zu Beginn des Jahres 1995 kann IBM mit speziellen „e-business"-Lösungen erheblich Boden gutmachen.[134]

Der Siegeszug der Internet-Endgeräte

Die Vielfalt dominiert: handflächengroße Endgeräte erobern den IT-Markt

Die sich gegenwärtig vollziehende Transformation der IT-Industrie macht sich im Endverbraucher-Segment vor allem bei den Endgeräten bemerkbar. Analog zum Übergang von Großrechnern zu den PCs wird eine Vielzahl von neuen Endgeräten auf den Markt kommen, deren primäre Funktion die Kommunikation durch eine Internetverbindung ist. Diese sogenannten Internet-Endgeräte oder Minicomputer umfassen sowohl Terminals für Fernsehen (NetTVs, Set-Top-Boxen), für Spiele (Spielekonsolen), Personal Digital Assistants (PDAs), Handhelds als auch Internet Smart Phones. Der größte Anteil der Marktausweitung wird dabei von neuartigen Endgeräten erzielt werden, die durch hohe Einfachheit und Bedienerfreundlichkeit geprägt sind und sich somit deutlich vom Konzept der bisherigen IT-Endgeräte unterscheiden.

Das Marktvolumen hierfür wird nach Schätzungen von IDC innerhalb von fünf Jahren bereits annähernd so groß wie das Marktvolumen für PCs sein.[135]

133 vgl. o.V. 1998e, S. 14
134 vgl. EITO 1998, S. 322; vgl. o.V. 1998n, S. 80
135 vgl. EITO 1998, S. 177

Abbildung 3.43: Prognostiziertes US-Marktwachstum von PCs und Internet-Endgeräten

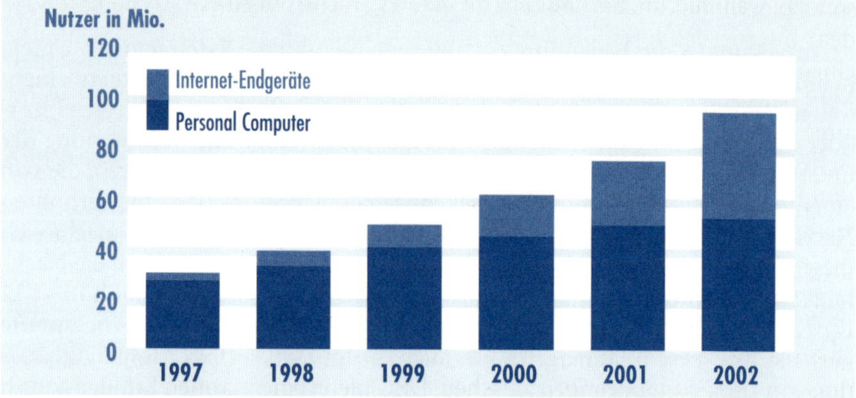

Anpassung der IT-Unternehmen an veränderte Rahmenbedingungen ist Voraussetzung für Markterfolg

Unternehmen aus der PC-Industrie müssen auf diese veränderten Marktgegebenheiten reagieren, da ihnen sonst wie bereits einer Vielzahl von Großrechner- und Minicomputer-Unternehmen zu Anfang der achtziger Jahre der Bedeutungsverlust droht.

Das Imperium schlägt zurück: die Reaktionen von Intel und Microsoft

Der Mikroprozessor-Hersteller Intel hat seine Produktlinie mit Blick auf die sich abzeichnenden Marktveränderungen bereits erweitert. Der untere Leistungsbereich, der auch die Internet-Endgeräte umfaßt, wird durch die im Juli 1998 erfolgte Akquisition des Chip-Herstellers StrongARM und das Neuprodukt Intel Celeron abgedeckt, während sich der Pentium II an das mittlere Marktsegment richtet. Mit den Mikroprozessoren Pentium II Xeon, der Mitte 1998 auf den Markt gekommen ist, und dem Intel Merced, der Mitte des Jahres 2000 marktfähig sein soll, ist als Nachfolge für den Pentium Pro das höhere Geschäftskundensegment der Server und Workstations avisiert.[136]

Ebenso ist Microsoft auf diese Veränderungen vorbereitet. Ein Grund hierfür ist die erst 1995 erkannte Bedrohung des Stammgeschäfts durch das Internet. Im Rahmen einer strategischen Umorientierung hat Bill Gates Mitte 1995 den Fokus der gesamten Unternehmung neu ausgerichtet. Innerhalb von sechs Monaten vollzog sich die operative Anpassung aller Produktlinien. Microsoft befürchtete, daß der Netscape Navigator zusammen mit dem virtuellen Betriebssystem Java das MS-Betriebssystem Windows substituieren könnte. Dies belegt ein internes Memorandum aus dem Jahr 1995:

> *„This is not about browsers. Our competitors are trying to make an alternative platform to Windows. They are smart, aggressive and have a big lead. ... Netscape/Java is using the browser to create a virtual operating system. Windows will become devaluated, eventually replaceable. This is make-or-break time: the next six months are critical".*[137]

136 vgl. o.V., 1998r, S. 17; o.V. 1998q
137 o.V. 1998c, S. 72

Quelle

Abbildung 3.43: International Data Corporation (www.idc.com) 1998

Aufgrund der 1995 gestarteten Aktivitäten stellt sich die Situation für Microsoft 1998 deutlich anders dar. Erstens ist es Microsoft mit einem eigenen Browser, dem Internet Explorer, im Rahmen des vielzitierten „Browser War" gelungen, einen Marktanteil von rund 50 Prozent zu erreichen.[138] Es ist absehbar, daß diese Marktstellung gegenüber dem Konkurrenzprodukt Netscape Navigator weiter ausgebaut wird. Zweitens hat Microsoft eine eigene Version von Java entwickelt – ActiveX –, die in einen Großteil der Microsoft-Produkte wie Internet Explorer und Windows NT bereits integriert worden ist.[139]

„Windows Everywhere" – Microsoft verteilt Windows auf alle Plattformen

Microsoft verfolgt ebenso wie Intel eine Franchise-Strategie, bei der das Kernprodukt als Variation auf verschiedenste Hardware-Plattformen übertragen wird. Durch die identische Basis dieser Systemsoftware wird die Kompatibilität der verschiedensten Versionen gewährleistet, die somit den Austausch von Dateien und Programmen zwischen den Plattformen ermöglicht. Microsoft strebt mit dieser „Windows Everywhere"-Strategie an, daß das Quasi-Monopol im Bereich der Systemsoftware für PCs auch auf andere Marktsegmente ausgedehnt wird.

Die Systemsoftware Windows CE richtet sich auf das stark wachsende Marktsegment für Internet-Endgeräte jedweder Art. Die gegenwärtige Version Windows CE 2.0 gibt es als System-Software in handflächengroßen Kommunikationsgeräten, sogenannten Handheld-PCs und PalmPCs. Zudem existieren hierfür ebenso Softwareanwendungen wie Word, Excel, PowerPoint oder Outlook, die im Vergleich zum Umfang der PC-Anwendungen eine deutlich geringere Funktionalität haben. Darüber hinaus wird Windows CE 2.0 in den USA auch in den Set-Top-Boxen des Kabelnetzbetreibers TCI eingesetzt.

Windows NT erobert den Servermarkt

Bei den PCs richtet sich das Kernprodukt Windows an den Massenmarkt für Endverbraucher und Geschäftskunden des unteren Marktsegmentes. Durch die Integration des Browsers „Internet Explorer" in das 1998 erschienene Betriebssystem „Windows '98" wurde sichergestellt, daß das Betriebssystem von Microsoft kompatibel zur WWW-Plattform des Internet ist. Windows NT wurde Anfang der neunziger Jahre als Systemsoftware für die Hardware-Plattformen Workstations und Server entwickelt und richtet sich an das mittlere und obere Geschäftskundensegment. Ebenso wie im Browser-Markt konnte Microsoft sein bereits bestehendes Monopol im Bereich der Systemsoftware bei den PCs nutzen, um in den USA bis 1997 einen Marktanteil von 50 Prozent zu erreichen.

Insgesamt läßt sich festhalten, daß das Wertschöpfungsnetz Wintel den Paradigmenwechsel erkannt und bereits darauf reagiert hat. Im Vergleich hierzu hat sich der Rest der PC-Industrie bislang kaum auf die erwartete Erweiterung der PC-Industrie im unteren Marktsegment eingestellt. Die Herausforderung besteht darin, die bisherigen Geschäftsmodelle dem Massenmarkt der Internet-Endgeräte anzupassen. Dabei ist für PC-Hersteller davon auszugehen, daß sich die Kostenstrukturen für hohe Volumina bei gleichzeitig niedrigen Preisen dem Geschäftsmodell der Unterhaltungselektronik stark annähern.

138 AdKnowledge, Jupiter Communications und IDC, Ende Juli 1998.
139 vgl. o.V. 1998f, S.81

Der Zukunftsmarkt der Internet-Endgeräte erfordert deshalb neue Geschäftsmodelle von PC-Herstellern, um nicht von Unternehmen aus der Unterhaltungselektronik marginalisiert zu werden. Nachfolgend werden die ausgeführten Entwicklungen der IT-Industrie auf einen Blick zusammengefaßt:

Abbildung 3.44: Entwicklung der IT-Industrie

	System (1964-1981)	PC (1981-1994)	Netzwerk (1994 – ca. 2010)
Schlüssel-Technologie	Transistoren	Mikroprozessoren	Kommunikations-Bandbreiten
Dominierende Gesetzmäßigkeiten	Grosch's Law	Moore's Law	Metcalfe's Law
Leistungsschwerpunkt der Angebote	Geschlossene Systeme	Standardisierte Produkte	Mehrwertdienste und Inhalte
Art der Netzwerke	Daten- und Rechenzentren	Interne Local Area Networks (LANs)	Internet (Global und lokal/regional)
Wertschöpfungsstruktur	Vertikale Integration	Horizontal	Einheitliche IT- und TK-Wertschöpfung

3.3.3 Erlöstypen und Erlösmodelle im IT-Sektor

Geschäftsmodelle für Hard- und Software-Produzenten

Je nach Marktsegment lassen sich verschiedene Erlöstypen charakterisieren. Die Hardwarehersteller refinanzieren sich in allen Fällen direkt. Hierfür bestehen mehrere Möglichkeiten. So kann die Hardware über entsprechende Vertriebskanäle an den Kunden verkauft werden, das heißt es handelt sich um einen direkten, nutzungsabhängigen Erlöstyp. Dies betrifft den Verkauf von PCs an Endverbraucher, den Verkauf von Set-Top-Boxen an Fernseh-Unternehmen oder den Verkauf von Servern an Geschäftskunden.

Für Systemsoftware-Hersteller gilt generell ein Erlösmix, der sich sowohl aus direkten, nutzungsabhängigen Lizenzgebühren von PC-Herstellern als auch von Endverbrauchern für Software-Upgrades zusammensetzt. Einerseits lizensieren Unternehmen wie Microsoft eine Kopie des Betriebssystems Windows an PC-Hersteller wie Compaq oder Dell für einen Einheitspreis von rund 40 bis 50 US-Dollar für einen PC im Preissegment von rund 2.000 Dollar. Generell gilt dabei, daß je teurer der PC, desto höher sind auch die Lizenzgebühren und umgekehrt.

Diese Lizenzgebühren erlauben aufgrund der Kostenstrukturen von Softwareleistungen hohe Profitmargen. Dies erklärt, warum Microsoft versucht, den PC zum dominierenden Endgerät für Multimedia-Anwendungen zu machen. Falls beispielsweise der Fernseher das dominierende Endgerät wird, muß

Quelle

Abbildung 3.44: ECC 1998, in Anlehnung an Moschella 1997, S. ix

sich Microsoft dem Erlösmodell der Unterhaltungselektronik anpassen. Unterhaltungselektronik-Hersteller bezahlen gegenwärtig nicht mehr als 40 bis 50 Cents für System-Software-Lizenzen pro Endgerät.[140]

Andererseits verdienen Softwarehäuser wie Microsoft mit derselben Version des Betriebssystems, beispielsweise bei der Einführung von Windows 98, nicht nur mit der Lizensierung an PC-Hersteller. Durch den Verkauf von Lizenzen an Endverbraucher zu einem Preis von rund 90 bis 100 US-Dollar, sogenannte Upgrades, kann ein zweiter Umsatzstrom generiert werden.[141] Das Verhältnis dieser beiden Umsatzströme läßt sich nicht eindeutig quantifizieren, da er sehr stark von der zugrundeliegenden Preisstrategie abhängt. Bisher machte der Erlöstyp über die PC-Hersteller den größten Anteil aus, während die Upgrades für Betriebssysteme von untergeordneter Bedeutung waren. Diese Relation hat sich vor allem durch die Plattform des Internet geändert, da beispielsweise Browser umsonst angeboten werden, während die Upgrades kostenpflichtig sind. Im Rahmen des US-Kartellverfahrens gegen Microsoft wurde bekannt, daß die Konzernstrategen bereits an jährliche Lizenzgebühren für das Betriebssystem Windows gedacht haben.

Bitte überweisen Sie ihre ausstehende Jahresgebühr: das Software-Abo?

Softwareanwendungen werden ebenso über den indirekten Weg, das heißt über PC-Hersteller, die attraktive Software für ihre Hardware anbieten möchten, und direkt an den Endverbraucher verkauft. Das Verhältnis ist im Vergleich zu den Erlöstypen der Systemsoftware allerdings umgekehrt. Während der indirekte Verkauf an PC-Hersteller von untergeordneter Bedeutung ist, macht der direkte Verkauf an den Endverbraucher den größten Anteil am Erlösmix aus. Ebenfalls sind Erlöse für Servicegebühren direkt vom jeweiligen Nachfrager zu beziehen.

3.3.4 Wertschöpfungskette des IT-Sektors

Die Wertschöpfungskette im IT-Sektor läßt sich zum einen aus Sicht der Anbieter-Unternehmen und zum anderen aus Sicht der nachfragenden Unternehmen, die die Technologie innerhalb ihrer Unternehmen verwenden, darstellen. Die Wertschöpfungskette des IT-Sektors wird traditionell meistens als „supply chain“ dargestellt:

Abbildung 3.45: Wertschöpfungskette des IT-Sektors

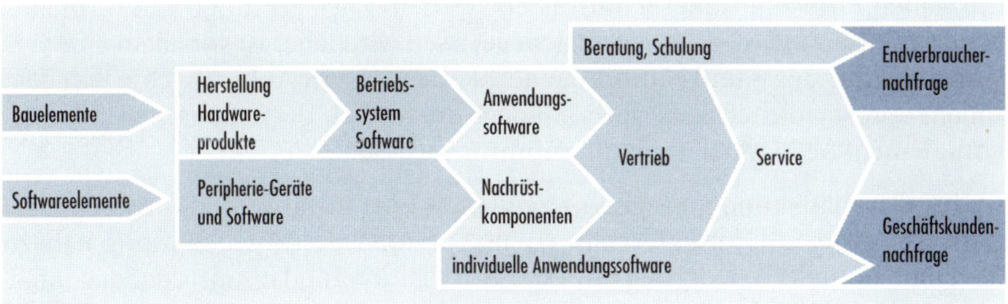

140 vgl. Cringely, 4. April 1998
141 vgl. Edstrom/Eller 1998, S. 197. Konsumenten, die noch keinen PC besitzen, werden sich nur in den allerseltensten Fällen eine Hardware-Plattform ohne Betriebssystem kaufen. Deshalb kann davon ausgegangen werden, daß der Kauf von System-Software bei den meisten Konsumenten ein Kauf ist, der das alte Betriebssystem substituiert.

Quelle

Abbildung 3.45: ECC 1998

Beispiele sind Stand-alone-Produkte wie zum Beispiel PC oder Workstation. Auf der Nachfrageseite lassen sich generell mindestens zwei Segmente unterscheiden: Geschäftskunden und Privatkunden.[142] Je nachdem, welchen Teilmarkt man betrachtet, erhalten die einzelnen Wertschöpfungsstufen ein unterschiedliches Gewicht.

Fünf Trends der IT-Industrie

Retrospektiv lassen sich angebotsseitig fünf Trends identifizieren, die sich auch in der Zukunft fortsetzen werden:

* Der Fortschritt der Mikroelektronik wird unverändert anhalten.
* Der Anteil der Software in Produkten und Systemen nimmt unverändert stark zu, umgekehrt sinkt der Hardware-Anteil an den Gesamtkosten und der Wertschöpfung.
* Die Innovations- und Produktlebenszyklen werden immer kürzer.
* Die Vernetzung schreitet unaufhaltsam voran.
* Die Angebote neuer multimedialer Anwendungen, insbesondere Computerspiele und Internet/WWW, treiben diese Trends an und wirken als Beschleunigungs-Katalysator.

Konsequenzen für die IT-Wertschöpfung

Für die IT-Wertschöpfungskette ergeben sich daraus gravierende Folgen:

* Der Wertschöpfungsanteil der Bauelemente und der Hardware-Produktion ist massiv rückläufig, Größenvorteile werden immer wichtiger.[143]
* Im Software-Bereich verlagert sich die Wertschöpfung zur Standard-Anwendungssoftware. Bei den Betriebssystemen führen Netzeffekte und „Lock-in-Strategien" zu quasi-natürlichen Monopolen.[144]
* Im Geschäftskunden-Sektor gewinnen standardisierte und individuell anpaßbare Branchenlösungen, sogenannte „supply chain management"-Systeme, eine zunehmende Bedeutung.
* Die Vertriebsstufe gerät zunehmend unter den Druck immer kürzerer Produktlebenszyklen; auf der Strecke bleiben die Serviceleistungen (Beratung, Schulung, Wartung) und damit die Kundenbeziehungen.

Insbesondere im Privatkunden-Segment ist zu beobachten, daß der Kunde mit seinen Problemlösungsbedürfnissen aus dem Blick gerät und mit vermeintlichen „Plug and Play"-Lösungen allein gelassen wird. Hier ist vor allem eine verbesserte Bedienungs- und Nutzerfreundlichkeit seitens der Anbieter gefragt. Zudem sollten von staatlicher Seite, insbesondere im Bereich der schulischen Bildung, komplementäre Maßnahmen unternommen werden.

Im Geschäftskunden-Segment zeigt sich eine etwas andere Problemlage. Generell verfügen Großunternehmen als Vorläufer der IT-Ausstattung nahezu über eine Komplettversorgung mit PCs, Workstations und entsprechenden inter-

142 Hinzu kommen öffentliche Kunden (Staat).
143 Beispiel: Einstellung der PC-Produktion von Siemens-Nixdorf.
144 Verdient wird vor allem mit immer schneller aufeinanderfolgenden Up-dates.

nen IT-Netzwerken. Problematisch ist insbesondere, daß die sich beschleunigenden Innovations- und Produktlebenszyklen der Angebotsseite in Widerspruch zu den effektiven Nutzungslebenszyklen auf der Nachfrageseite geraten. Beispielsweise konnte Netscape innerhalb weniger Monate durch den Online-Vertrieb die kritische Masse bei den Nachfragern erreichen. Im Gegenzug dauert es auf der Kundenseite Monate, teilweise sogar Jahre, bis die Integration neuer System-Software in die vorhandene IT-Infrastruktur vollzogen wird und Mitarbeiter den effizienten Umgang mit der Software lernen.

Produktlebenszyklen sind zu schnell für Nutzungszyklen

Die Vorteile der Einführung von IT-Tools zur Geschäftsprozeßoptimierung von Unternehmen und Märkten sind offensichtlich. Als Engpässe der weiteren Optimierung der Supply Chain sind zu nennen:

* die hohen Anfangsinvestitionen
* der organisatorische Änderungsbedarf
* Akzeptanzprobleme und Know-how-Defizite bei Mitarbeitern
* der technische Anpassungsaufwand bei den beteiligten Unternehmen
* die erforderliche Vertrauensbildung zwischen beteiligten Unternehmen.

Für den Privatkunden-Sektor wie für den Geschäftskunden-Sektor ist festzuhalten, daß die IT-Wertschöpfungskette ausgesprochen „angebotslastig" gestaltet ist. Eine Verstärkung der Wertschöpfungsstufen, die die Schnittstelle zu den Kunden bilden, ist notwendig und absehbar. Derzeit wird die Nachfrage nach IT-Produkten weniger vom IT-Angebot selbst, als von nebengelagerten Märkten und Wertschöpfungsketten vorangetrieben, mit denen der IT-Markt strukturell gekoppelt ist.

Verwandte Märkte fördern die Nachfrage nach IT-Produkten

3.3.5 Lost in Cyberspace? Informationstechnologie und Produktivität

Seit dem Beginn des Einsatzes von Informationstechnologie zur Unterstützung und Abbildung von betrieblichen Funktionen und Abläufen wird die Wirtschaftlichkeitsproblematik dieser Technologien kontrovers debattiert. Die Diskussionen finden dabei auf den unterschiedlichsten Aggregationsebenen statt. Doch sowohl im ökonomischen als auch im organisatorischen Kontext fällt es schwer, klare Aussagen über die Korrelation zwischen Investitionen in Informations- und Kommunikationstechnik einerseits und der Produktivität andererseits zu treffen: Die Diskussion wird häufig unter dem Schlagwort „Produktivitätsparadoxon der Informationstechnologie" geführt.[145]

Generell wird vermutet, daß Computer ein Produktivitätswachstum beschleunigt haben und damit für einen generellen Anstieg des Wachstums der Wirtschaft gesorgt haben. Die Ausgaben für Informationstechnologie unterstützen diese

145 vgl. Picot/ Reichwald/ Wigand 1998, S. 187

Produktivitätsparadoxon: Fehlende Korrelation zwischen IuK-Investitionen und Produktivität

Annahme. So gingen beispielsweise 1996 rund 40 Prozent der Ausgaben US-amerikanischer Unternehmen für Anlagegüter zugunsten von Informationstechnologien. Das jährliche durchschnittliche Produktivitätswachstum des amerikanischen Geschäftskunden-Sektors verlangsamte sich jedoch von 2,6 Prozent im Zeitraum 1960-1973 auf circa 1 Prozent in den vergangenen Jahren. Dies ist die volkswirtschaftliche Abbildung des „Produktivitätsparadoxons".[146]

Auf Unternehmensebene sorgte die Arbeit von Brynjolfsson und Hitt[147] für Aufsehen, da hier, fernab der Schwierigkeiten einer Untersuchung auf gesamtwirtschaftlicher Ebene, erste Beweise für eine Produktivitätssteigerung erbracht werden konnten. Die Arbeit deutet darauf hin, daß ein signifikant positiver Beitrag von IT-Kapital und IT-Personalaufwendungen zum Output und zur Produktivität besteht. Insgesamt gibt es jedoch bei den verschiedensten empirischen Studien noch immer sehr widersprüchliche Ergebnisse, was den Wirkungszusammenhang anbelangt. Diskussionen werden daher zum großen Teil noch eher im Bereich der Heuristik geführt. Schwierigkeiten bei der Erlangung genauerer Kenntnisse entstehen dabei insbesondere durch die Konfusion über unterschiedliche Forschungsgegenstände, unzureichendes Datenmaterial und dem generellen Strukturwandel von produzierenden und verarbeitenden zu dienstleistungsorientierten Beschäftigungsstrukturen.

Mögliche Erklärungen des Produktivitätsparadoxons

So konzentrieren sich die für die Praxis relevanten Erkenntnisse neben einem durchaus vorhandenen Verständnis um die Erhebung von bestimmten Kennzahlen zur Produktivität auf Erklärungen für das Vorhandensein eines Produktivitätsparadoxons. Die verschiedenen existierenden Ansätze weisen dabei allerdings zum Teil starke Wechselwirkungen auf:[148]

Eine Erklärung besteht in der Intensivierung des Wettbewerbs und einer daraus resultierenden reinen Umverteilung der Gewinne zwischen den Unternehmen einer Branche, so daß Informationstechnologie einzelnen Firmen nützlich ist, in bezug auf die gesamte Branche jedoch unproduktiv ist oder zumindest zu keinem Anstieg der Produktivität führt.

Ein weitere Erklärung geht in Richtung der unzureichenden Meßbarkeit des Inputs und des Outputs. Dies ist insbesondere der Fall im Dienstleistungssektor, in dem in der Großzahl der Volkswirtschaften der industrialisierten Nationen rund 75 Prozent der Technologien verwendet werden. Hier tut man sich mit der Messung des Outputs besonders schwer, denn Vorteile entstehen häufig nicht in Form von Kosteneinsparungen oder einer Erhöhung des Outputs, sondern als Verbesserungen in Qualität oder Komfort. Doch gerade jene Nutzenkategorien von Informationstechnologie finden keinen oder kaum Eingang in die Statistiken von Unternehmen oder gar Volkswirtschaften. In diesem Zusammenhang wirkt sich auch der Trend einer Migration von einer zentralen automatisierten Datenverarbeitung hin zur integrierten arbeitsplatzbezogenen Informationstechnologie nachteilig auf die Meßbarkeit aus.[149]

146 vgl. o.V. 1997d, S.77ff.
147 vgl. Brynjolfsson/Hitt 1996
148 vgl. Gründler 1997, S. 75f.; vgl. weiterführend Picot/Reichwald/Wigand 1998, S. 187f.
149 vgl. Picot/Reichwald/Behrbohm 1985, S. 4f.

Meßbarkeit der IT-Produktivität erst in Zukunft möglich?

Erkenntnisse aus der Entwicklung vergangener technologischer Veränderungen, bei denen es häufig große zeitliche Verzögerungen zwischen ihrer Einführung und einem aufzeigbaren Produktivitätsanstieg gab, bilden die Basis für eine andere Erklärung. Das Paradebeispiel ist der elektrische Dynamo, bei dem es von der Erfindung im Jahre 1881 rund 40 Jahre dauerte, bevor Fabriken damit begannen, in einer effizienten Weise Vorteile aus der Elektrizität zu ziehen. Dieser Umstand hat dabei seinen Ursprung sowohl auf der Hersteller- als auch auf der Anwenderseite. Zum einen bedarf es der Entwicklung eines Industriezweiges, der entsprechende Leistungen am Markt zur Verfügung stellt, und zum anderen brauchen Anwender Zeit, sich auf die Nutzung dieser Leistung einzustellen.

Neben weiteren Ansätzen liegen insbesondere eine unzureichende Reorganisation von Unternehmensabläufen und ein damit zusammenhängendes Mißmanagement von Informationstechnologie auf der Hand. Dabei findet die nur unzureichende und häufig wenig zielgerichtete Nutzung des Potentials von Informationstechnologie seine Begründung sicherlich darin, daß das Wissen über das Potential bis dato nur eingeschränkt vorhanden ist. Das akademische Feld, daß sich mit dem Einfluß von Informationstechnologie auf ökonomische Prozesse beschäftigt, ist umfangreich und in seinem Meinungs- und Erkenntnisspektrum vielfältig. Ein aus dem fehlenden Wissen resultierendes Mißmanagement dürfte vor diesem Hintergrund durchaus nachvollziehbar sein.

Als Fazit ist zu konstatieren, daß in bezug auf konkrete Erkenntnisse über Wirkungszusammenhänge zwischen Informationstechnologie und Produktivität abgewartet werden muß, ob in naher Zukunft über ein erweitertes ex post-Wissen und einheitlichere methodische Ansätze genauere Erkenntnisse möglich werden.

3.4 Wegbereiter der Internet-Ökonomie: Konvergenz der Medien- und Kommunikations-Sektoren

Bei Unternehmen der Medien- und Kommunikations-Sektoren herrscht gegenwärtig eine große Verunsicherung. So lauten die häufigsten Fragen, die sich Unternehmen derzeit stellen: Was ist mein Markt und wer sind die entscheidenden Player? Wer ist Kooperationspartner und wer Konkurrent? Eine funktionale Aufteilung von Produkt-Markt-Kombinationen ist aufgrund einer zunehmenden Vernetzung bislang getrennter Segmente, die die Komplexität der Wettbewerbsverhältnisse erhöht, nur noch schwer aufrechtzuerhalten. Befindet sich die Internet-Suchmaschine Yahoo nur im Wettbewerb mit anderen Anbietern wie Lycos, Excite und Netcenter oder konkurriert Yahoo auch mit klassischen Medienangeboten wie NBC oder CNN?

Der Grund für die bestehende Unsicherheit bei Unternehmen, die Informations-, Unterhaltungs- und Kommunikationsleistungen anbieten, ist ein Entwicklungsvorgang, der als Konvergenz[150] bezeichnet wird. Konvergenz beschreibt also kein Ergebnis, sondern den evolutionären Prozeß des Zusammenwachsens der

150 Die grundlegende Bedeutung des Begriffes Konvergenz stammt aus den Bereichen der Mathematik und Medizin. Konvergenz bedeutet demnach Annäherung, Zusammenlaufen, Streben nach demselben Ziel, Übereinstimmung.

ursprünglich weitgehend unabhängig operierenden Industrien Medien, Telekommunikation und Informationstechnologie. Der Begriff kennzeichnet sowohl die Annäherungen der Technologien als auch die Verbindung der Wertschöpfungsketten sowie das Zusammenwachsen der Märkte insgesamt.

Konvergenz ist das Zusammenwachsen der Medien-, Telekommunikations- und IT-Märkte

Bereits in dem Stadium vor der Konvergenz gab es zwischen diesen drei Industrien Berührungspunkte. Beispielsweise entstammen dem Bereich der Informationstechnik zahlreiche Technologien, die in den Telekommunikations- und Mediensektoren zur Verwendung kamen und die dortigen Produktionsabläufe vereinfacht, beschleunigt, erweitert oder sogar erst ermöglicht haben (Informationstechnik als „enabling technology"). Allerdings sind die Entwicklungen der letzten Jahre weit über solche gegenseitigen Ergänzungen hinausgegangen. Die Triebkräfte der Konvergenz liegen in vier Bereichen: Technologie, Ordnungspolitik, Nachfrager und Wettbewerber.

Digitalisierung als technologische Triebfeder der Konvergenz

Die technologische Basis, die die Annäherung der drei Bereiche Medien, Informationstechnologie und Telekommunikation vorangetrieben hat, ist die Digitalisierung. Über die einheitliche Verwendung der digitalen Technologie wurde eine Verbindung der drei Bereiche zu einem für den Nachfrager interessanten diensteintegrierenden Medien- und Kommunikations-Sektor erreicht. Dabei wurden im IT-Sektor Daten schon immer digital erstellt, verarbeitet und übertragen.

Im Bereich der Telekommunikation wurden die Netze nach und nach auf digitale Technik umgerüstet. Eine Übertragung digitaler Daten aus dem IT-Bereich über Telekommunikationsnetze folgte bislang einem komplexen Prozeß. Die digitalen Daten wurden zunächst durch Modems in analoge übersetzt, anschließend mit Hilfe der analogen Telefonnetze übertragen, um sie schließlich wieder mit Hilfe von Modems in digitale vom Computer verarbeitbare Daten zurückzuübersetzen. Dieses Zusammenspiel von Informationstechnologie und Telekommunikation ist nun erheblich vereinfacht.

Auch im Bereich der Medien hält die Digitalisierung Einzug. Neben den Printmedien, die durch „Desk Top Publishing" (DTP) ohnehin bereits zum großen Teil digital erstellt werden, ist auch das digitale Fernsehen auf dem Vormarsch. Der große Vorteil, den die Digitalisierung für das Fernsehen bietet, liegt in der Möglichkeit, Inhalte zu komprimieren. Mit einer Kompressionsrate, die zumeist bei eins zu zehn liegt, lassen sich die bestehenden Känale sehr viel effizienter zur Übertragung von Inhalten nutzen. Die Digitalisierung trägt also nicht nur zu einer rasanten Entwicklung des Medien- und Kommunikations-Marktes bei, sie ist vielmehr die Grundvoraussetzung für das Zusammenwachsen der Bereiche.

Doch die Digitalisierung stellt nur die Basis für die Konvergenz dar. Im Telekommunikationssektor wird die Annäherung der Industrien weiterhin durch technologische Aufrüstungen der Netze verstärkt. Diese betreffen insbesondere Leistungsverbesserungen in der Übertragungskapazität, die Rückkanalfähigkeit einiger Netze sowie den Einbau intelligenter Netzstrukturen. Im IT-Sektor werden die Konvergenzentwicklungen durch weitere Kapazitätssteigerungen in der Rechen- und Speicherleistung angetrieben.

Deregulierung bislang monopolistischer Märkte forciert den Wettbewerb über Marktgrenzen hinweg

Neben diesen technologischen Triebkräften wird die Konvergenz im Bereich der Ordnungspolitik durch die Deregulierung unterstützt, die in vielen Märkten zu neuem Wettbewerb geführt hat. Diese Entwicklung hat Auswirkungen auf Wettbewerber und Nachfrager. Mit den neuen Wettbewerbern entsteht in liberalisierten Märkten ein Kreativitätspotential, das die Entwicklung von Innovationen und verbesserten Diensten beschleunigt. Andererseits wird die Nachfrage nach integrierten Diensten und multimedialen Leistungen durch ein Sinken der Preise für Medien- und Kommunikations-Leistungen gefördert.

Konvergenzprozeß

Die Ausgangssituation des Konvergenzprozesses ist durch drei Märkte charakterisiert, die grundsätzlich getrennt voneinander durch wertschöpfende Aktivitäten verschiedene Nachfragerbedürfnisse befriedigten. In den vergangenen Jahren sind zunehmend strukturelle Koppelungen zwischen den Wertschöpfungsketten des Medien-, Telekommunikations- und IT-Sektors aufgetreten. So ist offensichtlich, daß die IT-Nachfrage zu einem wesentlichen Teil durch Telekommunikationsanwendungen als auch Medieninhalte vorangetrieben wird, die über IT-Endgeräte und -Plattformen genutzt werden können.

Die strukturelle Koppelung zwischen den beteiligten Wertschöpfungsketten läßt sich graphisch wie folgt veranschaulichen:[151]

151 In der folgenden Darstellung liegt den drei Wertschöpfungsketten eine unterschiedliche Betrachtungsweise zugrunde. So weist die IT-Wertschöpfungskette eine produktionswirtschaftliche Struktur auf, da in diesem Markt die Herstellung und Vermarktung von Produkten im Vordergrund steht. Demgegenüber sind die Wertschöpfungsketten des Medien- und des Telekommunikationssektors auf die Erbringung der jeweiligen Leistung ausgerichtet.

Strukturelle Koppelung der Medien-, Telekommunikations- und IT-Märkte ist Ausgangspunkt

Abbildung 3.46: Ausgangssituation der Konvergenz dreier getrennter Wertschöpfungsketten

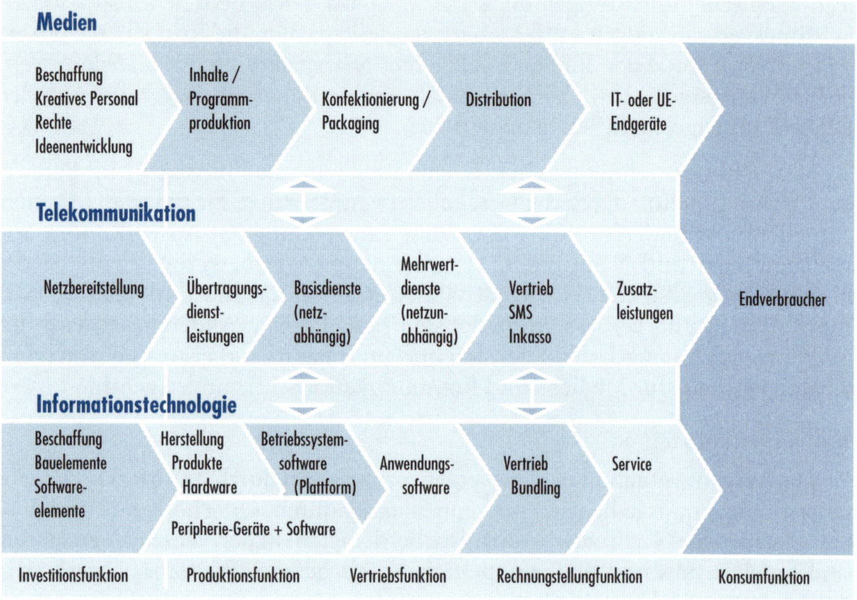

Telekommunikation und IT-Verschmelzung als erste Stufe des Konvergenzprozesses

Die oben genannten Veränderungen in den Rahmenbedingungen der drei Märkte – insbesondere die Digitalisierung – haben die strukturellen Koppelungen zwischen den drei Wertschöpfungsketten verstärkt und dafür gesorgt, daß alle drei Märkte zunehmend gemeinsam dieselben Konsumentenbedürfnisse ansprechen. Somit wurde ein evolutionärer Konvergenzprozeß in Gang gesetzt, der die Märkte des Medien-, Telekommunikations- und IT-Sektors zusammenführt. Bei diesem Konvergenzprozeß sind zwei Stufen zu unterscheiden.

Die erste Stufe der Konvergenz stellt die Fusion der Wertschöpfung zwischen dem Telekommunikations- und dem IT-Sektor dar. Seit Mitte der sechziger Jahre existieren Netzwerke von Großrechnern und Minicomputern, auf die von dezentralen Terminals von überall her zugegriffen werden kann. In der Folgezeit wurden vor allem von Unternehmen Telekommunikations-Verbindungen zwischen den einzelnen Rechnern zur Datenfernübertragung (DFÜ) und später für Electronic Data Interchange (EDI) genutzt.

Die zunehmende Vernetzung bislang getrennter Computer-Netzwerke (LANs) fand vor allem durch die seit 1993 stattfindende exponentielle Ausbreitung des Internet statt. Immer mehr Unternehmen schlossen bereits vorhandene Unternehmens-Netzwerke mit zum Teil beträchtlichem Umfang (zum Beispiel IBM) an das Internet an und sorgten so wiederum für ein rapides Wachstum. Die Folge ist eine zunehmende Verschmelzung der Wertschöpfungsketten des

Quelle

Abbildung 3.46: ECC 1998

Telekommunikations- und IT-Sektors. In Internet-Märkten sind beide nicht mehr voneinander zu trennen.

Die zweite Stufe der Konvergenz findet gegenwärtig statt. Dabei sind die Wertschöpfungsketten aus den Sektoren Medien, Telekommunikation und Informationstechnologie von einer zunehmenden Annäherung geprägt. Insbesondere zwei Trends zeigen die Auswirkungen dieser Annäherung.

Ohne Inhalte bleibt die Infrastruktur wertlos: der Mediensektor ist ein zentraler Player

* Die Übertragung medialer Inhalte ist nicht mehr eine Domäne der Broadcast-Netze[152] (Kabel-, Satelliten- und terrestrische Netze), sondern auch klassische Telekommunikationsnetze (Telefon- und Computernetze) rücken zur Verbreitung der Inhalte zunehmend in den Vordergrund. Umgekehrt gewinnen die Broadcast-Netze ebenso an Bedeutung zur Abwicklung von Kommunikationsleistungen. Netzbetreiber, die bislang auf unterschiedlichen Märkten handelten, werden so zu Konkurrenten.
* Neue Konkurrenzverhältnisse treten ebenfalls im Bereich der Empfangsgeräte auf. Endgeräte aus allen drei Bereichen (Fernseher, Telefone, Computer) können zum Empfang beziehungsweise zur Nutzung der verschiedenen Informations-, Unterhaltungs- und Kommunikationsleistungen genutzt werden (Beispiele: Internet via TV, Fernsehen über den PC).

Der zweistufige Konvergenzprozeß ist in folgender Abbildung nochmals zusammenfassend dargestellt.

Abbildung 3.47: Zwei Stufen der Konvergenz

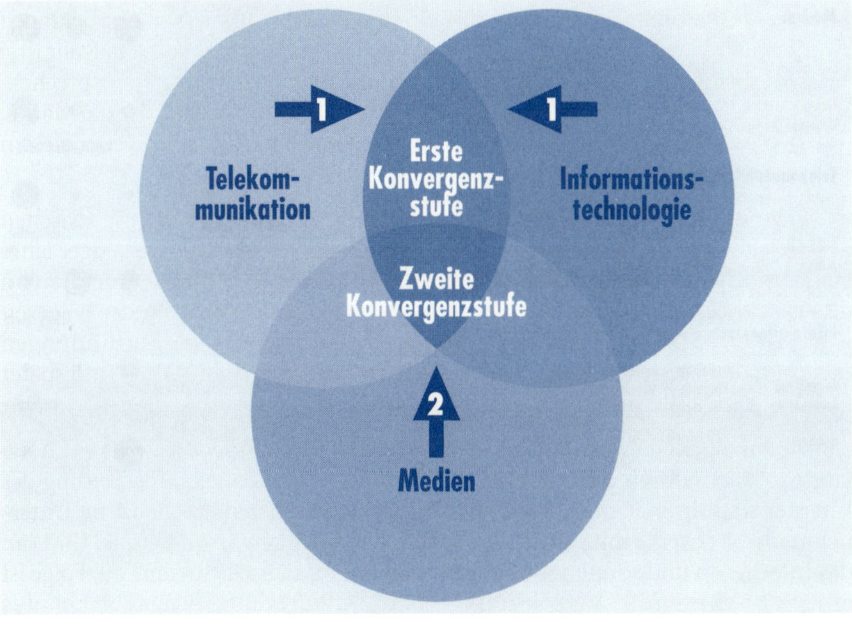

152 Broadcast-Netze sind Netze, die der Massenkommunikation im Medien-Sektor dienen. Sie ermöglichen grundsätzlich die Übertragung nur in eine Richtung, von den sogenannten Kopfstationen zu den angeschlossenen Teilnehmern, sind aber über technologische Aufrüstungen auch rückkanalfähig.

Quelle

Abbildung 3.47: ECC 1998, in Anlehnung an Adstead/McGarvey 1997, S.10

Ergebnis dieses zweistufigen Konvergenzprozesses ist eine ständige Bedeutungszunahme der Überschneidungsbereiche, die schließlich die bestehenden Systemgrenzen zwischen den Medien- und Kommunikations-Sektoren auflösen. So entwickeln sich neue Konkurrenzverhältnisse zwischen Technologien, Anbietern und Diensten der drei verschiedenen Sektoren. Darüber hinaus entsteht weiterhin ein gemeinsamer Markt, der die Medien-, Telekommunikations- und IT-Angebote zusammenfaßt und die ehemals getrennten Marktbereiche vereint. Der gemeinsame Markt, der die integrierte Erstellung von Medien-, Telekommunikations- und IT-Leistungen beinhaltet, umfaßt die Wertschöpfungsbereiche Inhalte, Packaging, Übertragung, Navigation[153], Zusatzleistungen und Endgeräte.

Aus den drei Sektoren entsteht eine neue Multimedia-Wertschöpfungsstruktur

Die nachfolgende Abbildung stellt diesen Verbindungsprozeß dar und zeigt, wie aus drei separaten vertikalen Wertschöpfungsketten sechs horizontale Marktbereiche entstehen. Dabei ist durch die Größe der Kreise auch die jeweilige Bedeutung der drei Sektoren für die Marktbereiche des konvergenten Medien- und Kommunikations-Marktes abgebildet.

Abbildung 3.48: Die Entstehung des Multimedia-Marktes aus den drei Medien- und Kommunikations-Sektoren

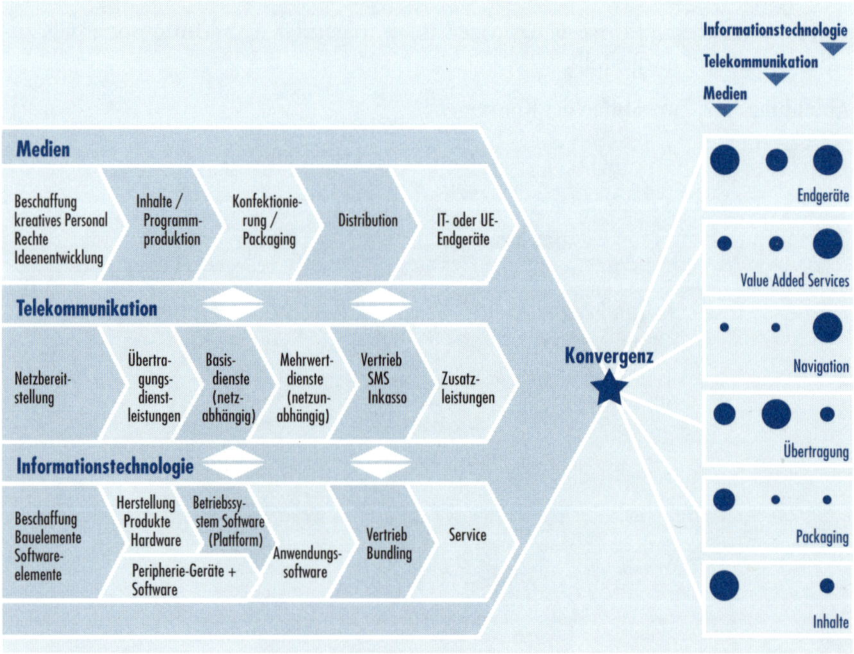

153 Navigation bedeutet als Wertschöpfungsbereich die Manipulation der Infrastruktur, d.h. Hardware- und Softwarekomponenten, die die Orientierung und Steuerung auf der Infrastruktur ermöglichen und verbessern. Dazu zählen insbesondere Betriebssysteme, Browser und intelligente Agenten.

Quelle

Abbildung 3.48: ECC 1998, in Anlehnung an Collis/Bane/Bradley 1997, S.3

Somit zeigt sich, daß mit dem Zusammenwachsen der drei Sektoren grundlegende Veränderungen für die Medien-, Telekommunikations- und IT-Industrie einhergehen. Zudem geht die Bedeutung der Veränderungen über diese Märkte hinaus und hat ökonomische Konsequenzen für viele Bereiche der Wirtschaft und Gesellschaft. Diese Veränderungen bergen Potentiale, die bereits partiell von anderen Wirtschaftsbereichen wie Finanzdienstleistungen, Handel und Touristik genutzt werden.

Herausbildung eines elektronischen Marktplatzes mit neuen Strukturen: die Internet-Ökonomie

Die ökonomischen Veränderungen machen also nicht an den Grenzen des neuen Medien- und Kommunikations-Marktes halt. Kommunikationsinfrastrukturen, -dienstleistungen und überall erhältliche Informationsverfügbarkeit erzeugen für alle anderen Wirtschaftsbranchen und deren Akteure einen Anpassungsbedarf für weitgehende strukturelle Koppelungen. Mit dem virtuellen Marktplatz entsteht eine zweite, ergänzende Marktebene. Die Konvergenz der Medien-, Telekommunikations- und IT-Industrie ist somit die Voraussetzung für die Bildung eines Marktplatzes, der neue ökonomische Strukturen herbeiführt: der Internet-Ökonomie.

ECC
EUROPEAN COMMUNICATION COUNCIL

Kapitel 4

Entstehung der Internet-Ökonomie

Beginn einer neuen Zeitrechnung: Internetjahre sind siebenmal so schnell wie ein normales Jahr!

Die gegenwärtigen Veränderungen senden Schockwellen durch die Medien- und Kommunikations-Märkte und rufen bei allen Marktteilnehmern große Unsicherheiten hervor. Aufgrund der hohen Dynamik des Marktgeschehens spricht man bereits von einer neuen Zeitrechnung – ein Internetjahr verläuft siebenmal so schnell wie ein normales Jahr – und altbekannte Strategiemodelle verlieren immer mehr an Gültigkeit. So verkündete der Chief Operating Officer von Yahoo im Juni 1998, daß der maximale Zeitvorsprung, den ein Unternehmen durch eine neue Technologie erlangen kann, auf mittlerweile 60 Tage gesunken ist. Eines ist also sicher: „The times, they are a changing".

Fortschreitende Vernetzung aller Infrastrukturen

Häufig werden diese Veränderungen mit dem Übergang von der Industrie- zur Informationsgesellschaft erklärt. Als wichtigste Belege werden die Digitalisierung, die steigende Bedeutung des „Rohstoffes" Information und die Konvergenz der drei Industrien Medien, Telekommunikation und Informationstechnologie herangezogen. Diese Erklärungsansätze beschreiben jedoch nur einen Teil des Phänomens. Denn die zu beobachtende Transformation ist weitreichender. Aufgrund der Leistungsexplosion der Informations- und Kommunikationstechniken und dominierender Internet-Software-Standards kommt es zu einer fortschreitenden Vernetzung von Infrastrukturen innerhalb und außerhalb der Medien- und Kommunikations-Sektoren.

Beispielsweise können schon heute Telefon- und Bürokommunikations-Netze, Voice-Mail-Systeme, drahtlose Netze wie der Mobilfunk, Personal Digital Assistants (PDA's) wie der PalmPilot, Set-Top-Boxen wie die d-box, Fernsehgeräte, Radioempfänger und sonstige Objekte, zum Beispiel Straßen-, Wasser-, Schienen- und Luftfahrzeuge oder gar Kühlschränke kommunikationstechnisch miteinander vernetzt werden. Zudem existieren weltumspannende Satelliten-, Funk-, Leitungs- und Kabelnetze sowie logische Netze und Dienste der Verknüpfung und Verständigung, die einen fallweisen oder ständigen Verbindungsaufbau ermöglichen. Die Folge ist eine grenzenlose Orts- und Zeitunabhängigkeit beim Abruf von Informationen.[154]

Ergebnis dieser Entwicklungen ist die Internet-Ökonomie.[155] Dies bedeutet, daß sich die Netzwerken innewohnenden Gesetzmäßigkeiten im Zuge einer zunehmenden Vernetzung immer weiter ausbreiten. Der damit einhergehende Paradigmenwechsel von Atomen zu Bits[156] ist bislang nur punktuell zu beo-

154 vgl. Picot 1998b, S.3ff.
155 Analog zum Begriff Internet-Ökonomie wird auch der Begriff „Neue Netzwerk-Ökonomie" verwendet. Insbesondere in den USA bezeichnet man die Internetentwicklung als „Network-Economy"
156 vgl. Negroponte 1995, S. 11ff.; Kelly 1998, S. 7

bachten. Vom rasanten Niedergang des jahrhundertalten Nachschlagewerks „Encyclopaedia Britannica" über die kostenlose Weitergabe des Netscape Navigator bis hin zur kompletten Verlagerung der Geschäftstätigkeit in das Internet von CISCO, einem Anbieter von Netzwerk-Lösungen: Erst die „Blickrichtung" einer Internet-Ökonomie offenbart die Zusammenhänge und macht sie einer weiteren Analyse zugänglich.

Am Ende dieses Änderungsprozesses wird eine Wirtschaftsstruktur mit neuen Abläufen stehen, die mit der heutigen Realität wenig gemein hat. Die bereits beginnende Transformation hat inzwischen die Aufmerksamkeit der Industrie geweckt: 1995 sprachen nur wenige Unternehmen über E-Commerce. Heute gibt es nur wenige Unternehmen, die nicht darüber sprechen.

Trotz radikaler Konsequenzen herrscht die sprichwörtliche Ruhe vor dem Sturm

Nachfolgend soll die neue Internet-Ökonomie eingehend analysiert werden. Zuerst werden die wichtigsten Einflußfaktoren identifiziert, die zum Entstehen der Internet-Ökonomie geführt haben. In einem zweiten Schritt werden die ökonomischen Folgen dargestellt. Hervorzuheben an der gegenwärtigen Situation ist die sprichwörtliche Ruhe vor dem Sturm: denn obwohl die Konsequenzen radikal sind, machen sie sich nur schleichend bemerkbar …

4.1 Wichtige Einflußfaktoren der Entwicklung

Entstehung der Internet-Ökonomie ist von Zufälligkeiten und ungeplanten Ereignissen geprägt

Bemerkenswert ist, daß die verschiedenen Faktoren, die das Entstehen der Internet-Ökonomie beeinflußt haben, keinen systematischen Ursache-Wirkungs-Zusammenhang aufweisen. Vielmehr ist der Entstehungsverlauf der Internet-Ökonomie in hohem Maße von Zufälligkeiten und ungeplanten Ereignissen geprägt.

Ausgangspunkt der Analyse ist die Rolle von Informationen in Wirtschaftsabläufen. Anhand einer theoretischen und empirischen Beschreibung wird die Bedeutung für die Entwicklung einer Volkswirtschaft aufgezeigt. Eng verbunden hiermit ist die Leistungssteigerung der Informations- und Kommunikationstechniken, die wesentlich auf der Digitaltechnologie basiert. Damit konnten einerseits die Leistungsgrenzen von Unternehmen und Volkswirtschaften erheblich ausgedehnt werden. Andererseits breitete sich der Einsatzbereich der Mikroelektronik durch die kontinuierliche Miniaturisierung und Standardisierung von Informations- und Kommunikations-Komponenten in nahezu alle Bereiche der Industrie aus. Durch diese Entwicklungen wird das vorhandene Technologiepotential effektiv und effizient ausgenutzt, so daß eine erhebliche Transformation der wirtschaftlichen Aktivitäten in fast allen industrialisierten Volkswirtschaften zu beobachten ist.

Jedoch erst die Verbindung dieser technologischen Leistungssteigerungen mit der Wachstumsexplosion des Internet, das bis Anfang der neunziger Jahre relativ isoliert von den sonstigen Entwicklungen voranschritt, führte zu der Initial-

„Die wertvollste Ware, die ich kenne, ist die Information."
Gordon Gekko in dem Film „Wall Street"

zündung der Internet-Ökonomie. Das Jahr 1993, die Einführung des ersten kommerziellen Internet-Browsers, markiert dabei den vorläufigen Endpunkt einer Entwicklung, die der Vorbereitung und Entstehung der Internet-Ökonomie zuzurechnen ist. Die Folge dieser Entwicklung ist die Entstehung eines neuen elektronischen Marktplatzes, dessen wichtigste Währung die Information ist. Die darauf angebotenen Leistungen reichen von Medien- und Telekommunikationsleistungen bis hin zu allen denkbaren Formen des E-Commerce.

Technologische Leistungsexplosion, Bedeutungszunahme von Informationen und die Entwicklung des ersten WWW-Browsers fallen 1993 zusammen

4.1.1 Zentrale Rolle von Informationen auf Märkten

Ein Blick auf das Geschehen an den Börsen zeigt, welch hohe Bedeutung Informationen[157] in Wirtschaftsabläufen besitzen. Nachfolgend soll deshalb in zwei Schritten gezeigt werden, welche Rolle Informationen in einer Internet-Ökonomie spielen. Zuerst wird anhand einer kurzen theoretischen Analyse gezeigt, daß Informationen und Wissen als integraler Bestandteil von Marktprozessen in einer Volkswirtschaft fungieren. Zweitens wird eine der sichtbarsten Entwicklungen für den Übergang in eine Internet-Ökonomie beschrieben: die rapide Bedeutungszunahme von Informationen.

Märkte als prozeßhaftes Geschehen leben vom Informationsaustausch der Akteure

Märkte sind ökonomische Orte, auf denen Angebot und Nachfrage zusammentreffen.[158] In Abgrenzung zur neoklassischen Mikroökonomie, die die kostenlose und friktionsfreie Koordination wirtschaftlicher Aktivitäten unterstellt, wird im folgenden der Theorie der *„Österreichischen Schule"* gefolgt: Hierin werden Märkte als prozeßhaftes Geschehen beschrieben. Preise enthalten nicht mehr alle Informationen und führen zu einer hohen Unsicherheit des Marktprozesses und der darauf ablaufenden Transaktionen. Da jedoch in der Realität Transaktionen stattfinden, müssen Formen existieren, durch die diese Entscheidungsunsicherheiten reduziert werden können. Generell gelingt dies durch die Aufnahme von wirtschaftlich relevantem Wissen über gehandelte Leistungen und Transaktionspartner. Die Zeit wird dabei zum ökonomischen Faktor, da ein Vorsprung durch Informationen – wie die frühzeitige Analyse neuer Kundenwünsche oder das Erkennen von technologischen Innovationen – der einzige Garant ist, Wettbewerbsvorteile zu erlangen. Folgerichtig hat Wissen zentrale Bedeutung für alle Marktteilnehmer. Ein Markt ist deshalb nicht nur ein ökonomischer Ort des Angebotes und der Nachfrage, sondern auch und vor allem eine Abfolge von Wissensveränderungen.[159]

Diese theoretische Betrachtung zeigt sich auch in der Realität von Volkswirtschaften. Die ungleiche Informationsverteilung zwischen den Marktteilnehmern verursacht einen hohen Koordinationsaufwand zur Durchführung von Transaktionen. Diese Aktivitäten umfassen in der Regel die Vereinbarung, Abwicklung, Kontrolle und Anpassung einer Transaktion und verursachen Kosten der Information und Kommunikation, sogenannte Transaktionskosten. Aufgrund der stark vorangeschrittenen Arbeitsteilung, die erhöhten Koordinationsaufwand

157 Informationen werden als zweckorientiertes Wissen verstanden. In Abgrenzung hierzu lassen sich Wissen und Daten definieren. Ausgangspunkt der Betrachtung sind die Zustände der Wirklichkeit, deren Abbildung Daten generiert. Die Speicherung dieser Daten führt zu Wissen. Letzlich enstehen durch den zweckgerichtete Einsatz von Wissen Informationen. vgl. Jacob 1995, S. 82

158 vgl. zum folgenden Picot/Reichwald/Wigand 1998, S. 19ff.

159 vgl. Kirzner 1973

bedeutet, machen Transaktionskosten einen wesentlichen Bestandteil des Bruttosozialproduktes von Volkswirtschaften aus. Folgerichtig kann man die Bedeutung von Informationen in einer Volkswirtschaft durch den Transaktionskostenanteil am Volkseinkommen ausdrücken. Laut einer US-amerikanischen Untersuchung stieg der Anteil der inner- und zwischenbetrieblichen Transaktionskosten am Bruttosozialprodukt der USA von 25 Prozent im Jahre 1870 auf 55 Prozent im Jahre 1970 und wird mittlerweile auf über 60 Prozent geschätzt.[160] Dies zeigt, daß ein großer Teil des Volkseinkommens für Information und Kommunikation aufgewendet wird.

Bedeutung von Informationen in einer Volkswirtschaft ist durch Anteil der Transaktionskosten am Volkseinkommen darstellbar

Ein weiterer Indikator für die steigende Bedeutung von Informationen ist die zunehmende Verbreitung von Medien- und Informationsprodukten. So gehören beispielsweise Medien, Software, Beratung, Datenbanken und Finanzdienstleistungen zu stark wachsenden Märkten. Alle diese Produkte sind dadurch gekennzeichnet, daß sie selbst sehr informationsintensiv sind und in sehr informationsintensiven Leistungsprozessen erstellt werden[161]: *„Instead of pushing atoms they push bits around."*[162]

Die Bedeutung des „Rohstoffes" Information ist also, wie beschrieben, in den letzten Jahrzehnten kontinuierlich angestiegen. Die gegenwärtige Dynamik, die seit einigen Jahren zu beobachten ist, geht jedoch darüber hinaus: Informationen erlangen einen zentralen Stellenwert in einer Entwicklung, die vielfach als Revolution beschrieben wird. Die Gründe, warum die Bearbeitung, Verarbeitung und Übertragung von Informationen schneller, billiger und effizienter als jemals zuvor ist, liegen in der Leistungsexplosion der Informations- und Kommunikationstechnik und werden nachfolgend erläutert.

„Pushing Bits": Informationsintensive Leistungen und Informationsprodukte nehmen ständig an Bedeutung zu

4.1.2 Leistungsexplosion der Informations- und Kommunikationstechniken

Technologien sind ein wichtiger Antriebsfaktor für die Entwicklung von Volkswirtschaften. Dies zeigt sich besonders offensichtlich, wenn Basisinnovationen wie die Dampfmaschine im 18. Jahrhundert oder die Elektrizität im 19. Jahrhundert zur Entstehung von gänzlich neuen Industrien führen. Ein Beispiel aus dem Bereich der Informations- und Kommunikationstechniken sind Telegraph und Telefon, die im 19. Jahrhundert eine radikale Veränderung der Wertschöpfungsstrukturen ermöglichten. Als Folge entstanden völlig neuartige Handelsinstitutionen und Großunternehmensstrukturen wie Warenterminbörsen oder distanzüberbrückende Systeme der Massenproduktion.[163]

Auch der gegenwärtige Übergang in eine Internet-Ökonomie ist zu einem großen Teil durch Informations- und Kommunikationstechniken angestoßen worden. Der grundlegende Unterschied zu den bereits erwähnten Technologien wie der Elektrizität oder der Dampfmaschine ist die Geschwindigkeit, mit der die Innovationen der Informations- und Kommunikationstechnik sich weltweit aus-

160 vgl. Wallis/North 1986, S. 121
161 vgl. Picot 1998a, S. 2
162 vgl. Kelly 1998, S. 7
163 vgl. Chandler 1977

Informations- und Kommunikationstechniken verändern wie schon zuvor Elektrizität und Dampfmaschine die Wirtschaft grundlegend

breiten und die Transformation der Wirtschaftsabläufe vorantreiben. Die wichtigsten Merkmale dieser technologischen „Flutwelle“ sind vor allem folgende:

* Digitalisierung
* Leistungssteigerung im Preis-Leistungsverhältnis
* Miniaturisierung
* Standardisierung

Die Technologie, die all diese Veränderung ermöglicht hat, ist die Digitalisierung.[164] Die Verwandlung von Informationen in digitale Einheiten, sogenannte Bits (ausgedrückt durch 0 und 1) führt dazu, daß Informationen von Prozessoren be- und verarbeitet werden. Zudem können Informationen auf Netzwerken transportiert werden, wobei die Kosten unabhängig von der Entfernung des zurückgelegten Informationsweges sind. Die Konsequenzen des Wechsels von physischen Atomen zu digitalen Bits sind radikal:

Digitalisierung treibt den Wechsel von Atomen zu Bits immer schneller voran

> *„Bits haben kein Gewicht und bewegen sich mit Lichtgeschwindigkeit. Die Grenzkosten für die Produktion weiterer Bits sind gleich null. Man benötigt keine Lagerhallen für Bits. Man kann sie verkaufen und gleichzeitig behalten. Das Original und die Kopie sind nicht voneinander zu unterscheiden. Sie halten sich nicht an Zoll- oder andere Grenzen. Regierungen können nicht feststellen, wo sie sich gerade befinden. Regulierungsinstanzen können keine angemessene Rechtsprechung durchsetzen. Der Marktplatz von Bits ist global.“*[165]

Die Digitalisierung ist die Keimzelle für diese tiefgreifenden Veränderungen. Darüber hinaus sind jedoch technische Leistungssteigerungen zu beobachten, die sich durch Moore's Law ausdrücken lassen. Es beschreibt ein exponentielles Wachstum der Rechenkapazitäten von Computern, die sich in regelmäßigen Zeitabständen von 18 Monaten verdoppeln.[166] Die so entstehenden Leistungssteigerungen bei gleichzeitigem Preisverfall haben im Bereich der Informations- und Kommunikationstechniken zu einem fortlaufend verbesserten Preis-Leistungs-Verhältnis geführt.

Hohe Leistungsfähigkeit: ein PC von 1998 hätte die gesamte Apollo-Mission steuern können

Durch die kostengünstige Verfügbarkeit von Rechenleistung kam es zu einer Verbreiterung des Anwendungsbereiches der Mikroelektronik, die in allen Industrien spürbar ist – mit bemerkenswerten Ergebnissen. So ist in einem Mobilfunktelefon von 1998 mehr Rechnerleistung vorhanden als in den NASA-Rechnern, die bei der nicht einmal 30 Jahre zurückliegenden Mondlandung verwandt wurden. Mit einem normalen PC von 1998 wäre man in der Lage gewesen, die gesamte Apollo-Mission zu steuern. Rechen- und Übertragungskapazität wird somit zu einer überall preiswert verfügbaren Ware.[167] Dies macht sich unter anderem darin bemerkbar, daß billige Mikroprozessoren mittlerweile in fast allen komplexeren Gebrauchsgütern vorhanden sind und zunehmend auch in einfachen Gebrauchsgütern wie zum Beispiel Kinderspielzeugen Einzug halten.

164 Wie bereits in Punkt 3.4 beschrieben wurde, hat die zunehmende Verwendung der digitalen Technologie die Konvergenz der drei MuK-Sektoren ermöglicht.
165 vgl. Negroponte in Downes/Mui 1998, S. X
166 vgl. Abschnitt 3.3.1
167 vgl. Picot 1998b, S. 9

Ein weiterer Einflußfaktor ist die Miniaturisierung von fast allen Komponenten der Informations- und Kommunikationstechniken. Die treibende Kraft dieser Miniaturisierung ist die zunehmende Integrationsdichte von Mikroprozessoren, das heißt eine steigende Anzahl von Bauteilen auf einem Chip. Anhand der Entwicklung des Intel-Prozessors lassen sich die Auswirkungen aufzeigen. Der erste Mikroprozessor 4004 von Intel im Jahr 1971 enthielt 2.300 Transistoren, während der 1997 eingeführte Pentium II Prozessor rund 7,5 Millionen Transistoren Platz bietet.[168] Damit konnte die Zahl der Transistoren auf einem Chip innerhalb von 26 Jahren um den Faktor 3.260 erhöht werden. Als Folge dieser Miniaturisierung der Informations- und Kommunikationskomponenten ist eine kontinuierliche Reduktion des Material- und Energieeinsatzes zu beobachten. Dadurch entstehen räumlich-organisatorische Einsatzmöglichkeiten, die eine nahezu beliebige Portier- und Implementierbarkeit von Informations- und Kommunikationsleistungen zur Folge hat.

Zahl der Transistoren auf einem Chip steigt von Anfang der 70er Jahre bis Ende der 90er Jahre um den Faktor 3260

Eine der wichtigsten Voraussetzungen zur Realisierung dieser Informations- und Kommunikationspotentiale ist die Standardisierung. Wie bereits anhand der PC-Industrie beschrieben wurde,[169] ermöglicht die Standardisierung selbst in Industrien mit einer stark fragmentierten Wertschöpfung einen hohen Grad an Kombinationsmöglichkeiten, die sowohl den verschiedensten Anbietern als auch Konsumenten zugute kommen.

Für Unternehmen ist insbesondere wichtig, daß die Standardisierung für alle Beteiligten die Kompatibilität von Teilsystemen sicherstellt, den Lernaufwand rationalisiert und vor allem Planungssicherheit für weitere Investitionen gibt. Dabei handelt es sich überwiegend um sogenannte De-facto-Standards, die sich als Ergebnis von marktlichen Ausleseprozessen wie im Falle des PC-Betriebssystems oder teilweise auch in Verbandsaktivitäten oder Kooperationen wie dem GSM-Standard in der Mobilkommunikation durchsetzten. Manche wichtigen Standards entstehen emergent, gleichsam ungeplant, und setzen sich aufgrund ihrer praktischen Überlegenheit weltweit durch, ohne daß dies von vorneherein einkalkuliert wurde.

Standardisierung ist Voraussetzung für reibungsloses Zusammenspiel aller Komponenten

Die skizzierten Leistungssteigerungen der Informations- und Kommunikationstechnologien sind eine der fundamentalen Voraussetzungen für das Entstehen der Internet-Ökonomie. Jedoch erhielt das Technologiepotential die revolutionäre Hebelwirkung erst durch ein Ereignis im Jahre 1993, das niemand auf der strategischen „Landkarte“ hatte: das Phänomen des Internet.

168 vgl. Madden 1998a, S. 64
169 vgl. Abschnitt 3.3.1

4.1.3 Ursachen der Internetrevolution

Das Schattendasein des Internet…

Das Internet ist im Jahr 1969 aus einem militärischen Forschungsprojekt der US-Regierung – Advanced Research Projects Agency (ARPA) – entstanden.[170] Bis Anfang der achtziger Jahre wurde das Internet hauptsächlich für akademische Zwecke genutzt und fristete ein „Schattendasein". Erst durch den Aufbau eines Backbone-Netzes (NSFNET) zwischen 1983 und 1986 konnte auf Basis der einheitlichen Vermittlungsprotokolle TCP/IP ein Großteil der nordamerikanischen Universitäten miteinander vernetzt werden, so daß es zu einem deutlichen Anstieg der Nutzerzahlen kam.

… wird durch den Browser Mosaic schlagartig aufgehoben: 1993 ist das Geburtsjahr der Internet-Ökonomie

Der weltweite Rechnerverbund diente lange Zeit nur der Kommunikation zwischen akademischen Institutionen wie Universitäten und sonstigen Forschungseinrichtungen. Erst durch die Entwicklung der grafischen Benutzeroberfläche des WWW und des Software-Browsers Mosaic zwischen 1989 und 1993 entstanden De-facto-Standards, die den – für alle überraschenden – Durchbruch für kommerzielle Anwendungen ermöglichten. Das Jahr 1993 ist somit das „Geburtsjahr" der Internet-Ökonomie.

Als Folge wandelte sich das Internet von einem Rechnernetz mit Anwendungen wie Dateitransfers oder Terminalsitzungen zu einem zunehmend diensteintegrierenden Netz mit einer Vielzahl von Multimedia-Anwendungen.[171] Dies verdeutlicht ein Blick auf das Nutzungsaufkommen: Die einfachen, grafisch anspruchslosen Internet-Dienste File Transfer Protocol (FTP), Gopher, Telnet und Usenet dominierten bis 1993, verloren aber nach der Einführung des multimedialen WWW ständig an Bedeutung. Mittlerweile verursacht das WWW weit über die Hälfte des Nutzungsaufkommens. Die elektronische Kommunikation – E-Mail – ist von Beginn an unverändert einer der am häufigsten genutzten Dienste des Internet.[172]

Internet transformiert vom Rechnernetz zur Plattform für Multimedia-Anwendungen

Die aufgrund der höheren Attraktivität des WWW erfolgte Ausweitung der Nutzerzahlen führte wiederum zu einer steigenden Anschlußzahl weiterer Netzwerke. Da das Internet von privaten Nutzern primär für Informationszugriffe in Anspruch genommen wurde, schien es als mögliches neues Massenmedium – und somit als Bedrohung für etablierte Medien. Diese Tatsache bereitet(e) Medienunternehmen viel Kopfzerbrechen, vor allem weil der bisherige Diffusionsverlauf des Internet den der existierenden Massenmedien in zeitlicher Hinsicht deutlich übertrifft. Im Vergleich zum Fernsehen, das 13 Jahre benötigte, oder zum Radio das 38 Jahre brauchte, hat sich das Internet innerhalb von nur fünf Jahren bei mehr als 50 Millionen Nutzern etabliert.

170 vgl. zum Aufbau und der Struktur des Internets auch Kapitel 3.2.3
171 vgl. Rupp 1996, S. 9.
172 vgl. Databank Consulting 1998, S. 14

Abbildung 4.1: Internet-Wachstum schlägt alle anderen Massenmedien

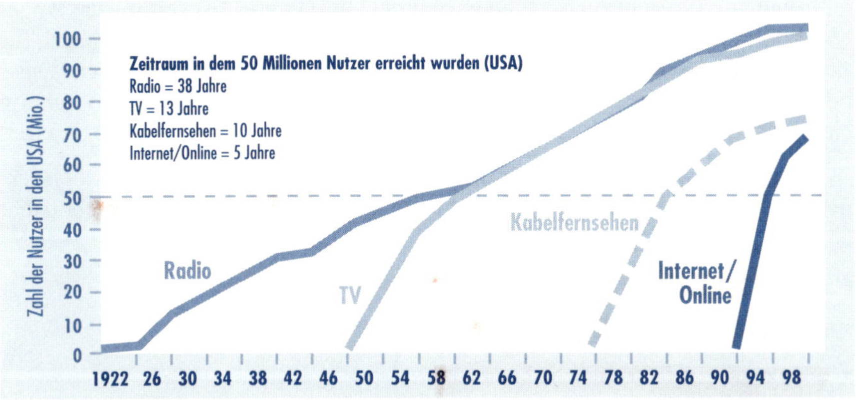

Internet erreicht Durchbruch zum Massenmedium deutlich schneller als Radio, TV und Kabelfernsehen!

In Europa lassen sich ähnliche Tendenzen aufzeigen, obwohl die Diffusion im Vergleich zu den USA insbesondere aufgrund der niedrigeren PC-Haushalts-Penetration und hoher Telefongebühren noch nicht so weit vorangeschritten ist. In Europa verdoppelte sich die Zahl der Internetnutzer von 1995 mit 12,3 auf 23,9 Millionen im Jahr 1997.[173]

Unternehmen reagieren auf explosionsartige Nachfrage von Internet-Leistungen

Diese „Diffusionsexplosion" der Nachfrageseite gilt als Triebkraft für das Wachstum des Internet. Die Reaktion der Angebotsseite spiegelt sich in der Zahl der Hosts wider. Nach der Definition von Network Wizards sind Hosts Computersysteme, die als Domain-Namen mit einer IP-Adresse verbunden sind, wie zum Beispiel www.yahoo.com.[174] Hosts beinhalten Angebote verschiedenster Art – von Informationen über Unterhaltung bis zur Darstellung der Unternehmensleistungen. Das Wachstum der Hosts wird in Grafik 4.2 abgebildet.

Abbildung 4.2: Das Wachstum der Internet-Hosts von Juli 1988 bis Juli 1998

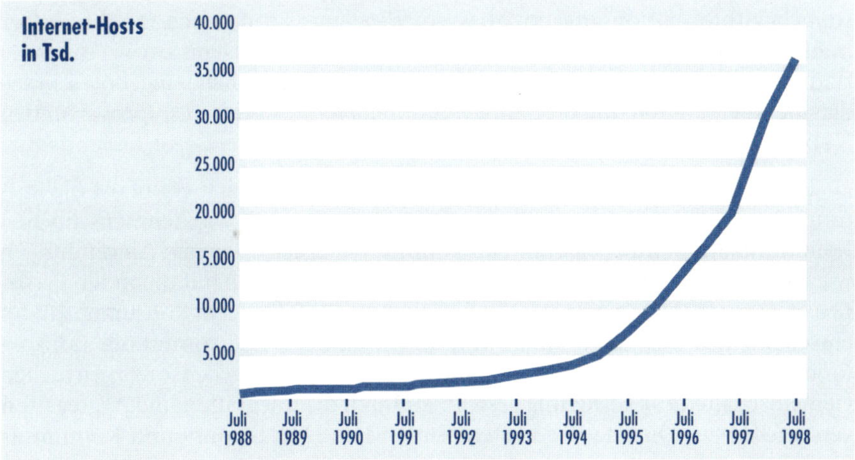

173 vgl. EITO 1998, S. 67
174 vgl. zu dieser Definition Network Wizards unter www.nw.com.

Quelle

Abbildung 4.1: Morgan Stanley Dean Witter 1997, S. 14
Abbildung 4.2: Network Wizards (www.nw.com)

Positive Feedback-Loops zwischen Nachfragern und Anbietern

Die kontinuierlich steigende Nutzerzahl führte dazu, daß immer mehr Anbieter Inhalte im Internet zur Verfügung stellten. Durch diese Ausweitung des Angebots konnten nicht nur bestehende Nutzer gebunden werden, sondern ebenso die Attraktivität des Internet für potentielle Nutzer deutlich erhöht werden. Diese positiven Wechselwirkungen zwischen Anbietern und Nachfragern beruhen auf Netzeffekten und werden als positive Feedback-Loops bezeichnet.[175]

Der Grund für den schnellen Diffusionsverlauf ist der Zusatznutzen des Internetangebotes gegenüber herkömmlichen Angeboten. Der Zusatznutzen entsteht dabei durch vier Faktoren:

* Interaktivität – Individualisierung
* Unmittelbarkeit des Zugriffs
* Senkung von Transaktionskosten
* Multimediale Angebotsformen

Interaktivität ermöglicht individualisierte Massenkommunikation

Die Interaktivität ermöglicht die Individualisierung von Inhalten, die einen großen Zusatznutzen für den Rezipienten bietet. Interaktivität kann von der einfachen Nutzerinteraktion über Steuersignale bis hin zu einer dialogischen Komponente der aktiven Kommunikation reichen. Gerade bei inhaltlichen Angeboten entsteht über die Interaktivität die Möglichkeit einer individualisierten Massenkommunikation. Als Beispiel hierfür können Informationsseiten von Portalen wie Yahoo (www.my.yahoo.com) oder Netcenter (www.my.netscape.com) angeführt werden.

Mass Customization trägt Nutzerbedürfnissen Rechnung: Interaktivität wird nicht übertrieben

Diese sogenannte „Mass-Customization" bietet Vorteile für Anbieter und Nachfrager. Anbieter können durch die Modularisierung der Inhalte relativ kostengünstig individualisierte Informationen mit einem hohen Zusatznutzen anbieten. Nutzer können aus einer vorkonfigurierten Auswahl von Informationsanbietern wie Nachrichtenagenturen und speziellen Content Providern ein persönliches Informationsangebot zusammenstellen. Der dadurch erhöhte Informationswert trägt den Nutzerbedürfnissen Rechnung. Denn im Vergleich zu traditionellen Massenmedien werden individualisierte Inhalte angeboten, ohne daß die Interaktivität und die damit verbundenen Entscheidungsprozesse für den Nutzer zu komplex werden.

Ein weiterer großer Vorteil, der sich aus der Interaktivität ergibt, ist die Stiftung eines Zusatznutzens durch erweiterte Formen der zwischenmenschlichen Kommunikation. Eine Vielzahl von kommunikationsbezogenen Anwendungen wie das „Chatten", das heißt die simultane Kommunikation mit mehreren Personen in themenabhängigen elektronischen Foren, ist für viele Konsumenten ein entscheidender Grund für einen Internetanschluß. Diese kommunikationsbetonten Angebote werden neben Onlinediensten wie AOL ebenso von virtuellen Gemeinschaften zur Verfügung gestellt.[176] Durch die Integration und Aggregation verschiedenster Dienste wie kostenlose E-Mail, Diskussions- und Kommuni-

175 vgl. Kapitel 4.2.1
176 vgl. Hagel III/Armstrong 1997, S. 8f. Die Autoren argumentieren sogar, daß das starke Wachstum von AOL gegenüber seinen frühen Konkurrenten CompuServe, das mittlerweile übernommen wurde, und Prodigy, das mittlerweile eingestellt wurde, hauptsächlich in der frühzeitigen Betonung der Nutzer-Interaktion und Kommunikation lag.

kationsforen und Inhalte „von Mitgliedern für Mitglieder" wird der Versuch unternommen, durch spezifische Kontextbündelung einen virtuellen Anlauf- und Treffpunkt zu schaffen.[177]

Virtuelle Gemeinschaften als zentrales Konzept der Plattformgestaltung

Die Unmittelbarkeit des Zugriffs bedeutet, daß gewünschte Informationen unabhängig von Zeit und Raum in Echtzeit abgerufen werden können. Dadurch besteht bei Internet-Angeboten generell ein hoher Informationswert. Hierfür lassen sich Beispiele wie EDGAR, eine umfangreiche Datenbank über alle börsennotierten Unternehmen der USA (www.sec.gov/edaux), oder ein kontinuierlich aktualisierter Veranstaltungskalender für Berlin (www.berlinOnline.de) anführen. Zudem ist durch die Darstellung der WWW-Informationen in HTML (Hypertext Markup Language) eine dezentrale Hierarchiestruktur vorhanden, die per Hyperlink einen sofortigen Zugriff auf vertiefende oder weiterführende Informationen ermöglicht. Aufgrund der digitalisierten Form der Daten ist eine Bearbeitung, Verarbeitung oder Speicherung der Informationen möglich.

Informationen in Echtzeit zu geringen Transaktionskosten

Die Senkung von Transaktionskosten ist ein weiterer Nutzenvorteil von Internetangeboten. Dabei ist es unerheblich, ob ein deutscher Student für eine halbe Stunde Literatur in der amerikanischen Kongreßbibliothek in Washington recherchiert oder komplexe Bauzeichnungen von Indien nach Hongkong gesendet werden: in der realen Ökonomie würden diese Transaktionen deutlich höhere Kosten verursachen. Insbesondere E-Mail setzte sich aufgrund der preisgünstigen und schnellen Möglichkeit zur weltweiten Kommunikation als erste Anwendung bei einer breiten Masse von Nutzern durch.

Falls es gelingt, die Markttransparenz zu verbessern, läßt sich das vorhandene Potential zur Senkung von Transaktionskosten noch effizienter als bisher nutzen. Die vorhandenen Suchmaschinen wie Yahoo oder Lycos können diese Problematik nur teilweise beheben, da die gefundenen Ergebnisse in den seltensten Fällen sofort den gewünschten Informationen entsprechen. Deshalb wird in Zukunft die Bedeutung von sogenannten „intelligenten Agenten" weiter zunehmen. Dies sind Softwareprogramme mit automatischen Filter- oder Suchfunktionen, die einen hohen Mehrwert für Konsumenten bieten.

Webcasting als multimediale Zukunft des Internet

Die Multimedialität der Angebote bezieht sich auf die Vielzahl der verschiedenen Gestaltungsformen von Audio, Video, Text, Bild und Grafik in Internetangeboten.[178] Bislang ist die Multimedialität von Internetangeboten insbesondere aufgrund der geringen Übertragungskapazitäten für eine fernsehähnliche Wiedergabe von Bewegtbildern nur begrenzt möglich. Dennoch wird die Ausstrahlung von Radio- oder Fernsehsendungen – als sogenanntes Webcasting – schon heute realisiert.

Insgesamt zeigt sich, daß die Internetangebote durch die vier beschriebenen Faktoren einen hohen Zusatznutzen für Konsumenten ermöglichen. Diese Attraktivität erklärt den schnellen Diffusionsverlauf und signalisiert auch weiterhin dynamisches Wachstum. Stellt man die skizzierten Entwicklungen der

177 Beispiele hierfür sind „Community Organizer" wie geocities.com, tripod.com oder angelfire.com.

178 Hierbei ist darauf hinzuweisen, daß der vielstrapazierte Begriff Multimedia nur aus Sicht der Nachrichtentechnik einen Durchbruch darstellt. Denn aus kommunikationswissenschaftlicher Sicht existiert Multimedia bereits seit 1929, als Warner Bros. den ersten Tonfilm zeigte.

Nutzerseite den bereits in Kapitel 4.1.2 beschriebenen Trends der Technologieseite gegenüber, so ergibt sich folgendes Gesamtbild:

Abbildung 4.3: Technology Push und Market Pull im Zusammenspiel

Trends der Nutzerseite und technologische Neuerungen im positiven Wirkungskreislauf

Dieses Zusammenspiel aus technischen Neuerungen (Technology Push) und anwenderseitigen Anforderungen (Market Pull) haben zu einer explosionsartigen Entwicklung des Internet geführt. Als Folge dieses Zusammenspiels ist ein neuer Marktplatz entstanden, auf dem neben individueller Massenkommunikation und Telekommunikations-Diensten die verschiedensten Arten des elektronischen Handels stattfinden.

Quelle

Abbildung 4.3: ECC 1998, in Anlehnung an Picot 1998a, S. 3

„Now I assign the Internet the highest level of importance."[179]
Bill Gates

4.1.4 Virtuelle Marktplätze als Ergebnis der digitalen Infrastruktur

Bill Gates erkennt das Internet als Marktplatz der Zukunft – zu spät?

Das interne Memo von Bill Gates aus dem Jahr 1995 zeigt die Bedeutung einer digitalen Infrastruktur, die in zunehmendem Maße als Marktplatz genutzt wird. Auf diesen elektronischen Märkten[180], die oftmals auch als virtueller Marktplatz oder „Marketspace"[181] beschrieben werden, treffen sich wie in der realen Ökonomie Angebot und Nachfrage. Der grundlegende Unterschied besteht darin, daß ein Teil oder die gesamte Transaktion mit Hilfe von entsprechenden Informations- und Kommunikations-Systemen elektronisch abgebildet werden.

Von elektronischen Reservierungssystemen der Fluggesellschaften bis zum virtuellen Marktplatz für E-Commerce

Bereits vor der Infrastruktur des Internet gab es verschiedene Formen von elektronischen Märkten. Beispielsweise begannen Fluglinien wie American Airlines in den siebziger Jahren mit dem Aufbau von internen Reservierungssystemen, die heute auch konkurrierenden Unternehmen zugänglich sind und zudem mit Reservierungssystemen von Dienstleistern wie Autovermietungen oder Hotelketten vernetzt sind.[182]

Generell ermöglichen das Internet und die fortschreitende Entwicklung der Informations- und Kommunikationstechnologien die Realisierung von Marktpotentialen, die bisher nicht oder nur rudimentär möglich waren. Durch den zunehmenden Anschluß von Telekommunikations- und anderen Netzen an das Internet entsteht ein kontinuierlich wachsender elektronischer Marktplatz:

Abbildung 4.4: Internet als elektronischer Marktplatz

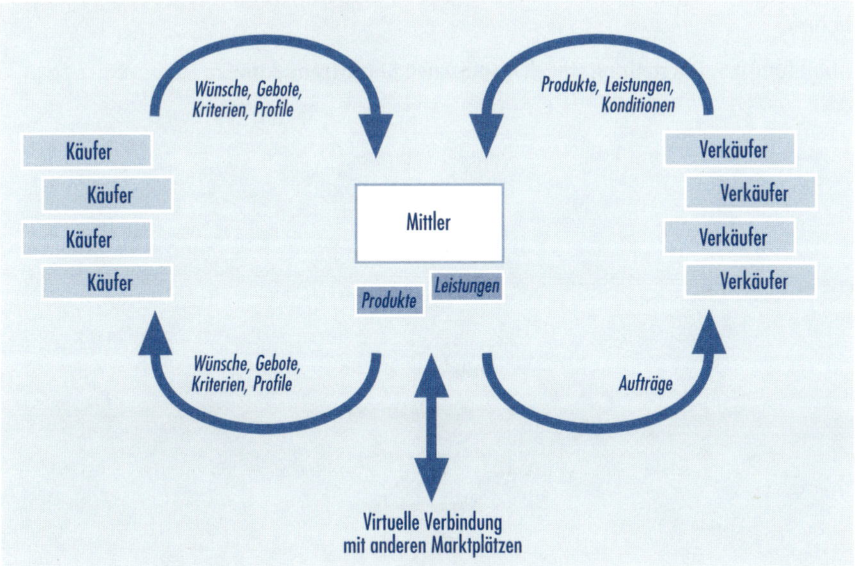

179 vgl. Edstrom/Eller 1998, S. 200
180 vgl. Malone/Yates/Benjamin, 1987
181 vgl. Rayport/Sviokla 1994
182 vgl. Picot 1998a/1998b, Picot/ Reichwald/ Wigand 1998 S. 315ff.

Quelle

Abbildung 4.4: ECC 1998, in Anlehnung an Mougayar 1998, S. 143

Generell ist auf diesem Marktplatz jedwede Art von wirtschaftlicher Tätigkeit möglich, die nachfolgend als E-Commerce bezeichnet wird.[183] Hierbei lassen sich zwei übergeordnete Formen der elektronischen Markttransaktion identifizieren: die elektronisch unterstützte Markttransaktion und die vollständig mediatisierte Markttransaktion.

Elektronisch unterstützte und vollständig mediatisierte Transaktionen als Grundformen

Die bislang vorherrschende Form von elektronischen Märkten sind elektronisch unterstützte Marktbeziehungen. Darunter werden Marktformen verstanden, bei denen entweder die Informations- und Entscheidungsphase oder die Vereinbarungs- und Abwicklungsphase einer Transaktion elektronisch abgebildet wird. Als Beispiel für eine elektronisch unterstützte Informationssammlung und Bestellabgabe kann der Kauf eines Computers bei einem Direktversender wie Dell (www.dell.com) oder bei kontextbezogenen Anbietern wie Zdnet (www.zdnet.com) dienen. Nach Erhalt der Bestellung liefert der Anbieter die Ware an den Kunden.

Nur Informationsprodukte und Verfügungsrechte sind als „Bits" vollständig abbildbar

Die vollständige Mediatisierung von Transaktionen ist bislang nur in zwei Fällen realisierbar. Im ersten Fall handelt es sich um Informationsprodukte wie Medieninhalte oder Softwareprodukte, die aufgrund ihrer Digitalisierbarkeit über das Internet distribuiert werden können. Der zweite Fall sind Transaktionen, bei denen nur Verfügungsrechte in Form von Informationen gehandelt werden und kein physischer Austausch von Gütern stattfindet. Dies ist insbesondere bei vollelektronischen Börsen möglich, da hier nur Wertpapiere oder sonstige Verfügungsrechte angeboten und nachgefragt werden. Die beiden Formen von elektronischen Markttransaktionen lassen sich mit folgender Grafik verdeutlichen:

Abbildung 4.5: Darstellung von elektronischen Markttransaktionen

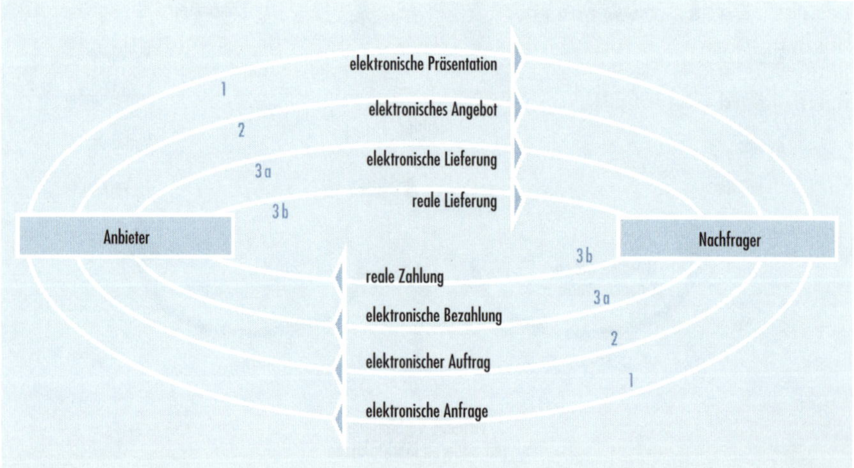

183 vgl. Picot/Reichwald/Wigand 1998, S. 317

Quelle

Abbildung 4.5: ECC 1998, in Anlehnung an Weiß 1998, S. 50

Die elektronische Präsentation und Anfrage (Kreislauf 1) beinhalten die Informationssammlungs- und Entscheidungsphase, während das elektronische Angebot und der elektronische Auftrag (Kreislauf 2) die Vereinbarungsphase einer Markttransaktion kennzeichnen.

Vielzahl von Mischformen des elektronischen Handels über das Internet

Diese unterstützenden Formen von elektronischen Märkten werden im Internet in zunehmender Art und Weise realisiert. Hervorzuheben ist, daß hierbei die verschiedensten Mischformen von elektronischen Transaktionen möglich sind. Beispielsweise ist es möglich, Informationen über ein bestimmtes Produkt elektronisch abzufragen, den Kauf aber im normalen Handel durchzuführen. Oder eine bestimmte Leistung wird elektronisch per E-Mail in Auftrag gegeben, während das Verkaufsgespräch Face-to-Face stattgefunden hat.

Eine vollständige elektronische Abbildung der Abwicklungsphase ist wie bereits beschrieben nur bei Informationsprodukten oder gehandelten Verfügungsrechten möglich (Kreislauf 3a), ansonsten wird bei den meisten Gütern die physische Lieferung und Bezahlung auf traditionellem Wege (Kreislauf 3b) durchgeführt.

Intermediäre haben eine zentrale Bedeutung für reale und virtuelle Marktplätze

Die meisten Markttransaktionen laufen aber nicht zwischen Anbieter und Nachfrager direkt ab. Vielmehr existieren ebenso wie in einer realen Ökonomie Handelsmittler, sogenannte Intermediäre, die den Austausch von Leistungen zwischen den verschiedenen Marktteilnehmern vermitteln. Diese Intermediäre können prinzipiell an jeder Phase einer Markttransaktion beteiligt sein. Beispielsweise sind Reisebüros Intermediäre, da sie die Vorstellungen der Nachfrager dem Angebot von Fluggesellschaften anpassen. In elektronischen Märkten kann diese Funktion durch elektronische Informations- und Kommunikationssysteme abgewickelt werden, so daß kein Bedarf mehr für die klassischen Intermediäre besteht. Beispielsweise kann ein Kunde direkt Flüge bei den Fluggesellschaften buchen, ohne den Umweg über ein Reisebüro in Anspruch nehmen zu müssen. Diese Dis-Intermediation, das heißt der Ausschluß von Handelsmittlern, ist nachfolgend verdeutlicht.

Etablierte Handelsmittler sind vom Ausschluß bedroht oder werden durch neue Handelsmittler ersetzt

Abbildung 4.6: Dis-Intermediation von Handelsmittlern

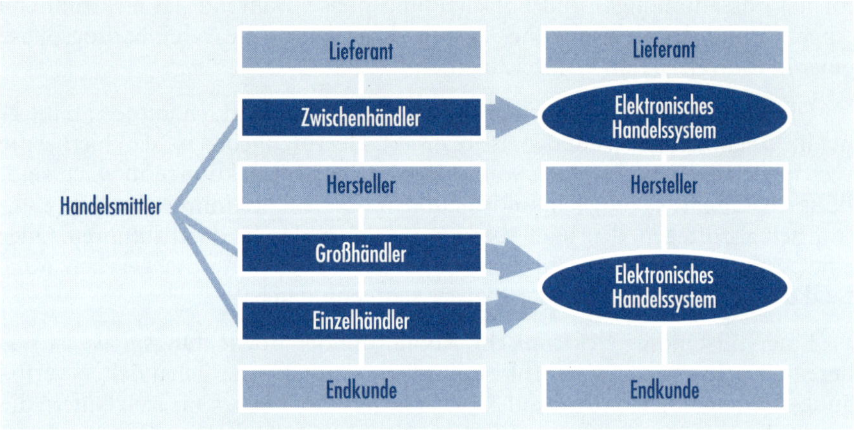

Unbestritten ist, daß der neue Marktplatz Internet eine grundlegende Veränderung der Distributionssysteme herbeiführen wird. Unklar ist jedoch, wie weitgehend die Dis-Intermediation der gegenwärtigen Handelsmittler in dieser neuen Infrastruktur sein wird. Aufgrund der größeren Markttransparenz und der einfacheren Durchführung von Transaktionen in elektronischen Märkten brechen tradierte Wertschöpfungsstrukturen auf. Deshalb besteht prinzipiell für jeden Handelsmittler die Gefahr, aus der Handelskette ausgeschaltet zu werden.

Re-Intermediation durch Schaffung eines hohen Zusatznutzens

Die Dis-Intermediation kann jedoch umgangen werden, wenn die etablierten Handelsmittler auf den elektronischen Märkten durch die Bereitstellung eines hohen Zusatznutzens ihre „Re-Intermediation" bewirken. Dies ist insbesondere durch eine zunehmende Personalisierung der Leistungen möglich. Beispielsweise könnten Reisebüros bei einer neuen Reiseroute ein Hotel auswählen, das die Vorlieben des Kunden berücksichtigt, wie Nicholas Negroponte beschreibt:

> *„They got to know their clients and could personalize their recommendations. 'Nicholas, since you like the Okura in Tokyo and the Peninsula in Hong Kong, you'll love Raffles in Singapore'. And I do.“* [184]

Neben den unbestreitbaren Risiken und Herausforderungen für etablierte Intermediäre eröffnen sich in einer Internet-Ökonomie eine Vielzahl von Möglichkeiten für neue Intermediäre: Das dynamische Wachstum der angeschlossenen Netzwerke und der Nutzer erhöht den Strukturierungsbedarf und somit die Nachfrage nach neuen Intermediären. Deshalb könnte das Wachstum der neuen Intermediäre das Absterben der alten Intermediäre sogar übertreffen.

184 Negroponte 1997, S. 208

Quelle

Abbildung 4.6: Picot/Reichwald/Wigand 1996, S. 321

Abbildung 4.7: Dis-Intermediation – Etablierte und neue Intermediäre

Etablierte Intermediäre	Neue Intermediäre	Beispiele
Finanzmittler, Banken, Versicherungen	Finanz-Transaktions-Broker	E*Trade, e.Schwab online, DirectIPO, DCT-Online
Fachhandel für Bücher, Sportartikel, Computer, Autos, CDs	Kontext Provider	C/Net, ZD.net, SportslineUSA, Amazon.com, Auto-By-Tel, CDNow
Reisebüros, Stationärer Handel, Kataloge	Produkt- und Dienstleistungsvermittler	Travellocity, TISS.com, CompareNet, edmunds.com, ConsumerEdge, CouponNet, Junglee,
Direktmarketing-Anbieter	Konsumenten-Profile	Cybergold, Firefly, NetStakes
Gelbe Seiten, Adreßkataloge	Elektronische Verzeichnisse	Four11.com, BigYellow, switchboard.com, inquiry.com, InfoSpace

Die Funktionen dieser neuen Intermediäre können verschiedener Natur sein. Ein Großteil der Angebote nimmt die Funktion eines Aggregators ein. Das heißt, daß eine Vielzahl von Teilleistungen für den Konsumenten zu einer Gesamtleistung zusammengefügt werden. Die Kernkompetenz der Aggregatoren besteht in einer fundierten Marktkenntnis – Fachwissen über die Funktion und Qualität der Produkte, die sie anbieten, Fachwissen über die Präferenzen ihrer Kunden und Fachwissen über komplementäre Dienstleistungen, die zur vollständigen Kundenzufriedenheit notwendig sind.[185] Die Teilleistungen beinhalten in der Regel ein attraktives Angebot an Inhalten, Kommunikations- und Transaktionsmöglichkeiten, die um einen bestimmten Themenschwerpunkt herum gruppiert sind. Ein Beispiel für diese Kontextanbieter ist CNet.com, dessen Fokus auf dem Computerbereich liegt.

Neue Intermediäre besitzen fundierte Kenntnis zur Befriedigung realer Kundenwünsche in einem virtuellen Markt

Neben diesen „Vollsortiment"-Intermediären gibt es eine Vielzahl von Spezialisten, die sich auf einzelne Bereiche konzentrieren und teilweise in den Vollsortimentangeboten mit enthalten sind. Beispielsweise gibt es sogenannte „Shopbots", Shopping Roboter. Darunter werden Softwareagenten wie Junglee oder Jango verstanden, die automatisch die preisgünstige Alternative von bestimmten Leistungen ausfindig machen. Diese ShopBots besuchen zum Beispiel die Webseiten von rund 30 CD-Online-Händlern und fragen für eine spezielle CD den jeweiligen Preis ab. Die Angebote werden gesammelt und dem Kunden nach Preiswürdigkeit aufgelistet.[186]

Shopping Roboter und Intelligente Agenten erleichtern Konsumenten das Leben

Die ökonomischen Folgen dieser neuen Intermediäre sind weitreichend. In der realen Ökonomie besteht ein Informationsvorsprung für Verkäufer. Dieser beruhte im wesentlichen auf einer geringen Markttransparenz der Käufer, so daß Anbieter durch geschickte Preisdiskriminierung zwischen einzelnen Zielgruppen eine insgesamt höhere Produzentenrente erlösen konnten.[187]

185 Der Intershop-CEO Stephan Schambach in einem Gespräch mit dem ECC im April 1998.
186 vgl. Kelly 1998, S. 121f.
187 vgl. Hagel III/Armstrong 1997, S. 17f.

Quelle

Abbildung 4.7: ECC 1998, in Anlehnung an Mougayar 1998, S. 147

„If the frictions go away, it's in your own interest to recreate them."

Phänomen der reversen Märkte: die höhere Markttransparenz führt zu verschärftem Wettbewerb zwischen den Anbietern …

… und erhöht die Konsumentenrente

In der Internet-Ökonomie ist eine Schwerpunktverlagerung dieser Konstellation zu beobachten, die zum Phänomen der reversen Märkte führt. Dies bedeutet, daß sich das bisherige Informationsungleichgewicht zwischen Anbietern und Nachfragern deutlich zugunsten der Nachfrager verschiebt. Denn mit Hilfe der beschriebenen Intermediäre ist es Käufern auf elektronischen Märkten zu geringen Transaktionskosten möglich, zu ihrem Produktwunsch die niedrigsten Preise aufzufinden. Folglich führt die größere Markttransparenz für die Anbieter zu einem verschärften Wettbewerb. Insgesamt besteht für Käufer somit auf elektronischen Märkten die Möglichkeit, einen deutlichen Zugewinn an Konsumentenrente zu realisieren, indem sie das jeweils günstigste Angebot auswählen, während Verkäufer mit niedrigeren Gewinnspannen rechnen müssen. Die nachstehende Abbildung verdeutlicht die Verschiebungen zwischen Konsumenten- und Produzentenrente. Dabei stellt die schräg verlaufende Trennlinie auf den elektronischen Märkten die zunehmende Realisierung niedriger Preise dar, die die Konsumentenrente erhöht.[188]

Abbildung 4.8: Steigende Konsumentenrente in elektronischen Märkten

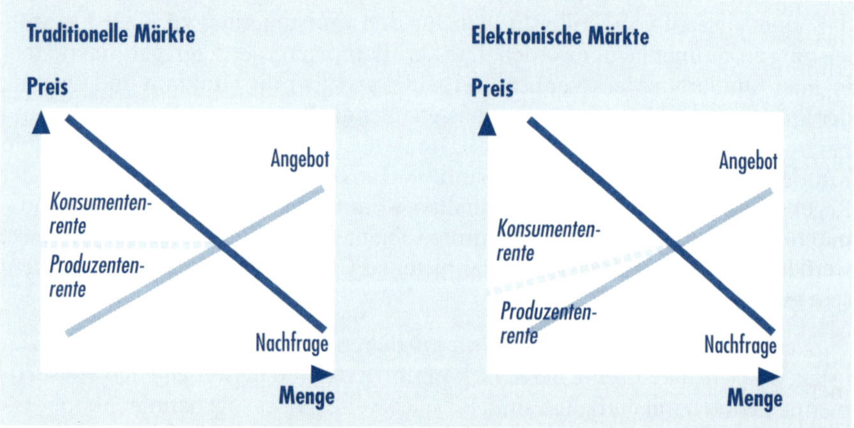

Aufgrund des zunehmenden Wachstums des elektronischen Marktplatzes Internet ist es für Anbieter nicht sinnvoll, diese neue Markttransparenz zu vermeiden. Vielmehr bieten sich zwei mögliche strategische Vorgehensweisen an, in diesen veränderten Marktgegebenheiten wirtschaftlich erfolgreich zu agieren.

Für Unternehmen ist es laut Hal R. Varian, Wirtschaftswissenschaftler der UC Berkeley, notwendig, gezielt Gegenstrategien zu entwickeln. „*If the frictions go away, it's in your own interest to recreate them.*"[189] Das heißt, daß der aufgrund hoher Markttransparenz und geringer Transaktionskosten einfach zu vollziehende Anbietervergleich und -wechsel durch entsprechende Strategien verhindert werden kann. Ein Beispiel hierfür sind Programme, die die Kundentreue fördern und belohnen. Als Folge entsteht nicht nur eine höhere Bindung des Kunden zum jeweiligen Anbieter, sondern auch eine gewisse Preisunempfindlichkeit.

188 Die Verwendung der neoklassischen Angebots- und Nachfragekurven dient an dieser Stelle nur dem Zweck, die Aufteilung zwischen Konsumenten- und Produzentenrente darzustellen. Eine Interpretation in Richtung der Herausbildung eines Gleichgewichtspreises ist nicht zulässig. Vielmehr werden auf elektronischen Märkten in verschiedenen Transaktionen unterschiedliche Preise realisiert.

189 Prof. Hal R. Varian, Dean der School of Information Management and Systems der UC Berkeley, in einem Gespräch mit dem ECC im April 1998.

Quelle

Abbildung 4.8: Hagel III/Armstrong 1997, S. 25

Kundenprogramme sind für Anbieter in einer Internet-Ökonomie von herausragender Bedeutung

Diese Kundenprogramme, die beispielsweise bei Fluggesellschaften in Form von Vielflieger-Programmen eines der wichtigsten Mittel zur Kundenbindung darstellen, werden in einer Internet-Ökonomie eine herausragende Bedeutung bekommen.[190] Da sie auf dem Marktplatz Internet nicht nur technisch einfach, sondern zudem kostengünstig realisierbar sind, werden sie ein allgegenwärtiges Mittel der Anbieterdifferenzierung und Kundenbindung. Ein Beispiel für ein erfolgreiches Treueprogramm ist Amazon.com, die jedem Konsumenten pro Buchempfehlung, die auf der Homepage von Amazon.com abgegeben wird (und somit allen Kunden von Amazon.com zugänglich ist), 3,5 Prozent Treuerabatt für jeden Buchkauf geben. Hervorzuheben ist, daß insbesondere kumulative Treueprogramme sinnvoll erscheinen, da sie einen gewissen Kunden-„Lock-In" erzeugen. So ist es unwahrscheinlich, daß ein Kunde von Amazon.com, der nach 20 Buchempfehlungen einen Rabatt von 30 US-Dollar auf jeden Buchkauf bei Amazon.com erhalten würde, nach 15 Buchempfehlungen zu einem Konkurrenzanbieter wechselt.

Neue Intermediäre agieren als Informationsunterstützer der Konsumenten

Für neue Intermediäre empfiehlt sich eine genau entgegengesetzte Strategie. Ihr Interesse ist es, dem Kunden möglichst umfangreiche Informationen über das jeweilige Angebot zur Verfügung zu stellen. Ein Beispiel hierfür ist edmunds.com, ein US-amerikanischer Handelsmittler für den Autokauf. Neben einer umfangreichen Auflistung von Automobilen finden sich detaillierte Hinweise, warum der Käufer gegenüber dem Verkäufer Vorteile besitzt – und wie man sie innerhalb des Verkaufsgesprächs am besten einsetzen sollte.

Insgesamt läßt sich festhalten, daß Käufer durch eine höhere Markttransparenz eine deutliche Informationsverbesserung gegenüber Verkäufern erreichen werden. Es ist nicht absehbar, wie weitgehend diese „Customer Empowerment" sein wird. Dennoch ist bereits jetzt eine Vielzahl von Transaktionen auf reversen Märkten zu beobachten. Hierzu gehören insbesondere Hochpreisgüter wie Reisen oder Autos. Aber nicht nur diese beiden Bereiche, sondern der gesamte E-Commerce befindet sich in einer Wachstumsphase: Bereits 1997 haben in Nordamerika rund 10 Millionen Käufer über das Internet eingekauft. Insgesamt wurde ein weltweiter Umsatz von 8 Milliarden US-Dollar erreicht. Für die nächsten fünf Jahre wird eine Vervierzigfachung dieses Umsatzes auf 320 Milliarden US-Dollar prognostiziert.[191] Trotz dieser optimistischen Prognosen lassen sich gegenwärtig noch unterschiedliche Entwicklungsgeschwindigkeiten im Endverbraucher- und Geschäftskundensegment feststellen. Obwohl private Nutzer den Take-Off des Internet herbeigeführt haben, befindet sich die Nutzung des Internet für kommerzielle Transaktionen durch Privathaushalte noch in einem Frühstadium. Das Wachstum ist langsam, aber kontinuierlich.

Das Geschäftskundensegment spielt hier eine klare Vorreiterrolle, da die Kostensenkungspotentiale der Distributionsstruktur bereits frühzeitig erkannt wurden. Beispielsweise konnte CISCO, einer der weltweit führenden Anbieter von Netzwerklösungen, 1997 bereits rund 33 Prozent des Gesamtumsatzes mit

190 vgl. weiterführend Abschnitt 5.1.4
191 vgl. Picot 1998a, S. 12ff.

E-Commerce wächst kontinuierlich – und unaufhaltsam

10.000 registrierten Kunden und Handelspartnern über das Internet erzielen. Das Geschäftskundensegment befindet sich bereits am Anfang einer massiven Wachstumsphase. Die folgende Grafik gibt einen Überblick über die am häufigsten gehandelten Leistungskategorien.

Abbildung 4.9: Geschätzte Umsätze des E-Commerce in den USA (in Millionen US-Dollar)

	1996	1997	1998	1999
Computer-Hardware	107	1.154	1.838	3.482
Reisen	230	860	1.458	2.683
Bücher	34	149	287	639
Computer-Software	72	196	299	594
Geschenke, Blumen	45	117	231	400
On-Line-Brokerage	38	117	187	377
Automobile	11	51	137	320
Musik	27	51	125	320
Bekleidung	38	86	137	263
Lebensmittel	34	86	112	205
Sonstige	491	1.044	1.421	2.135
TOTAL	1.128	3.910	6.230	11.416

Insgesamt zeigt sich, daß es sich bei der Betrachtung von E-Commerce nicht mehr um die Frage handelt, *ob*, sondern *wie schnell* die weitere Entwicklung voranschreiten wird. Denn das Internet ermöglicht den Vertrieb und Handel auf einer elektronischen Infrastruktur, die unabhängig von Raum und Zeit nutzbar ist.

4.2 Folgen der technologischen Evolution: eine ökonomische Revolution?

Ohne Kenntnis der neuen ökonomischen Regeln gerät die Navigation in der Internet-Ökonomie zum Blindflug

Die Entstehung einer neuen Infrastruktur führt nicht nur zur Veränderung der bisherigen Vertriebs- und Handelsstrukturen, sondern erzeugt zugleich ein neues ökonomisches Marktmodell mit neuen Spielregeln, die insbesondere für Unternehmen aus dem Medien- und Kommunikationssektor gelten. Darüber hinaus sind auch die Kostenstrukturen, Erlöstypen und Wertschöpfungsstrukturen einem radikalen Wandel unterworfen. Die Kenntnis dieser von Netzeffekten bestimmten Marktgegebenheiten ist für Unternehmen unabdingbare Voraussetzung, um erfolgreich Strategien formulieren und implementieren zu können.

Quelle

Abbildung 4.9: BancAmerica Robertson Stephens 1998, S. 1

Netzeffekte sind generell nicht neu. Beispielsweise sind die Medien- und Kommunikations-Sektoren traditionell Märkte, die von intrasektoraler Vernetzung gekennzeichnet sind. Jedoch ist die Bedeutung der Netzeffekte und ihre Auswirkungen stark gestiegen, indem sich der Gültigkeitsbereich durch die beschriebenen Entwicklungen stark erweitert hat. So findet auch eine intersektorale Vernetzung statt, die bereits unter dem Begriff der Konvergenz der Industrien Medien, Telekommunikation und Informationstechnologie diskutiert wurde. Darüber hinaus sind jedoch auch zunehmend weitere Bereiche der Wirtschaft von der Vernetzung betroffen, so daß sich das Anwendungsgebiet der Internet-Ökonomie nicht mehr nur auf die drei Medien- und Kommunikations-Sektoren bezieht, sondern zunehmend zu einer ökonomischen Theorie wird, die grundlegende Erkenntnisse für alle Wirtschaftsbereiche bietet.

Die Bedeutung der Netzeffekte erweitert sich auf zahlreiche Wirtschaftsbereiche

4.2.1 Neue Spielregeln halten Einzug: Ein neues ökonomisches Marktmodell

Die Internet-Ökonomie beschreibt und analysiert ökonomische Funktionsmechanismen auf Märkten, in denen Netzeffekte auftreten. Die Existenz von Netzeffekten ändert die Marktmechanismen der ökonomischen Theorie, so daß ein neues Marktmodell entwickelt werden muß. Nachfolgend werden zunächst zwei Arten von Netzeffekten beschrieben. Darauf aufbauend wird gezeigt, daß bei Existenz von Netzeffekten die klassischen Marktregeln der traditionellen Mikroökonomie nicht mehr gelten. Folglich treten neue Mechanismen auf, die insbesondere mit den Stichworten positiver Feedback, Lock-In-Effekt und der herausragenden Bedeutung von Standards beschrieben werden können.

Netzeffekte werden auch als Netzwerk-Externalitäten bezeichnet. Externalitäten kennzeichnen generell eine Situation, in der sich das Verhalten einer Person auf das Wohlergehen einer (oder mehrerer) anderer Personen auswirkt.[192] Externalitäten können sowohl positiv als auch negativ sein. Ein Beispiel für negative Externalitäten stellen Umweltverschmutzungen dar. Im ökonomischen Sinne bezeichnen Externalitäten – auch externe Effekte genannt – *„Nebenwirkungen individueller Konsum- und Produktionsakte auf Dritte, die nicht über den Markt entgolten oder auf andere Weise als einzelwirtschaftliche Kosten angelastet werden.“*[193]

Definition der Netzeffekte

Netzwerk-Externalitäten beschreiben die Auswirkungen der Teilnahme einer Person an dem Netzwerk auf die übrigen Teilnehmer. Diese gehören allgemein zu den positiven Externalitäten. Die Teilnahme einer Person an einem Netzwerk wirkt sich sowohl direkt als auch indirekt auf die übrigen Netzwerk-Teilnehmer aus. Dementsprechend werden direkte und indirekte Netzeffekte unterschieden.

Bei direkten Netzeffekten steigt der Wert einer Netzleistung mit der Zahl ihrer Nutzer. Metcalfe's Gesetz beschreibt diesen Zusammenhang als exponentiell. Beispiele für direkte Netzeffekte bieten Kommunikationsleistungen wie Telefon, Telefax oder E-Mail. Je mehr Nutzer dem jeweiligen Netzwerk angeschlossen sind,

192 vgl. Mankiw 1997, S. 10
193 Picot/Reichwald/Wigand 1998, S. 39

Metcalfe's Gesetz bei direkten Netzeffekten

desto mehr potentielle Kommunikationspartner hält es für die Nutzer bereit und desto größer ist der Wert des Netzwerkes. In solchen Märkten tritt der originäre Wert der Leistung beziehungsweise der zugrundeliegenden Technologie in den Hintergrund. Ein Nutzer kauft nicht mehr nur das physische Produkt, sondern vielmehr den Zugang zu diesem Netzwerk, den er durch das Produkt erhält. Der derivative Nutzen, das heißt die Größe des Netzwerkes, überlagert als entscheidendes Kaufkriterium den generischen Produktnutzen. Die funktionalen Eigenschaften eines Produktes sind somit notwendige, aber nicht mehr hinreichende Bedingung für den Kauf eines Netzwerkgutes.[194]

Indirekte Netzeffekte bei Systemprodukten

Indirekte Netzeffekte entstehen vornehmlich bei Systemprodukten. Der Kauf von Systemprodukten ist durch zwei getrennte Entscheidungsphasen gekennzeichnet: Zunächst wird eine Entscheidung hinsichtlich der Systemarchitektur getroffen, um daran anschließend nach und nach die Systemkomponenten hinzuzukaufen. Die Entscheidung hinsichtlich der Komponenten ist dabei bereits durch die Architekturentscheidung eingeschränkt, da die Komponenten kompatibel mit der Systemarchitektur sein müssen. Beispielsweise implizieren die indirekten Netzeffekte bei der Entscheidung für ein Betriebssystem, daß dabei bereits auf die Existenz von passender Anwendungssoftware geachtet werden muß, da ein Betriebssystem ohne Anwendungssoftware wertlos ist.

Bei indirekten Netzeffekten hängt die Nutzungsmöglichkeit des Produktes – und damit sein Wert – von der Verfügbarkeit von Komplementärleistungen ab. Je mehr Personen sich nun für die Systemarchitektur entschieden und damit dem „virtuellen" Netzwerk angeschlossen haben, desto mehr Anstrengungen werden Anbieter von Komplementärprodukten unternehmen, systemspezifische Produkte zu entwickeln. Die Größe eines virtuellen Netzwerkes hat also Auswirkungen auf die Verfügbarkeit von Komplementärleistungen. Der Zusammenhang zwischen der Netzwerkgröße und dem Wert des Netzwerkes ist folglich nur indirekt.

In Märkten mit Netzeffekten werden klassische ökonomische Gesetzmäßigkeiten teilweise auf den Kopf gestellt. Der traditionellen ökonomischen Sichtweise entsprechend führt die zunehmende Verbreitung eines Gutes zu einem sinkenden Wert des einzelnen Gutes (negative Feedbacks).[195] So gelten Unikate in der Regel als besonders kostbar, während Massenprodukte an Wert verlieren. Der Wert eines Gutes basiert also auf Knappheit. Der Effekt negativer Feedbacks kann anhand der Verschiebung von Angebots- und Nachfragekurven verdeutlicht werden.

194 Dieser Widerspruch zwischen technischer Überlegenheit und Unterlegenheit in der Käuferpräferenz liegt zum Beispiel der oft geführten Diskussion "Windows vs. Mac-OS" zugrunde.

195 Negative Feedbacks sind nicht mit dem Gesetz des sinkenden Grenznutzens gleichzusetzen. Denn das in der Neoklassik herrschende theoretische Gesetz des sinkenden Grenznutzens beschreibt die Wertminderung eines Gutes für ein einzelnes Individuum bei steigendem Verbrauch. Demgegenüber liegen negative Feedbacks vor, wenn der Wert eines Gutes aufgrund der zunehmenden Verbreitung des Gutes bei anderen Personen sinkt.

Abbildung 4.10: Negative Feedbacks gemäß der traditionellen Sichtweise

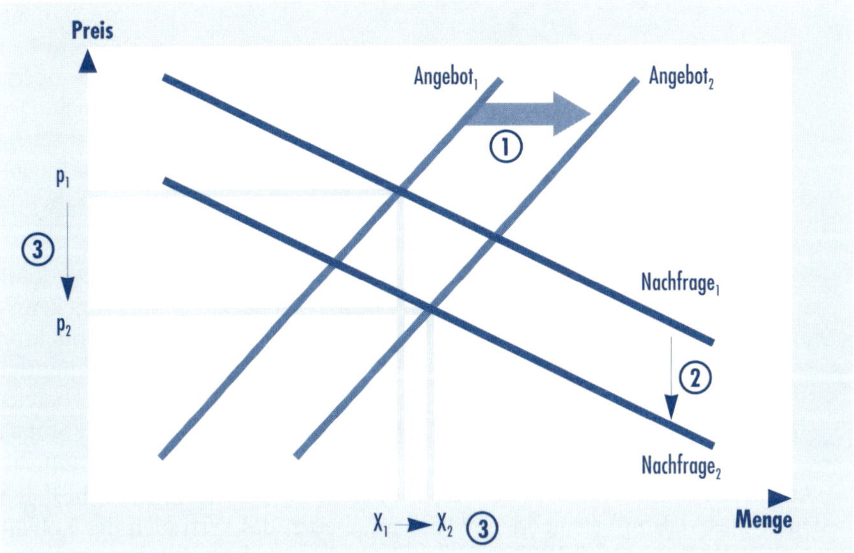

Dabei wirkt sich eine Angebotsausweitung in einer Parallelverschiebung der Angebotslinie aus (von Angebot$_1$ nach Angebot$_2$). Dieses zieht einen sinkenden Wert des Gutes für alle Nachfrager nach sich (von Nachfrage$_1$ nach Nachfrage$_2$). Aufgrund der beiden Verschiebungen ergibt sich ein neuer Gleichgewichtspreis p_2, der unter dem ehemaligen Preis p_1 liegt, und eine Ausdehnung der gehandelten Menge von x_1 zu x_2. Auf dem Markt ist durch eine Vergrößerung des Angebots ein Wertverlust des einzelnen Gutes entstanden.

Positive Feedbacks: Masse verdrängt Knappheit als Wertquelle

In der Internet-Ökonomie gilt dieser Zusammenhang offensichtlich nicht mehr. Aufgrund von Netzeffekten folgt vielmehr, daß der Wert eines Gutes mit zunehmender Verbreitung steigt. Aus negativen Feedbacks werden in der Internet-Ökonomie positive Feedbacks. Masse verdrängt Knappheit als Wertquelle. Positive Feedbacks, in der englischsprachigen Literatur auch als „Increasing Returns" bezeichnet, dominieren die neuen Marktregeln.

„Until Bill Gates and his fellow shareholders made a killing at Microsoft, increasing returns were thought to exist only in textbooks."[196]

Sie resultieren aus den beschriebenen direkten und indirekten Netzeffekten. Aufgrund der Netzeffekte steigt mit zunehmender Größe von Netzwerken deren Attraktivität. Dies wiederum veranlaßt weitere Nutzer, sich dem Netzwerk anzuschließen, was erneut direkte und indirekte Netzeffekte zur Folge hat. Wachstum führt somit zu weiterem Wachstum. Diese Regel stellt den Kern des Konzepts der positiven Feedbacks dar.

196 Hagel III/Armstrong 1997, S. 6

Quelle

Abbildung 4.10: ECC 1998

„Positive feedback makes the strong get stronger … and the weak get weaker." [197]

Abbildung 4.11: Der Kreislauf der positiven Feedbacks

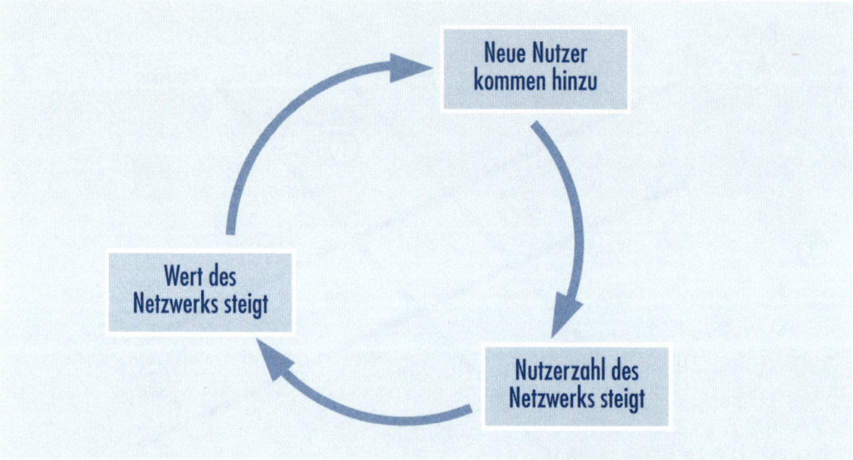

Wettbewerb bei positiven Feedbacks

Auf den Wettbewerb zwischen Technologien oder Unternehmen bezogen bedeutet dies, daß mit steigendem Marktanteil auch das Vertrauen der Konsumenten in die Technologie beziehungsweise das Unternehmen steigt, was wiederum steigende Marktanteile zur Folge hat. Die Kehrseite der positiven Feedbacks ist, daß diese Spirale sich auch nach unten drehen kann. Mit jedem Stück Boden, das die Konkurrenz verliert, schwindet das Vertrauen potentieller Kunden. Die verringerte Attraktivität führt zu ständig sinkenden Marktanteilen.

Abbildung 4.12: Die Auswirkungen positiver Feedbacks auf Konkurrenzverhältnisse

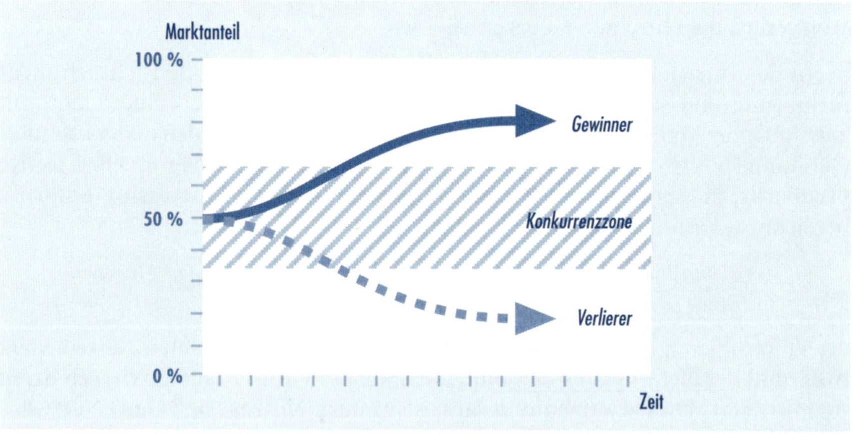

Der Wert eines Netzwerkproduktes hängt jedoch nicht nur von der tatsächlichen Entwicklung der Nutzerzahl ab, sondern wird zu einem großen Teil auch von den Erwartungen hinsichtlich ihrer künftigen Entwicklung beeinflußt. Sind

197 Shapiro/Varian 1998, S. 135

Quelle

Abbildung 4.11: ECC 1998

Abbildung 4.12: Shapiro/Varian 1998, S. 138

Erwartungen können den Kreislauf der positiven Feedbacks in Gang bringen

die Erwartungen in bezug auf die Durchsetzung eines Netzwerkproduktes positiv, wird das Angebot zunehmend attraktiver, was zur Folge hat, daß sich die positiven Erwartungen selbst erfüllen. Aus diesem Aspekt der positiven Feedbacks folgt für Wettbewerber in einer Internet-Ökonomie eine große Bedeutung des Managements von Erwartungen. Rechtzeitige Vorankündigungen können die Durchsetzung am Markt beschleunigen beziehungsweise überhaupt erst ermöglichen. Ein entsprechendes Marketing durch Vorankündigungen haben insbesondere Microsoft und IBM erfolgreich angewandt, wobei der Begriff des „Vapor-Marketing" geprägt wurde.

Natürliche Monopole in der Internet-Ökonomie

Positive Feedbacks bilden die Grundlage für die Existenz natürlicher Monopole, wie sie in den Märkten der Internet-Ökonomie zu beobachten sind (Beispiele Windows, VHS). In klassischen Märkten wächst die Bedeutung einzelner Unternehmen nur bis zu dem Punkt, an dem die Größenvorteile der Unternehmen (Skaleneffekte) an ihre Grenzen stoßen. Es entstehen oligopolistische Marktstrukturen, die auf anbieterseitigen Skaleneffekten basieren. In der Internet-Ökonomie erlangen einzelne Unternehmen für eine gewisse Zeit nahezu monopolartige Marktpositionen. Diese natürlichen Monopole basieren auf den Größenvorteilen der Netzwerke für den Nachfrager. Nachfragerseitige Skaleneffekte schwächen sich aber nicht ab, sondern nehmen immer weiter zu. Wenn jeder an dem Netzwerk teilnimmt, ist dies um so mehr ein Grund, sich auch dem Netzwerk anzuschließen.

Die Monopole in einer Internet-Ökonomie bestehen allerdings nur so lange, bis sie von neuen Technologien bedroht werden, an die große Zukunftserwartungen geknüpft sind. Dann beginnt der Wettbewerb um die Durchsetzung am Markt von neuem. Dies zeigt sich am Beispiel von Microsoft, die ihre monopolartige Marktposition im Softwaremarkt durch die schnelle Entwicklung des Internet bedroht sah. Die Folge ist, daß Microsoft nun mit anderen Konkurrenten um den Aufbau einer ähnlichen Marktposition im Internetgeschäft kämpft.[198]

Die Bedeutung von Standards

Aus der Existenz von Netzeffekten folgt weiterhin die überragende Bedeutung von Standards in der Internet-Ökonomie. Für einen Konsumenten sind Kaufsituationen in Marktphasen, in denen sich noch kein Standard durchgesetzt hat, von großer Unsicherheit geprägt. Die Unsicherheit bezieht sich dabei auf die Realisierung direkter und indirekter Netzeffekte. Es besteht für den Nachfrager die Gefahr, sich für eines der konkurrierenden Systeme zu entscheiden, das sich nicht am Markt durchsetzt. Die daraus resultierenden Nachteile können anhand des Videorekorder-Marktes und des Betamax-Systems gezeigt werden. Der erste Nachteil besteht in der mangelnden Realisierbarkeit indirekter Netzeffekte. So sind bei der Entscheidung für das „falsche" System auf lange Sicht keine Komplementärleistungen verfügbar. Für einen Betamax-Videorekorder gibt es heutzutage kaum mehr Videokassetten, die darauf abgespielt werden können. Ein weiterer Nachteil liegt in der geringen Zahl anderer Betamax-Nutzer, mit denen Videokas-

198 vgl. Kapitel 3.3.1

setten getauscht oder kopiert werden könnten. In diesem Fall sind also auch keine direkten Netzeffekte realisierbar.

Viele Konsumenten reagieren auf dieses Entscheidungsproblem mit Zurückhaltung. Aufgrund der hohen Unsicherheit warten sie mit ihrer geplanten Kaufentscheidung ab, bis sich ein System als Standard durchgesetzt hat, so daß die Realisierung von Netzeffekten zukünftig gesichert ist. Anbieter stehen somit in der Prästandard-Phase vor der besonderen Herausforderung, die installierte Basis möglichst schnell aufzubauen, um den Punkt der kritischen Masse zu erreichen. Von da an treibt das Produkt seine Entwicklung selbst voran, indem es Vertrauen in die langfristige Durchsetzung am Markt aufbaut und in der Kundensicht somit kontinuierlich attraktiver wird.

Lock-In: Fange den Kunden

Indirekte Netzeffekte bilden auch die Basis für sogenannte Lock-Ins. Lock-In-Situationen treten auf, wenn die Kosten für einen Wechsel der Systemarchitektur größer sind als der durch den Wechsel entstehende Nutzen. Die Wechselkosten gehen dabei über die Anschaffungskosten des neuen Systems hinaus und betreffen in erster Linie „Sunk Costs", indem ehemalige Investitionen in Komplementärprodukte des alten Systems durch den Systemwechsel wertlos werden. Zur Verdeutlichung soll die Entscheidung eines Unternehmens für ein Betriebssystem herangezogen werden. Hat sich ein Unternehmen für ein Betriebssystem entschieden, investiert es in komplementäre Softwareanwendungen, die Schulung der Mitarbeiter und vielleicht in systemspezifische Hardware-Peripherien. Des weiteren werden durch die Nutzung des Systems Dateien erstellt. Bei einem Wechsel des Betriebssystems könnten diese Komplementärprodukte nur durch aufwendige Umstellungsmaßnahmen oder gar nicht mehr verwendet werden. Darüber hinaus müßten entsprechende Investitionen in das neue System getätigt werden, die neben den Produktkosten vor allem den Aufwand in Form von erneuter Schulung und Eingewöhnung der Mitarbeiter betreffen.

Unauffällige Lock-Ins sind stabiler

Lock-In-Situationen sind für einen Anbieter grundsätzlich reizvoll. Gelingt es ihm, den Kunden in der eigenen Systemarchitektur zu „fangen", dann besitzt er in künftigen Kaufsituationen eine monopolähnliche Stellung. Diesem Vorteil steht allerdings das Problem gegenüber, daß eine Lock-In-Situation langfristig beim Kunden zu großer Unzufriedenheit und trotz Wechselkosten sogar zu Abwanderung führen kann. Diese Gefahr ist insbesondere dann gegeben, wenn der Anbieter seine „Monopolstellung" zu stark ausnutzt. Dies kann sich in mangelnder Qualität der Produkte, zu hohen Preisen oder geringer Innovationsbereitschaft ausdrücken. Unauffällige Lock-Ins sind demnach vorzuziehen, da sie zumeist stabiler sind.

New Rules for the New Economy

von Kevin Kelly, Executive Editor, Wired Magazine

Increasing Returns – Self-reinforcing Success: Strategies

Check for externalities. The initial stages of exponential growth looks as flat as any new growth. How can you detect significance before momentum? By determining whether embryonic growth is due to network effects rather than to the firm's direct efforts. Do increasing returns, open systems, n^2 members, multiple gateways to multiple networks play a part? Products or companies or technologies that get slightly ahead – even when they are second best – by exploiting the net's effects are prime candidates for exponential growth.

Coordinate smaller webs. The fastest way to amp up the worth of your own network is to bring smaller networks together with it so they can act as one larger network and gain the total n^2 value. The Internet won this way. It was the network of networks, the stuff in between that glued highly diverse existing networks together. Can you take the auto parts supply network and coordinate it with the insurance adjusters network plus the garage repair network? Can you coordinate the intersection of hospital records with standard search engine technology? Do the networks of county property deed databases, U.S. patents, and small-town lawyers have anything useful in common? One thousand members in one network are far more powerful than one thousand members in three networks.

Create feedback loops. Networks sprout connections and connections sprout feedback loops. There are two elementary kinds of loops: Self-negating loops such as thermostats and toilet bowl valves, which create feedback loops that regulate themselves, and self-reinforcing loops, which are loops that foster runaway growth such as increasing returns and network effects. Thousands of complicated loops are possible using combinations of these two forces. When internet providers first started up, most charged users steeper fees to log on via high-speed modem; the providers feared speedier modems would mean fewer hours of billable online time. The higher fees formed a feedback loop that subsidized the provider's purchase of better modems, but discouraged users form buying them. But one provider charged less for high speed. This maverick created a loop that rewarded users to buy high-speed modems; they got more per hour and so stayed longer. Although it initially had to sink much more capital into its own modem purchases, the maverick created a huge network of high-speed freaks who not only bought their own deluxe modems but had few alternative places to go at high speed. The maverick provider prospered. As a new economy business concept, understanding feedback is as important as return-on-investment.

Protect long incubations. Because the network economy favors the nimble and quick, anything requiring patience and slowness is handicapped. Yet many projects, companies, and technologies grow best gradually, slowly accumulating complexity and richness. During their gestation period they will not be able to compete with the early birds, and later, because of the law of increasing returns, they may find it difficult to compete as well. Latecomers have to follow Drucker's Rule – they must be ten times better than what they hope to displace. Delayed participation often makes sense when the new offering can increase the ways to participate. A late entry into the digital camera field, for instace, which offered compatibility with cable TV as well as PCs, could make the wait worthwhile.

It's a hits game for everyone. In the network economy the winner-take-all behavior of Hollywood hit movies will become the norm for most products – even bulky manufactured items. Oil wells are financed this way now; a few big gushers pay for the many dry wells. You try a whole bunch of ideas with no foreknowledge of which ones will work. Your only certainty is that each idea will either soar of flop, with little in between. A few high-scoring hits have to pay for all the many flops. This lotterylike economic model is an anathema to industrialists, but that's how network economies work. There is much to learn from long-term survivors in existing hits-oriented business (such as music and books). They know you need to keep trying lots of things and that you don't try to predict the hits, because you can't.

Two economists proved that hits – at least in show biz – were unpredictable. They plotted sales of first-run movies between May 1985 and January 1986 and discovered that „the only reliable predictor of a film's box office was its performance the previous week. Nothing else seemed to matter – not the genre of the film, not its cast, not its budget." The higher it was last week, the more likely it will be high this week – an increasing returns loop fed by word of mouth recommendations. The economists, Art De Vany and David Walls, claim these results mirror a heavy duty physics equation known as the Bose-Einstein distribution. The fact that the only variable that influenced the result was the result from the week before, means, they say, that „the film industry is a complex adaptive system poised between order and chaos." In other words, it follows the logic of the net: increasing returns and persistent disequilibrium.

Aus: „New Rules for the New Economy", Viking/Penguin,1998, S. 34-36
Mit freundlicher Genehmigung von Kevin Kelly.

4.2.2 Medien- und Informationsprodukte: Massenproduktion zu geringen Kosten

In den letzten Jahren haben sich entscheidende Veränderungen in der Kostenstruktur von Medienprodukten ergeben, die weitreichende strategische Implikationen für Unternehmen mit sich bringen: Generell verursacht die Produktion eines Medienangebotes – wie jedes andere Produkt auch – fixe und variable Kosten. Bemerkenswert ist, daß Medieninhalte nicht als Massenproduktion verstanden werden können. Denn jede Inhaltsproduktion ist aufgrund der einzigartigen Kombination der jeweiligen Human- und Sachressourcen ein Unikat.[199] Da dieser einmalige Produktionsprozeß unabhängig von der Anzahl der vertriebenen Kopien ist, verursacht er Fixkosten („First-Copy-Costs"). Diese werden auch als „Sunk Costs" bezeichnet, da sie in der Regel vor Produktionsbeginn anfallen und eine andersartige Verwendung der erstellten Inhalte bei geringem Interesse der Rezipienten nur selten möglich ist.

Produktion von Medieninhalten ist Unikatfertigung

Diese Fixkosten[200] fallen bei jeder Mediengattung an, ob im Print- oder elektronischen Medienbereich, und unterscheiden sich nur in ihrer Höhe. Jeder Autor, der ein Jahr lang am Schreibtisch an einem Schriftstück arbeitet, erzeugt fixe Kosten für den Auftraggeber. Dabei ist es unerheblich, ob daraus ein Buch oder ein Skript für einen Film wird.

Um die Aufmerksamkeit der angestrebten Zielgruppe zu erhalten, sind weitere Ausgaben für Marketing und Werbung notwendig. Da diese weitgehend unabhängig von der am Ende verkauften Stückzahl der Medienprodukte getätigt werden, sind sie ebenfalls Fixkosten. Aufgrund der steigenden Informationsüberlastung der Konsumenten ist Aufmerksamkeit zu einem knappen Gut geworden, für das in den letzten Jahren überproportionale Preissteigerungen zu verzeichnen waren.

Bei elektronischen Medien sind die variablen Kosten sehr gering

Erst die nach Fertigstellung des Medienproduktes erfolgende Vervielfältigung und der Vertrieb machen das Unikat zu einem Massenprodukt. Allerdings unterscheiden sich die hierfür anfallenden variablen Kosten bei den einzelnen Mediengattungen erheblich. Im Printbereich machen diese aufgrund der hohen Druck- und Vertriebskosten deutlich mehr als die Hälfte der Gesamtkosten eines Medienproduktes aus.[201] Hingegen sind die Grenzkosten im elektronischen Medienbereich im Verhältnis zu den bereits verursachten Fixkosten sehr gering. Anhand des deutschen Medienmarktes lassen sich die Kostenstrukturen exemplarisch darstellen.

199 vgl. Altmeppen 1996, S. 265
200 Hierbei ist es wichtig, darauf hinzuweisen, daß Druck- und Vertriebskosten bei Zeitschriften oder Zeitungen nicht als Fixkosten anfallen, da im theoretischen Sinne eine Inanspruchnahme von Dienstleistern diese Fixbelastung als vermeidbar erscheinen läßt.
201 vgl. Sennewald 1997, S. 59.

Abbildung 4.13: Produktions-, Vervielfältigungs- und Distributionskosten im Vergleich der Gesamtkosten der deutschen Medien 1992 (in Prozent)

	Produktions-kosten	Vervielfältigungs-kosten	Distributions-kosten	Vervielfältigungs- und Distributions-kosten – Gesamt
Abonnementzeitung	20,0	39,5	19,0	58,5
Zeitschriften	29,5	28,1	6,6	34,7
Öffentlich-rechtliches Fernsehen	55,9 (ohne Personal)	0	9,2	9,2
Privatfernsehen	68,9 (ohne Personal)	0	7,1	7,1

Die Digitalisierung von Inhalten hat die Kosten für die Vervielfältigung und Distribution von Medienprodukten noch weiter reduziert. So betrugen bei Encarta, der digitalen Enzyklopädie von Microsoft, die Vervielfältigungs- und Distributionskosten der CD-ROMs rund 1,50 US-Dollar im Vergleich zu 250 US-Dollar bei der Buchversion.[202] Besonders effizient sind die Reproduktion und der Vertrieb von digitalisierten Medienprodukten über das Internet: hier betragen die Grenzkosten nahezu Null.[203]

Marginale Grenzkosten bei digitaler Vervielfältigung und Distribution

Diese Grenzkostenstruktur gilt aber nicht nur für digitalisierte Medienprodukte, sondern für alle digital vervielfältigten und distribuierten Leistungen. So hat das Unikat des Netscape Navigator rund 30 Millionen US-Dollar Entwicklungskosten verursacht, während die Kosten für die zweite Kopie nur rund 1 US-Dollar betrugen.[204] Deshalb wird in Anlehnung an Shapiro/Varian allgemeiner von Informationsprodukten gesprochen.[205] Darunter werden alle Informationen verstanden, die in digitaler Form erhältlich sind. Dabei ist es unerheblich, ob es sich um Börsennachrichten, Softwareprogramme, Spiele oder Unternehmensmeldungen handelt.

Medien- und Informationsprodukte erzielen hohe Skaleneffekte

Insgesamt läßt sich also festhalten, daß Medien- und Informationsprodukte einen hohen Fixkostenanteil („First-Copy-Costs") haben und deshalb Skaleneffekte (Economies of Scale) erzielen. Dies bedeutet, daß die durchschnittlichen Stückkosten der Medien- und Informationsprodukte mit steigender Ausbringungsmenge erheblich sinken. Die Degression variiert allerdings medienspezifisch – in Abhängigkeit von der Höhe der Grenzkosten – deutlich. Printprodukte erreichen erst ab einer hohen Ausbringungsmenge Skalenerträge, während Rundfunk- und vor allem Informationsprodukte bereits mit geringen Mengen Skaleneffekte nutzen können.

Diese Kostenstruktur ist nicht nur für Medien- und Informationsprodukte gültig, sondern kann ebenso bei Sachgütern verschiedenster Art vorliegen. Beispielsweise verursacht der Aufbau von komplexen Systemen oder Infrastrukturen wie eine Wertpapierverwaltung oder ein Telekommunikationsnetz hohe Kosten

202 vgl. Downes/Mui 1998, S.51
203 vgl. Bakos/Brynjolfsson 1996
204 vgl. Kelly 1998, S.54
205 vgl. Shapiro/Varian 1998

Quelle

Abbildung 4.13: Altmeppen 1996, S.266

„Until now, the biggest lie on the Internet hasn't been about alien abductions. It's been: Don't worry, the web will make money." [207]

der Ersterstellung („First-Copy-Costs"), während die Kosten einer zusätzlichen Nutzung sehr gering sind.

Bemerkenswert ist jedoch, daß die dadurch ermöglichte Ausschöpfung von Größenvorteilen in einer Internet-Ökonomie bei Medien- und Informationsprodukten eine zusätzliche Hebelwirkung erfährt. Deshalb ist die Beachtung dieser Kostenstruktur für Unternehmen, die in Medien- und Informationsmärkten agieren, grundlegende Voraussetzung für die Implementierung von erfolgreichen Strategien. Dies betrifft insbesondere preisstrategische und produktpolitische Überlegungen.[206]

4.2.3 Jenseits ausgetretener Pfade: neue Erlösstrategien

Der virtuelle Marktplatz bietet ein riesiges Erlöspotential

Die Entstehung des virtuellen Marktplatzes hat für Erlösstrategien von Medien- und Kommunikations-Unternehmen mehrere Konsequenzen: Erstens existiert ein höheres Erlöspotential als in traditionellen Märkten. Bislang vorherrschende geographische Grenzen werden irrelevant, das heißt der Marktplatz für die jeweiligen Angebote erstreckt sich theoretisch auf die weltweit angeschlossenen Teilnehmer des Internet. Für 1997 existierten laut Angaben des Marktforschungs-Institutes IDC weltweit 65 Millionen Internetnutzer, deren Zahl bis zum Jahre 2001 auf rund 291 Millionen anwachsen soll. Zweitens sind durch den Wegfall technischer Restriktionen dem Einsatz der bereits beschriebenen Erlöstypen[208] keine Grenzen mehr gesetzt. Die Erlöstypen stellen einen „Baukasten" dar, den Online-Medien zur Refinanzierung ihrer Angebote nutzen können. Nachfolgend werden zuerst kurz die wichtigsten Erlösformen diskutiert. Anschließend werden mögliche Geschäftsmodelle, das heißt die Gewichtung dieser Erlöstypen, vorgestellt und analysiert.

Generierung von Reichweiten ist auch im Internet zentraler Erfolgsfaktor

Die wichtigste Erlösquelle ist und bleibt die Werbefinanzierung. Die Generierung von Reichweiten ist eines der wichtigsten Ziele für Medien- und Kommunikationsunternehmen, um im Komplementärmarkt der Werbung möglichst hohe Umsätze erzielen zu können. Das absolute Volumen der verteilbaren Ausgaben für Internetwerbung ist bislang relativ gering. Zwar nehmen die Ausgaben seitens der Werbetreibenden beständig zu, sie stellen jedoch immer noch einen sehr niedrigen Anteil der Gesamtwerbeausgaben dar. Nachfolgend soll die Entwicklung anhand des US-amerikanischen Marktes dargestellt werden, da dort die Diffusion als Massenmedium bereits weiter vorangeschritten ist als in Deutschland.

206 vgl. Kapitel 5.1.2 und 5.1.3
207 Anzeigentext von Pandesic, Wired Nr. 2/98, S.3
208 vgl. Kapitel 2.1

Abbildung 4.14: US-Werbeumsätze für Medien (in Milliarden US-Dollar)

	1996	2000*	2002*
Zeitungen	38,2	47,4	50,1
Zeitschriften	9,0	10,9	11,9
Online	0,3	4,4	7,7
TV	36,0	42,9	46,9
Kabelfernsehen	6,4	9,9	12,2
Radio	12,3	15,9	17,8

Anhand der Tabelle wird deutlich, daß Internetwerbung steigende Wachstumsraten aufweist. Dennoch ist das absolute Volumen im unteren einstelligen Prozentbereich zu wenig, um als Erlösquelle für eine Vielzahl von Anbietern zu dienen. Dies um so mehr, da Abonnementgebühren kaum akzeptiert werden und die meisten der Medien- und Kommunikations-Unternehmen somit ausschließlich auf die Erlösquelle Werbung angewiesen sind. Bislang sind große Unternehmen der werbetreibenden Industrie – Konsumgüterhersteller wie Procter & Gamble – noch zurückhaltend hinsichtlich ihrer Online-Werbeausgaben. Die größten Werbetreibenden sind immer noch IT-Unternehmen aus dem Hard- und Softwarebereich, Medienunternehmen und Finanzdienstleister.

Die großen Unternehmen halten sich als Online-Werbekunden noch zurück

Aus diesem Grund sind neue (alte)[209] Formen der Werbung geschaffen worden. Gegenwärtig ist vor allem „Sponsorship“ ein gängiges Modell, das von vielen Medien- und Kommunikations-Unternehmen eingesetzt wird. Hierbei werden für einzelne Themensektionen oder Chat-Räume exklusive Sponsorships für einen bestimmten Zeitraum vereinbart: so hat beispielsweise Forbes Digital Tool (www.forbes.com) den Werberaum der Finanzsektion exklusiv an den US-amerikanischen Finanzdienstleister Fidelity verkauft.

Zehn Unternehmen vereinnahmen 60 Prozent der Online-Werbung

Insgesamt zeichnet sich – ebenso wie in der klassischen Medienindustrie – eine Marktstruktur ab, in der wenige Inhaltsanbieter einen Großteil der Aufmerksamkeit und somit auch der Werbeeinnahmen dominierten. So erzielten 1997 nur zehn Medien- und Kommunikationsunternehmen – Portals und Online-Dienste wie Yahoo und AOL – rund 60 Prozent der weltweiten Internet-Werbeumsätze.[210] Nachrichten- und Informationsdienste konnten 1997 rund 7 Prozent der Umsätze für sich vereinnahmen, während Entertainment-orientierte Angebote nur 3 Prozent der Werbeausgaben gewannen.

Die zweite Erlösform, die für Medien- und Kommunikationsunternehmen zur Verfügung steht, ist die Transaktion. So kann ein Web-Publisher wie Sportsline USA beispielsweise Sportartikel verkaufen, die auf eigene Rechnung eingekauft worden sind. Diese Erlösquelle ist dem E-Commerce-Bereich zuzurechnen und wird sich langsam aber sicher als Teil des Kaufverhaltens etablieren.

209 Diese Werbeformen sind im Printbereich seit langem üblich: Teilbelegungen, Promotions etc.
210 vgl. Jupiter Communications 1998, S. 15

Quelle

Abbildung 4.14: Jupiter Communications 1998, S. 10; *geschätzt

Beispielsweise machen Transaktions-Umsätze bei Online-Anbietern wie Disney (www.disney.com) durch den Verkauf von Merchandising-Artikeln bereits rund 50 Prozent des Umsatzes aus.[211]

Die dritte Erlösform ist die Kommission. Diese Erlösform kommt vor allem bei sogenannten Partnerprogrammen zum Einsatz. Dabei suchen sich die jeweiligen E-Commerce-Anbieter, bislang vorwiegend aus dem Buch- oder Musikbereich, verschiedene Partner. Diese „Affiliates" sind entweder reichweitenstarke oder zielgruppenaffine Online-Anbieter. Die Vorgehensweise ist dabei wie folgt: Ein Online-Medium wie USA Today (www.usatoday.com) plaziert auf seiner Webseite ein Banner des Buchanbieters Barnes & Noble (www.barnesandnoble.com). Dieses Banner kann angeklickt werden, um direkt bei Barnes & Noble ein Buch zu bestellen. Bei erfolgtem Kauf vergütet Barnes & Noble rund sieben Prozent des Kaufumsatzes zurück an USA Today. Nachfolgend sind weitere Beispiele dargestellt:

Abbildung 4.15: Beispiele für Partnerprogramme (Stand 12/97)

	Kommission für Partner	Anzahl der Partner	Beispiele	Umsatzanteil durch Partner
Amazon.com	15%	8.000	Atlantic Monthly, Village Voice, Star Chefs, Puppy Net	k.A.
Barnes & Noble	5–7%	40+	CNN, ESPN, SportsZone, USA Today, Wired	k.A.
CDNow	12%	2.000	Pathfinder, JazzOnline	10%
Virtual Vineyards	7%	k.A.	American Express, Excite, Match.com	10–15%

Kommissionen sind insbesondere vor dem Hintergrund der geringen Werbeausgaben eine mögliche Erlösquelle für Online-Medien aus dem Special-Interest-Bereich. Die geringe Reichweite und daraus niedrige Werbeeinnahmen können zumindestens partiell durch das Angebot einer spezifischen Zielgruppe und daraus resultierenden Kommissionen kompensiert werden. Hierbei ist für Anbieter verschiedenster Güter vor allem der kontextbezogene Inhalt des Online-Publishers von Relevanz. So stimuliert die Webseite eines auf Computerthemen spezialisierten Online-Anbieters wie ZDnet.com in höherem Maße zu normalen oder Impulskäufen von Computern als ein Banner auf der Webseite einer Suchmaschine wie Yahoo. Kommissionen sind auch eine wichtige Einnahmequelle des Online-Dienstes AOL, der für Anbieter innerhalb seines Dienstes neben einem „Upfront Payment" einen einstelligen Prozentsatz am jeweiligen Verkaufserlos fordert.

Special-Interest-Medien sind attraktive Kommissionspartner

211 vgl. Geirland 1998, S. 155

Quelle

Abbildung 4.15: Jupiter Communications, 1997, S. 8

Hi ho, Hi ho – down the Datamine we go …

Datamining: Zusatzerlöse durch den Verkauf von Nutzerdaten

Der vierte Erlöstyp für Online-Anbieter ist Datamining.[212] Darunter wird generell die Aufbereitung von Daten zu Wissen verstanden, die durch Nutzertransaktionen jedweder Art (Telefongespräche, Fragebögen, Gewinnspiele) anfallen.[213] Die Refinanzierung dieser Anbieter (Adreßverlage, Direktmarketer) geschieht durch die Bereitstellung oder den Weiterverkauf der Daten an dritte Unternehmen, die mit den Informationen neue Kunden ansprechen oder ihr Leistungsangebot optimieren möchten.

Die „One-to-One"-Zukunft, das heißt die zielgruppengerechte Ansprache der Nachfrager durch die Anbieter ist eine der am häufigsten geäußerten Erwartungen zur Zukunft der Internet-Ökonomie. Der Vorteil für Nutzer soll darin bestehen, daß man keine unerwünschten Botschaften wie zum Beispiel Junk Mail erhält, sondern nur Angebote, die benötigt werden beziehungsweise von hohem Interesse sind. Für Anbieter besteht der Vorteil in der höheren Wirtschaftlichkeit der Zielgruppenansprache, da Streuverluste minimiert werden können. Die bisherigen Formen des Online-Datamining gehen aber über die in der physischen Welt vorhandenen Direktmarketing-Aktivitäten kaum hinaus und liegen teilweise sogar zurück: One-to-One ist noch mehr Versprechen, denn Realität der Internet-Ökonomie.[214]

Die gespeicherten Daten werden nur unzureichend genutzt

Ein Grund ist die ungenügende Auswertung der Daten. Zwar bestehen medienspezifische Vorteile durch die unmittelbare technische Erfassung der Nutzeraktivitäten. Das Ergebnis dieses „Tracking" wird von den jeweiligen Webseiten in den sogenannten Log Files – digitale Bordbücher – abgespeichert. Sie umfassen:

* Nutzung der Hauptseite und der Einzelseiten (Visits, Pageviews) pro Zeiteinheit
* Herkunfts-Domain des Nutzers
* Betriebssystem (Macintosh/Windows etc.)
* Browser (Netscape/Explorer etc.)
* Werbemittelbezogene Daten (Click-Through etc.)
* Links, die Traffic für die jeweilige Webseite generieren.[215]

Bislang ist eine Vielzahl der Online-Anbieter aufgrund der hohen Marktdynamik und der Wettbewerbsintensität zu sehr mit dem Management des Tagesgeschäftes beschäftigt. Folglich werden diese Daten nur abgespeichert, aber nicht miteinander verknüpft und aufbereitet. Diese Problematik schildert Craig Donato, Marketing-Manager des Portals Excite:

212 Oftmals wird für Datamining auch der Begriff Data Warehousing benutzt, wenngleich beide Begriffe unterschiedliche Bedeutungen haben. Während Data Warehousing das reine Speichern von Daten beinhaltet, bedeutet Datamining die Auswertung und Aufbereitung der gespeicherten Daten.
213 vgl. Laube 1998, S.80ff.
214 vgl. auch Abschnitt 5.1.4
215 vgl. Bayers 1998, S. 132

„Excite has had enough trouble just keeping up with its phenomenal growth: In February [1998] the company served 28 million pageviews each day, up from 4 million per day a year earlier. At this pace, Excite collects 40 gigabyte of data in its log files every day. If we tried to look at things at that level, we'd go insane – we'd drown in information.“ [216]

Dennoch kann das Wissen über die Nutzer des Dienstes einer der größten Vorteile zur Generierung von weiteren Erlösquellen wie Werbung sein. So kann AOL beispielsweise belegen, daß sich von 1996 auf 1997 die durchschnittliche Besuchszeit von 21 auf 41 Minuten erhöht hat und 80 Prozent der User im AOL-Dienst – und nicht im Internet – surfen.[217]

ZAG-Daten als Marktforschungsziel

Neben diesen nutzungsbezogenen Daten sind Online-Anbieter vor allem an personenbezogenen Daten der Nutzer interessiert. Insbesondere in den USA ist die Generierung von „ZAG“-Daten, das heißt Postleitzahl (Zip Code), Alter (Age) und Geschlecht (Gender) der Rezipienten von großer Bedeutung. Der Grund ist ein in den USA gängiges Marktforschungsverfahren, das auf der Basis dieser Daten weitere Aussagen über Gehaltsklasse, Konsumgewohnheiten etc. ermöglicht. Insgesamt werden bislang vor allem folgende Formen der Informationsgenerierung genutzt:

Abbildung 4.16: Arten der Informationsgenerierung

Umfang der Informationen	Hoch			Niedrig
Art der Informationssammlung	Rechnungstellung	Registrierung als Voraussetzung für Nutzung	Registrierung notwendig, um Value Added Content zu erhalten (Newsletter, E-Mail etc.)	Keine Registrierung
Beispiele	Wall Street Journal, AOL	PointCast, Juno, New York Times, Talk City	CNET, ESPN, SportsZone, ZDNet, Yahoo, Netscape	Alle anderen

Umsetzung der Nutzerdaten in Erlöse

Nachdem die Informationen generiert worden sind, stellt sich die zentrale Frage, wie damit Erlöse erwirtschaftet werden können, so der Yahoo-Gründer Jerry Yang:

„The question is, how do we turn 12 million registrations into revenues and earnings?“ [218]

Hierfür bieten sich mehrere Erlösstrategien an. Die folgende Übersicht zeigt Einsatzgebiete, in denen Datamining eine effektive und effiziente Zielgruppenansprache mit der Generierung von zusätzlichen Erlösen ermöglicht:

216 Bayers 1998, S. 132
217 vgl. Leo 1998, S. 61
218 Alden 1998, S. 2

Quelle

Abbildung 4.16: Jupiter Communications 1998, S. 38

Abbildung 4.17: Mögliche Einsatzgebiete des Datamining für Online-Anbieter

Einsatzgebiet	Beispiele	Ziele	Angestrebte Erlössteigerung
Inhalte	Mass Customization (my.yahoo.com) Täglicher E-Mail Newsletter (CNet.com)	Intensivierung der Nutzer-Webseiten-Bindung Erhöhung der Reichweite	Werbung
Werbung	Targeting des Banners nach Betriebssystem, Browser, Land (pbs.org/cringely)	Effektivere Zielgruppenansprache für Werbungtreibende	Werbung
Produktangebot	Personalisierung der Webseite & Zusendung von E-Mail Infos (Amazon.com)	Steigerung der Wiederkaufrate	Transaktionen
Weitergabe der gespeicherten Daten	Verkauf der Informationen an Adreßverlage	Mehrumsatz	Datamining

Diese Auflistung zeigt bereits, daß Datamining für Online-Anbieter nur im Falle des Verkaufs der gespeicherten Daten an kommerzielle Anbieter wie Adreßverlage direkte Umsätze generiert. Ansonsten ist Datamining eine Form zur Verbesserung des inhaltlichen oder produktbezogenen Angebotes, das in höheren Werbe- oder Transaktionseinnahmen resultieren kann.

Für die meisten Online-Inhalte besteht keine Zahlungsbereitschaft bei Rezipienten

Als fünfte Erlösform sind Abonnementgebühren zu nennen. Sie sind für Medien in Offline-Märkten einer der wichtigsten Erlösströme. In der Internet-Ökonomie herrscht bislang, vor allem durch die Historie des Internet bedingt, die Nutzenvorstellung der Rezipienten, daß Inhalte kostenlos zugänglich sein müssen. Trotzdem gab es eine Vielzahl von Versuchen, Abonnementgebühren als Erlösform einzusetzen. Jedoch mußte die Mehrheit der Online-Medien, die Abonnementgebühren verlangten, eine drastische Verringerung der Zahl ihrer Nutzer erleben. So auch das bekannte Beispiel der US-amerikanischen Finanz-Tageszeitung „The Wall Street Journal" (WSJ). Seit April 1996 gibt es eine elektronische Version des WSJ, die rund 650.000 Leser erreichte. Ab dem Herbst 1996 erhob das WSJ jährliche Abonnementgebühren in Höhe von 49 US-Dollar, für Abonnenten der Printausgabe kostet das Online-Abo 29 US-Dollar. Als Folge mußte das WSJ eine erhebliche Verringerung der Online-Leserschaft auf nur noch 35.000 hinnehmen, konnte aber gegen Ende 1998 wieder 150.000 – zahlende – Onlineabonnenten vorweisen.[219]

219 vgl. Schuler 1996, S. VII; Loizos 1998, S. 36

Quelle

Abbildung 4.17: ECC 1998; die Auflistung erhebt keinen Anspruch auf Vollständigkeit, sondern soll exemplarisch verschiedene Einsatzmöglichkeiten für Datamining aufzeigen.

Abonnements nur bei Fachinformationen und Special-Interest-Inhalten

Generell läßt sich festhalten, daß sich die Erlösform des Abonnements hauptsächlich für zwei Zielgruppen eignet: Erstens für Spezialanbieter von Fachinformationen, deren Nutzer vor allem aus dem Geschäftsbereich stammen. Hierzu gehören Datenbankanbieter wie Lexis-Nexis (www.lexisnexis.com) oder die Angebote der deutschen Weka-Gruppe (www.wekanet.de). Zweitens können Online-Anbieter auch für Special-Interest-Inhalte, die auf ein hohes persönliches Interesse der Nutzer stoßen, Gebühren erheben. Hierzu gehören vor allem Erotik und Sport.[220] General-Interest-Anbieter haben es dagegen schwer, diese Erlösform durchzusetzen: Aufgrund mangelnden Erfolges haben 1998 bereits die Tageszeitungen „New York Times“ und „San Jose Mercury News“ ihre Abonnementgebühren aufgegeben.[221]

Geschäftsmodelle für Online-Anbieter

Nur ZDnet in der Gewinnzone

Nach dieser Aufzählung und Charakterisierung der einzelnen Erlöstypen soll ein Überblick über die gängigsten Geschäftsmodelle für Online-Medien gegeben werden. Bis Ende September 1998 gab es nur einen einzigen Anbieter, der bereits im Internet Erträge erwirtschaftete: ZDnet. Für die restlichen Anbieter waren die jährlichen Betriebskosten, rund 3 Millionen US-Dollar für größere Online-Medienanbieter, höher als die erzielten Erlöse.[222]

Abbildung 4.18: Geschäftsmodelle führender Online-Anbieter

	Inhalt	Geschäftsmodell	Nutzer	Finanzierung	Mitarbeiterzahl
AOL aol.com	Content Kommunikation Marktplätze	Werbung Kommission Abonnement	12,5 Mio.	Börse (NASDAQ)	k.A.
CNET cnet.com	Computer	Sponsorship/Werbung Transaktion Kommission	4 Mio.	Börse (NASDAQ)	586
FEED feedmag.com	Kultur & Lifestyle (New York)	Werbung	50.000	Gründer und Angels	6
FORBES Digital Tool forbes.com	Network Economy	Sponsorship/Werbung	40.000	Forbes New Media	23
SALON salonmag.com	Kultur & Lifestyle (San Francisco)	Sponsorship/Werbung Syndication Abonnement	140.000	Investoren	38
SLATE slate.com	Politik	Sponsorship/Werbung Abonnement	140.000	Microsoft	30
WALL STREET JOURNAL INTERACTIVE wsj.com	Finanzen	Werbung Abonnement	150.000	Wall Street Journal	120
ZDNet zdnet.com	Computer	Sponsorship/Werbung Transaktion Kommission	5 Mio.	Ziff Davis	268

220 vgl. Karepin 1998, S. 64

221 vgl. Barlas 1998, S. 2; die NYT erhob Abonnementgebühren nur für Nutzer außerhalb der USA, das inländische Angebot war von Anfang an kostenlos zugänglich.

222 Beispielsweise macht Time Warner mit dem Online-Angebot "Pathfinder" rund 5 bis 10 Mio. US-Dollar Verluste pro Jahr; die Investitionen von Knight-Ridder betragen rund 20 Mio. US-Dollar pro Jahr. Vgl. Sennnewald 1997, S. 104

Zusammenfassend läßt sich sagen, daß bei der Gestaltung des Erlösmixes[223] die Werbefinanzierung auch in Zukunft eine dominierende Rolle spielen wird. Dennoch ist das absolut verteilbare Werbevolumen noch zu gering. Abonnementgebühren werden auf absehbare Zeit nur für Spezialanbieter durchsetzbar sein. Kommissionen und Transaktionen sind insbesondere für themenbezogene Spezialanbieter eine Möglichkeit, Erlöse zu erzielen. Als bislang nur selten angewandtes Mittel zur Erlösgenerierung ist Datamining zu sehen, hier könnten Online-Anbieter zusätzliche kreative Erlöswege entwickeln.

Im Internet sind kreative Erlöswege gesucht

4.2.4 Erosion traditioneller Wertschöpfungsketten durch Multimedia-Wertschöpfungsnetze

Die Veränderungen der Internet-Ökonomie betreffen nicht nur neue ökonomische Gesetzmäßigkeiten und die Kosten- und Erlösstrukturen der Unternehmen, sondern ebenso die den Märkten zugrundeliegenden Wertschöpfungsstrukturen. Wie bereits in Kapitel 3.4 beschrieben wurde, hat der Konvergenzprozeß zu einer erheblichen Annäherung und wechselseitigen Durchdringung der Medien-, Telekommunikations- und Informationstechnologie-Märkte geführt. Dadurch entsteht ein neuer gemeinsamer Markt, dessen Bereiche in unterschiedlichem Maße von den drei Medien- und Kommunikations-Sektoren geprägt sind.

Die Basis dieser Entwicklungen stellen Innovationen im Bereich der Informations- und Kommunikationstechnologie dar. Die in der Folge entstandene digitale Infrastruktur ist als Marktplatz die Voraussetzung für grundlegende Veränderungen in der Erstellung von Informations-, Unterhaltungs- und Kommunikationsleistungen.

* Die separat erbrachten Leistungen auf den einzelnen Medien- und Kommunikations-Sektoren sind durch eine ständige technologische Weiterentwicklung und durch Verwendung neuer Technologien qualitativ verbessert worden (zum Beispiel digitales Fernsehen, Telefonieren über ISDN).
* Die Verbindung der Infrastrukturen ermöglicht eine Integration verschiedenster Dienste, die über eine gemeinsame Infrastruktur parallel angeboten werden (zum Beispiel Fernsehen und Informationsrecherche ohne Medienbruch).
* Die Verbindung der Infrastrukturen und die Verbindung der Dienste schafft Raum für die Entwicklung neuer innovativer Dienste und Leistungen, die über die Integration hinausgehen (zum Beispiel Internet-Telefonie).

Die Verbindung der Medien- und Kommunikations-Sektoren hat also einen neuen Markt geschaffen, der verschiedene Möglichkeiten zum einseitigen oder gegenseitigen Austausch von Informationen bietet. Dieser multimediale Markt erbringt alle Informations-, Unterhaltungs- und Kommunikationsleistungen. Die

223 Weitere Erlöstypen für Online-Publisher, die nicht explizit aufgezählt wurden, sind Syndication und Micropayments. Syndication bedeutet den Weiterverkauf bereits einmal erstellter redaktioneller Leistungen an andere Redaktionen. Micropayment steht für den Verkauf von Artikeln aus dem Archiv. Beispielsweise bietet Business Week (www.businessweek.com) einen Artikel für 2 US-Dollar an, 10 für 5 US-Dollar und 50 für 20 US-Dollar.

Quelle

Abbildung 4.18: ECC in Anlehnung an Loizos 1998, S. 38; Stand: April 1998

Die Verbindung der Medien- und Kommunikationssektoren hat einen neuen Markt geschaffen

verschiedenen Leistungen werden in einer neuen Multimedia-Wertschöpfungskette erstellt, die die folgenden Wertschöpfungsstufen enthält:

* In der ersten Wertschöpfungsstufe werden Inhalte jeder Art erstellt. Hierzu zählen die klassischen medialen Inhalte wie Filme, Sendungen, Bücher, Berichte und Artikel. Weiterhin umfassen die Inhalte auch Computerspiele, Datenbanken und Webseiten von Unternehmen, Privatleuten oder verschiedenen Organisationen.
* Die zweite Wertschöpfungsstufe (Packaging) umfaßt Leistungen, die das Aufbereiten und Zusammenstellen der Inhalte betrifft. Hierunter sind die Funktionen von Sendern, Verlagen, Informationsdiensten (zum Beispiel Wetter, Sport) und Nachrichtenagenturen sowie auch die Leistungen von Online Service Providern und Internet-Portalen zu zählen.
* Die dritte Wertschöpfungsstufe betrifft die Übertragung der erstellten und aggregierten Inhalte zum Empfänger sowie die Übertragung der Kommunikationsinhalte zwischen Kommunikationspartnern. In diesen Bereich gehören alle Netzbetreiber und Übertragungsdienstleister, die sich eines oder mehrerer der folgenden Netze bedienen: Internet, Telefon-, Kabel-, Satelliten- und terrestrische Netze. Dabei steht die Übertragung über per Internet verbundene Netze im Vordergrund.

Multimedia-Wertschöpfung erfolgt in sechs Stufen

* Die vierte Wertschöpfungsstufe erbringt für den Kunden die Navigationsleistung. Navigation bedeutet als Wertschöpfungsbereich die Manipulation der Infrastruktur, das heißt Hardware- und Softwarekomponenten, die die Orientierung und Steuerung auf der physischen Infrastruktur ermöglichen und verbessern. Dazu zählen Betriebssysteme, Browser und „intelligente" Agenten.
* Auf der fünften Stufe liegen die Mehrwertleistungen (VAS = Value Added Services) wie Abrechnung, Installation und Schulung sowie Multimedia-Beratung.
* Die sechste Wertschöpfungsstufe liegt am Ende der Multimedia-Wertschöpfungskette und somit dem Kunden am nächsten. Sie umfaßt alle Endgeräte, die zum Empfang der erstellten, aggregierten und übertragenen Inhalte benötigt werden. Sie sind folglich notwendig, um die Informations-, Unterhaltungs- und Kommunikationsleistungen zu nutzen. Die Endgeräte umfassen alle multimedialen Empfangsgeräte wie MM-Fernseher, Screenphones, Mobiltelefone, MM-PCs oder Personal Digital Assistants (PDA) und andere.

Die sechs Stufen der Multimedia-Wertschöpfungskette faßt die folgende Abbildung nochmals zusammen.

Abbildung 4.19: Die Wertschöpfungskette des Multimedia-Marktes

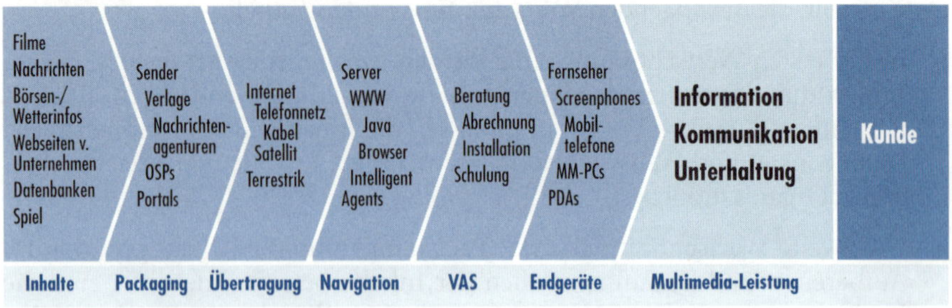

Linearität der Wertschöpfungskette entspricht nicht der vernetzten Realität

Diese lineare Darstellung des Wertschöpfungssystems von Multimedia-Leistungen als Kette entspricht in den wenigsten Fällen der Realität. Denn die Erstellung multimedialer Leistungen folgt nur selten der linearen Anordnung der wertschöpfenden Aktivitäten. Um die flexiblen Verknüpfungen der Wertschöpfungsbereiche aus den unterschiedlichen Wertschöpfungsketten der Medien- und Kommunikations-Sektoren adäquat darzustellen, bietet sich anstelle der linearen Wertschöpfungskette eine kreis- beziehungsweise netzwerkförmige Darstellung an. Der Kunde rückt dabei von dem Ende der Wertschöpfungskette in den Mittelpunkt des Wertschöpfungsnetzes, um den sich alle wertschöpfenden Funktionen ranken. So entsteht folgendes Multimedia-Wertschöpfungsnetzwerk, das der großen Flexibilität bei der Erstellung multimedialer Leistungen gerecht wird.

Abbildung 4.20: Multimedia-Wertschöpfungsnetzwerk

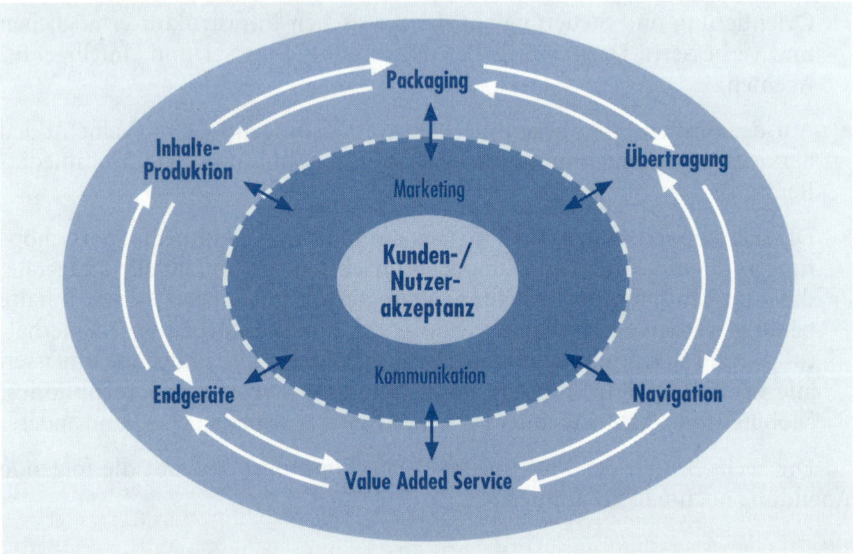

Quelle

Abbildung 4.19: ECC 1998
Abbildung 4.20: ECC 1998

Die Wertschöpfung des Multimedia-Marktes zeichnet sich dadurch aus, daß klassische Beschränkungen, wie sie bei früheren Wertschöpfungsprozessen bestanden, wegfallen. Das führt einerseits zu einer größeren Leistungsvielfalt, andererseits auch zu einem angereicherten Angebot der verknüpften Leistungen („Media Richness"). Die hohe Attraktivität dieses Multimedia-Marktes liegt sowohl für Anbieter als auch für Nachfrager in der enormen Flexibilität bei der Erstellung und Nutzung von Informations-, Unterhaltungs- und Kommunikationsleistungen.

Der neue Multimedia-Markt bietet eine enorme Flexibilität

Ein erweiterter Ansatz, der sich auf die Betrachtung sämtlicher vor- und nachgelagerter Wertschöpfungspartner in einem Markt erstreckt, findet sich in der EU-Studie CONDRINET.[224]

Abb.4.21: Erweitertes Wertschöpfungsmodell in der Internet-Ökonomie

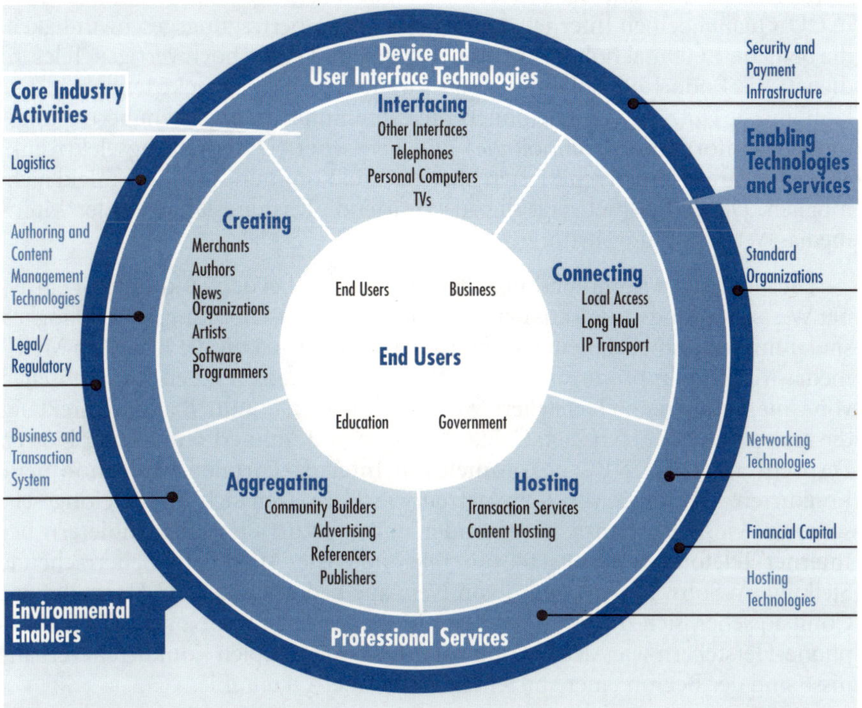

Einbindung der Wertschöpfung in infrastrukturelle Vorbedingungen

Hier legen sich um den eigentlichen Kern des Wertschöpfungsprozesses „Creating – Aggregating – Hosting – Connecting – Interfacing" eine Reihe von infrastrukturellen Wertschöpfungs-Vorbedingungen: Zum einen sind dies die *„Environmental Enablers"*, also alle grundsätzlichen Vorbedingungen, die erst den eigentlichen Wertschöpfungsprozeß ermöglichen. Dazu zählen die regulatorischen Rahmenbedingungen, technische Standards, Kapital und die Infrastruktur für Transaktionsprozesse. Die *„Enabling Technologies and Services"* als zweite

224 vgl. http://www2.echo.lu/condrinet/

Quelle

Abbildung 4.21: Europäische Kommission 1998b

Vorbedingung beziehen sich auf prozeßbezogene Techniken und Dienste wie Interface- oder Content-Management-Technologien. Insgesamt gelingt hierdurch eine umfassende Darstellung der in einem Wertschöpfungsprozeß integrierten Faktoren. Deutlich bei all diesen Prozessen ist, daß es keine feste Abgrenzung zwischen den einzelnen Stufen gibt, sondern das Modell ein dynamisches System repräsentiert, das einem stetem Wandel unterliegt.

120 TV-Kanäle, 50 Musiksender, ein rasanter Internetzugang und ein hochwertiger Telefondienst

Ein Beispiel für die Flexibilität von Multimedia-Wertschöpfungsprozessen bietet das Projekt TeleChoice, das von der amerikanischen Telefongesellschaft US West Communications gemeinsam mit NextLevel Communications betrieben wird.[225] Die an dem Projekt beteiligten Kunden von US West werden dabei mit einem VDSL-Modem von NextLevel ausgerüstet. Mit dieser Ausstattung wird der Fernseher an das Telefonnetz von US West angeschlossen. Die Kunden empfangen über den Fernseher und das Modem 120 digitale Fernsehkanäle, 50 Musiksender in CD-Qualität, einen Internet-Zugang mit einer Übertragungsgeschwindigkeit, die beinahe 1.000mal höher liegt als bei ISDN, und einen hochwertigen Telefondienst. Bis Ende 1998 sollen 400.000 Kunden an dem Projekt teilhaben. Die kombinierte Nutzung von Telefonnetz (Telekommunikation), Datenübertragungsmodem (Informationstechnologie) und Fernseher (Unterhaltungselektronik/ Medien) wäre in einem separierten Medien- und Kommunikations-Umfeld nicht möglich. Dieses Beispiel zeigt die zu erwartende Leistungsfähigkeit der Multimedia-Wertschöpfungskette.

Die vielfältigen Kombinationsmöglichkeiten, die bei der Verknüpfung einzelner Wertschöpfungsstufen aus den verschiedenen Wertschöpfungsketten möglich sind, führen zu gänzlich neuen Konkurrenzverhältnissen für die Player im Multimedia-Markt. Filmproduzenten wie Warner Bros. konkurrieren mit Webseiten von Unternehmen und Herstellern von Print-Inhalten unmittelbar und direkt um die knappen Ressourcen Zeit, Geld, Akzeptanz und Aufmerksamkeit der Nutzer. Fernsehsender wie NBC bekommen mit Internet-Portalen wie Yahoo neue Konkurrenz. Betreiber von Kabelnetzen wie TCI setzen sich mit Telefongesellschaften wie Bell Atlantic auseinander und konkurrieren mit Anbietern der Internet-Telefonie wie VocalTel um Telefondienste. Microsofts beherrschende Stellung im Softwaremarkt wird von Netscape bedroht. Und PC-Hersteller wie Compaq sehen sich mit Anbietern von Mobiltelefonen wie Nokia oder Screenphone-Herstellern wie Alcatel konfrontiert. Diese multiplen Konkurrenzverhältnisse sind der Beginn einer entstehenden Internet-Ökonomie.

In diesem Marktumfeld versuchen zahlreiche Unternehmen ihr bisheriges Leistungsportfolio und die entsprechenden Kernkompetenzen zu erweitern. So vollzieht Bertelsmann insbesondere seit dem Einstieg bei AOL den Wandel zu einem integrierten Multimedia-Konzern. Neben dem Kauf des Berliner Unternehmens Pixelpark sind eine Vielzahl von Multimedia-Projekten wie „Avanti" gestartet worden. Ziel dieses Projektes von „mediaways", einem Joint-Venture zwischen Bertelsmann und debis, ist der Eintritt in den Markt für Internet-Telefonie.

225 Hohensee 1998, S. 148

Kontinuierliche Erosion der separaten Wertschöpfungsketten

Hervorzuheben ist, daß die Verbindung der Märkte zu einem Multimediamarkt nicht bedeutet, daß die einzelnen unabhängigen Medien- und Kommunikations-Sektoren vollständig in dem neuen Markt aufgehen. Die Multimedia-Wertschöpfungskette führt nicht zu einer sofortigen Substitution der bisherigen Medien-, IT- und TK-Wertschöpfungsketten. Vielmehr entwickelt sich zusätzlich eine neue Multimedia-Wertschöpfungskette, in der neue Leistungen entstehen. Die dadurch erweiterten Nutzungsmöglichkeiten führen zu größeren Anwendungsspektren und sind mit einem höheren Kundennutzen verbunden. Als Folge ist eine Nachfrageverlagerung zu beobachten, so daß die traditionellen Wertschöpfungsketten mit weniger Zahlungsströmen „gewürdigt" werden als die Multimedia-Wertschöpfungskette. Es setzt also ein beständiger Veränderungsprozeß ein, der zu einer kontinuierlichen Erosion der traditionellen Medien- und Kommunikations-Wertschöpfungsketten führt.

Die Geschwindigkeit des Erosionsprozesses und der Erfolg neuer Wertschöpfungsstrukturen hängen dabei in erster Linie von dem mit den neuen Möglichkeiten verbundenen Zusatznutzen ab. Die Komponenten wie Attraktivität des Inhalts, Qualität der Darbietung und des Empfangs sowie Kosten und Bequemlichkeit der Nutzung müssen einen deutlichen Kundenvorteil aufweisen.

Untergang der Encyclopaedia Brittanica

Der Verlagerungsprozeß der Nachfrage zugunsten der Multimedia-Wertschöpfungskette ist seit Anfang der neunziger Jahre zu beobachten und beschleunigt sich fortwährend durch den Ausbau der digitalen Infrastruktur und die Entwicklung entsprechender Leistungsangebote. Ein klassisches Beispiel für den Bedeutungsverlust der ursprünglichen Wertschöpfungskette bietet die Encyclopaedia Brittanica. Das renommierte Nachschlagwerk in 32 Bänden wurde innerhalb weniger Jahre durch CD-ROMs marginalisiert, die Enzyklopädien mit minderer Qualität und geringerem Umfang enthielten. Ein weiteres Beispiel liegt in der kontinuierlich zunehmenden Nutzung der elektronischen Post (E-Mail), die langsam aber sicher die Umsätze traditioneller Postzulieferungen reduzieren wird. Als aktuelles Beispiel läßt sich das Verhältnis der Fernseh- und Internetnutzung nennen. Dabei verlagern Konsumenten ihre knappen Zeitressourcen zunehmend zugunsten des Internet.

Für die Zukunft sind ähnliche Entwicklungen prognostizierbar. So erwächst der traditionellen Wertschöpfungskette des Buchmarktes Konkurrenz durch die Entwicklung innovativer Endgeräte wie im Falle des „Rocket E-Book". Dieser tragbare Computer ist mit einem speziellen Display für das Lesen von digitalen Buch-Inhalten ausgestattet und bietet Speicherkapazität für den Inhalt von zehn Büchern. Dadurch werden neue Wertschöpfungsstrukturen zur Verteilung von Buch-Inhalten ermöglicht. Dies führt nicht zu einem Verschwinden der traditionellen Wertschöpfungskette von Büchern. Vielmehr findet eine langsame Erosion durch Umverteilung und Überlagerung statt.

Als einer der größten Buchverlage reagierte Bertelsmann und beteiligte sich am Hersteller des Rocket E-Book, NuovoMedia aus dem kalifornischen Palo Alto.

Damit verringert Bertelsmann das Risiko, das mit dem bereits einsetzenden Bedeutungsverlust des klassischen Buchvertriebs verbunden ist. Ähnliche Gründe bewegen auch die Deutsche Telekom. Ihre Beteiligung an dem israelischen Unternehmen VocalTel bedeutet eine Unterstützung der Internet-Telefonie, obwohl diese auch ihr klassisches Telefongeschäft bedroht. Der Grundgedanke dieser Aktivitäten lautet: Wenn die Erosion des Kerngeschäfts nicht verhindert werden kann, gilt es, möglichst am Erfolg des Multimedia-Marktes teilzuhaben. Für Unternehmen der Medien- und Kommunikations-Sektoren ergibt sich somit die strategische Konsequenz:

„Kannibalisiere Dich selbst, bevor es ein anderer tut."

Kapitel 5

Navigationshilfen für die Internet-Ökonomie

5.1 Strategische Konsequenzen für Medien- und Kommunikations-Unternehmen

5.1.1 Neue Wettbewerbsstrategien – Bildung von Business Webs

Nutzenbeurteilung des Kunden bezieht sich nicht mehr auf einzelne Teilleistungen, sondern das Gesamtergebnis (Systemprodukt)

In einer Internet-Ökonomie sind zunehmend Leistungen verfügbar, die als Systemprodukt verstanden werden können. Dies bedeutet, daß bei einer Nutzenbeurteilung des Kunden nicht die jeweilige Teilleistung eines Unternehmens, sondern das Gesamtergebnis – Systemprodukt – im Vordergrund steht. Folglich stehen die Teilleistungen in einem komplementären Verhältnis zueinander.

Bislang ist dieses Phänomen vor allem in der IT-Industrie aufgetreten. Hier stellen Hardware, Betriebssystem, Anwendungssoftware und Peripheriegeräte wie Drucker, Modem und CD-ROM-Laufwerke zwar unterschiedliche Teilkomponenten dar, stehen jedoch aus Sicht der Konsumenten in einem Systemzusammenhang. In der Internet-Ökonomie ist eine ähnliche Konstellation zu beobachten. Teilleistungen wie Internet-Zugang, E-Mail, Nachrichten- und Informationsdienste sowie elektronische Einkaufsmöglichkeiten verbinden sich für den Kunden zu einer wertvollen Systemleistung.

Wertschöpfung von komplementären Systemleistungen rückt in den Mittelpunkt der strategischen Betrachtung

Als Folge dieses zunehmenden Auftretens von Systemprodukten in einer Internet-Ökonomie erweitert sich die bisherige Perspektive von Wettbewerbsstrategien. Anstatt der Erstellung einzelner unabhängiger Leistungen steht zunehmend die Wertschöpfung von komplementären Systemleistungen im Mittelpunkt der Betrachtung. Hierbei wird das Verständnis von Netzeffekten und positiven Feedbacks zum entscheidenden Wettbewerbsvorteil der Systemanbieter.

In einem solchen Marktumfeld können Unternehmen entweder das komplette Systemangebot selbst erbringen oder sich auf die Erstellung eines Elements der Gesamtleistung konzentrieren. Aufgrund der höheren Effizienz der Arbeitsteilung ist die Verteilung der Wertschöpfung von Systemprodukten in einer Vielzahl von Fällen die vorteilhaftere Lösung. Unternehmen, die sich für eine vollständige Eigenfertigung von Systemprodukten entscheiden, werden als vertikal integriert bezeichnet. Ein Beispiel für einen stark vertikal integrierten Konzern ist IBM.[226] Demgegenüber stehen horizontal spezialisierte Unternehmen wie Microsoft, Compaq oder Intel.

226 Siehe Kapitel 3.3

Fragmentierte Wertschöpfungsstruktur ist zentrales Merkmal der Internet-Ökonomie

Abbildung 5.1: Marktstruktur bei vertikaler Integration und horizontaler Spezialisierung

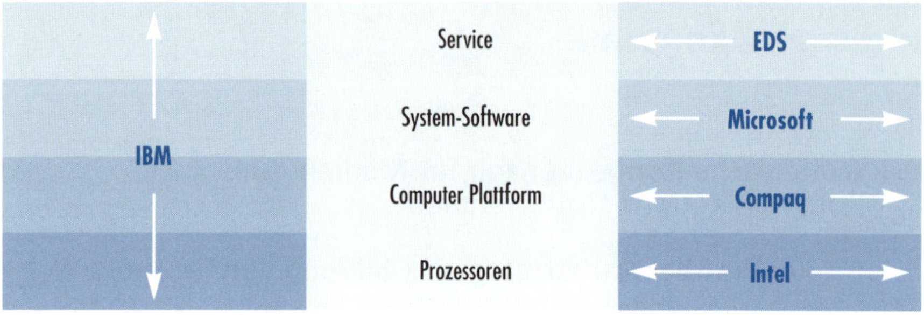

Die Internet-Ökonomie ist von einer fragmentierten Wertschöpfungsstruktur und einer steigenden Marktdynamik mit immer schnelleren Technologie- und Produktinnovationen geprägt. In einem solchen Wettbewerbsumfeld ist die integrierte Erstellung von komplexen Systemprodukten durch ein einzelnes Unternehmen schwer zu beherrschen. Flexibles Agieren ist somit nur möglich, wenn Unternehmen sich auf eines oder wenige Elemente der jeweiligen Wertschöpfung konzentrieren.

Vertikal integrierte Unternehmen unterliegen im Geschwindigkeitswettbewerb mit Spezialisten

Vor diesem Hintergrund ist beispielsweise die 1995 erfolgte Aufteilung des Telekommunikations-Konzerns AT&T in drei Unternehmen zu sehen. Ebenso ist das schlechte Jahresergebnis der Chipsparte des Siemens-Konzerns für 1997/98 und die angedachte Ausgliederung in ein eigenes börsennotiertes Unternehmen aufgrund der hohen Wettbewerbsintensität durch horizontal spezialisierte Unternehmen aus den USA und Japan nicht nur verständlich, sondern schon fast als zwangsläufig zu beurteilen.

Diese neuen Marktgegebenheiten einer Internet-Ökonomie haben erhebliche Folgen für die Gestaltung von Wettbewerbsstrategien. Bislang richtete sich die Formulierung von Wettbewerbsstrategien am „strategischen Dreieck" aus, das die Leistung des eigenen Unternehmens zu der Leistung der Konkurrenten aus der vergleichenden Sicht des Kunden ins Verhältnis setzt.

Abbildung 5.2: Das strategische Dreieck

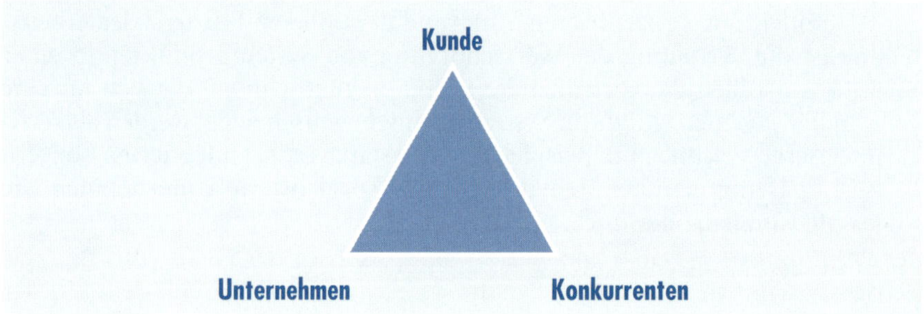

Quelle

Abbildung 5.1: ECC 1998

Abbildung 5.2: Ohmae 1986, S. 71

ECC
EUROPEAN COMMUNICATION COUNCIL

„Focus not just on your competitors, but also on your collaborators and complementors."[227]

Das strategische Dreieck muß erweitert werden

Unternehmen können innerhalb dieses strategischen Dreiecks mehrere generische Strategiemuster (nach Porter) verfolgen. Erstens können strategische Wettbewerbsvorteile durch günstigere Preise bei vergleichbarer Leistungsqualität, das heißt Kostenführerschaft, erzielt werden. Eine zweite Möglichkeit ist die sogenannte Differenzierung, das heißt Qualitätsführerschaft bei relativ gleichem Preisniveau. Diese beiden Strategiemuster können sich sowohl auf den Gesamtmarkt als auch auf einzelne Marktsegmente – Fokussierung auf Schwerpunkte – beziehen. Diese Strategieansätze haben auch in der Internet-Ökonomie weiterhin zentrale Bedeutung für Unternehmen – sind aber nicht mehr ausreichend.

Denn für spezialisierte Unternehmen ergibt sich aus der Erstellung einzelner Systemkomponenten nicht nur eine verbesserte Adaption an eine komplexere Umwelt, sondern vor allem die Zugehörigkeit zu einem Wertschöpfungsnetz. Daraus resultiert ein verändertes Strategieverständnis, da neben der Erlangung eines konkurrenzfähigen Preis-Leistungsverhältnisses zusätzlich die Bildung von Kooperationen mit anderen Wertschöpfungspartnern grundlegende Bedeutung erhält.

Business Webs sind die richtige strategische Antwort auf eine systemische Umwelt

Ein strategischer Ansatz, auf diese systemische Umwelt zu reagieren, besteht in dem von Hagel III[228] beschriebenen Konzept der „Business Webs". Unter Business Webs werden Gruppen von Unternehmen verstanden, die unabhängig voneinander wertschöpfende Teilleistungen erstellen und sich gegenseitig ergänzen. Der Markterfolg dieser Unternehmen ist aneinander gekoppelt, da der Nachfrager erst durch das im gesamten Wertschöpfungsnetz entstandene Systemprodukt ganzheitliche Problemlösungen erhält, die sich gegenüber Konkurrenzprodukten durchsetzen müssen.

Das Element, das die Systemarchitektur eines Business Web verbindet, basiert in den meisten Fällen auf einer Technologie, kann jedoch auch ein bestimmtes Kundensegment darstellen. Im ersten Fall spricht man von Technology Webs, im zweiten Fall von Customer Webs. Ein zentrales Charakteristikum aller Business Webs ist die hierarchische Beziehung zwischen „Shapern" und „Adaptern". Ein Shaper kontrolliert das zentrale Element des Business Web, das die Adapter akzeptieren, um ihre Komplementärleistungen darauf auszurichten.

Technology Webs basieren meist auf einem technologischen De-facto-Standard. Eine bestimmte Technologie bildet dabei den zentralen Mittelpunkt des Systemprodukts, auf den die übrigen Komponenten ausgerichtet werden. Dabei ist insbesondere die Schnittstellenkompatibilität von hoher Bedeutung, da nur so ein reibungsloses Zusammenwirken der Komplementärprodukte untereinander und mit der Kerntechnologie möglich ist.

Das bekannteste Beispiel für ein Technology Web ist das „Wintel-Gespann" in der PC-Industrie.[229] Dabei bilden der Mikroprozessor der Firma Intel und das Betriebssystem von Microsoft die zentralen Technologien, die mit dem Ziel der Leistungsoptimierung aufeinander abgestimmt wurden. Das System wurde offen

227 Shapiro/Varian 1998, S. 7
228 vgl. Hagel III 1996
229 vgl. Kapitel 3.3

Das Wintel-Gespann als Paradebeispiel für ein funktionierendes und profitables Business Web

gestaltet, so daß die Schnittstellen-Spezifikationen für Komplementärleistungen frei zugänglich waren. Als Folge gruppierten sich um diese zentrale Prozessor-Betriebssystem-Architektur der beiden Shaper Microsoft und Intel eine Reihe von Adaptern, die ihre Hardwareprodukte und Softwareanwendungen auf die zentrale „Wintel"-Architektur abstimmten. Mit dem zunehmenden Erfolg dieses Business Web stellten sich positive Feedbacks ein. Das Business Web profitierte von einer steigenden Zahl an Business Web-Partnern, die den Kunden indirekte Netzeffekte verschafften.

Generell sind auf Technologien basierende Business Webs stabiler als Customer Webs. Falls der Kern des Technology Web eine proprietäre, das heißt im Besitz eines Unternehmens liegende Technologie darstellt, verursacht ein Wechsel sowohl beim Kunden als auch bei Technology Web-Partnern hohe Kosten. Folglich entstehen Lock-In-Effekte, die einen lang andauernden Erfolg des Technology Web wahrscheinlich machen.

Technology und Customer Webs als zwei Grundformen der Business Webs

Bei Customer Webs steht eine bestimmte Kundengruppe im Mittelpunkt. Das Business Web erstellt eine „Systemleistung" für diese Kundengruppe, die sich beispielsweise auf die Befriedigung themenspezifischer Bedürfnisse richtet. Dabei können zum Beispiel themenbezogene Informations-, Unterhaltungs- und Kommunikationsleistungen oder Einkaufsmöglichkeiten zusammengestellt und angeboten werden. Eine Vielzahl von Unternehmen versucht gegenwärtig, solche Customer Webs durch den Aufbau von virtuellen Gemeinschaften zu schaffen.

Ein Beispiel für ein Customer Web ist das im WWW erhältliche Sportangebot des US-amerikanischen Fernsehsenders CBS: Sportsline USA (www.cbs.SportsLine.com) reicht von aktuellen Meldungen über Datenbanken, Spielberichte, Adressenverzeichnisse, Videosequenzen, Interviews, Ratgeber, Chat-Räume, Kartenverkauf, Verlosung von Reisen zu Sportveranstaltungen bis hin zum Verkauf von Fanartikeln oder anderer Sportprodukte. Die Anbieter der jeweils benötigten Leistungen gruppieren sich demzufolge um das Kundensegment der Sport-Interessierten. Sportsline USA ist somit der Shaper, der durch die thematische Fokussierung den Zugang zu einer Zielgruppe und die Kontrolle über Kundeninformationen besitzt, die für andere Unternehmen einen hohen Wert besitzt. Der Shaper hat in Customer Webs durch die Kontrolle über den Kundenzugang erheblichen Einfluß auf die Geschäftsaktivitäten des gesamten Business Web.

Unabhängig davon, ob es sich bei der Form des Business Web um ein Technology Web oder ein Customer Web handelt, erfordert der „lose" Verbund einen hohen Koordinationsaufwand, der vertikal integrierte Unternehmen auf den ersten Blick als vorteilhafter erscheinen läßt. Insbesondere die Abstimmung von Schnittstellen zwischen den einzelnen Systemkomponenten ist innerhalb eines Unternehmens leichter als innerhalb von Wertschöpfungsnetzen zu realisieren. Oftmals – aber nicht immer – erbringen integriert erstellte Systemprodukte wie Apple eine überlegene Leistung im Vergleich zu Produkten, die im Rahmen zwischenbetrieblicher Koordination gefertigt worden sind.

„In the network economy a firm's primary focus shifts from maximizing the firm's value to maximizing the network's value." [230]

Formierung von Business Webs ist Voraussetzung für Wettbewerbsvorteile

In dynamischen Industrien ist die Struktur von Business Webs nicht nur als attraktive Strategiealternative, sondern schon fast eine Voraussetzung für die Erzielung von Wettbewerbsvorteilen. Hierfür lassen sich folgende Gründe anführen:

* Erst eine Konzentration auf Kernkompetenzen ermöglicht Unternehmen den Ausbau der Spezialisierung. Die Verbindung dieser Kernkompetenzen führt in einem Business Web langfristig zu einer erhöhten Produktqualität des Systemprodukts.
* Durch die Verteilung des Risikos verringert sich die Unsicherheit für Unternehmen in den von hoher Dynamik und Komplexität geprägten Märkten erheblich.
* Die Aufteilung der Wertschöpfungsaktivitäten führt durch Ausnutzen von Netzeffekten zu hoher Flexibilität. Darüber hinaus können durch die Modularisierung des Systemproduktes große Innovationspotentiale erschlossen und eine schnelle Marktpenetration realisiert werden.
* Die Verbindung der Business Web-Partner bietet Systemprodukten einen Zugriff auf umfangreichere Ressourcen.
* Innerhalb der Business Webs entsteht ein fruchtbares Zusammenspiel von Wettbewerb und Partnerschaften („Coopetition").[231]

Vorteile und Risiken von Business Webs

Diesen Vorteilen stehen aber auch gewisse Risiken gegenüber. Generell haben Business Webs für die beteiligten Unternehmen geringe Stabilität, da zwischen den Wertschöpfungspartnern in der Regel keine oder nur partiell vertragliche Regelungen über die Zusammenarbeit oder Beteiligungen zwischen den Unternehmen bestehen. Fundament eines Business Web ist vielmehr die mögliche „Win-Win"-Situation: einzelne Unternehmen sind nur dann erfolgreich, wenn das Wertschöpfungsnetz erfolgreich ist. Für Unternehmen hängt der Absatz der eigenen Produkte direkt vom Erfolg der gesamten Systemleistung ab. Aufgrund dieser gegenseitigen Abhängigkeiten in einem Business Web ist es für Teilnehmer von grundlegender Bedeutung, das gesamte Wertschöpfungsnetz zu unterstützen. Da das gemeinsame Ziel der Unternehmen in der Erhaltung und Stabilisierung des Business Web besteht, rückt das Gemeinschaftsinteresse in den Vordergrund.

Dieser Interessenangleichung steht in den meisten Fällen ein Verteilungswettbewerb innerhalb des Business Web gegenüber. Die Wertschöpfung eines Business Web verteilt sich entsprechend der Stellung – Shaper oder Adapter – auf die einzelnen Unternehmen. Beispielsweise erzielen Microsoft und Intel anteilig den höchsten Erlös im Wintel-System. Dies wird von den anderen Unternehmen unterstützt, solange sie ausreichend am Erfolg teilhaben. Da die Adapter aufgrund ihrer meist austauschbaren Kernkompetenzen keinen eindeutigen Wettbewerbsvorteil besitzen, stehen sie in einem intensivem Wettbewerb um die Verteilung der Wertschöpfung.

230 Kelly 1998, S. 64
231 vgl. Browning/Reiss 1998, S. 112

Mangelnde Investionsbereitschaft gefährdet Auf- und Ausbau des Business Web

Zudem kann ein Problem auftreten, falls die Position des Shapers nicht eindeutig geklärt ist. In einem solchen Fall werden keine Investitionen in den Auf- oder Ausbau der Netzinfrastruktur getätigt, da einzelne Unternehmen keine Verantwortung übernehmen. Befürchtet wird vor allem das Trittbrettfahrerproblem: Dritte Unternehmen profitieren vom Business Web, ohne ihrerseits einen angemessenen Teil der Entwicklungskosten zu tragen. Im Extremfall können solche Probleme das Zustandekommen oder die Existenz eines Business Web erheblich gefährden. Insbesondere dann, wenn ein Shaper aufgrund mangelnder Unterstützung anderer Unternehmen das Wertschöpfungsnetz verläßt, kann das Business Web auseinanderbrechen.

Um den Wert eines Netzwerkes zu steigern, lassen sich mehrere Strategien von Shapern eines Business Webs verfolgen. Beispielsweise investieren Microsoft als auch Intel in erfolgsversprechende junge Unternehmen, um ihre eigene Stellung innerhalb des Business Web auch zukünftig zu sichern.[232] Zudem soll mit diesen Übernahmen und Beteiligungen sichergestellt werden, daß das bestehende Business Web auch auf neue Marktsegmente übertragen wird.

Wertsteigerung des Microsoft Business Web durch Erweiterung der Marktsegmente

Aus diesem Grund versucht Microsoft, eine „Windows Light"-Version – Windows CE – als das dominierende Betriebssystem in PC-fremden Märkten zu etablieren. Neben handflächengroßen Kommunikationsgeräten (Handhelds) will Microsoft Windows CE als Betriebssystem in Dekodern etablieren, die den Empfang von digital ausgestrahlten Fernsehprogrammen und von Internet-Diensten ermöglichen. Deshalb schloß Microsoft mit TCI, dem erst kürzlich von AT&T übernommenen größten US-amerikanischem Kabelnetzbetreiber, einen Vertrag:

> *„In der Kabelfernsehindustrie gibt es Gerüchte, daß Microsoft TCI für jede der insgesamt fünf Millionen Windows CE Kopien, die in TCIs Kabelfernsehdekoder installiert werden, 100 US Dollar zahlt. Insgesamt macht das 500 Millionen US Dollar. … Außerdem darf nicht vergessen werden, daß TCI ein weiteres Betriebssystem im Dekoder eingebaut hat – und zwar eine Version von Suns JavaOS. Dieses verrichtet angeblich die wirkliche Arbeit, während Windows CE hauptsächlich zur Finanzierung dient."* [233]

Diese Äußerung des Buchautors und Journalisten Robert X. Cringely belegt zudem, daß TCI als Gatekeeper nicht gewillt ist, durch die Entscheidung für nur ein Betriebssystem die Kontrolle über das Kundensegment zu gefährden. TCI befindet sich als Shaper eines Customer Web – dem Segment der Kabelkunden – in einer typisch ambivalenten Situation: Einerseits sollten möglichst viele Adapter entsprechend ihren Kernkompetenzen in ein Business Web integriert werden. Da TCI als Kabelnetzbetreiber keine Kernkompetenz im Bereich der Produktion von Dekodern oder der Erstellung von Betriebssystemen besitzt, erschien es folgerichtig, diese an dritte Unternehmen abzugeben. Deshalb muß der Zugang zum Business Web so offen wie möglich gestaltet werden. Denn je mehr verschiedene Teilleistungen für ein bestimmtes Business Web erbracht werden, desto attraktiver ist ein Systemprodukt für den Kunden. Andererseits muß ein Shaper versuchen,

232 vgl. Rich 1998, S. 1
233 Cringely 1998: „I Cringely"; Vol. 1.6.1, http://www.pbs.org/cringely/archive/may2898_text.html

seine zentrale Position durch entsprechende Strategien zu sichern und zu verteidigen.

Das Risiko von offenen Architekturen: Verlust der Shaper-Funktion

Aufgrund von Systemprodukten ist das Wettbewerbsumfeld in einer Internet-Ökonomie von hoher Komplexität geprägt. Beispielsweise können sich Unternehmen verschiedenen Business Webs anschließen, die unter Umständen gegenseitige Konkurrenten sind. So ist beispielsweise Microsoft Shaper in dem Wintel-Web, liefert aber gleichzeitig Anwendungssoftware für das konkurrierende Apple-Macintosh-System.[234] Insgesamt entsteht ein fruchtbares Zusammenspiel aus Konkurrenz und Kooperation. Diese „Coopetition" fördert die Dynamik und Entwicklung der betreffenden Märkte.[235]

Der Kampf um die Eingangstür: Portals sind die Schnittstelle zwischen Kunden und Internet

Diese Dynamik zeigt sich insbesondere in emergenten Märkten, in denen aufgrund einer unklaren Wertschöpfungsstruktur noch keine eindeutigen Business Webs existieren. 1998 ist ein heftiger Kampf um das Marktsegment der sogenannten „Portals", das heißt den Startseiten für die Internet-Nutzung entstanden. Dabei versuchen mehrere Unternehmen ihr Business Web durchzusetzen. In diesen Fällen handelt es sich um Customer Webs, da aufgrund eines starken Markennamens ein großes Kundensegment kontrolliert wird, das auch für andere Unternehmen hohe Attraktivität birgt. Als bereits traditionelle Anbieter für das „Eingangstor zum Internet" werden die kostenpflichtigen Online-Dienste wie AOL oder CompuServe gezählt. Für monatliche Abonnementgebühren wird die Funktion des technischen Internetzugangs als auch die Navigation durch eigene und fremde Inhalte angeboten.

Seit Mitte 1997 versuchen auch ehemalige Suchmaschinen wie Yahoo, Lycos und Excite ein Portal aufzubauen. Hierfür wurde eine Vielzahl von Kooperationen mit Telekommunikations-Unternehmen, Inhalteanbietern und Diensteanbietern geschlossen. So plant Lycos-Bertelsmann mit dem Internetdienst „Tripod" die Schaffung der führenden virtuellen Gemeinschaft in Europa. Vergleichbare Aktivitäten zur Gestaltung einer Portalseite sind auch bei Microsoft mit MSN zu beobachten. Ziel der kostenlosen Portalseiten ist es, durch eine hohe Funktionsvielfalt eine möglichst hohe Reichweite und somit Werbeeinnahmen zu generieren. Denn während das Geschäftsmodell von AOL und CompuServe größtenteils auf Abonnementgebühren basiert, refinanzieren sich die kostenlosen Portalseiten schwerpunktmäßig über Werbung.

Die Wettbewerbssituation hat sich durch die November 1998 bekanntgegebene Übernahme von Netscape durch AOL erheblich verändert. AOL erhält mit dem Netscape Navigator nicht nur einen Internet-Browser, sondern vor allem eine große installierte Nutzerbasis, die Netcenter als Tor zum Internet verwendet. Folglich kann das Customer Web AOL die Portalfunktion sowohl durch den kostenpflichtigen Online-Dienst AOL als auch durch die kostenlosen Internetseiten von AOL und Netcenter anbieten. Bisher hat sich vor allem gezeigt, daß der Erfolg oder Mißerfolg dieser Business Webs nicht nur vom Markennamen, sondern auch von der Anzahl und Qualität der eingebundenen Kooperationspartner bestimmt wird.

234 Bei dieser Kooperation von Microsoft und Apple kommt allerdings auch eine politische Komponente zum Tragen. So wird vermutet, daß Microsoft derzeit den Konkurrenten unterstützt, um kartellrechtliche Konsequenzen aus dem endgültigen Niedergang von Apple zu vermeiden.

235 vgl. Browning/Reiss 1998, S. 112

Insgesamt zeigt sich, daß Wettbewerb nicht mehr zwischen einzelnen Unternehmen, sondern zwischen Business Webs verschiedenster Art entsteht. Kern des Wettbewerbs ist, den Kunden mit attraktiven Gesamtlösungen zu gewinnen. Folglich findet eine Verlagerung auf ein höheres Aggregationsniveau statt. Das Business Web ist erfolgreich und konkurrenzfähig, wenn das jeweilige Systemprodukt den Konkurrenzleistungen überlegen ist:

Wettbewerb verlagert sich von einzelnen Unternehmen auf Business Webs

Abbildung 5.3: Konkurrenz der Business Webs

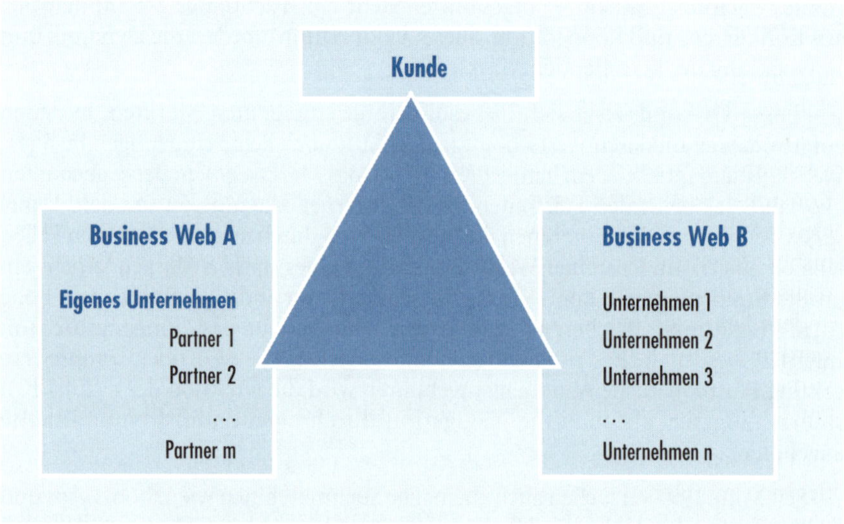

Zusammenfassend wird der strategische Fokus einer Unternehmung zugleich enger und weiter als bisher. Enger, da man sich auf seine Kernkompetenzen beschränkt, und weiter, da man die Bildung von Partnerschaften als strategisches Element begreift.

5.1.2 Neue Produktstrategien – Vom Windowing zum Versioning

Spielfilme wie „Godzilla" werden nicht nur im Kino, sondern auch im Video, im Pay-TV und im Fernsehen ausgestrahlt. Diese Verwertung auf vier unterschiedlichen Distributionswegen – Windowing – ist möglich, da Konsumenten unterschiedliche Präferenzen hinsichtlich der Aktualität des Filmes besitzen.[236] Ein Teil der Zielgruppe hat das ausgeprägte Bedürfnis, den neuesten Film von Roland Emmerich sofort zu sehen und ist dafür bereit, 15 DM an der Kinokasse zu zahlen. Ein anderer Teil der Zielgruppe wartet, bis der Film in der Videothek für 5 DM erhältlich ist.

236 vgl. Owen/Wildmann, 1992, S. 26 und weiterführend Kapitel 3.1

Quelle

Abbildung 5.3: ECC 1998

„If you add a fancy new feature to your soft-ware or information product, make sure there is some way to turn it off." [239]

Dieses Beispiel zeigt, daß Konsumenten die Aktualität von Filmen als ein wesentliches Leistungsmerkmal ansehen. Daher können Anbieter die entsprechend abgestufte Zahlungsbereitschaft durch den Vertrieb im Kino, Video, Pay-TV und Fernsehen erlösmaximierend nutzen. Dies wird vor allem anhand des folgenden Szenarios deutlich: Für den Fall, daß der Film nur als Kaufvideo erhältlich wäre, würde man zwei Nachfragergruppen ausschließen: zum einen diejenigen Nutzer, die den Film auch im Kino zu einem höheren Preis sehen würden und zum anderen diejenigen, die ihn entweder als Teil eines Pay-TV oder Free-TV-Angebotes sehen möchten. Die Folge wären deutlich geringere Erlöse.

Aktualität ist wesentliches Leistungsmerkmal eines Spielfilms

Hinter Windowing verbirgt sich ein allgemeineres Funktionsprinzip der Produktgestaltung, das sich als Versioning bezeichnen läßt.[237] Das bedeutet, daß ein Medien- und Informationsprodukt in verschiedenen Versionen angeboten wird. Versioning lehnt sich an das Prinzip der Produktdifferenzierung an, das in der Konsum- und Investitionsgüter-Industrie einen gängigen Strategieansatz zur Gewinnung von Wettbewerbsvorteilen darstellt.[238] Produktdifferenzierung war bisher für Medien- und Informationsprodukte nur in Form des Windowing realisierbar, da der unikate Inhalt – bis auf die Distribution in zeitlich aufeinanderfolgenden Kanälen (Kino, Video, Pay-TV und Free-TV) – nicht differenziert werden konnte. Seitdem Medien- und Informationsprodukte in digitaler Form vorliegen, kann Produktdifferenzierung in großem Umfang eingesetzt werden, da eine Differenzierung der jeweiligen Dimensionen leicht zu bewerkstelligen ist.

Versioning ist Produktdifferenzierung für Informationsprodukte

Der Grundgedanke dieser Strategie ist es, eine Produktlinie zu gestalten, aus der sich der Konsument automatisch das Produkt mit dem für ihn höchsten Nutzen auswählt. Dies läßt sich realisieren, indem der Anbieter zuerst diejenigen Produkteigenschaften identifiziert, die hinsichtlich ihrer Nutzenstiftung von Konsumenten als sehr unterschiedlich eingeschätzt werden. Mögliche Produkteigenschaften und demzufolge Ansätze zum Versioning können Aktualität, Funktionsumfang, Geschwindigkeit oder Zusatznutzen sein. Durch die Auswahl verschiedener Abstufungen innerhalb der Gegenpole der jeweiligen Produkteigenschaften kann der Anbieter eine Produktlinie gestalten. Die optimale Gestaltung des Informationsproduktes beschreiben Shapiro/Varian:

> *„If you add a fancy new feature to your software or information product, make sure there is some way to turn it off! Once you've got your high-value, professional product, you often want to eliminate features to create a lower value, mass market product."* [239]

Besonders hervorzuheben ist, daß der Anbieter in hohem Maße auf einen wahrnehmbaren Unterschied der jeweiligen Abstufungen achten muß. Ansonsten besteht die Gefahr, daß das Premium-Produkt innerhalb einer wie auch immer gearteten Produktlinie nicht als solches wahrgenommen wird. Somit würde auch die Bereitschaft für einen höheren Preis nur sehr gering sein. Beispielsweise ist das Lieferangebot von Amazon.com in drei unterschiedlich wahrnehmbare Bereiche

237 vgl. im weiteren Shapiro/Varian 1998, S. 39ff.
238 vgl. Kotler/Bliemel 1992, S. 461
239 Shapiro/Varian 1998, S. 48

Erlösmaximierende Gestaltung von Produktlinien

getrennt: 1 Tag, 2 Tage und 3–7 Tage. Amazon.com achtet darauf, daß ein Kunde des letzten Bereichs die Bücher nicht nach einem Tag erhält, ansonsten würde die Zahlungsbereitschaft für die erste Variante bei der nächsten Bestellung sehr gering sein. Diese Konstellation gewährleistet, daß der Konsument diejenige Version auswählt, die für ihn den höchsten subjektiven Nutzen bedeutet. Insgesamt wird durch diese Selbstselektion die vorhandene Zahlungsbereitschaft von Konsumenten erlösmaximierend abgeschöpft.

Versioning anhand des Beispiels Finanzinformationen …

Anhand des Produktes „Finanzinformationen" soll das Funktionsprinzip des Versioning exemplarisch verdeutlicht werden. Die Identifikation der Produkteigenschaft, die von Konsumenten hinsichtlich ihrer Nutzenstiftung als unterschiedlich eingeschätzt wird, ist eindeutig die Aktualität der Information. Professionelle Nutzer benötigen Echtzeit-Informationen, während private Anleger in der Regel auch mit einer geringen zeitlichen Verzögerung ihr Portfolio verwalten können. Aus diesem Grunde gestaltet beispielsweise der US-amerikanische Finanzinformations-Anbieter PAWWS Financial Network seine Produktlinie durch eine wesentliche Abstufung. Für professionelle Nutzer sind Echtzeit-Portfolio-Finanzinformationen zu einem monatlichen Preis von rund 50 US-Dollar erhältlich. Für private Nutzer sind dieselben Informationen 20 Minuten später verfügbar und kosten nur noch 8,95 US-Dollar. Falls PAWWS nur eine dieser beiden Versionen anbieten würde, bedeutete dies eine suboptimale Ausschöpfung der Zahlungsbereitschaft.

… und der Distribution von Büchern

Ein weiteres Beispiel ist die Distribution von Informationsprodukten. Hierfür bietet sich generell die Möglichkeit des Offline- oder Online-Vertriebes. Da die Lesbarkeit von Informationsprodukten wie von Fachbüchern eine Produkteigenschaft darstellt, die je nach Anforderung sehr unterschiedlich beurteilt wird, kann das Angebot entlang dieser Eigenschaft abgestuft werden. So findet sich beispielsweise ein Fachbuch zur digitalen Ökonomie – „Unleashing the Killer App"[240] – auf der Webseite www.killer-apps.com als vollständige Version online, die kostenlos zugänglich ist.

Die Gestaltung ist leseunfreundlich, da jede einzelne Seite neu aufgerufen werden muß. Falls ein Leser ernsthaftes Interesse hat, wird er den Versuch der Online-Lektüre nach spätestens zwanzig Seiten aufgeben und das Buch zum Preis von 24,95 US-Dollar als Hardcopy bestellen. Die kostenlose Verfügbarkeit des Buches in der Online-Version fördert somit eher den Verkauf der Hardcopy-Version, als daß eine Kannibalisierung stattfindet. So hat beispielsweise die Online-Verfügbarkeit des Buchangebotes der Verlage „National Academy of Sciences Press" und „MIT Press" in etwa zu einer Verdoppelung der Hardcopy-Umsätze geführt.[241]

Für Anbieter von Medien- und Informationsprodukten besteht eine Vielzahl von Möglichkeiten zum Versioning. Dabei lassen sich die drei zentralen Dimensionen Zeit, Quantität und Qualität unterscheiden, wie folgende Übersicht zeigt.

240 vgl. Downes/Mui 1998
241 vgl. Shapiro/Varian 1998, S. 66

Abbildung 5.4: Mögliche Dimension des Versioning

Dimension	Merkmal	Gegenpole des Nutzungs-kontinuums	Beispiel
Zeit	Aktualität	Sofortiger oder späterer Zugriff	PAWWS Financial Network (Echtzeit und 20min. verspätete Börseninformationen)
	Dauer der Verfügbarkeit der Informationen	Langfristige und kurzfristige Nutzung	Lexis/Nexis Datenbanken (On-Screen und/oder als Download)
Quantität	Leistungsumfang	Geschäftliche oder private Nutzung	DialogStar und DialogWeb (Verschiedener Umfang der Datenbanken)
Qualität	Bildauflösung	Hoch- oder gering-auflösende Bilder	10MB für Hochglanz-Bild und 600K für Matt-Bild
	Lesbarkeit	Monitor oder Hardcopy	„Unleashing the Killer App" (Online-Version gratis und Buch für 24,95 US-Dollar)

Zeit, Qualität und Quantität als zentrale Ansatzpunkte für Versioning

Hervorzuheben ist, daß Versioning in hohem Maße von dem jeweiligen Informationsprodukt abhängt, das heißt sehr produktspezifisch ist. Jedoch kann Versioning auch zur Gestaltung von Produktlinien über verschiedene Produktkategorien hinweg eingesetzt werden, wie anhand des Beispiels der Datenbank ERNIE der Unternehmensberatung Ernest & Young gezeigt wird.

Versioning eignet sich auch zur Gestaltung von Produktlinien über Produktkategorien hinweg

Generell enthält die Tätigkeit von Unternehmensberatungen einen hohen Berichts- und Dokumentieraufwand, so daß eine Mediatisierung dieser Leistungen theoretisch leicht zu realisieren wäre. Praktisch ist dies nicht vollständig umsetzbar, da die meisten Unternehmen nur über eine geringe Problemevidenz verfügen und folgerichtig eine Problemanalyse als vorgeschalteter Projektschritt erfolgen muß.

Daraus ergibt sich eine unterschiedliche Beurteilung von Beratungsdienstleistungen. Für einige Unternehmen ist der Leistungsumfang einer Beratung nur mit einer vorgeschalteten Problemanalyse, einer individuellen Lösungskonzeption und/oder anschließender Implementierung sinnvoll. Diese Unternehmen werden in der Regel auf die klassischen Dienstleistungen von Unternehmensberatungen zurückgreifen.

Für Unternehmen, deren Beratungsbedarf aufgrund bereits vorhandener Problemevidenz und/oder geringerer Finanzmittel niedriger ist, bietet Ernest & Young ERNIE an. Dabei handelt es sich um eine über das WWW zugängliche Datenbank, die Unternehmen für einen jährlichen Preis von 6.000 US-Dollar für spezielle Problemstellungen nutzen können. Als Inhalt stehen modularisierte Antworten und Fallbeispiele zur Verfügung. Damit wird die Zahlungsbereitschaft

Quelle

Abbildung 5.4: ECC 1998, in Anlehnung an Shapiro/Varian 1998, S. 45

Drei Produktversionen optimieren die Erlöse

von Unternehmen hinsichtlich des unterschiedlichen Beratungsbedarfs über die bislang übliche Differenzierung der Beratungsdienstleistungen hinaus erweitert.

Ferner ist beim Versioning auch die Anzahl der angebotenen Versionen zu beachten. Hierbei bieten drei Leistungsstufen oftmals das maximale Erlöspotential. Denn im Fall von nur zwei Angeboten würde sich das Problem stellen, daß unentschiedene Kunden in den meisten Fällen die preisgünstigere Version wählen. Deshalb sollte eine dritte, deutlich unterschiedlich wahrnehmbare Gold-, Maxi- oder Premium Version geschaffen werden, so daß die Kunden bei Unentschiedenheit sich automatisch für die mittlere – ehemals erste – Version entscheiden. Dies ist beispielsweise der Grund, warum McDonalds drei verschiedene Cola-Größen anbietet.

Generell liegt der Vorteil des Versioning für Medien- und Kommunikations-Unternehmen nicht nur in der erstmalig möglichen Gestaltung von Produktlinien, sondern auch in deren Realisierung zu extrem geringen Kosten. Denn aufgrund der digitalen Form ist nicht nur die Reproduktion und Vervielfältigung, sondern ebenso Versioning zu geringen Kosten realisierbar.[242] So läßt sich der Leistungsumfang einer Datenbank durch wenige Programmierbefehle beliebig beschränken oder erweitern. Deshalb ist absehbar, daß Versioning sich aufgrund dieser zahlreichen Vorteile als integraler Strategieansatz für Medien- und Informationsprodukte in einer Internet-Ökonomie etablieren wird.

5.1.3 Neue Preisstrategien – Follow the Free

Netscape schreibt Wirtschaftsgeschichte

Das erstaunlichste und meistdiskutierte Phänomen der Internet-Ökonomie spielt sich im Bereich der Preisstrategien ab. Ein neues Software-Unternehmen entschließt sich, sein einziges Produkt kostenlos abzugeben – mit enormen Konsequenzen: In nicht einmal sechs Monaten erreichte der Browser Netscape Navigator einen weltweiten Marktanteil von rund 80 Prozent. Diese Zahl allein ist kaum beeindruckend, da vorher kein richtiger Browser-Markt existierte. Dennoch überzeugte das damit verbundene Potential die Hoffnungen von Anlegern, so daß Netscape mit seinem am 8. August 1995 erfolgenden Börsengang und den anschließenden Kursexplosionen Wirtschaftsgeschichte schrieb. Ein Unternehmen, das sein einziges Produkt mehr oder minder verschenkt, steigerte seinen Börsenkurs innerhalb weniger Wochen von einem Ausgabepreis von 28 US-Dollar auf über 170 US-Dollar pro Aktie: *„The stock market created its own version of artificial reality“*.[243]

Das Distributionsmodell war so erfolgreich, daß auch Microsoft innerhalb kürzester Zeit dazu überging, den Internet Explorer kostenlos zu vertreiben. Diese als „Follow the Free“ bezeichnete Form der Preisstrategie vereint die besondere Kostenstruktur von digitalisierten Informationsprodukten mit dem Phänomen der Netzeffekte. Sie zeigt die Regeln einer neuen Internet-Ökonomie und ihre strategischen Konsequenzen in ihrer reinsten Form.

242 vgl, Kapitel 4.2.2
243 vgl. Lewis 1997, S. 1

Hervorzuheben ist, daß „Follow the Free" keine gänzlich neue Preisstrategie ist, sondern auf bereits vorhandenen Strategieansätzen aufbaut. Generell unterscheidet die Marketingwissenschaft neben der Preisdifferenzierung[244] die Penetrations- und Abschöpfungs-Preisstrategien. Die Penetrations-Preisstrategie bedeutet, daß ein Anbieter mit besonders niedrigen Preisen in den Markt eintritt. Ziel dieser Strategie ist eine weitgehende Marktdurchdringung, um möglichst schnell kostensenkende Skalen- und Erfahrungskurven-Effekte realisieren zu können.

Der Einsatz der Penetrations-Preisstrategie ist insbesondere effektiv, wenn das jeweilige Angebot nur geringe Alleinstellungsmerkmale besitzt und von Anfang an intensiver Konkurrenz ausgesetzt ist. In einem solchen Fall wird durch die schnelle Realisierung kostensenkender Effekte ein Preisvorsprung erreicht, der nur schwer einholbar ist. So haben japanische Unterhaltungselektronik-Hersteller den europäischen und US-amerikanischen Markt mit Niedrigpreisen erobert, die in einer zusätzlichen Ausweitung der Produktionsmenge resultierte und damit weitere Preissenkungen ermöglichte.

Preisstrategien zur Marktpenetration oder zur Abschöpfung von Zahlungsbereitschaft

Im Vergleich zur Penetrations-Preisstrategie wird bei der Abschöpfungs-Preisstrategie der Markteintritt zu hohen Preisen realisiert. Hohe Anfangspreise lassen sich nur realisieren, solange ein klares Alleinstellungsmerkmal aus Sicht der Kunden gegeben ist. Generelles Ziel ist es, die Zahlungsbereitschaft von frühen Anwendern abzuschöpfen. Anschließend werden die Preise kontinuierlich gesenkt, so daß der Markt weitgehend erschlossen wird. Ein klassisches Beispiel der Abschöpfung-Preisstrategie ist die Veröffentlichung von Büchern. Zunächst erscheint eine gebundene Buchversion zu relativ hohen Preisen. Nach einiger Zeit erscheint eine günstigere Taschenbuchversion.

In einer Internet-Ökonomie sind bei der Gestaltung von Preisstrategien neben diesen klassischen Ansätzen insbesondere die Bedeutung von Netzeffekten und die daraus resultierenden Implikationen zu beachten. Denn wenn Unternehmen wie Microsoft ein Produkt kostenlos abgeben, hat dies einen Grund, der sich mit „mind share leads to market share" umschreiben läßt: die kostenlose Abgabe hat den Zweck, eine schnelle Marktpenetration zu erreichen, die wiederum zusätzliche Attraktivität und über positive Feedbacks eine weitere Beschleunigung der Marktdurchdringung herbeiführt. „Follow the Free" stellt somit eine Extremform der Penetrations-Preisstrategie dar, die insbesondere aufgrund der marginalen variablen Kosten bei Erstellung und Vertrieb von Informationsprodukten möglich ist.

„Follow the Free" als extreme Penetrations-Preisstrategie

Die zentrale Frage für Unternehmen in einer Netzwerk-Ökonomie lautet, wie die oftmals sehr hohen „First-Copy"-Kosten der kostenlos distribuierten Produkte refinanziert werden können. So hat die Erstellung des Netscape Navigator rund 30 Millionen US-Dollar gekostet.

244 vgl. Kapitel 2.2

„Can you imagine a young executive in the 1940s telling the board that his latest idea is to give away the first 40 million copies of his only product? (Fifty years later that's what Netscape did.) He would not have lasted a New York minute." [245]

Die Refinanzierung der vorab getätigten Investitionen erfolgt bei „Follow the Free" idealtypisch durch zwei zeitlich voneinander getrennte Planungsschritte mit verschiedenen Zielsetzungen. In einem ersten Schritt wird durch die kostenlose Abgabe eines Produktes und damit verbundene Netzeffekte eine installierte Basis von Nutzern aufgebaut. Damit sollen Lock-in-Effekte erreicht werden, welche die Kunden langfristig an die Leistungen des Unternehmens binden.

Zwei Phasen des „Follow the Free"

Erst in einem zweiten Schritt wird das Investment in die installierte Basis finanziell genutzt. In der Internet-Ökonomie gilt: *„locked-in customers are valuable assets"* [246]. Mögliche Ansätze für die Generierung von Umsatzströmen sind der Verkauf von Komplementärleistungen, von neueren („Upgrades") oder leistungsfähigeren („Premium") Produktversionen. Folgende Beispiele verdeutlichen dies:

* Network Associates (ehemals McAfee) vertrieb seine Antiviren-Programme zunächst kostenlos. Dadurch konnte ein Drittel des Marktes für Virenschutz-Software gewonnen werden. Aus dieser starken Marktposition konnten erhebliche Umsätze aus dem Verkauf von Upgrades erzielt werden. Ein weiterer positiver Nebeneffekt der kostenlose Abgabe der Produkte ist die kostenlose Beteiligung von Nutzern an der Produktweiterentwicklung. Aufgrund der großen installierten Basis und hohen Kundenbindung wird eine Vielzahl von Viren bekannt, die in Upgrades dann ausgeschaltet werden können. Diese indirekten Netzeffekte verbessern die Produktleistung und stabilisieren so die Marktposition.
* Im Bereich des Mobilfunks wird durch die subventionierte Abgabe von Mobiltelefonen bei Abschluß eines Nutzungsvertrages in den Aufbau einer installierten Basis investiert.[247] Umsätze werden in diesem Fall durch den Verkauf der Komplementärleistung „Telefondienst" generiert. Das Investment finanziert sich somit über Gesprächsgebühren.
* Im Zuge einer schnellen Marktpenetration kann der Aufbau der installierten Basis für die Kunden zahlreiche Möglichkeiten der Realisierung von Netzeffekten bergen. Die derart zunehmende Attraktivität des Angebotes rechtfertigt dann die Erhebung eines normalen Preises für die ursprünglich kostenfreie Leistung (Beispiel Digital Audio Broadcasting).
* Durch einen hohen Marktanteil und einen entsprechenden Bekanntheitsgrad können Netzeffekte für den Verkauf von Leistungen aus demselben Unternehmen erzielt werden. So verkauft Netscape leistungsfähige Server-Software für Intranet-Lösungen an Geschäftskunden. Darüber hinaus wird die meist automatische Anwahl als Startseite (Portal) und die damit einhergehende

245 Kelly 1998, S. 56
246 Shapiro/Varian 1998, S. 113
247 Mobilfunk-Anbieter besaßen den Vorteil, mit ihrem Produkt auf eine bereits vorhandene Basis – das bestehende Telefonnetz – zugreifen zu können. Dennoch entstehen unter den Teilnehmern eines Netzes wie E-Plus erhebliche Preisvorteile, so daß von Netzeffekten gesprochen werden kann.

Aufmerksamkeit der Internetsurfer genutzt, um Einnahmen aus Werbeeinnahmen und Kommissionen zu generieren.

Werbefinanzierung als Spielart des „Follow the Free"

Eine weitere Möglichkeit der Nutzung der installierten Basis bietet der Verkauf des Zugangs zu den Nutzern: Beispielsweise stellt die seit langem bekannte Werbefinanzierung von Medienprodukten eine gängige Variante des „Follow the Free" dar. So werden im werbefinanzierten Rundfunk indirekte Netzeffekte genutzt, die zwischen Rezipienten und Werbungtreibenden bestehen.[248] Rein werbefinanzierte Fernsehstationen geben ihr Programm kostenfrei an die Nutzer ab, erst über eine hohe Verbreitung des Programms wird das Angebot für die werbungtreibende Wirtschaft attraktiv, so daß über diesen Markt die Kosten der Programmproduktion gedeckt und Gewinne erwirtschaftet werden können.

Neben den Zielen der schnellen Marktdurchdringung und späteren Refinanzierung bestehen in der Internet-Ökonomie auch andere, nicht-finanzielle Anreize, ein Produkt umsonst zur Verfügung zu stellen. Eines der bekanntesten Beispiele für ein solches kostenlos vertriebenes Produkt ist Apache. Die Server-Software Apache dominiert den Markt für Internet-Server mit einem weltweiten Marktanteil von rund 50 Prozent.[249] Bemerkenswert daran ist, daß Apache kein kommerzielles Produkt ist und keine Unterstützung durch Marketing erhält. Da es – ebenso wie die Programmiersprache Linux – von einem virtuellen Netzwerk von freiwilligen Programmierern entwickelt wurde, entstehen weder direkt zuordenbare First-Copy-Costs noch Reproduktions- und Distributionskosten. Die Entwickler sehen Apache als eine Investition in die Zukunft an. Da ihre Namen auf der Homepage bekanntgegeben werden, entsteht eine Reputation, die in Jobangeboten oder einer Unterstützung der beruflichen Tätigkeit der Entwickler resultieren kann. Diese Zielsetzung ist bei „Follow the Free" jedoch eher die Ausnahme, generell steht das Erfolgsziel von Unternehmen im Vordergrund.

Anfänglicher Umsatzverzicht bedingt hohes unternehmerisches Risiko

Generell bedeutet die Vorgehensweise des „Follow the Free" aufgrund des anfänglichen Verzichts auf Umsätze eine erhebliche Investition in die Zukunft, die zwangsläufig mit einem hohen unternehmerischen Risiko verbunden ist. Dennoch bietet diese Preisstrategie einen effektiven Strategieansatz, um sich im Geschwindigkeitswettbewerb um positive Feedbacks, nachhaltige Wettbewerbsvorteile und somit Erlösströme durchzusetzen.

248 vgl. Kapitel 3.1
249 vgl. Mieszkowski 1998, S. 38. Ein weiterer Grund für den Erfolg von Apache ist die in der Internet-Gemeinde weitverbreitete Haltung, Aktivitäten ohne kommerziellen Hintergrund zu unterstützen.

„Zentrale Determinante der Internet-Ökonomie: Die Beziehungen zwischen den Menschen."

5.1.4 Neue Kommunikationsstrategien – Eins-zu-Eins Marketing

Netzwerke wie das Telefon oder Fax ermöglichen den Austausch von Informationen, sie dienen dazu – ob rein ökonomisch oder menschlich –, die Qualität und Quantität der Beziehungen zu verbessern. Doch dazu benötigen Netzwerke immer die realen Personen. Die zentrale Determinante in einer Internet-Ökonomie werden deshalb stets Beziehungen zwischen Menschen sein.

Das Internet ermöglicht eine neue Qualität von Beziehungen

Die große Bedeutung von stabilen (Kunden-)Beziehungen ist seit langem bekannt. Mit Hilfe von Netzwerktechnologien können diese aber auf eine neue Qualitätsstufe gestellt werden: Netzwerke wie das Internet ermöglichen nicht nur die Kommunikation der Menschen untereinander, sondern beschleunigen, intensivieren und internationalisieren den uneingeschränkten Austausch von Informationen und machen viele Beziehungen erst möglich.

Genaue Kenntnisse der Präferenzen schaffen stabile Kundenbeziehungen

Netzwerke fördern so die Beziehungen zwischen Anbietern und Nachfragern. Sie sind deshalb besonders wichtig, weil nicht nur Unternehmen als Anbieter in die Beziehungen zu ihren Kunden, sondern auch Kunden in die Beziehung zu einem Unternehmen investieren, indem sie Präferenzen oder genaue Vorstellungen, Daten, Interessen an die Anbieter übermitteln. Solche Beziehungen zwischen Anbieter und Nachfrager, versprechen – einmal etabliert – wachsende und vor allem stabile Umsätze, weil ein Wechsel mit hohen, oftmals zu hohen Transaktionskosten verbunden wäre:

> *„When the florist sends a note reminding you of your mother's birthday, and offers to deliver flowers again this year to the same address and charged against the same credit card you used with the florist last year, what are the chances that you will pick up the phone and try to find a cheaper florist?"*[250]

Auch Airlines oder der Einzelhandel realisieren mit ihren Frequent Flyer/Frequent Buyer-Karten solche Kundenbeziehungen. Sie schaffen langfristige Kundenbindung, indem sie den Weg zu einer echten Eins-zu-Eins-Beziehung zwischen Unternehmen und Kunden bereiten. In einer Internet-Ökonomie sind solche Beziehungen ein grundlegendes Merkmal, weil Kunden erstmals tatsächlich in das Unternehmensnetz über eine beziehungsoptimierende Feedback-Schleife integriert werden können. Dabei helfen drei Instrumente:

Beziehungsoptimierende Feedback-Schleifen

1. Kostengünstige und leistungsfähige Datenbanken – erlauben den Unternehmen, ihre Kunden differenziert und personalisiert zu erkennen und entsprechend zu behandeln.
2. Interaktivität – ermöglicht dem Kunden, direkt mit dem Unternehmen zu sprechen und umgehend eine adäquate Antwort zu erhalten.

250 Peppers/Rogers 1997, S. 180

3. Mass Customization – verschafft als Technologie den Unternehmen die Möglichkeit, personalisierte Produkte anbieten zu können, indem unterschiedliche Kunden unterschiedliche Produkte erhalten.

Die Integration dieser drei Aspekte in den Produktionsprozeß hilft, den Output eines Anbieters zu optimieren und zugleich die Loyalität der Kunden weiter zu erhöhen. Eins-zu-Eins-Kommunikation ist per se nichts neues. Direktmarketer nutzen diese Kommunikationsform bereits seit langem. Allerdings kommt durch das Internet eine neue Qualität zum tragen, weil Dialogkommunikation sehr viel effizienter realisiert werden kann, indem das Unternehmen auf Kundenbedürfnisse jeweils personalisiert und in Echtzeit eingehen kann.

Datenbanken und Mass Customization ermöglichen personalisierte Echtzeitkommunikation

Kollaborative Filter und Feedback-Loops

Ein Ansatz für eine intensivierte Beziehung zwischen Kunde und Anbieter ist die Extrapolation der Präferenzen des Kunden aus vorherigen Interaktionen. Ein weitgehenderes Instrument stellen aber Konzepte des kollaborativen Filterns dar: Solche Filtersoftware schafft eine Infrastruktur dafür, daß ein Nutzer seine Präferenzen in Beziehung zu den Präferenzen anderer Nutzer setzen kann. Mit eine der ersten solcher webbasierten Empfehlungssysteme entwickelte das Unternehmen *Firefly*[251], das Anfang 1998 von Microsoft aufgekauft wurde.

Die Funktionsweise von Firefly ist wie folgt: Ein Nutzer meldet sich beispielsweise bei der Musik-Site *MyLaunch* (www.mylaunch.com) und nennt mindestens zehn CDs, die er am liebsten hört. Um die eigenen Präferenzen umfassender zu definieren, können auch beliebig viele weitere CDs bewertet werden. Die Angaben nutzt die im Hintergrund arbeitende Software von Firefly und vergleicht sie mit den Angaben von rund 500.000 anderen MyLaunch-Mitgliedern, die ihre Präferenzen bereits benannt haben. Diejenigen Nutzerangaben, deren Präferenzen sich mit denjenigen des Neueinsteigers am besten decken, werden herausgesucht. Der Nutzer erhält dann Hinweise auf CDs, die von ihm nicht genannt wurden, aber von anderen Nutzern mit ähnlichem Geschmack positiv bewertet wurden. Umgekehrt erhalten auch die Anderen Hinweise auf diejenigen Platten, die der neue Nutzer genannt hat, und die nicht selbst von ihnen benannt wurden.[252] Die Vermutung liegt nahe, daß Nutzer die entsprechenden CDs der anderen Nutzer mit ähnlichem Geschmack mit einer höheren Wahrscheinlichkeit ebenfalls mögen als CDs, die zum Beispiel in einem Magazin besprochen werden.

Der Geschmack von 500.000 Musikhörern im Vergleich mit meinem

251 www.firefly.net/
252 Ohne daß hierbei der einzelne Nutzer konkret auf andere Personen verwiesen würde. vgl. Kelly 1998, S. 119-121

**Abbildung 5.5: Kollaborative Filter:
Feedback-Lern-Schleifen für das Eins-zu-Eins Marketing**

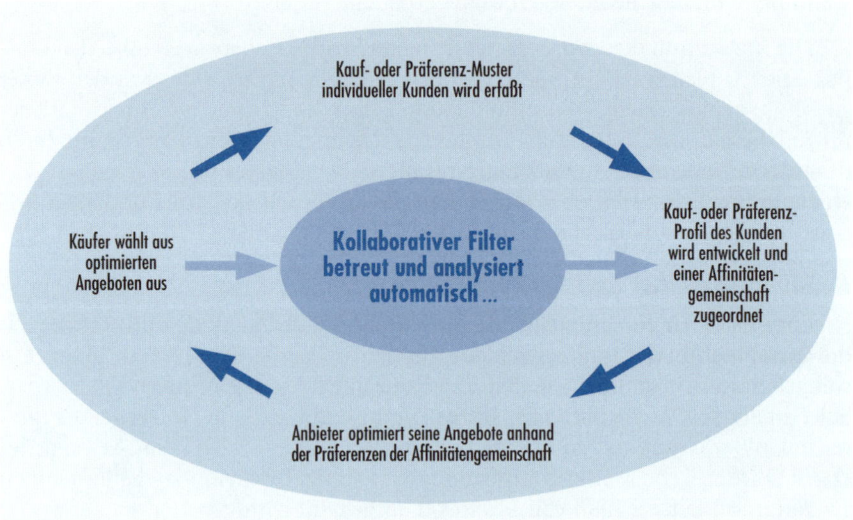

Der Aufbau von Affinitäten-Gemeinschaften

Der Reiz solcher Systeme wie Firefly liegt nicht nur in den Empfehlungen, die es vermitteln kann, sondern in dem Aufbau von Präferenz- oder Affinitäten-Gemeinschaften. Es entstehen plötzlich „Geschmacks-Gemeinschaften", die vorher schlicht nicht möglich gewesen wären. Firefly wird für vergleichbare Dienste von insgesamt drei Millionen Nutzern auch für Bücher, Filme und Webseiten genutzt.

Kollaborative Filter auch als Marketing-Tool

Auch Buchhändler wie Amazon.com oder Barnes & Noble/Bertelsmann nutzen bereits kollaborative Filtersysteme, um ihren Kunden optimierte Angebote machen: Statt der Präferenzen wird hierzu direkt das Kaufverhalten analysiert. Auf der Basis dessen, was ein Kunde in der Vergangenheit bestellte und was andere Kunden mit ähnlichem Kaufverhalten in der Vergangenheit bestellt haben, werden den Kunden per E-Mail Empfehlungen zugeschickt. Die Angebote gelten als Amazons schlagkräftigste Marketing-Technik: Die Kunden erhalten optimierte Angebote, werden an das Unternehmen gebunden und helfen somit letztlich, die Umsätze von Amazon zu steigern.[253]

Amazon kann man deshalb nicht nur als Online-Buchhändler ansehen, sondern auch als Unternehmen, das Beziehungen verkauft. Jeder, der sich bei Amazon einloggt, erhält den Zugang zu einem Affinitäten-Generator, der den Kunden immer besser kennenlernt – fast wie ein echter Verkäufer in einem echten Laden. Auf Basis solcher kollaborativen Filter entwickeln sich Feedback-Schleifen, die das Unternehmen zu einem lernenden Unternehmen macht, das sein eigenes Marketing immer zielgerichteter an den je einzelnen Bedürfnissen der Kunden orientieren kann.

253 vgl. Kelly 1998, S. 120

Quelle

Abbildung 5.5: ECC 1998, nach Lewis 1997, S. 170

Eines darf hierbei nicht vergessen werden: Jeder Teilnehmer, der einmal all seine Präferenzen in ein solches System eingegeben hat, muß einen hohen Aufwand betreiben, um sich einem anderen System kollaborativer Filter neu anzuschließen. Durch die hohen Transaktionskosten sind solche Beziehungen zwischen Dienst und Teilnehmer daher zumeist langfristiger Natur. Der Lock-In einer solchen Beziehung kann deshalb ebenfalls als Ziel entsprechender Unternehmensstrategien angesehen werden.

Breite Anwendungsmöglichkeiten: Finanzsektor, Gesundheitswesen

Man kann vermuten, daß dieser Prozeß des kollaborativen Filterns noch weiter um sich greifen wird und sich auf sehr viele Bereiche des Lebens, zum Beispiel den Finanz- und Versicherungsbereich oder den Gesundheitssektor ausdehnen wird. Welche Anlagestrategie oder welche Versicherung sollten in einer bestimmten Situation gewählt werden? Welche Krankheit könnte eine Person haben, was für Therapien machen hierfür Sinn? Auf solche Fragen könnten kollaborative Filter in Verbindung mit virtuellen Gemeinschaften – ob für Privatpersonen oder für professionelle Anlageberater beziehungsweise Ärzte – (hoffentlich) intelligente Antworten generieren.

Neue Formen der Werbung

Der Wandel vom Push- zum Pull-Marketing

Aufgrund der möglich gewordenen Kombination von altbekannter Massenkommunikation und Eins-zu-Eins-Beziehungen zwischen Werbungtreibenden und Rezipienten in Online-Medien, wird sich Werbung zwangsläufig verändern: weg vom Branding, hin zum Targeting.[254] Hierbei kommen interaktive Medien wie das WWW zum Tragen, die den Wandel vom Push- zum Pull-Marketing vorantreiben: Potentielle Empfänger erhalten eine neue Souveränität, indem sie sämtliche Inhalte und damit auch Werbung gezielt aussuchen können. Statt die Rezipienten ungefragt mit Werbebotschaften zu überhäufen, werden in interaktiven Medien verstärkt Angebote zur Nutzung gemacht werden müssen. – Das Ende der klassischen (Fernseh-)Werbung wird aber nicht so schnell kommen wie manche Propheten es versprechen. Doch aus den Leistungsmöglichkeiten des WWWs beziehungsweise des digitalen Fernsehens schälen sich eine Reihe von neuen Modellen der Werbung heraus.[255]

254 Das Problem hierbei ist, daß derzeit weder echtes Branding im TV noch echtes Targeting über das Internet möglich ist.

255 Darüber hinaus können auch für den klassischen Bereich schlagwortartig Forderungen für verbesserte Werbung erhoben werden:
- Advertising Enlargement – "So big, you can't miss it."
- Advertising Enrichment – "So good/funny, you got to see it."
- Advertising Enlightenment – "So smart (or useful), you don't mind."

Neue Modelle der Werbung: Vier Forderungen an Werbekunden und Agenturen

Welche Modelle der Werbung sind in einer netzbasierten (interaktiven) Medienlandschaft sinnvoll? Nachfolgend sollen vier Ideen für neue Werbemodelle vorgestellt werden, die jenseits der heute angewandten Werbeformen attraktiv erscheinen.[256]

Consumer empowering – *„Smart users know where to go"*

Gebt den Kunden die Entscheidungsfreiheit

In dem medialen Environment des Internet zeigt sich ein klarer Unterschied zur bisherigen Rezeptionssituation: Der Nutzer kann Werbung auswählen, wann und wie oft er will, anstatt – wie im Fernsehen – scheinbar hilflos davon zappen zu müssen. Flackernde Banner reizen zwar zum Clickthrough, doch hierbei entscheiden die Konsumenten autonom. Wenn dies so ist, sollten die Werbungtreibenden dieser Situation auch entsprechen: Gebt den Kunden die volle Entscheidungsfreiheit darüber, wann sie welche Werbung rezipieren wollen, – und wann nicht! – Der Pull-Ansatz des Internet verdeutlicht die Bedeutung der Macht des Konsumenten. Dementsprechend sollten den Nutzern die besten Angebote gemacht werden, die ihm nutzen. Mehrwert ist hierbei die Devise. Die 1997 vieldiskutierten Push-Konzepte – eine Übertragung der Broadcasting-Idee auf das Internet – scheinen hingegen bis auf einige kostenlos abonnierbare Newsletter bereits wieder obsolet.[257]

Financial Benefits – *„Pay for Eyeballs"*

Bezahlt die Kunden für ihre Aufmerksamkeit

Auf dem vorhergehenden Gedanken beruht die Idee der Bezahlung der Nutzer: Anstatt Medien dafür zu bezahlen, Werbung auszustrahlen, die keiner sieht, sollten Unternehmen lieber die Konsumenten direkt dafür bezahlen, daß diese ihre Werbung auch tatsächlich anschauen. Dies funktioniert und geschieht bereits im Internet. Es kann unter Umständen sogar preiswerter sein als klassische Werbung. Allerdings dürften sich hierbei langfristig, je nach sozioökonomischer Herkunft auch unterschiedliche Preise für Aufmerksamkeit entwickeln[258]. Zudem besteht das Problem, welche intrinsischen Motivationen beim Konsumenten bestehen, auf diese Weise Werbung zu rezipieren. Ein rein finanzielles Interesse würde eine „Entwertung" der Werbung möglicherweise befördern. Die Grundidee aber bleibt bestehen: Bezahlt die Kunden für die Rezeption und nicht die Medien für die bloße Verbreitung von Werbung!

Mass Customization/Personalisierung – *„So personal, I want to see it"*

Ein weiterer Ansatz, der aus dem Konzept des Advertising Enrichments resultiert, ist die Idee der Personalisierung von Werbung. Wenn es möglich ist, aus Datenbanken und mit Hilfe kollaborativer Filter ein psychologisches

256 Solche Werbemodelle dürften derzeit eher für beratungsintensive, denn für imageorientierte Produkte geeignet sein. Und: All diese neuen Werbeformen stehen in Abhängigkeit von den Werbezielen und sind zugleich aufwendig und planungsintensiv, sollen sie erfolgreich sein.

257 So lädt sich der Channel-Bar des Internet Explorers von Microsoft in der aktuellsten Version 5.0 nicht mehr automatisch.

258 vgl. Noam, ECC 1997, S. 43f.

Profil des einzelnen Rezipienten zu generieren und dies mit einer hierauf abgestimmten Werbung zu verknüpfen, erhält der einzelne Betrachter im Optimalfall seine Werbung oder sein persönliches Angebot, das gerade genau die Aspekte herausstellt, die ihn ansprechen. Schafft es die Industrie[259], solche Ansätze zu verwirklichen und ihre Werbung als Massenprodukt auf den einzelnen zuzuschneiden, kann sie nicht nur mehr Aufmerksamkeit gewinnen, sondern viel mehr: Wertvolle Kunden, die bei einer Marke/einem Unternehmen bleiben, weil dieses Unternehmen sie kennt. Deshalb gilt: Macht die Werbung persönlich!

Werbung muß nicht zielgruppen- sondern persönlichkeitsgerecht werden

Branded Content – „No way out“

Ähnlich wie Product Placements, finden sich immer mehr Inhalte (vor allem im Internet), die nicht mehr von einem Medium hergestellt, verbreitet und mittels Werbung refinanziert werden, sondern direkt von einem werbungtreibenden Unternehmen stammen. Anstatt also Werbung für teures Geld zu entwickeln und zu schalten, wird es immer attraktiver, selbst Inhalte jenseits von Werbung bereitzustellen. Solche Inhalte müssen noch nicht einmal direkt mit dem Unternehmen sinnvoll verknüpft sein. Das Spektrum der Angebote kann bedeuten, daß eine Tamagotchi-Kuh von Milka ganz in Lila entwickelt wird, oder das 24-Stunden-Rennen von LeMans im Internet von BMW übertragen wird und dabei natürlich die BMW-Box ausführlich gezeigt wird. Oder daß die ATP-Tour ihre Tennismatches direkt und selbst im Internet überträgt. Deshalb heißt die Regel für diese neue Form der Werbung: Verbreitet Inhalte, nicht Werbung!

Inhalte, nicht Werbung schaffen Aufmerksamkeit

5.1.5 Strategien für neue Inhalte – Content in der Internet-Ökonomie

Drei Trends lassen sich für die Entwicklung von neuen Inhalten bestimmen. Zum einen der Siegeszug von Meso-Medien, also Angeboten, die zwischen den Massenmedien und der Eins-zu-Eins-Kommunikation angesiedelt sind. Zweitens, damit korrespondierend, wird auch das Thema Regionalisierung von Medieninhalten immer bedeutsamer für die Frage nach neuen Inhalten. Und drittens muß die Videokonsolen- und Computerspiele-Industrie als möglicher Trendsetter näher untersucht werden, weil hier die Entwicklung von (interaktiven) Inhalten vorexerziert wird.

Der Siegeszug der mittleren Ebene

Es gibt Massenmedien, wie Fernsehen, Radio und Print, die auf einmal Millionen von Menschen mit einer einzigen Botschaft erreichen. Und es finden sich Mikro-Medien wie das Telefon, Brief, Fax und E-Mail, die alle eine Eins-zu-Eins-Kommunikation zwischen einzelnen Personen ermöglichen. Nur die mittlere

259 Auch Datenschutzaspekte spielen hierbei eine Rolle.

„Selbst ein Makramée-Kanal kann im Internet mit nur 10.000 Abonnenten deutliche Gewinne abwerfen."

Ebene, kleinere Gruppen und Zirkel mit weniger als 10.000 Personen trat in der klassischen elektronischen Medienwelt selten in Erscheinung, da sie technisch zumeist nur als Verlustbringer realisiert werden konnte. – Es gab bislang praktisch keine Technologie jenseits der Printmedien, die es auf ökonomische Art und Weise erlaubte, kleinere Gruppen von zum Beispiel 5.000 Personen mit medialen Inhalten zu versorgen. Elektronische Medien boten hierfür bislang keine ökonomische Grundlage.[260]

Das Internet schafft ökonomisch attraktive Grundlage für Meso-Medien

In der Internet-Ökonomie haben solche Anbieter für kleinere und mittlere Gruppen einen hohen Wert. Sie sind Kristallisationspunkte in Netzwerken, sie bieten Überblick, Zugang, Orientierung, Halt, in einer scheinbar unüberschaubaren Netzwerk-Welt. Sie vertreten die Ebene, die bislang in unserer elektronischen Kommunikationswelt gefehlt hat: Very-Special-Interest Programme sind deshalb ein Segment, dessen Entstehung durch das Internet erst ökonomisch möglich gemacht wird.

Online-Rundfunk oder kürzer: „Webcasting", so ist zu vermuten, wird neben dem Wettbewerb um bestehende Werbegelder auch neue Erlöspotentiale erschließen, die Produzenten völlig neue Angebote ermöglichen. Ein vielversprechender Ansatz hierzu ist eine Form des differenzierten Online-Abonnements: Dabei organisiert ein Inhalteanbieter eine kleine Gruppe von Abonnenten, die bereit sind, für spezielle Inhalte oder Angebote zum Beispiel 50 DM im Jahr auszugeben. Kann der Anbieter nur 10.000 Abonnenten weltweit gewinnen, so generiert er als Produzent einen Jahresumsatz von einer halben Million Mark; – genug um eine wöchentliche Sendung zu produzieren, die kostengünstig über das Internet distribuiert und/oder on demand von den Abonnenten abgerufen werden kann. Special-Interest-Kanäle werden deshalb voraussichtlich im Internet in großer Zahl und ungeahnter Vielfalt entstehen, da die Infrastruktur des Web nicht nur eine kostengünstige Produktions- und Distributions-Plattform bietet, sondern langfristig auch eine funktionierende Basis für das bislang aufwendige Billing solcher geschlossenen Benutzergruppen bereitstellt.

Webcast-Abonnements: Chancen für Very-Special-Interest-Kanäle

Neue Perspektiven für Inhalte durch Computer- und Video-Spiele

Versuche, interaktives Fernsehen zu entwickeln, stammen vor allem von den TV-Konzernen: Viele Unternehmen, wie zum Beispiel Time Warner und sein Orlando-Projekt, konnten die hohen Ansprüchen nicht erfüllen, obwohl – oder gerade weil – die Investments zum Teil beträchtlich waren. Interaktives Fernsehen, so wie es die Konzerne erträumten, scheiterte. Statt dessen trat das im Jahre 1993 noch eher anarchistische Internet in die Fußstapfen der interaktiven Träume.

Größtenteils vernachlässigt werden seit mindestens fünf Jahren in der öffentlichen Wahrnehmung die Entwicklungen im Markt der Computer- und Videospiele: Eine mediale Welt, die zeigt, wie Interaktivität und Entertainment tatsächlich aussehen könnten.

260 vgl. Kelly 1998, S. 98. Manche Kabelkanäle wie CSpan oder n-tv in den USA verzeichnen allerdings zum Teil unter 100.000 Zuschauer pro Tag.

Computer- und Videospiele zeigen, wie Interaktivität und Entertainment verknüpft werden können

Bereits 1996 waren in rund einem Viertel aller europäischen Haushalte Videospiel-Konsolen zu finden. Obwohl die absoluten Zahlen leicht sinken, stieg die Haushaltspenetration. Hinzu kommt, daß nahezu jeder PC, der mit einem CD-Rom Laufwerk ausgestattet ist, heute direkt oder mit geringem weiteren Aufwand als Spielcomputer genutzt werden kann. So ist es nicht verwunderlich, daß die gesamten Ausgaben für interaktive Unterhaltungssoftware sowohl für Spielekonsolen als auch für PC-Spiele in Europa 1996 bei 3,44 Milliarden US-Dollar lagen und damit höher sind als die Umsätze aus dem Verleih von Kinofilmen.[261]

Abbildung 5.6: Videospiel-Konsolen in Europa

	Konsolen in Tausend			Penetration in %		
	1994	1995	1996	1994	1995	1996
Deutschland	11.781	11.645	11.446	21	22	24
England	12.977	12.391	11.518	34	36	37
Frankreich	7.321	7.515	7.583	21	24	26
Italien	2.838	3.083	3.274	10	12	13
Spanien	3.251	3.281	3.312	22	24	26
EU5	38.168	37.915	37.133	k.A.	k.A.	k.A.
EU 15	44.443	44.445	43.676	21	22	24

Lara Croft – der erste virtuelle Star

Computerspiele wie das aus einem Kinoklassiker abgeleitete PC-Spiel *Bladerunner* oder die virtuelle Archäologin *Lara Croft* haben nicht nur Kultstatus bei den Fans erreicht, sondern weisen den Weg zu einer neuen Form von Unterhaltung: Die Verknüpfung von spielerischen, interaktiven und rezeptiven Situationen innerhalb einer computergesteuerten „Welt" bei einer ständig größeren Realitätsnähe der dargestellten Situationen bis hin zu Spielfilmqualität. Anhand solcher Computerspiele lassen sich Szenarien für neue Formen der medialen Unterhaltung extrapolieren.

Die bereits heute bestehenden Möglichkeiten, über eine preiswerte Spielekonsole auch in das Internet zu gelangen, sowie die Einführung der leistungsfähigeren DVD (Digital Versatile Disc) werden die Realitätsnähe der Darstellung sowie die Vernetzung der Spieler untereinander noch weiter vorantreiben. Die große Zahl von Jugendlichen, die mit solchen Spielen heute aufwachsen, wird in Zukunft mit solchen Angeboten – auch über das digitale Fernsehen – umzugehen wissen. Hinzu kommt, daß Konsolen-Hersteller wie Sega, Nintendo oder Sony die Ansprüche als auch die Zahlungsbereitschaft der Nutzer gut zu bedienen wissen. Zudem zeichnet sich eine weitere Konvergenz zwischen Spielekonsolen, PCs und digitalen Fernsehempfängern ab, die bereits in der nächsten Generation Videospielen zum endgültigen breiten Durchbruch verhelfen könnten.

261 EAO 1998, S. 130

Quelle

Abbildung 5.6: Europäische Audiovisuelle Informationsstelle 1998, S. 127

Sega, der einstige sowie zukünftige Marktführer bei Videospielen, plant, auch den Personalcomputermarkt zu dominieren – was sogar klappen könnte.

von Robert X. Cringely, Journalist und Autor

Es gab einmal einen Witz – es war zwar eher ein Rätsel – den in der PC-Industrie Beschäftigte über die größte Softwarefirma in Redmond, Washington, machten. Natürlich denkt nun jeder an Microsoft, doch genau das war der Witz: Mit einem Umsatz von 6 Milliarden US-Dollar war Nintendo Amerika bis vor wenigen Jahren die größte Softwarefirma in Redmond, Washington. Zu jener Zeit muß es den Beschäftigten in der Zentrale von Nintendo (die Microsoft gegenüberliegt) so vorgekommen sein, als habe man eine Lizenz zum Geld drucken.

Das Geschäft im Bereich der Videospiele hat sehr viele Gemeinsamkeiten mit dem PC-Geschäft, doch gibt es auch zahlreiche Unterschiede. In beiden Industriebereichen benötigt man Hardware und Software. Beide sind auf Mikroprozessoren und Bildschirmdarstellungen ausgerichtet. Beide wurden in Millionen amerikanischer Haushalte willkommen geheißen, doch hier enden die Gemeinsamkeiten auch schon. „Wir sind Leute, die mit Personalcomputern arbeiten, warum sollten wir uns um diesen Videospielkram scheren?“ Die Antwort ist einfach: weil letzteres gerade dabei ist, eine Umstrukturierung des PC-Geschäftes herbeizuführen. (...)

Das Geschäft im Bereich der Videospiele unterscheidet sich vom PC-Geschäft vor allem dadurch, daß ersteres von Japanern dominiert wird. Möge das Justizministerium es doch einmal versuchen, einer Bande von Japanern etwas aufzuerlegen – lachhaft! Von noch größerer Wichtigkeit in diesem Zusammenhang ist jedoch die Tatsache, daß auf dem Markt für Videospiele ein erbittert geführter Konkurrenzkampf herrscht und die Marktführerschaft häufigen Wechseln unterliegt. Nintendo dominierte den Markt für 8-Bit Spiele, Sega dominierte die 16-Bit Spiele, und Sony hat es auf dem Markt der 32-Bit Spiele geschafft. In allen zuvor erwähnten Fällen war die jeweilige Marke nur so lange marktbeherrschend, bis sie von einer neuen Hardwaregeneration überholt wurde.

Auf 32-Bit Spiele müßten eigentlich 64-Bit Spiele folgen, doch zur Zeit ist nur Nintendo auf diesem Gebiet aktiv. Allerdings ist der vom Unternehmen erhoffte Angriff auf die Sony PlayStation, den Marktführer unter den 32-Bit Spielen, noch nicht erfolgt. Und Sega plant gar, den 64-Bit Bereich ganz zu überspringen und als nächstes eine 128-Bit Maschine auf den Markt zu bringen. (...) Zur Zeit ist Sony der Platzhirsch. Der Grund dafür sind Spiele. Sonys Spiele sind die besten, und Sony bietet am meisten an. Ein Grund dafür ist die Tatsache, daß Sony ein großes Unternehmen ist. Es ist jedoch auch von

„Videospiele sind … ein Geschäft mit Rasierern und den dazugehörigen Klingen."

Relevanz, daß Sony mehr Formen geistigen Eigentums verwerten kann, als dies bei den anderen, zuvor erwähnten Unternehmen der Fall ist. In der Spielebranche ist Sony ein Hochleistungsunternehmen, vor allem, da die Möglichkeit besteht, Tonträger, Filme und Fernsehshows quer zu lizensieren. (…)

Während Sega Windows CE für die Dreamcast favorisiert, hat Sony angekündigt, daß es ebenfalls in seiner neuen, 1999 auf den Markt kommenden, Spielekonsole zum Einsatz kommen wird. Da es Microsofts Bestreben ist, auf allen Gebieten der digitalen Technik vertreten zu sein, hat das Unternehmen sich auf diese Weise in den Spielemarkt eingekauft. (…) Das bedeutet, daß Windows CE demnächst auf zwei der drei großen Spieleplattformen vertreten sein wird. Dennoch sind die Plattformen selbst noch viel interessanter als oben erwähnte Tatsache. (…) So steht ein extrem schnelles Wiedergabegerät zur Verfügung, ein Modem und ein CD-ROM Laufwerk, die alle mit einem Betriebssystem mit virtueller Javamaschine laufen. Für mich hört sich das nach einem vernetzten Computer an, doch wird dieser vernetzte Computer auf Bitten von Zwölfjährigen, die freizügig über Geld verfügen, in Haushalte einziehen. Eine erfolgversprechende Strategie. Gleiches kann man von Oracles NCs und selbst von Microsofts eigenem WebTV nicht erwarten.

In diesem Zusammenhang sind auch die ökonomischen Gegebenheiten im Videospiele-Hardwarebereich zu betrachten, die sich grundlegend von den ökonomischen Gegebenheiten im PC-Bereich unterscheiden. Videospiele sind im wahrsten Sinne des Wortes ein Geschäft mit Rasierern und den dazugehörigen Klingen. Bestenfalls deckt der Spielehersteller seine Hardwarekosten. Gewinne werden nahezu ausschließlich mit Hilfe der Software erzielt. Einstiegsangebote zielen immer darauf ab, zur Hälfte des Produktzyklus die Kosten decken zu können. Folglich wird Sega mit der Dreamcast mindestens ein Jahr lang absichtlich Verluste machen. Es gibt hingegen keinen PC-Verkäufer auf dieser Welt, der mit seinen Produkten absichtlich Geld verlieren will. (…)

Sega ist mit aller Kraft dabei (und Sony steht ihnen kaum nach) die digitale Konvergenz, über die alle schon lange reden, zu forcieren. Eine billige Apparatur mit schnellem Prozessor und CD-ROM Laufwerk wird vielfältiges Websurfen über einen Zugang möglich machen, der auf jeden Fall gemeinsam von Sega und Microsoft oder Sony und Microsoft vermarktet werden wird. Auch weiterhin werden wir unsere Anschaffungen über den Internet Explorer tätigen, jedoch mit Hilfe eines Videospiels. Dreamcast wird das kleine 33.6 Modem voll ausnutzen, da die auf CD gespeicherten IE-Graphiken über eine Wiedergabeapplikation, die zwei Mal so schnell ist wie der derzeit schnellste Pentiumprozessor, ausgeworfen werden. Obwohl die Daten (noch) mit extrem dünnen Leitungen auskommen müssen, wird Dreamcast ein Gerät sein, mit dem sehr schnell durch das Web gesurft werden kann.

Und da Gates und Kollegen einen Teil des Gerätes selbst besitzen, brauchen sie keine großen Anstrengungen unternehmen, um ihre PC-Konzessionen zu schützen. Auf dem Videospielemarkt werden sie eines von vielen Softwareentwicklungsunternehmen sein, und „die Föderalisten" werden sich kaum darum scheren. In zwei Jahren beziehungsweise 20 Millionen Einheiten später kann selbstverständlich alles anders aussehen. Zumindest ist es so geplant.

Aus: „I Cringely"; Vol. 1.6.1, http://www.pbs.org/cringely/archive/may2898_text.html
Mit freundlicher Genehmigung von Robert X. Cringely.

Regionalisierung und Lokalisierung

Bislang wurden regionale Interessen beziehungsweise Medienbedürfnisse vor allem von klassischen Medien, zum Beispiel von Lokalzeitungen und Anzeigenblättern, wahrgenommen. Als Gegentendenz zu der derzeit auch im Bereich von Information und Unterhaltung herrschenden Globalisierungswelle werden die Nutzer aber mehr und mehr nach regionalen und lokalen Informationen und Angeboten verlangen: Da diese Angebote in der non-medialen Welt für sie leichter erreicht werden können, ist das Bedürfnis nur zu verständlich, solche Informationen auch in einem großen Datennetz nutzen zu können.

Das Internet steht vor einer zunehmenden Fokussierung

Der bislang als WWW firmierende Teil des Internet steht also vor einer wachsenden regionalen Fokussierung der Inhalte. In einer Vier-Felder-Matrix läßt sich diese Tendenz in bezug auf die Fokussierung von medialen Inhalten sehr gut visualisieren.

Abbildung 5.7: Fokussierung von Medienangeboten im Internet

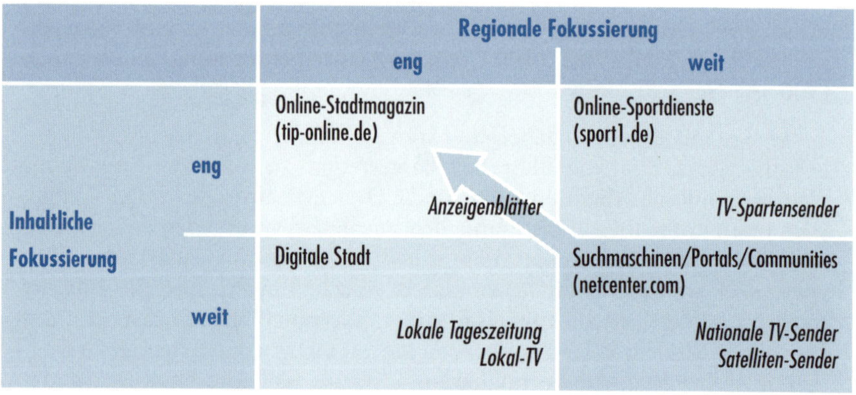

Deshalb werden auch im Internet mehr und mehr regionale und lokale „Zentren" entstehen, die entweder den bestehenden topographischen Realitäten oder völlig neuen Interessensgruppierungen entsprechen können. Die vielfach geteilte

Quelle

Abbildung 5.7: ECC 1998

und getrennte Welt wird im Internet nachgebildet, da allein sprachlich und kulturell eine zu große Egalisierung oder einseitige Dominanz nicht langfristig stabil bleiben kann. Dies bedeutet nicht nur mehr sprachregionale Inhalte, sondern mehr Informationen aus einer Stadt, einem Stadtteil, aus einer Straße. Hierbei werden sich ebenso neue Gruppen zusammenfinden, als auch parallel alte Strukturen online abbilden. Informationen zum regionalen Wetter sind hierbei ebenso bedeutsam wie zum Beispiel die Frage, was ein Schnitzel bei den beiden Metzgern um die Ecke heute kostet.

Diesem Trend entsprechend kündigte der Online-Dienst America Online (AOL) im Juli 1998 an, sein Angebot, das in den USA bereits seit 1995 mit regionalen Angeboten arbeitet, noch stärker regionalisieren zu wollen, um die Zahl der Abonnenten und Werbekunden zu steigern. Ab der Programmversion 4.0 der AOL-Zugangssoftware, die Ende 1998 erschien, werden die Kunden mit der jeweiligen Startseite ihrer Region begrüßt. AOL attackiert damit nicht nur den Werbemarkt der Lokalzeitungen, sondern nähert sich vor allem den Bedürfnissen seiner Nutzer an.[262]

Fazit

Drei Trends für Internet-Inhalte: Meso-Medien, Computerspiele und Fokussierung

Drei Entwicklungslinien lassen sich also für neue Inhalte in der Internet-Ökonomie festhalten:

1. Das Internet eröffnet Chancen für die Bildung neuer Interessengruppen und deren ökonomisch attraktive Versorgung mit medialen Inhalten. Diese Inhalte können äußerst divers oder sogar randlastig sein, sie erschließen aber ein bislang brachliegendes Potential: Mittelgroße Interessengruppen von weniger als 10.000 Personen, die bislang mit elektronischen Medien nicht gesondert versorgt wurden.
2. Die Spiele-Industrie, ob online im Internet, über Spielekonsolen oder den Heim-PC, entwickelt derzeit die erfolgreichsten Konzepte für die Gestaltung von interaktiver Unterhaltung. Die Branche kann daher als Trendsetter bei der Entwicklung neuer Inhalte und Formate in einer vernetzten Medienwelt betrachtet werden.
3. Die Regionalisierung und Lokalisierung der Inhalte ist ein weiterer Trend bei der Frage nach Inhalten in einer Internet-Ökonomie: Statt fortlaufender Internationalisierung werden Inhalte und Angebote über die jeweilige direkte Umgebung immer relevanter.

262 Dafür erstellen allein in Deutschland rund 60 Freiwillige, sogenannte AOL-Scouts, regionalisierte Angebote für 57 deutsche Städte. Sie erhalten als Vergütung einen kostenlosen AOL-Zugang.

5.1.6 Perspektiven der Internet-Ökonomie

Die Entwicklung der informations- und kommunikationsgestützten Internet-Ökonomie ist bereits in vollem Gange. In dem Maße, wie die Industrialisierung das Ausmaß der Land- und der Handarbeit reduziert hat, so werden auch die heutigen Industriejobs aufgrund von Digitalisierung und Vernetzung sich wandeln: Ende der neunziger Jahre arbeiten in den USA nur noch 18 Prozent aller Beschäftigten im industriellen Sektor. Doch von diesen 18 Prozent industrieller Arbeitnehmerschaft waren wiederum drei Viertel mit informationsbezogenen Tätigkeiten betraut: Verwaltung und Forschung, Design und Verkauf, Marketing-Management und Juristen bewegen Bits, nicht Atome. Nur noch ein sehr geringer Teil der arbeitenden Bevölkerung ist heute tatsächlich in der industriellen Produktion tätig, der große Rest der Gesellschaft wandelt sich langsam aber absehbar in eine Kommunikations- und Wissens-Gesellschaft, die sich mit Hilfe von Netzwerken zu einer Internet-Ökonomie weiterentwickeln wird.

Regeln der Internet-Ökonomie gelten in immer mehr Unternehmen

Da nahezu alle Unternehmen auf die Entwicklung der Informationstechnologie reagieren und diese in ihre Unternehmensprozesse integrieren, setzen auch die Regeln der Internet-Ökonomie bei den meisten Unternehmen direkt an. So wird sich die gesamte Wirtschaft immer stärker zu einer vernetzten Wirtschaft wandeln. Autos werden schon heute designt, entwickelt und hergestellt in einer vernetzten und auf Netzwerktechnologien beruhenden Produktionsweise: Zum Teil reduzieren die Automobilbauer ihre Entwicklungszeiten bereits dadurch, daß sie die Daten für einen neuen Wagen „parallel zum Lauf der Sonne" rund um den Globus von einem Entwicklungsbüro in Amerika nach acht Stunden Bearbeitungszeit weiterreichen zum nächsten Büro in Asien und dann zu einem Büro in Europa. – Mehr und mehr Jobs werden durch Netzwerk-Technologien erfaßt und umgeformt, bis die gesamte Wirtschaft vernetzt ist.

Kern der Internet-Ökonomie ist die Kommunikation. International, immateriell und „interconnected"

Die Kommunikation unter- und miteinander ist dabei das Hauptmovens der Entwicklung. Aus der Vernetzung heraus erwächst eine neue Kommunikationsdynamik: Digitalisierung und Vernetzung verbessern und beschleunigen nicht nur die Möglichkeiten der Kommunikation, den zielgerichteten Austausch von Information, sie werden vielmehr zur neuen Determinante der Ökonomie: Der Austausch, die Kommunikation ist der Kern der Ökonomie. Drei Grundvoraussetzungen bestimmen dabei die Welt einer vernetzten Ökonomie:

* Sie ist international,
* sie beruht auf immateriellen Ideen, Informationen und Beziehungen,
* und sie bedingt eine umfassende Vernetzung (Interconnectedness) aller Beteiligten.

New Rules for the New Economy

von Kevin Kelly, Executive Editor Wired Magazine

1) Embrace the Swarm. As power flows away from the center, the competitive advantage belongs to those who learn how to embrace decentralized points of control.

2) Increasing Returns. As the number of connections between people and things add up, the consequences of those connections multiply out even faster, so that initial success aren't self-limiting, but self-feeding.

3) Plentitude, Not Scarcity. As manufacturing techniques perfect the art of making copies plentiful, value is carried by abundance, rather than scarcity, inverting traditional business propositions.

4) Follow the Free. As resource scarcity gives way to abundance, generosity begets wealth. Following the free rehearses the inevitable fall of prices, and takes advantage of the only true scarcity: human attention.

5) Feed the Web First. As networks entangle all commerce, a firm's primary focus shifts from maximizing the firm's value to maximizing the network's value. Unless the net survives, the firm perishes.

6) Let Go at the Top. As innovation accelerates, abandoning the highly successful in order to escape from its eventual obsolescence becomes the most difficult and yet most essential task.

7) From Places to Spaces. As physical proximity (place) is replaced by multiple interactions with anything, anytime, anywhere (space), the opportunities for intermediaries, middlemen and mid-size niches expand greatly.

8) No Harmony, All Flux. As turbulence and instability become the norm in business, the most effective survival stance is a constant but highly selective disruption that we call innovation.

9) Relationship Tech. As the soft trumps the hard, the most powerful technologies are those that enhance, amplify, extend, augment, distill, recall, expand, and develop soft relationships of all types.

10) Opportunities Before Efficiencies. As fortunes are made by training machines to be ever more efficient, there is yet far greater wealth to be had by unleashing the inefficient discovery and creation of new opportunities.

Aus: „New Rules for the New Economy", Viking/Penguin 1998
Mit freundlicher Genehmigung von Kevin Kelly.

Der Grundgedanke, daß das atomistische Weltbild des 20. Jahrhunderts durch den Siegeszug von Netzwerken ersetzt wird, die vor allem Bits und nicht Atome bewegen, führt zu der einfachen Erkenntis, daß das Internet (oder die Netze) zur Basis unserer Ökonomie wird.

Wer die Abläufe und Ansprüche innerhalb solcher Netzwerke analysiert, wird deshalb auch verstehen, nach welchen Regeln eine Internet-Ökonomie funktioniert. Zehn „Faustregeln“ für eine neue Netzwerk-Ökonomie hat hierzu Kevin Kelly, Executive Editor des kalifornischen Magazins Wired aufgestellt. Seine „Regeln“ besitzen keinen Absolutheits- oder Ausschließlichkeitsanspruch, doch können sie sicherlich Perspektiven aufzeigen für wirtschaftlich erfolgreiches Verhalten in einer Internet-Ökonomie.

Schon heute arbeitet mehr Rechenkapazität in einem Auto als in einem PC

Nachfolgend sollen verschiedene Aspekte der neuen Netzwerk-Ökonomie unter Berücksichtigung der Thesen von Kelly diskutiert werden.

Grundvoraussetzung: Die Internet-Ökonomie ist dezentral

Schon heute arbeiten sechs Milliarden Chips in allen möglichen Objekten, vom Toaster bis zur Klimaanlage. Und dieser Prozeß wird sich vermutlich weiter entwickeln, bis nahezu jedes von Menschenhand hergestellt Objekt mit einem simplen, wegwerfbaren – weil billigen – Chip ausgestattet ist, der einfache Aufgaben erledigt oder knappe Nachrichten aussendet. Netze ent- und bestehen dadurch bereits in vielen Bereichen: Kleidungsstücke werden mit Chips versehen, um Größe und Beschaffenheit automatisiert abfragen zu können. Kühen werden Chips unter die Haut implantiert, so daß sie die für ihre Situation jeweils optimale Nahrungsmenge zugeteilt bekommen. Schon heute arbeiten in einem durchschnittlichen Auto mehr Chips mit einer höheren Leistung, als in einem durchschnittlichen PC.[263] Für die nächste Autogeneration wird überlegt, wie Browser und eine weiterführende Vernetzung sinnvoll für Kunden und Automobilindustrie eingesetzt werden können.[264] So, wie heute schon Flugzeuge Chips mit Flügeln sind, werden Autos zu Chips mit Rädern.[265]

Eine Stufe weiter werden solche Entwicklungen getrieben, wenn diese Chips miteinander vernetzt werden. Denn wenn diese Chips auch nur einige wenige Informationen untereinander austauschen können, werden aus unbelebten Objekten plötzlich animierte Netzknoten, die intelligente, das heißt vor allem: sich selbst-optimierende Lösungen ermöglichen. Dies ist der Motor der Internet-Ökonomie: Der Schwarm einzelner, simpler, aber miteinander über ein Netzwerk kommunizierender Chips führt zu intelligenten, wirtschaftlicheren Lösungen.

Der Computerhersteller Silicon Graphics löste sein gesamtes Verwaltungskonzept auf, indem er ausnahmslos allen Mitarbeitern den Zugang zu seinem Intranet namens „Silicon Junction“ verschaffte. Hierin wurden alle Verwaltungsvorgänge, Formulare und internen Abläufe weitestgehend automatisiert bereitgehalten. Dadurch konnten alltägliche Unternehmensabläufe deutlich beschleunigt werden.

263 Kelly 1998, S. 72
264 Zum Beispiel eine Kontrolle der wichtigsten Motordaten, ohne daß das Auto in die Werkstatt muß.
265 vgl. Kelly 1997, S. 140 - 197

Aus der Künstlichen Intelligenz-Forschung (KI) stammt ein Beispiel für die Macht des dezentralen Schwarms: Ziel eines KI-Experimentes war es, eine Zahl von Bällen, die gleichmäßig auf einer quadratischen Fläche verteilt waren, mit Hilfe mehrerer kleiner Roboter zu einem Haufen zusammenzuschieben. Die optimale Lösung bestand nicht in aufwendigen zentralen Steuerungs-Systemen, sondern in einem simplen Programm, bei dem jeder einzelne Roboter scheinbar „ziellos" umherfuhr und immer dann stoppte und seine Richtung änderte, sobald drei Bälle vor der Schaufel zusammengekommen waren. Schnell sammelten sich die Bälle in der Mitte der Versuchsfläche zu einem Haufen.

Die Macht des (dezentralen) Schwarms

Ein anderes Beispiel: In Berlin wurde eine Reihe von Glas-Recycling-Containern mit einem Sensorchip und einem Sender ausgestattet, die der Zentrale signalisieren, wann ein Container voll ist. Aus den eingehenden Daten errechnet die Zentrale dann täglich die optimale Route für den LKW, der die Container leert. Vorher kämpften die Verwerter immer mit dem Problem, daß Container entweder übervoll waren, so daß die Entleerung einen hohen Zusatzaufwand mit sich brachte, oder die Container viel zu leer waren, als daß sich eine Anfahrt gelohnt hätte. Das System war so erfolgreich, daß das Experiment nun auf die ganze Stadt ausgedehnt wird.

Die Zukunft der Computer-Technologie liegt deshalb in ihrem Verschwinden: indem sie überall unsichtbar vorhanden ist und miteinander Daten austauscht, können intelligente Problemlösungen entstehen. So viele Objekte wie nur möglich sollten hierfür animiert und konnektiert werden, um effiziente Ergebnisse zu erhalten.

Standards als Wohl und Wehe der Internet-Ökonomie

Die Frage der Standards: Lock-In-Effekte und die Folgen

Standards werden in der Internet-Ökonomie generell immer bedeutsamer. „Interfection" ist hierbei das Stichwort für das Konzept, bestehende Standards aus einem Business Web zu nutzen, sie in einem anderen Netzwerk neu einzusetzen um dann dieses Netzwerk zu revolutionieren. So wie TCP/IP als Standard der Datenkommunikation derzeit die Sprachübermittlung revolutioniert, können Business Webs ihre entwickelten Standards in ganz neuen Feldern erfolgreich einsetzen.

Es ist dabei für Unternehmen verlockend, geschlossene Systeme anzubieten, die den erwünschten Standard durchsetzen helfen sollen, indem sie dem Anbieter die alleinige Verfügungsgewalt über das entsprechende System sichern. Doch solche geschlossenen Systeme sind vor allem in ihrer Flexibilität gegenüber den Anforderungen des Marktes oftmals weniger wettbewerbsfähig als offene Systeme, die durch mehrere Anbieter vertreten werden. Dabei verkennen viele Unternehmen, daß ein kleines Stück eines sehr großen Kuchens zumeist profitabler ist, als der überwiegende Anteil an einem kleinen Kuchen. Deshalb ist die Offenheit der Systeme, wie sie das Betriebssystem Linux, die Webserversoftware Apache, oder die Freigabe des Netscape-Programmcodes demonstrieren, in einer

Offene Systeme erschließen größere Potentiale

Internet-Ökonomie eine der wichtigsten Voraussetzungen für Wachstum, weil es letztlich hilft, größere Potentiale zu erschließen, als das bei einem Beharren auf geschlossenen Systemen möglich wäre.

Je mehr Netzwerke erschlossen werden, mit welchen ein Produkt oder eine Dienstleistung verbunden werden können, um so mächtiger und nutzbringender wird das Produkt: Das Telefonnetz ist durch seine hohe Flexibilität (für Daten- wie für Sprachübertragung, Verbindung zum Internet) ein wichtiges Angebot mit entsprechend hohen Optionswert. Hieraus entsteht aber eine Situation, welche die Änderung des einmal etablierten Standards immer schwieriger macht. Es entsteht ein sogenannter Lock-In.

Lock-In

von Carl Shapiro und Hal R. Varian, University of California at Berkeley

Visionaries tell us that the Internet will soon deliver us into that most glorious form of capitalism, the „friction-free" economy. How ironic, then, is the event that will usher in the next millennium: the dreaded Year 2000 Problem, a testament to the enormous rigidities that plague the information economy. Far from allowing for frictionless choice, information technologies are notoriously subject to switching costs and lock-in: once you have chosen a technology, or a format for keeping information, switching can be very expensive. In extreme cases, these switching costs can be so prohibitive that the user is virtually locked in to his current technology.

Lock-in arises whenever users invest in multiple complementary and durable assets specific to a particular information technology system. You purchased a library of LPs as well as a turntable. So long as these assets were valuable, i.e., the albums were not too scratched and the turntable still worked, you had less reason to buy a CD player and start buying expensive CDs. More generally, in replacing an old system with a new, incompatible one, you may find it necessary to swap out or duplicate all the components of your system. These components typically include a range of assets: data files (LP records, COBOL programs, word processing documents, etc.); various pieces of durable hardware; and training, human capital. Switching from Apple to Intel equipment involves not only new hardware; the software has to be updated as well. And not only that, the wetware – the knowledge that you and your employees have built up that enable you to use your hardware and software – has to be updated. The switching costs for changing computer systems can be astronomical. Today's state-of-the-art choice is tomorrow's legacy system.

Lock-in can occur on an individual level, a company level, or even a societal level. Consumers were locked-in to LP libraries, at least in the sense that they were less inclined to purchase CD players because they could not play LPs. Many companies were locked-in to using Lotus 1-2-3 spreadsheets, because their employees were highly trained in using the Lotus command structure. Today, at a societal level, most of us are locked-in to Microsoft's Windows desktop operating environment.

The great fortunes of the information age lie in the hands of companies that have successfully established proprietary architectures which are used by a large installed base of locked-in customers. And many of the great headaches of the information age are visited upon companies who are locked in to information systems that are inferior, orphaned, or monopolistically supplied.

Here are some critical points to keep in mind when thinking about lock-in:

* Customer lock-in is the norm in the information economy, because information is stored, manipulated, and communicated using a system consisting of multiple pieces of hardware and software, and because of the importance of specialized training to use specific systems.
* Switching cost must be evaluated relative to revenues on a per-customer basis. Even small switching costs can be critical in mass markets such as the telephone industry or consumer electronics.
* Total switching costs include those borne by the consumer to switch suppliers and the costs borne by the new supplier to serve the new customer.
* As a rule of thumb, the present discounted value to a supplier of a locked-in customer is equal to that customer's switching costs, plus the value of all other advantages enjoyed by the incumbent supplier based on lower costs or superior product quality.

Aus: „Information Rules: A Strategic Guide to the Network Economy", Harvard Business School Press, 1999,
Website: http://www.inforules.com.

Mit freundlicher Genehmigung von Carl Shapiro und Hal R. Varian

Significance proceeds momentum

Welche Ursachen für den Erfolg eines Netzwerk(-Standards) entscheidend sind, ist nicht eindeutig zu bestimmen. Zwar besitzt der erste Anbieter eines Netzwerk-Dienstes in der Regel Wettbewerbsvorteile („*It's better to be first, than it's to be better.*"[266]), doch ist der weitere Verlauf immer „pfad-abhängig", weshalb trotz möglicher Lock-In-Effekte einzelne Netzwerke auch schnell obsolet werden können. – Wer kennt noch das Betriebssystem CP/M?

266 vgl. Ries/Trout 1993

Standards setzen sich explosionsartig durch, obwohl sie vorher lange Zeit existent aber unbedeutend waren

Charakteristisch ist das exponentielle Wachstum, das ähnlich wie in biologischen Systemen verläuft: Jahrelang kaum wahrnehmbar, „explodiert" ein Netzwerk scheinbar plötzlich in Teilnehmerzahl und (wirtschaftlicher) Bedeutung, es wird für Externe erkennbar. Bestes Beispiel hierfür ist die Entwicklung des Internet selbst: Jahrzehntelang war es ein obskures, kleines Netzwerk für wenige Akademiker. Nach einigen Verbesserungen (HTML, Browser) explodierte die Zahl der Teilnehmer. So wie das Internet können auch von Netzeffekten abhängige Unternehmen wie Microsoft oder Technologien wie das Fax lange Zeit als unbedeutende „Restgröße" existieren, bevor sie plötzlich explosionsartig ihren Markt entwickeln. Dies sind Beispiele für „biologisches Wachstum" in technologischen Systemen. Die Bedeutsamkeit der Entwicklung solcher Netzmärkte geht dabei stets dem spürbaren Momentum voraus. Sie ist allgemein nur schwer prognostizierbar und zumeist nur nachträglich analytisch zu erfassen.

Laß los an der Spitze – Nach dem Erfolg die Devolution

Schnelle Innovationszyklen verlangen nach dem bewußten Verlassen einmal erreichter Positionen

Unternehmen sind sehr erfindungsreich, wenn es um die Verteidigung ihrer Technologien geht. Eine Reihe davon waren gerade zu einem hohen Grade perfektioniert worden, bevor sie, abgelöst von völlig neuen Technologien, Dinosauriern gleich ausstarben. Elektronische Röhren zum Beispiel waren auf dem Stand einer elaborierten Hochleistungs-Technologie, bevor sie mit einem Schlag durch die viel leistungsstärkeren und langlebigeren Transistoren ersetzt wurden. Computer-Chips haben heute einen ähnlichen Produktlebenszyklus, wie Moore's Law es als Innovationszyklus vorschreibt: 18 bis maximal 24 Monate. Danach ist der Chip stark veraltet und kann nur noch billig verkauft werden. Bislang hatte Intel seine hohen Gewinnmargen dadurch verteidigen können, daß neue Chipgenerationen jeweils schneller im Markt etabliert wurden, als die Konkurrenz sie kopieren konnte. Mittlerweile scheint aber auch dieser Vorsprung aufgehoben zu sein.

Die Dynamik der Innovationen birgt aber auch große Probleme für die beteiligten Unternehmen: So tendieren erfolgreiche Unternehmen dazu, potentielle Konkurrenzprodukte aus anderen Bereichen nicht mehr genügend zu beobachten. Deshalb betont der langjährige Intel-CEO Andy Grove in seinem Buch „Only the paranoid survive", daß nur extreme Aufmerksamkeit und eine sehr hohe Reaktionsgeschwindigkeit dauerhaft das Überleben einer Unternehmung sicherstellen können. Vor allem bei strategischen Wendepunkten wie es zum Beispiel die Erfindung des Transistors für die Röhren-Industrie oder die Etablierung des Internet für die Software-Industrie darstellte, sind die Marktführer gefordert, ihre Produkte und Strategien umzustellen, um weiterhin am Markt bestehen zu können.[267] Sonst gehören die Gewinner von heute sehr schnell zu den Verlierern von morgen.

Neben dem geschickten Aufbau einer Unternehmung bedarf es dafür nach Kelly manchmal sogar einer kreativen Zerstörung, bis hin zur Etablierung eines „Chief Destruction Officers".[268] Im deutschen Sprachraum kommt hier der Be-

267 vgl. Abschnitt 3.3
268 Kelly 1998, S. 82

griff des Sanierers, oftmals aus dem Bereich der Unternehmensberatung, in den Sinn. Diese Zerstörung, um Neues zu erschaffen, funktioniert aber nur selten in alten Strukturen, zumal die meisten Industrien mit dem Ziel organisiert sind, ihr Terrain optimal zu verteidigen. Deshalb bringen häufig etablierte Unternehmen, die in einen neuen Markt eintreten mehr Innovationen in Gang, als die alten Marktteilnehmer. Oftmals kommt der entscheidende Anstoß für Innovationen aber auch von echten Outsidern: Nicht IBM war der Erfinder des PCs, sondern (neben anderen) zwei Studenten, die Apple Computer gründeten. Nicht die amerikanischen Kabelkonzerne mit ihren Information Superhighway-Plänen erfanden das WWW, sondern eine Reihe von Forschern im europäischen Kernforschungszentrum CERN in Genf. Nicht die Automobilkonzerne machten sich zuerst stark für den Bau eines kleinen Autos, sondern der Uhrenkonzern SMH.

Innovationen kommen häufig von echten Outsidern

In der Internet-Ökonomie mit ihren schnellen Innovations- und Produktlebenszyklen werden deshalb die entscheidenden Konkurrenten aus völlig anderen Branchen und Feldern kommen. Stabilität, so scheint es, gibt es in einer solchen beschleunigten Ökonomie nicht mehr: Stabil ist nur der Wandel. Und gerade die Förderung des steten Flusses, der Ungleichgewichte und Disparitäten, kann zu einer stabilen Entwicklung beitragen. Unternehmen werden deshalb in Zukunft immer stärker zwischen den beiden Polen Chaos und Ordnung im Bereich des „Flux“ operieren.[269]

> *»Ich sage voraus, daß im Jahr 2005 die Welt Ihr Büro sein wird – und Ihr Markt. In dieser neuen Geschäftsumgebung wird kein Manager mehr in der Lage sein, Informationen als ein Mittel zur Kontrolle der Mitarbeiter zu verwenden.«*
>
> Bill Gates

Neue Arbeitsorganisation dank Informations-Netzwerken

Intrapreneurship und Business Literacy – die Internet-Ökonomie ermöglicht eine neue Eigenständigkeit

Beziehungen zwischen mehreren Menschen können unterschiedlich organisiert werden, zum Beispiel hierarchisch oder als Netzwerk. Hierarchien dienten bislang sehr häufig als Organisationsform in Unternehmen, weil sie Informationsgefälle gut ausgleichen konnten. In einer vernetzten Welt scheinen Hierarchien aber immer weniger Sinn zu machen: Wenn die Echtzeit-Verbreitung von Informationen über interne und externe Netzwerke immer einfacher wird, werden immer mehr Gruppen und Teams zur dominanten Organisationsform einer vernetzten Arbeitswelt, weil Informationen für alle Mitglieder gleichzeitig verfügbar sind. Intranets sorgen für den Abbau von Hierarchien.[270]

Darüber hinaus kann eine Internet-Ökonomie auch tatsächlich neue Arbeitsformen befördern, die jenseits des klassischen Industriemodells ansetzen. Vermutlich werden sich langfristig viele der wissensintensiven Branchen, vor allem im Informations-, Kommunikations- und Unterhaltungs-Bereich einer projektorientierten Produktionsweise anschließen, denn die notwendige Geschwindigkeit und Flexibilität der Arbeitsleistung sind bei einer solchen Organisationsweise höher als in großindustriellen Strukturen.[271]

269 Kelly 1998, S. 104-109
270 vgl. Kelly 1998, S. 112-114
271 vgl. Kelly 1998, S. 105-106

5.1.7 Moment mal... – Kritische Anmerkungen zur Internet-Ökonomie

Das Kritische Masse-Problem

Kritische Masse wird als Ungleichgewichtszustand verstanden, bei dem die Zahl der Netzwerkteilnehmer wieder zurückgeht, wenn sich nicht ausreichend Teilnehmer finden, die den Prozeß der Ausbreitung eines Netzwerkes schließlich zum „Selbstläufer" werden lassen.[272] Bislang wird bei der Diskussion zur Überwindung solcher Kritische Masse-Probleme gern auf Netzwerk-Externalitäten verwiesen.

Vier Startprobleme von Netzwerkgütern

Doch bestehen bei den diskutierten Start-Problemen von Netzwerkgütern erhebliche Koordinationsschwierigkeiten, die auch durch Marketingaktivitäten von Experten und Anbietern nicht vollständig ausgeräumt werden können:

1. Zunächst besteht für keinen Käufer ein Anreiz, ein Netzgut zu kaufen, wenn für ihn keine Sicherheit besteht, daß auch eine hinreichende Zahl weiterer Kunden gefunden wird.
2. Das Startproblem von Netzwerkgütern hängt auch direkt mit der Zahlungsbereitschaft der Kunden zusammen. Daher muß vor allem zu Anfang der Preis des Netzgutes mindestens der Zahl an zahlungsbereiten Nutzern entsprechen, die die Überwindung des Kritische Masse-Phänomens ermöglichen. Hilfreich hierbei können Subventionen sein, die einen attraktiven Preis unterstützen.
3. Konstant sinkende Preise aber führen zum „Leapfrogging", das die Initial-Verbreitung verhindert. Potentielle Käufer warten dann sehr lange ab, um ganze Technologie-Zyklen zu überspringen.
4. Auch durch Absprachen der Teilnehmer oder internationaler Gremien[273] sind Marktdurchdringungs-Probleme von Netzwerkgütern lösbar. Allerdings können hierbei neue Probleme entstehen, wenn die Teilnehmer unterschiedliche Interessen haben oder die damit verbundenen Transaktionskosten (zu) hoch sind.

Wachstumsgrenzen bei Netzwerk-Gütern

Es kann unter Umständen zu einem sinkenden Nutzen des Gesamtnetzes kommen, wenn (vorübergehend oder dauerhaft) eine bestimmte Größe oder Ausbreitung erreicht ist. Diese Grenze kann die Attraktivität des Netzes und damit den Anreiz zur Teilnahme beziehungsweise weiteren Ausbreitung behindern, wenn nicht gar verhindern.

Bislang wird in der Internet-Ökonomie argumentiert, Netzwerk-Externalitäten würden für jeden zusätzlichen Teilnehmer direkte Netzeffekte bedeuten. Tatsächlich erhöht sich zumeist nur der Optionswert des Netzes, nicht der tatsächliche Wert. Schließlich, und hier kommen vor allem regionale oder nationale

272 Rupp 1996, S. 13-15
273 Zum Beispiel MPEG, ADSL Working Group, W3B-Konsortium, usw.

Auch Netz-Externalitäten erreichen ihre Grenzen

sowie sprachliche Aspekte zur Geltung, erreichen auch Netzwerk-Externalitäten eine Grenze, die dadurch beschrieben ist, daß jeder zusätzliche Teilnehmer den Nutzen für die übrigen Teilnehmer nicht mehr real erhöht. Der Zuwachs ist dann nur noch marginal, später rein optional oder am Ende sogar negativ, indem jeder zusätzliche Nutzer den Nutzen der übrigen Teilnehmer nicht tangiert oder sogar einen technologischen Lock-In intensiviert.

Der Wert eines Netzwerkes, wie des Telefonnetzes, steigt laut internetökonomischer Theorie mit der Zahl seiner Teilnehmer. Der Wertzuwachs für den Nutzer eines Telefons reduziert sich aber, je weniger wahrscheinlich der Kontakt des Nutzers mit hinzukommenden neuen Nutzern ist. Als Beispiel kann hierzu die (bislang theoretische) Idee der Erschließung ganz Chinas mit Telefon-Anschlüssen herangezogen werden. Für den durchschnittlichen Mitteleuropäer sind diese Anschlüsse überwiegend belanglos: Kaum jemand verfügt über zureichende Gründe, mit einem durchschnittlichen Chinesen zu telefonieren. Höchstens bei einer Zunahme des Individualtourismus oder einem deutlichen Ausbau des Handels mit China könnte ein gewisser gesteigerter Nutzen optional vorhanden sein, – wenn beide Seiten eine gemeinsame Sprache sprächen. Der zusätzliche Nutzen bei der Erschließung Chinas mit Telefonen geht also für Europäer gegen Null, er ist marginal. Als rein potentielle Möglichkeit, mit jedem beliebigen Chinesen bei einem aus welchen Gründen auch immer auftretenden Bedarf direkt telefonischen Kontakt aufnehmen zu können, bietet ein solches Netzwerk aber immerhin einen optionalen Wert.

Abbildung 5.8: Wachstumsgrenzen bei Netzeffekten

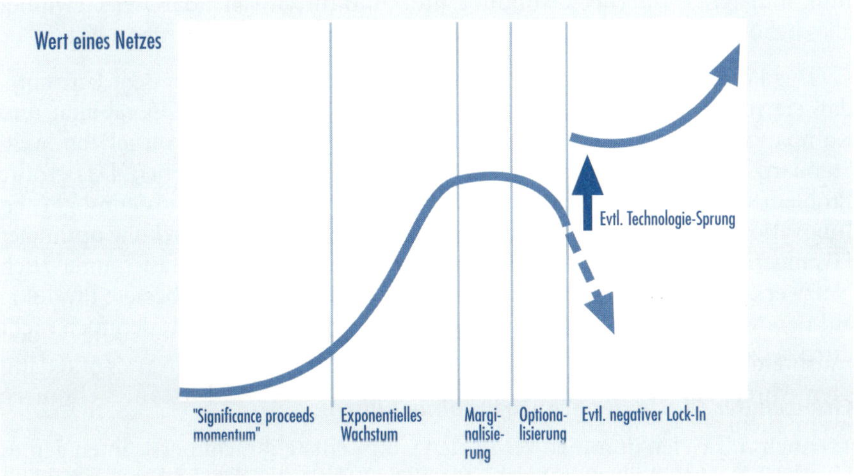

Quelle

Abbildung 5.8: ECC 1998

Regionale, nationale oder sprachliche Gründe können negative Netzeffekte forcieren

Viel problematischer aber ist die Lock-In Situation, die den Wert eines Netzwerkgutes sogar wieder reduzieren kann. Dies würde zum Beispiel dann der Fall sein, wenn eine leistungsfähigere Telefontechnologie als neuer Standard weltweit eingeführt werden soll, dies aber im diskutierten Beispiel von China verhindert wird, weil das Land den Umrüstungsaufwand nicht finanzieren will. In diesem Moment werden die Netzwerk-Externalitäten durch Lock-In-Effekte aufgehoben und ins Negative verkehrt. Oftmals entwickelt sich aber in einer solchen Situation ein Technologie-Sprung (zum Beispiel von analogen zu digitalen Telefonen), so daß ein neues Netzwerk die zuvor bestehenden Restriktionen überspringt. – Im Beispiel des Telefonnetzes wäre hier nach ISDN die Entwicklung der IP-basierten Telefonie zu nennen.[274]

Die vorstehende Abbildung macht deutlich, daß sich in der Internet-Ökonomie ein Derivat des aus der bisherigen Ökonomie bekannten Produktlebenszyklus auch für Netzwerkgüter beschreiben läßt. Allerdings verlaufen die Wachstumskurven bei Netzwerkgütern exponentiell, ebenso wie mögliche Schrumpfungskurven. Die limitierenden Faktoren bestehen – wie bereits dargestellt – zumeist aus regionalen, nationalen oder sprachlichen Aspekten, die die weitere Ausdehnung eines Netzwerkgutes be- oder verhindern und damit einer ungehemmten Ausdehnung von Netzwerkgütern Grenzen setzen.

Problem der Netzwerk-Externalitäten: Natürliche Monopole

Das paradoxe Problem: Monopole in der Internet-Ökonomie

Netzwerk-Externalitäten führen oftmals zu natürlichen Monopolen: Heute beherrscht Microsoft den Markt für Betriebssysteme, Cisco den Markt für Netzwerk-Router und Oracle den Markt für Datenbanken. Zumeist bedeutet eine funktionierende Internet-Ökonomie im schlimmsten Falle, daß der Gewinner alles bekommt wie im Falle von Microsoft oder, im besten Falle, das meiste.[275]

Das Paradoxe solcher Quasi-Monopole besteht vor allem in dem Umstand, daß sie von den Nutzern selbst oft gewünscht werden: Inter-Operabilität und Kompatibilität sind aus Nutzersicht wertvolle Güter in einer vernetzten Welt. Standards werden honoriert, weil sie den Wert des Netzes erhöhen. Das größte Problem solcher Netzwerk-Externalitäten besteht aber vor allem in der möglichen Innovations-Behinderung und der damit verbundenen Unterdrückung optimaler Lösungen. Neben den Netzwerk-Gewinnern existieren daher fast immer auch Netzwerk-Verlierer. Dies sind Unternehmen, die teilweise sogar bessere Produkte auf den Markt brachten und sich gegen die Netzwerk-Standards dennoch nicht durchsetzen konnten.

Grenzen der Macht des Schwarms ohne Führung

Auch mit vielen dummen vernetzten Chips entsteht nicht per se intelligentes Handeln. Je mehr Teilnehmer in einem Netzwerk vorhanden sind, um so wichtiger ist neben der Selbstorganisation auch Anleitung: Vor allem bei einer sehr großen Zahl von Optionen kann es ohne Vorgaben leicht zum Stillstand kom-

274 vgl. Abschnitt 3.2
275 vgl. Kelly 1998

men. Das Internet-Protokoll TCP/IP benötigt Datenbanken, die die besten Wegstrecken zu einzelnen Adressen vorgeben.

Ein weiteres Problem ist, daß die Schwarm-Vorteile erst bei einer umfassenden Vernetzung aller Teilnehmer einsetzen. Nur die Hälfte aller Mitarbeiter zu vernetzen, führt nicht zu den erwünschten Netzwerk-Vorteilen, da weiterhin alte Infrastruktur-Modelle aufrecht erhalten werden müssen. Halbherzigkeit läßt also Netzwerk-Vorteile gar nicht erst zum Tragen kommen, sondern verursacht zusätzliche Kosten und erhöht die Reibung.

5.2 Integrative Betrachtung des Nutzerverhaltens

5.2.1 Grundlagen und Grundgedanken

Die Nutzerperspektive: Wohlunterschiedene Medien

Fragt man den einzelnen Bürger, welches Medium er für welche Zwecke nutzt, so erhält man auch im Zeitalter der „kommunikativen Revolution" relativ eindeutige Antworten. Das Fernsehen, das Radio, die Zeitung, die Zeitschrift aber auch der Computer und das Telefon sind aus der Perspektive ihrer Nutzer wohlunterschiedene Medien beziehungsweise Werkzeuge zur Bewältigung unterschiedlicher Situationen im Alltag. Verwechslungen und Grenzüberschneidungen finden zumindest in den Köpfen der Menschen kaum statt. Das analysierbare Aufeinanderzubewegen unterschiedlicher ökonomischer Akteure, die technische Integration elektronischer Systeme auf der Basis der Digitaltechnik sowie die kontinuierliche Verflechtung von Wertschöpfungsprozessen hat interessanterweise im Alltagsbewußtsein der Konsumenten kaum einen Niederschlag gefunden.

Konvergenzrhetorik

Die Fachwelt hat die Integration und Konvergenz technischer und ökonomischer Systeme schon vor Jahrzehnten vorweggenommen und dabei Wortungetüme herausgebildet, wie „telematische Integration". Oder sie hat den Prozeß der wachsenden Vermaschung von Systemen auf die dahinter verborgene Formel der „Digitalisierung" von Daten, Inhalten oder Diensten zurückgeführt, doch der wichtigste Akteur auf den Märkten, der private Kunde, scheint der wachsenden Konvergenz-Rhetorik nach wie vor mit Unverständnis und Gleichmut zu begegnen. Den privaten Kunden sind auf dem Weg in das neue Zeitalter nur neue Geräte oder Serviceangebote begegnet, die wenn überhaupt lediglich komplementär zu den tradierten Mediennutzungen in den privaten Alltag eingebaut wurden. Wie aber will eine revolutionierte Medienbranche integrierte Produkte und Konzepte vermarkten, wenn diese Integration im Bewußtsein der Käufer scheinbar gar nicht stattfindet, und der potentielle Kunde folglich der Integrations-Rhetorik kaum zu folgen vermag?

Daß das Fernsehangebot inzwischen sowohl per Kabel wie auch per Satellit in den Haushalt zu gelangen vermag, nötigt dem privaten Nutzer höchstens ein preisliches Kalkül in Hinsicht auf den Kauf von neuen Geräten oder die monatliche Belastung durch entsprechende Anschlüsse oder Dienstleistungen ab. Und

„Die kommunikative Revolution hat den Haushalt bisher nur rudimentär erreicht."

sicher ist der moderne Telekommunikationskunde auch an einer vergleichsweise einfachen Bedienbarkeit der Systeme interessiert, doch das führt noch nicht zu einer „Gesamtsicht" der Entwicklung. Mit einem integrativen und umfassenden Kommunikationsmanagement ist der einzelne Haushalt in der Regel überfordert. Die Infrastrukturentscheidungen wurden ihm früher von der Deutschen Bundespost und danach von ihrer Nachfolgeorganisation Deutsche Telekom abgenommen, und selbst wenn sich inzwischen auch neue Netz- und Diensteanbieter und sogar Hausbesitzer beziehungsweise Hausverwaltungen um die Versorgung mit Technik und Programmen kümmern, so ist der Anschluß an das ISDN beispielsweise für den einzelnen Bürger nur allzu selten mit der Frage nach seiner zukünftigen Medienversorgung verknüpft.

Es fehlt die Gesamtsicht

Die kommunikative Revolution hat den Haushalt bisher nur rudimentär erreicht. Die Hauswirtschaft wird noch immer als „business as usual" geführt, obgleich die Gestaltungspotentiale neuer Medien- und Technologieangebote auf der Hand liegen, und die neuen Wertschöpfungsketten sich immer direkter in den einzelnen Haushalt hineinbewegen. Der Haushalt selbst ist aber im Gegensatz zu einer weit verbreiteten Meinung nicht durch Übersichtlichkeit und Transparenz für dessen Mitglieder geprägt. Vielmehr geht die Rationalität des Handelns im Haushalt und die Komplexität der Haushaltsfunktionen in der Gemengelage emotionaler und zufälliger Alltagsbeziehungen verloren: „Hier bin ich Mensch, hier darf ich sein." Vor diesem Hintergrund bleibt wenig Spielraum für kluge strategische Kalküle und eine rationale Planung der medien- und kommunikationstechnischen Außenbeziehungen.

Kommunikation im Haushalt verläuft weniger rational

Das Dilemma der Funktionsvielfalt von Multimedia-Anwendungen für den privaten Haushalt und der Mythos problemloser Konvergenz

Die Medienentwicklung tendiert zur Vielfalt von Angeboten, Geräten oder Diensten. Die Auswahlmöglichkeiten wachsen täglich und damit ändern und erweitern sich die Märkte. Zielgruppen werden kleiner, das heißt große Märkte sind in diesem Umfeld nur schwer zu bündeln. Dies berührt die wirtschaftliche und politische Fähigkeit, größere neue Infrastrukturen auszubauen und entsprechend zu finanzieren, obwohl sie technisch möglich geworden sind. Entscheidend für die Erklärung der Entwicklung zukünftiger Märkte durch die Veränderung des Verhaltens von Haushaltsmitgliedern ist ein angemessenes Verständnis neuer Trends in der Entwicklung moderner Kommunikationssysteme, die das nachfolgende Modell der „dedizierten Kommunikation" zu integrieren versucht.

Der Haushalt läßt sich grundsätzlich in vier Funktionsbereiche unterscheiden:

Funktionsbereiche des Alltagslebens

* Organisation des Alltagslebens
* Soziale Netzwerke
* Unterhaltung und Entspannung
* Nachrichten und Kommentare

In diesen vier Bereichen haben immer an der Schnittstelle zweier Sektoren spezialisierte Medien eine bestimmte Funktion übernommen. Hieraus erwachsen wiederum vier Cluster von Medien, die im nachfolgenden Schaubild von 1 bis 4 beziffert sind.

Cluster von Medien

Abbildung 5.9: Modell der dedizierten Kommunikation

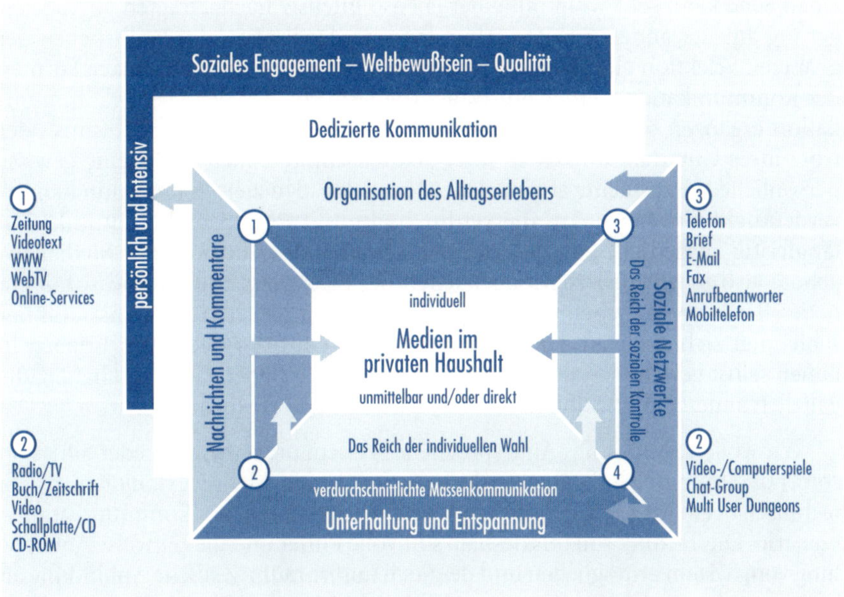

Das Modell der dedizierten Kommunikation versucht den vielfältigen und sich zum Teil scheinbar widersprechenden Trends der Individualisierung von Selektionsentscheidungen einerseits und der kommunikationstechnisch beeinflußten Re-Kommunalisierung von Lebensstilen andererseits Rechnung zu tragen.

Das Modell beschreibt zwei hauptsächliche Bewegungsachsen. Die eine „Achse" bezieht sich auf die „Implosion" vom Abstrakten und Allgemeinen zum Individuellen und Persönlichen, und kann auf dem ersten farbigen Rechteck als eine Bewegung von außen nach innen betrachtet werden. Die Pfeile beschreiben die Orientierung zur Bildmitte. Diese zentrale Achse, die von außen nach innen führt, thematisiert die größeren Selektionsmöglichkeiten im Reich der individuellen Wahl, die im multimedialen elektronischen Angebot angelegt sind. Die andere Achse, die vom Bildvordergrund in den Bildhintergrund reicht, nimmt neue Themen auf: die wachsenden Ansprüche an die Qualität des Kommunikationsangebotes und den Wunsch nach einer weiteren Steigerung des persönlichen Erlebens. Die zweite Achse entsteht, wenn man die Grafik dreidimensional mit drei aufeinandergelegten Rechtecken begreift, wobei sich die „dedizierte Kommunikation" (weiße Folie) als Katalysator beider Entwicklungsachsen vermittelnd

Das Modell der dedizierten Kommunikation

Quelle

Abbildung 5.9: Lange 1998

zwischen die erste (hellblaue) und dritte (dunkelblaue) Folie schiebt. Die genannten Entwicklungen vollziehen sich zeitgleich innerhalb desselben Raum/Zeit-Kontinuums.

Die dedizierte Kommunikation wird die klassische Massenkommunikation ersetzen

Individualisierte Selektion schließt kollektives Erleben nicht aus und eine gewünschte Trivialisierung oder gar Primitivierung von Programmen auf der einen Seite kann sehr wohl mit einer ebenso intensiv nachgefragten Niveausteigerung auf der anderen Seite verbunden sein. Dedizierte, das heißt neben der größeren Selektion gleichzeitig auch leidenschaftlichere und intensivere Formen der Kommunikation werden auf Dauer tradierte Formen der Massenkommunikation ergänzen oder ersetzen, denen trotz allen Informationsreichtums oder trotz ihrer Unterhaltsamkeit in ihrer „Durchschnittlichkeit" stets eine gewisse persönliche Komponente abging. Das Modell der „dedizierten Kommunikation" verdeutlicht einerseits, daß die verdurchschnittlichte Massenkommunikation langfristig ausgedient hat, daß die Differenzierung elektronischer Medienangebote also individuellere Möglichkeiten der Selektion eröffnet und somit ein neues Reich persönlicher Wahlen erschließt. Doch gleichzeitig wächst und beschleunigt sich auch die Suche nach intensiverem persönlicherem Erleben in neuen selbst gewählten oder auch individuell geschaffenen Gemeinschaften, die gänzlich andere und flexiblere Mediennutzungskontexte fordern.

Das Ende der Durchschnittlichkeit?

Wir wollen als ständig „Angesprochene" zudem nicht mehr in jeder Situation sofort und unmittelbar beglückt oder belästigt werden. Mehr Flexibilität bietet ein technisch beeinflußtes aber individuell gewähltes persönliches Kommunikationsszenario. Die Technik soll uns deshalb sinnvolle Puffer und die zeitweise Abkopplung vom System ermöglichen und dennoch unsere raum-zeitliche Anbindung an unser soziales Umfeld erweitern, so daß wir – ohne an ein bestimmtes Medium oder eine Technologie allein gebunden zu sein – ein relativ variables Kontakt- und Kommunikationsmanagement betreiben können. Hier sind die wirklich neuen Märkte zu finden.

Die Integration oder Konvergenz, die Menschen neuerdings suchen, ist also weniger technisch zu verstehen. Sie ist vielmehr sozial geprägt, wobei die ökonomischen und technischen Vorteile von Synergieeffekten sicher auch billigend in Kauf genommen werden.

Der Wille zum Anderen: Persönlichkeit als Schlüssel zu sozialer, ökonomischer und technischer Konvergenz

Variables Kontakt- und Kommunikationsmanagement

Die verstärkte Nutzung personalisierter Medien ist der soziale, ökonomische und technische Trend des nächsten Jahrzehnts. Der Erfolg des Mobiltelefones liegt beispielsweise nicht ausschließlich in seiner technisch mobilisierten ubiquitären Nutzungsmöglichkeit, vielmehr eröffnet das Handy erstmals eine eigene personalisierte und anders als der Brief auch direkte wie unmittelbare Kommunikationswelt. Vor dem personalisierten Kommunikationssystem steht das persönliche Kommunikationsgerät. Der Entwicklungstrend zu persönlichen und dann auch personalisierbaren Geräten ist evident. Der Nutzung des persönlichen Computers PC ging bereits das persönliche Fernsehgerät voraus – als Zweitfernsehgerät, und in großbürgerlichen Familien hatte schon sehr früh jedes einzelne Familienmitglied seinen individuellen Telefonapparat in seinem persönlichen Raum. Während das *persönliche* Instrument nur durch ein persönliches Besitz- oder Verfügungsrecht gekennzeichnet ist, besitzt das *personalisierte* System auch ein gewisses Wissen über seinen Nutzer. Es ist auf ihn eingestellt wie ein guter Freund. Das Handy besitzt durch die gespeicherten Nummern ein gewisses „Wissen" über den persönlichen Freundeskreis des Wahlspeicherprogrammierers und durch die Art der Speicherung oder die Belegung von Kurzwahltasten wird unter Umständen sogar ein Eindruck über die Kommunikationsprioritäten und persönlichen Kommunikationspräferenzen vermittelt.

Vom persönlichen zum personalisierten Endgerät

Mit der zuletzt gewählten Nummer wird das persönliche Verhalten aufgezeichnet und die Telefonnummer des Mobiltelefons ist keine haushaltsbezogene Adresse, sondern eine direkte persönliche Ansprachemöglichkeit. Das Mobiltelefon reist mit seinem Nutzer und von Gerätegeneration zu Gerätegeneration wächst seine „Intelligenz" zu einem persönlichen Kontakt- oder Infoman. Auch unser Auto, unser Kühlschrank, unser Herd und selbst unser Fahrrad sollen, wenn es nach den Wünschen mancher Forscher am MIT Media Lab in Cambridge (MA) geht, mehr über uns erfahren, um uns dann besser dienen zu können.

Neue Ansprüche an personalisierte Dienstleistungen

Die Medienanbieter haben bisher die Markt- und Zuschauerforschung verwendet, um so nahe wie möglich an unsere unmittelbaren Bedürfnisse und Interessen heranzukommen. Mit den neuen intelligenten und personalisierbaren Systemen ist dieser Umweg nicht mehr zwingend erforderlich. In Zukunft wird es eher so sein, daß ein Nutzer zynisch zu sagen vermag: „Mein Computer weiß mehr über mein Verhalten als meine eigene Frau." Neue Märkte lassen sich in diesem Felde erschließen und neue Ansprüche an personalisierte Dienstleistungen werden zu neuen Geldströmen für die leistungsfähigen Anbieter solcher Produkte führen. Fälschlicherweise wird deshalb häufig die Frage gestellt, wie kann ich selber im Kontext neuer Kommunikationssysteme *aktiv* zu mehr Unterhaltung oder mehr Information gelangen?

Trend zu rationaler Passivität

Der interaktive Nutzer der Zukunft wird als ein universell hyperaktiver und hoch selektiver Mensch mißverstanden. Das etwas bequemere Auswahlkriterium für den gelasseneren Konsumenten könnte indes ebensogut lauten: Welchen Beitrag leistet ein System, um Dritte anzuregen oder zu ermutigen, mich mit meinen Wünschen und meinen Bedürfnissen ernstzunehmen und somit etwas für deren Befriedigung zu tun. Neue Kommunikationstechniken sind deshalb auch nur partiell *aktive* Eingriffsinstrumente in die Wissens- und Unterhaltungskultur. Sie spenden Dritten auch eine gewisse Orientierungshilfe, um der Persönlichkeit des Nutzers, besser Gutes zu tun. Dies ist die Vorbereitung zu einer neuen „wissenden" Bewegung der rationalen Passivität, die das Schicksal im wohlverstandenen Konsumenteninteresse nur einfach positiv „geschehen" läßt; vergleichbar dem

Angler, der mit geringstem Energieaufwand durch einen guten Köder sein Opfer zu bestechen versteht.

News- und Chatgroups ökonomisch unterbewertet

Das hedonistischere Prinzip des passiven Wartens auf die erwünschte Botschaft ist durch eine falsch verstandene Arbeitsethik und Arbeitskultur einseitig aus der Entwicklung neuer Medienangebote herausgedacht und herausgestaltet worden, obwohl gerade darin für erfahrene Anbieter tradierter Massenkommunikationsprodukte das ganze Erfolgsgeheimnis liegt. Konsequenterweise werden zum Beispiel News- und Chatgroups von den bildungsbürgerlich geprägten aktiven Informationssuchern in ihrer Rolle zur Erschließung neuer Kommunikationsmärkte unterbewertet und nur selten strategisch klug in die Internetpräsentation von Firmen und Institutionen eingebaut. Zu diesen neuen Kommunikationsformen gehört nämlich nicht nur das aktive Senden von Botschaften, sondern die umso größere Beglückung durch den Empfang einer erhofften Nachricht. Interaktive Systeme sollten deshalb nicht automatisch mit der Vision des aktiveren und handelnderen Konsumenten verbunden werden. Die Marktchance des höheren Wissens über den Nutzer liegt auch in dessen passiver Entlastung, die von Konsumenten im Alltag so häufig gesucht und genossen wird.

Mit dem Begriff der Persönlichkeit sind Visionen und Illusionen von Macht verknüpft, denen wir alle unterliegen. Macht und die Sicherheit ihrer Ausübung werden zu kauffähigen medien- und kommunikationstechnischen Produkten, soweit man durch Geld über Daten, Informationen oder Wissen und letztlich sogar über Menschen zu verfügen vermag. Kommunikationstechnische Dienstleistungen schaffen Zugänge und damit auch eine gewisse gewollte wie ungewollte Verfügung über gesuchte und identifizierte Personen.

Der Wille zum Anderen

Doch die starke Persönlichkeit speist sich auch aus dem Willen zum Anderen. In der Medienkommunikation wird nicht nur die reale oder virtuelle Verfügung über Menschen in Form von Bekannten gesucht, in gleicher Weise lockt das Abenteuer des Unbekannten und Unerschlossenen. Die Erzählung, der Brief, die Zeitung oder das Buch haben schon frühzeitig fremde Kontinente gedanklich zugänglich gemacht. Die gewissen zeitlichen Verzögerungen, die in ihnen angelegt waren, wurden durch das Telefon, das Radio und das Fernsehen ergänzend aufgehoben. Die Vision der Telekommunikation ist die Aufhebung der Entfernung, ihre Tatsache die Konstitution einer neuen Nähe. Ihr Antrieb ist aber auch das Unbekannte, das Ferne und somit das Interessante, das uns aus der Normalität unseres Alltags reißt.

Agenten als Sachwalter persönlicher Interessen

Mit den personalisierten Geräten „vermehren“ wir uns und erweitern unseren zufälligen Verfügungs- und Empfangsbereich, so wie unsere Kinder unsere Gene in die Welt tragen. Das Wohlergehen und die Entwicklung unserer personalisierten Geräte werden somit zu einem starken Antrieb für unser eigenes Handeln. „Let your fingers do the walking“ war der prägnante Slogan für die telefonbasierte Telekommunikation. Inzwischen spielen persönliche Agenten im Internet die Rolle der Sachwalter persönlicher Interessen. Der vor der Erfindung und Anwen-

Neue „Fühler" in die Welt

dung von Agenten im Netz nicht mögliche Versuch, die virtuelle Persönlichkeit des Nutzers selbst als lernenden Reisenden in das Telekommunikationsnetz zu verlagern, ist jetzt zu einem wesentlichen Grundpfeiler der kommunikativen Revolution geworden. Die Technik vermittelt neue künstliche Fühler, um uns unabhängig vom eigenen Aufenthaltsort in die Welt vorzutasten, mit weniger Aufwand und mit weniger Risiken. Nur bei der Ernte will der Nutzer dabei sein. Er selbst will die Früchte der Suche persönlich „pflücken".

Avatare – Das Spiel mit der Persönlichkeit

Beispielsweise machen die im Netz als elektronische Butler, Sklaven, Reiter, Boten, Krieger und Gesandte auftretenden Avatare aus jeder Persönlichkeit einen kleinen Staat, der sich nach eigenen Regeln und Gesetzen entwickelt. Wir stülpen den Techniken, die wir nutzen, und den Geräten, mit denen wir umgehen, unsere Persönlichkeit über, um sie noch enger an unsere tatsächlichen Bedürfnisse heranzuführen. Doch je mehr wir unsere eigenen Bedürfnisse besser und „persönlicher" zu befriedigen vermögen, umso mehr betrachten wir uns gelangweilt im eigenen Spiegelbild. Deshalb brauchen wir das Andere und den Anderen. Die erfolgreiche Telekommunikation ist der bewußte Wille zum Anderen.

Ist ein personalisierter Bezug aber erst einmal geschaffen, so ist dieser nur schwer hintergehbar. Je näher ein technisches Gerät an eine Person heranrückt, um so mehr kann sich diese persönlich bedrängt und belästigt fühlen. Deshalb ist mit dem Trend zur Personalisierung neuer Medien zwangsläufig das balancierende Element der De-Kommunikation und der zeitweiligen persönlichen Herausnahme aus dem kommunikativen System verknüpft. Die persönliche Unmittelbarkeit wird optional immer wieder durch eine raum-zeitliche Direktheit ersetzt: Wir bleiben erreichbar – per Anrufbeantworter, E-Mail oder Fax – und sind es dennoch nicht immer und dies umso weniger zwingend.

Auf dem Weg zu einer neuen Kommunikationsbalance

Dem technischen Prinzip der Konvergenz, bei dem scheinbar zwangsläufig alles zusammenläuft und künstlich zusammengeführt wird, werden durch die Persönlichkeiten der Nutzer immer wieder eigene neue soziale Grenzen gesetzt werden. Je stärker man sich bewußt isoliert, um so größer wird das Bedürfnis nach Nachbarschaft, und je mehr man sich verbindet um so dringlicher wird die Option einer Trennung. Dies ist die kommunikative Balance, die für die Beschreibung neuer Medien und Märkte eine entscheidende Rolle spielen wird. Personen benötigen Zäsuren, Interpunktionen und Grenzziehungen, um sich ihrer eigenen Rolle und Interessen bewußt zu werden. Der aktive Mediennutzer der Zukunft, der Verbindungen schafft, wird eine ebenso aktive Persönlichkeit sein, die neue Trennungen und neue Lösungen provoziert. Dies gilt für das berufliche wie für das private Umfeld in gleicher Weise.

Berufliche Nutzungen sind nach wie vor das entscheidende Sozialisationsfeld für die privaten Multimedia-Anwendungen

Bisher fand die „multimediale" Wertschöpfung, soweit sie transaktionsbasierte Dienstleistungen sowie die Vermarktung von Produkten in interaktiven elektro-

Optimierung des Work-Flow im Haushalt auf niedrigerem Niveau

nischen Distributions- und Vermittlungssystemen betraf, fast ausschließlich im gewerblichen Sektor und im Verkehr zwischen Unternehmen statt. Während das gewerbliche Kommunikationssystem auf der kontinuierlichen und häufig profunden Revolutionierung aller Arbeits- und Verwaltungsbeziehungen basiert, dümpelt die „Rationalisierung" des Haushalts auf der Basis von Innovationen eher auf niedrigem Niveau dahin. Die Organisation von Zeit und die Optimierung des Work-Flow scheint im privaten Haushalt weit weniger wichtig zu sein als die Variation und Intensivierung des persönlichen Erlebens.

Insofern ist auch der Bürger und Konsument in seinem privaten Alltag durchaus innovativ und in besonderen Lebenslagen auch immer wieder kreativ, doch vor dem Hintergrund der ökonomischen Kolonialisierung der privaten Rückzugsrefugien, bei der alle häuslichen Serviceleistungen, die früher von Familienangehörigen, Nachbarn und Freunden eher gratis erbracht wurden (Fürsorge, Ansprache, Unterhaltung, Liebe), und die nun umfassend und gegen Entgelt entsprechend vermarktet werden, zeigt sich der Haushalt notorisch zurückhaltend und skeptisch gegen die private Übernahme der allumfassenden technischen Verunsicherungen, die ihm in seinem beruflichen Alltag begegnen. Die Abwesenheit des Ökonomischen und die Verweigerung gegenüber dem Primat der Zeit zeichnet den kollektiven Wunsch nach einer besonderen Lebensqualität im individuell Alltäglichen aus.

Wertschöpfung im Haushalt speist sich aus „anderen" Werten

Wertschöpfung ist vor diesem Hintergrund von anderen Wahrnehmungs-, Denk-, Erlebnis- und Handlungswelten geprägt. Deshalb muß sich der ökonomische Sektor, wenn er in seinem Eindringen in diesen Bereich weiter erfolgreich bleiben will, intensiver als bisher mit den persönlichen Strategien der „kollektiven" Absetzung und Abgrenzung vom „Rationalen" und „Funktionalen" auseinandersetzen. Der neuen Irrationalisierung des Alltags wohnt eine eigene Rationalität inne. Der Mißerfolg der Verbreitung von Daten- und Kommunikationstechniken im privaten Alltag scheint gerade auch damit zusammenzuhängen, daß Instrumente wie der Computer ihren Einzug in den beruflichen Alltag als „Effektivierungs-Verstärker" gehalten haben. Interessanterweise wurde diese Bewertung von Technik noch konterkariert durch das Auseinanderklaffen von Anspruch und Wirklichkeit: Die effektivste Maschine Computer wird inzwischen häufig höchst ineffektiv genutzt.

Infantile „End-Lösungen" überzeugen nicht

Diese Erfahrung im beruflichen Alltag konnte dem privaten Bürger in seiner anderen, „privaten" Lebensrolle nicht verborgen bleiben. Selbst dann, wenn er tatsächlich in seinem persönlichen Lebensumfeld „rationalisieren" will, wird der kritische Konsument nicht immer sofort, unter Umständen in Zukunft sogar immer seltener, auf eine kurzfristig vorhandene Lösung zugreifen. Dies hat ihn der allzu schnelle Generationenwechsel und die Infantilität manch technischer „End"-Lösung gelehrt. Die Vertracktheit der vielen Zwischenlösungen, die die „Informatisierung der beruflichen Lebenswelt" mit sich gebracht hat, ist ein Er-

„Da der Normalbürger keine Multimedia-Perspektive besitzt, fehlt ihm auch ein stimmiges Multimedia-Kostenbewußtsein."

fahrungsschatz, der die Integration der beruflich genutzten Technologien im privaten Lebensfeld beeinflußt.

Neue Produkte im Kontext subjektiver Zeitstrukturen

Der gewerbliche Sektor steht unter dem Primat objektiver Zeitstrukturen, der private Sektor folgt der Dramaturgie der subjektiven Zeit. Aus der Perspektive des betrieblichen Logistikers ist die Verschwendung von Zeit für „unnütze" Transaktionen in den privaten Haushalten kaum verständlich. So wird der Einsatz transaktionsbasierter elektronischer Systeme vor allem auch in den Haushalten besonders virulent, die unter einen gewissen äußeren Druck der privaten „Verwendung" von Zeit und in Probleme bei der Organisation ihrer persönlichen Agenda geraten.

Gibt es ein konsistentes Multimedia-Portfolio?

Kein konsistentes Multimedia-Portfolio

Eine der zentralen Fragen, deren Beantwortung das Volumen zukünftiger Märkte abschätzbar machen könnte, ist die nach der Höhe der monatlichen Belastung, die der einzelne Konsument oder Haushalt bereit ist für Multimedia-Dienste aufzuwenden. Nun wurde in diesem Abschnitt ja bereits argumentiert, daß es den klassischen Multimediadienst nicht gibt, und daß das private Multimediabudget als ein abstraktes Konstrukt aus der Zusammenrechnung unterschiedlicher Zahlungsströme künstlich errechnet wird. Im Kopfe der Bürger gibt es kein in sich konsistentes Multimedia-Portfolio.

Statistiker müssen im Sinne einer differenzierten volkswirtschaftlichen Gesamtrechnung die Kategorien konsistent definieren und ihre Zuordnung klären; es kann aus dieser Perspektive auch zweckmäßig sein, sich um ein gesellschaftlich durchschnittliches multimediales Warenkorbmodell zu bemühen. Aus der Perspektive des einzelnen Haushaltes jedoch sind die Kriterien veränderlich, nach denen Ausgaben in dieses Budget einbezogen und andere ausgeschlossen werden.

Es fehlt ein stimmiges Multimedia-Kostenbewußtsein

Da der Normalbürger keine Multimedia-Perspektive besitzt, fehlt ihm auch ein stimmiges Multimedia-Kostenbewußtsein. Spätestens hier zeigt sich, wie wenig tragfähig der Multimedia-Begriff für die individuelle Haushaltsplanung ist. In ein statistisch „objektiviertes" Budget werden häufig die Ausgaben für das Fernsehen beziehungsweise Video, das Radio, die Stereoanlage, den Computer und das Telefon hineingerechnet. Andere gehen gar so weit auch die Ausgaben für Zeitungen, Zeitschriften oder Tonträger bis hin zu Entgelten für den Besuch von Kinofilmen in einen solchen „Multimedia-Etat" hineinzunehmen. Ein standardisierter Warenkorb in dieser Richtung kann zwar einen guten Überblick über geringe Schwankungen im längeren zeitlichen Verlauf geben, doch die internen Umgruppierungen und Umschichtungen von Etats sind letztlich die besseren Indikatoren für die Beschreibung des Wachsens und Sterbens von spezialisierten und segmentierten Märkten.

Die Verwendung jedes einzelnen Mediums folgt überwiegend einer Logik, die den Gebrauchswert des Mediums für den jeweils individuellen Alltag beschreibt. Deshalb sollte eher auf einen allgemeinen und abstrakten Unterhaltungs- oder

Informationsbedarf als auf einen generalisierten Maßstab wie Geld geachtet werden, damit eine vernünftige Allokation von Mitteln für vergleichbare Zwecke vorgenommen werden kann. Wird die Tageszeitung um eine Mark teurer, so hat dies nur selten Konsequenzen für die Fernsehnutzung und umgekehrt. Kurzfristige Preisschwankungen innerhalb der jeweils definierbaren Medien scheinen nur wenig Einfluß auf die Auswahlentscheidungen hinsichtlich anderer Medien zu haben. Wird aber auf Dauer ein wachsender und individuell bemerkenswerter Anteil an ein bestimmtes Medium gebunden und gibt es hier deutliche Schwankungen, so wird in einem begrenzten Freizeit- und Medienbudget sehr wohl mit der Auswahl, Anwahl oder Abwahl anderer Medien zu rechnen sein.

Eine vernünftige Allokation von Mitteln?

Auch das Wechselverhältnis in der Beurteilung zwischen „Freizeit"- und „Mediennutzungs"-Optionen ist nicht unproblematisch. So läßt sich der Besuch eines Freibades von mehreren Stunden sehr wohl in Geld mit der Rezeption einer mehrstündigen Sportsendung oder gar mit einem längeren Telefonat unter Freunden messen. Doch ist nicht erkenntlich, was im individuellen Kontingenzraum der Möglichkeiten einer solchen Auswahlentscheidung als Vergleichsmaßstab tatsächlich zugrunde gelegen haben mag. Als genereller Trend deutet sich allerdings an, daß die Zeitbudgetierung im Vergleich zur Geldbudgetierung weiterhin an Bedeutung gewinnt. Dieser erklärt sich mit den bekannten langen Phasen der Prosperität und des Wachstums privater Geldmittel, die den Wiederaufbau nach dem zweiten Weltkrieg in fast allen europäischen Nationen bestimmt haben und ist erstaunlicherweise selbst noch vor dem Hintergrund eines relativen stagnierenden Haushaltseinkommens gültig. Der Kaufentscheidung oder der individuellen Bereitschaft zur Nutzung eines Dienstes liegt nicht immer ein klar identifizierbares „fertiges" Produkt zugrunde. So messen sich häufig anstatt realer „Nutzungen" antizipierte „Optionen". Die Liste der Apotheker im eigenen Stadtviertel und deren Bereitschaftszeiten oder das Gesamtverzeichnis aller Fernsprechteilnehmer wird ebenso wie der Fahrplan des Nah- oder Fernverkehrs von vielen „Beziehern" interaktiver Nutzungsoptionen niemals genutzt. Diese Optionen sollen aber für die denkbare Situation, in der man über sie tatsächlich verfügen will, möglichst ständig und immer wieder aktualisiert bereitgehalten werden. Hier ist die Herausforderung für den Return of Investment besonders groß, da sich die fixen Bereitstellungskosten unabhängig von ihrer Verwendung kaum unterscheiden. Für eine klare Budgetierbarkeit von Produkten und Dienstleistungen für private Haushalte ist eine eindeutige Klassifizierung der Verwendungsmöglichkeiten und des Haushaltsnutzens unumgänglich. Je anwendungsnäher die dabei verwendeten Angebote, Service- und Gerätebezeichnungen sind, umso besser lassen sie sich in einem modularen „Bouquet" oder „Bundle" für den potentiellen Käufer oder Nutzer als eigenständige Wertschöpfungskomponenten identifizieren.

Zeitbudgetierung gewinnt im Vergleich zur Geldbudgetierung an Bedeutung

„Optionen" sind in der Herstellung besonders teuer und fordern die Internet-Ökonomie heraus

Formen und Klassen privater Mediennutzung – Elemente eines integrativen Angebotes

Klassen von Medienangeboten

Es macht Sinn, Bereitstellungsklassen von Daten, sowie von Kommunikations-, Unterhaltungs- und Informationsangeboten zu definieren, die sich zumindest entlang der Dimensionen „Regelmäßigkeit", „Häufigkeit" oder „Dauer" der Nutzung sowie der „Intensität" der Widmung unterscheiden lassen. Nachfolgend wird eine „ideale" Zuordnung relativ willkürlich auf der Basis verdurchschnittlichter Annahmen vorgenommen, obgleich sich solche Bewertungen individuell und medienspezifisch sehr stark unterscheiden können. Die Pfeile in der Zeichnung indizieren dabei zukünftige Entwicklungstrends.

Abbildung 5.10: Modell der Mediennutzung aus zeitlicher Perspektive

		regelmäßig		unregelmäßig	
		häufiger	seltener	häufiger	seltener
längere Dauer	intensiv	TV (allgemein)	Zeitschrift (allgemein)	Telefon (relational) Tonträger (CD/MC)	Events (Kino, Konzert, Theater, Sport) Video/Buch Computernutzung, Surfen, Internetchat
	ober-flächlich	Radio (allgemein)		Bandenwerbung (Sport) Kneipenmusik	
kürzere Dauer	intensiv	Fernsehnachrichten Radio-nachrichten		Telefon (funktional) Fernseh- und Radiowerbung Videotext	Mobiltelefon CD-ROM Internet-Transaktionen
	ober-flächlich	Verkehrs-hinweise		Zeitschrift (Anzeige) Schilder/Plakate	Internet-Werbung

Überleben die funktionsspezifischen Lösungen?

Es ist nach wie vor völlig offen, ob spezialisierte Geräte wie das Telefon, das Radio, das Fernsehen, der Computer oder die Stereoanlage im multimedialen Umfeld auf der Basis erworbener Nutzungsroutinen überleben, oder ob es in Zukunft kommunikationstechnische Geräte geben wird, die verschiedene Funktionen in sich vereinen. Bisher ist deutlich erkenntlich, daß sich die funktionsspezifischen Lösungen mit einem klaren Nutzungsprofil einfacher und nachhaltiger durchzusetzen vermögen. Bei einzelnen Techniken oder Geräten, zum Beispiel beim Mobiltelefon, zeigt sich aber bereits ein deutlicher Trend zur Funktionsintegration: Der Organiser, das mobile Fax, der E-mail-Zugang scheinen in das Gerät quasi „natürlich" hineinzuwachsen.

Quelle

Abbildung 5.10: Lange 1998

„Der PC ist noch keine Mulitmediamaschine."

Trend zur Funktionsintegration

Auch wenn momentan noch keine akzeptable Schnittstelle für den Empfang von dedizierten Nachrichten im Mobiltelefon gefunden wurde, und die Nutzungsentgelte für Massendienste noch eher zu teuer sind, so ist auf Dauer durchaus denkbar, daß ein mobiles „Handy" in Zukunft seine Daten auf dem Display nicht nur über ein teures Vermittlungsnetz sondern – als kostengünstigere Option – auch parallel aus sonstigen Massenkommunikationsquellen im Äther erhält. Besonders interessant wäre darüber hinaus die Frage, ob ein solches funktionsintegriertes Handy bei Zahlungs- und sonstigen Transaktionen, zum Beispiel zum Aufladen einer elektronischen Geldbörse, eine besondere Rolle spielen kann.

Der PC ist noch keine Multimediamaschine

Der PC ist für die meisten Nutzer noch immer keine Multimediamaschine. Er ist aus der Arbeitswelt erwachsen und auch die kennt, zumindest in Europa, klare Funktionszuschreibungen. Diese enge funktionale Aura, mit einer deutlichen Hauptnutzung als Instrument zur Verarbeitung und Zwischenspeicherung von Texten oder alpha-numerischen Daten, wird der PC in den nächsten Jahren nur mühsam abschütteln können.

Der passiven Couch-Potato wird häufig der aktive Computernutzer gegenübergestellt. Doch spätestens seit der Entdeckung des Verlustes von innerer Ordnung und orientierenden Sinnstrukturen beim Surfen im Internet weiß man um die Sog-Wirkung, die die Desktop-Potatoe ebenso möglich macht. Wachsen dem Computer über Spiele oder Chats unterhaltende Komponenten zu, so macht es sicher wenig Sinn, die Fernsehnutzung per Computer auf Dauer prinzipiell ausschließen zu wollen. So wie das Fernsehgerät im Kontext von Internet-TV-Lösungen interaktive Funktionen erhalten kann, so wird der Computer sicher auch stärker zu Unterhaltungszwecken eingesetzt werden.

Der ungleiche Weg zu mehr Auswahl: Das „Selektivitäts-Dilemma" oder der mündige Nutzer zwischen Akzeptanz und Gewöhnung

Mediennutzungen sind ebenso wie die Auswahlentscheidungen für oder gegen bestimmte Techniken im privaten Alltag nur allzu selten rational. Im Bereich der tradierten Mediennutzung haben wir es sehr oft mit paradoxen Situationen zu tun. Dies zeigen empirische Ergebnisse aus einer vergleichenden europäischen 5-Länder-Studie, die im Auftrag der italienischen Telekom angefertigt wurde.

Neue Rationalitäten und paradoxes Nutzerverhalten

So läßt sich beispielsweise für die Bundesrepublik zeigen, daß ältere Menschen angeben immer länger fernzusehen, obwohl sie gleichzeitig behaupten, die Progamme seien in den letzten Jahren immer schlechter geworden. Und obwohl in der genannten Befragung jüngere Leute häufiger äußerten, immer weniger fern zu sehen, finden sie doch, daß sich das Fernsehprogramm eher verbessert hat. Dies liegt sicher auch daran, daß die Eröffnung neuer Märkte in den letzten Jahren recht deutlich mit einer Fetischisierung von Jugend verbunden war. Die älteren Menschen wurden als Konsumentengruppe ignoriert und mehr oder weniger vergessen. Inzwischen hat sich hier eine Rückbesinnung ergeben. Dieser neue

Trend zu einem „silver market" für ältere Menschen ist verbunden mit einem weiteren Entwicklungsmodell auf Seiten der Technik.

Plug&Play erweitert den Nutzerkreis

Technik, wie auch ein Medium, gilt dann als verarbeitet und in den Alltag integriert, wenn sie dem Nutzer in der Anwendung oder Nutzung nicht mehr zwingend zu Bewußtsein kommen muß. Er muß sich so an sie „gewöhnen" können, daß ihm die Auswahlentscheidung, wie beim Fernsehen, kaum noch direkt und unmittelbar in jeder Anwendungssituation aufgedrängt wird. Es werden deshalb in Zukunft sicher einfachere und verständlichere Produkte angeboten werden, die als „Plug &Play"-Lösungen ohne Vorkenntnisse direkt an alte und neue Netze anzuschließen und auch entsprechend einfach zu bedienen sind.

Spezifische Medien für spezifische Publika

Jüngere Menschen haben weniger Schwierigkeiten mit neuen Techniken und sind neugieriger im Ausprobieren von neuen Medieninhalten und -formen. Sie sind zudem – innerhalb ihrer jeweiligen Mediengrundorientierung – differenziertere und weniger habitualisierte Mediennutzer. So haben sich zwei prinzipiell divergierende Publika und Konsumentengruppen herausgebildet, die beide mit unterschiedlichen Produkten oder Dienstleistungen angesprochen werden sollen:

Das „Selektivitäts-Dilemma"

Abbildung 5.11: Das Selektivitäts-Dilemma – Ein verbessertes „gleichbepreistes" Produkt bedeutet nicht zwingend höhere Nutzung

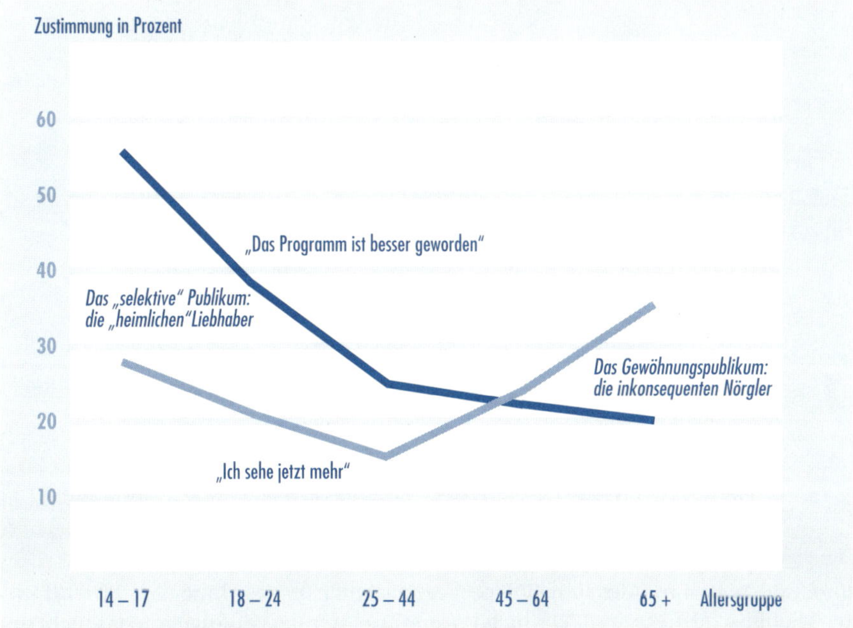

Das jüngere Publikum ist nicht nur mit den neuen Medienprodukten für den privaten Haushalt, die ihm „vorzüglich" angeboten werden, eher zufrieden. Es nutzt sie interessanterweise aufgrund der höheren Außenorientierung auch selte-

Quelle

Abbildung 5.11: Lange 1998

ner als andere, ältere Konsumentengruppen. Wenn aber die positiv bewerteten Produkte nicht zwingend häufiger und intensiver genutzt werden, zumindest was die Seh- oder Einschaltzeit beim Fernsehen betrifft, so wird dies in Zukunft insbesondere für die Werbewirtschaft problematisch, die Kontakte und Aufmerksamkeit braucht, um das Finanzierungskarussell in Gang zu halten.

Märkte für Jugendliche haben eine gewisse Sättigung erfahren

Als „heimliche" Liebhaber sind die Mitglieder dieses jugendlichen Publikums mehr als zufrieden, doch für eine mit der Leidenschaft für das Produkt verbundenen Vermehrung der Nutzung gibt es hier wenig Spielraum. Dies ist auch der Hintergrund, vor dem das Scheitern des Digital-TV-Angebotes bei der Mehrzahl der Konsumenten überhaupt zu erklären ist. Es zielt auf einen an sich jugendlicheren Markt ab, als den der älteren Vielnutzer zu bedienen, obwohl die jugendlichere Zielgruppe in Wirklichkeit schon längst durch das bisherige vielfältige Angebot zufriedengestellt wird.

Das „Akzeptanz- und Gewöhnungssyndrom"

Abbildung 5.12: Das „Akzeptanz- und Gewöhnungssyndrom". Ein verschlechtertes „gleichbepreistes" Produkt bedeutet nicht zwingend geringere Nutzung

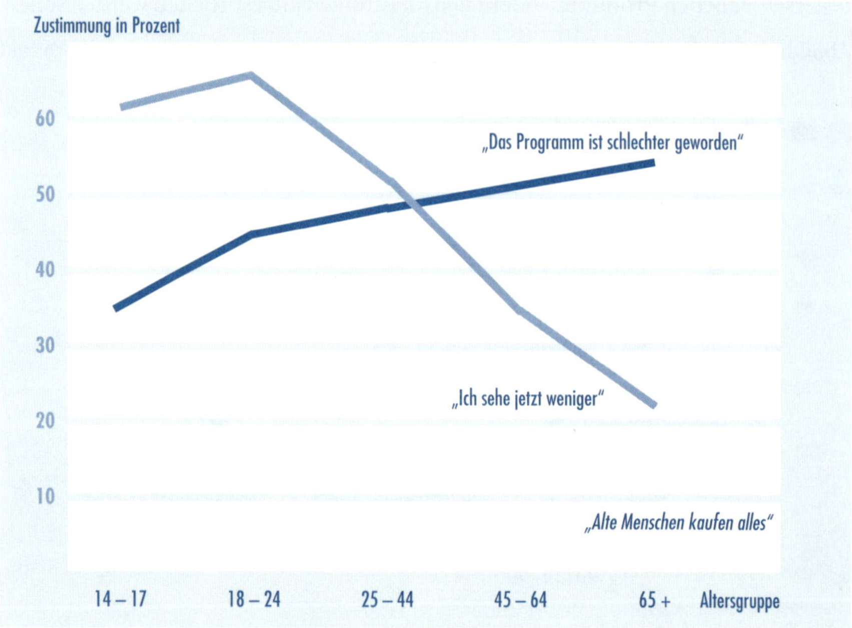

Neue Produkte und Dienste für die sozial schwächeren und weniger gebildeten Menschen

Das ältere Publikum, das die alten Medien intensiv nutzt, wurde indirekt dazu gezwungen, sich mit der subjektiv als Verschlechterung empfundenen Programmwirklichkeit „abzufinden". Deshalb könnte ein interaktives Angebot, das nicht gezielt für jugendliche Technikfetischisten sondern für die älteren „Normalos" entwickelt wird, auf große Resonanz stoßen und erheblich zu Verschiebungen auf dem Medienmarkt beitragen.

Quelle

Abbildung 5.12: Lange 1998

Die große Welle des Erfolges interaktiver Dienste bei älteren, einkommensschwächeren und weniger gebildeten Menschen steht noch bevor. Solch ein Trend wäre doppelt positiv zu beurteilen, da er zur Reintegration der in der Zwei-Drittel-Gesellschaft ausgeschlossenen Menschen beitragen könnte, und neue Optionen auf einen qualitativ anspruchsvolleren Medienkonsum eröffnete. Die damit verbundene Weiterbildungs- und Beteiligungsoffensive ist angesichts der Verkrustung und Erstarrung des öffentlichen Lebens dort, wo früher stark ausgeprägte Nachbarschafts- und Firmenkulturen zu einem ausgeglicheneren Seelenhaushalt beitrugen, sicherlich ebenfalls föderungswürdig.

Einsamkeit als Herausforderung für neue Märkte und Produkte

Die wachsende Einsamkeit, die auf sozialer Differenzierung und Benachteiligungen im Bildungssystem basiert, ist eine weitere Herausforderung für das Angebot neuer „Unterhaltungs"-Produkte für den privaten Haushalt als „Techniken der Gemeinsamkeit". So ist es sehr wohl denkbar, daß ein einfacher Zugang zu neuen Computernetzen auch ältere Menschen zur Teilnahme an Chat- oder Newsgroups animiert und diese über den Austausch von Nichtigkeiten hinaus vielleicht sogar besonders vital und dynamisch gestaltet.

Die „re-invention" von Medien

Die „re-invention of media" hat insofern erst begonnen. Der Computer wird schon in wenigen Jahren im Kontext der Netzanwendungen als solcher kaum mehr wahrnehmbar sein, und das Fernsehgerät wird weit mehr Aufgaben übernehmen als ein simples Abspielgerät für die von Sendern vorgedachten Programmkonzeptionen zu sein. So wird schon Internet-TV als ein Mediensystem der *nahen* Zukunft ein völlig anderes Fernsehen ermöglichen und neue Programmgattungen mit sich bringen. Gewarnt sei jedoch vor der bei einer grundsätzlichen Medieninnovation immer wieder aufkommenden überzogenen Vorstellung, daß sich die Medien derart „vereinfachten", daß damit *jeder* Rezipient in allen Lebenslagen und allen Altersgruppen zu seinem eigenen aktiven Sender werde.

Sicher wird die private Produktion von „Home"-Videos und der Versand von persönlichem audiovisuellem Material auf Dauer noch einfacher werden, und ebenso tiefgreifend wird das Bildtelefon durch die datentechnische Vernetzung und neue Bild-im-Bild-Verfahren einen Einfluß auf das private Fernsehsetting bekommen. Das Bildtelefon wird ökonomisch und technisch immer akzeptabler und hat bisher dennoch keinen großen Durchbruch in den privaten Haushalten erzielen können. Dies könnte sich dann verändern, wenn insbesondere ältere Menschen intensiver an den Vorzügen der Telekommunikation teilhaben wollen. Denn anders als die Nutzer von PCs bzw. Onlinediensten im Internet sind ältere Menschen selten bereit, auf vertextete Kommunikationsweisen auszuweichen. Daß dabei das klassische Telefon abgewertet werden könnte, wäre dann ein bedauerlicher Nebeneffekt. Vor allem für Beratungs- und Instruktionsgespräche scheint das Bildtelefon konkurrenzlos einfach in der Bedienung, gerade im Vergleich zur textorientierten Dialogsteuerung. Das Bildtelefon könnte zu einem Add-On für die Fernsehnutzung werden, so wie es schon jetzt begrenzten Einzug in die Computerwelt gefunden hat.

… und was wird aus dem Bildtelefon?

Konsum fertiger Lösungen

Der Wechsel zwischen Videotext, Internet, dem Bildtelefon und dem normalen Fernsehprogramm mag in Zukunft bruchloser erfolgen. Doch nach wie vor wird die hinter den einzelnen Medienprodukten versteckte inhaltliche Dramaturgie eine Aufgabe für spezialisierte Profis bleiben, und große kommerzielle Sendeanstalten, Netzbetreiber und Serviceanbieter erfordern. Der Konsum fertiger Lösungen ist bequem und dieser Konsum ist zudem nützlich, weil er dem Nutzer der Angebote durch Arbeitsteilung den nötigen Spielraum gibt, sich auf das für ihn jeweils Angenehme oder Notwendige zu konzentrieren.

Trend zur individuellen Nutzenverschiebung zwischen den integrierten Medien

Von der Medienöffentlichkeit zur Ereignisöffentlichkeit

Noch lassen sich die tatsächlichen Nutzenverschiebungen zwischen den einzelnen Medientypen und Mediengattungen kaum identifizieren. So wird unterstellt, daß sich in den USA bereits heute zahlreiche Internet-Nutzer länger per Computer in ihrer eigenen Virtual Reality aufhalten als die klassische Couch Potatoe vor dem Fernsehgerät. Komplementäre Mediennutzungen stehen neben den substituierenden Wirkungen neuer Medienangebote. Parallelnutzungen können zur Reichweitenverdopplung führen und sind nicht zwingend ein Indiz für eine segmentierte, segregierte und wenig miteinander verwobene Gesellschaft. Hier wird eine Entwicklung wirksam, die als ein Trend weg von den „Medienöffentlichkeiten" des Integrationsrundfunks hin zu den „Ereignisöffentlichkeiten" der Zielgruppenmedien bezeichnet werden kann.

Persona und Celebrities als sozialer Kitt der segregierten Medienwelt

Je stärker die Medien einerseits die Kohäsion und Bindekraft in der Wechselbeziehung mit ihrem Publikum verlieren, um so notwendiger setzen sich andererseits die Ereignisse in der öffentlichen Wahrnehmung durch, die eine inhärante und intersubjektiv geteilte „Bedeutsamkeit" besitzen. So wie das segmentierte Programmangebot die Bedeutsamkeit der populären Einzelperson als „Persona" in der öffentlichen Wahrnehmung durch zergliederte Publika aufzuheben oder gar zu negieren scheint[276], rekonstruieren die Zielgruppenmedien die „celebrities" (wichtigen Personen) durch ihre medientypische Personality-Show. Letztere müssen zu Merkposten in den Herzen und Köpfen der Nutzer werden, um vermarktungsfähige Medienprofile und den Aufbau der entsprechenden „channel loyality" zu ermöglichen.

5.2.2 Wege zur Medienintegration im privaten Haushalt

Das Internet gewinnt in den Haushalten an Bedeutung

Ein Internet, das für alle Nutzer leicht zugänglich sein wird, ist sicher in den nächsten Jahren absehbar. Ob dieses aber auch von allen Bürgern oder zumindest von der überwiegenden Mehrheit aller Konsumenten tatsächlich genutzt wird, hängt von Faktoren ab, die weiter unten diskutiert werden sollen.

Vom Internet wird erwartet, daß es in Zukunft immer mehr Menschen, Unternehmen und Institutionen auf elektronischem Wege enger miteinander verknüpft.

276 Dem entspricht das impertinente Talk-Show-Motto: „Tout le monte est important".

Neue Produkte und Dienstleistungen sollen auf diesem Wege ermöglicht, und somit neue Märkte erschlossen werden. Die Vermarktung von Produkten und Dienstleistungen über das Internet und die Finanzierung neuer Informations- und Unterhaltungsangebote erfordern einen ständig wachsenden Nutzerkreis. Die Nutzung des Internet durch eine Vielzahl von Personen setzt allerdings voraus, daß die Geräte einfach zu bedienen sind und auch für den Nutzer mit niedrigem Einkommen bezahlbar bleiben. Das elektronische Kaufhaus in der privaten Wohnung scheint attraktiv zu sein, um Wegezeiten einzusparen oder um einen besseren Marktüberblick über die angebotenen Produkte zu erhalten. Sollen aber computerunerfahrene Konsumenten davon überzeugt werden, von zu Hause aus elektronische Buchungen oder sonstige Transaktionen vorzunehmen, so müssen datentechnische Lösungen mit einfacheren Geräten und besser gestalteten Schnittstellen oder Anwendungen ersonnen werden.

Das einfachste wird letztlich das erfolgreichste Gerät sein

Das Fernsehen und das Telefon waren in Hinsicht auf ihre Bedienbarkeit bisher immer vorbildliche Technologien. Sie sollen nun auch unkomplizierte Zugänge zu elektronischen Netzen wie dem Internet und den mit ihnen verbundenen Angeboten ermöglichen. Neue Fernsehgeräte und neue Telefonapparate, sowie neue Zusatzboxen und Modems werden dem „Normalbürger" – auch ohne technisches Vorwissen – einen einfacheren Zugang zu den Angeboten des Internets erschließen.

Die private Fernsprechleitung hat sich zu einem Einstieg in die private Internetnutzung entwickelt und wird neben der normalen Telefonkommunikation inzwischen für deutlich mehr als 20 Prozent aller Bundesbürger für den Versand von Faxen oder E-Mails sowie den Abruf von Daten aus dem Internet verwendet. Der Boom der Internetnutzung hat in Deutschland gerade erst begonnen und schon zeigen sich erste Schwächen des klassischen Telefonnetzes: Es ist zu langsam und zu teuer, um sich auf Dauer auf dem zweiadrigen Fernsprechkabel informieren und unterhalten zu können. Selbst datenarme Transaktionen, wie das Führen des Kontos aus der privaten Wohnung oder die Buchung einer Flug- oder Bahnreise per Internet fordern dem Nutzer von Onlinediensten beim Warten auf den langsamen Datenstrom sehr viel Geduld ab, und die Leidenschaft, sich intensiv auf die Tücken der klassischen Computerkommunikation einzulassen, hält sich in Grenzen.

Online-Nutzung im Haushalt ist noch immer atypisch

Internetnutzung via PC – die Einstiegsdroge für Kenner

Der PC ist vorerst noch das erfolgreichste und leistungsstärkste Werkzeug, um einen privaten Zugang zu den internationalen Datendiensten zu bekommen, denn die für das Fernsehgerät vorgestellten Set-top- oder WebTV-Boxen sind, wie weiter unten noch ausführlicher erklärt werden wird, konzeptionell technisch einfacher ausgerüstet als ein PC. PCs sind aber teurer und komplizierter und bilden insofern eine künstlich erhöhte Eingangsschwelle für die Internetnutzung und den Online-Verkehr. Auch eine hohe Ausstattungsrate mit Computern wird die PC-Branche nicht vor der Konkurrenz durch einfachere „Online-Maschinen"

Der PC – eine zu hohe Eingangsschwelle zur Internetwelt

schützen. Amerika ist den Bundesbürgern in der privaten Computernutzung zwar weit voraus und dennoch werden auch dort erfolgreich neue Boxensysteme vermarktet. Nach einer Studie von Dataquest besaßen 1997 bereits 43 Prozent aller Amerikaner einen PC und circa 10,2 Prozent planten die Neuanschaffung eines Computers für das Jahr 1998.[277] Dies bedeutet aber auch, daß für eine „Vollversorgung" mit Online-Dienstleistungen noch mehr als 50 Prozent der dortigen Gesamtbevölkerung auf akzeptablere Lösungen als den PC warten.

Das Defizit liegt nicht bei den Nutzern – es liegt bei den Providern

Gibt es in Deutschland ein Defizit in der Internetnutzung? Europa liegt in der Internetnutzung natürlich hinter den Amerikanern zurück. Das Defizit liegt aber sicher nicht bei den Nutzern, das Defizit liegt bei den Providern der Technik. Warum soll man, solange die Internetnutzung so langsam, so teuer und so kompliziert ist, tatsächlich alle Europäer zur Internetnutzung verurteilen? Verpaßt Europa unter Umständen deshalb schon wieder die Chance, aus dieser Technik etwas wirklich Brauchbares und Komfortables zu machen? Wir sind an der Schwelle zu einem Zeitalter, in dem die interaktive Kommunikation erstmals wirklich bereichernd werden kann (sie ist es für den Normalbürger noch kaum), und deshalb müssen kluge Wege des Einstiegs für alle gefunden werden.

Eine der spannendsten Fragen ist die persönliche Bereitschaft der Bürger zur Nutzung und die Zugänglichkeit des Internet. Wie immer man über die private Internet-Nutzung denken mag, fest steht, daß sich das Internet in Deutschland trotz eines noch immer recht niedrigen allgemeinen Nutzungsgrades in einer Phase starken Wachstums befindet. Über die aktuelle Onlinenutzung ist allerdings empirisch nur wenig bekannt.[278]

Das Internet wird mehr privat genutzt

Laut der ARD-Online-Studie 1998, mit einem Panel, in dem rund 1.000 Online-Nutzer über 14 Jahre befragt wurden, ist folgendes Nutzungsverhalten zu beobachten: Noch 1997 benutzte ein sehr hoher Anteil aller Onlinenutzer den Internetzugang nur während der Arbeits- oder Ausbildungszeit am Arbeitsplatz, in der Schule oder Universität. 60 Prozent aller Menschen mit Onlinezugang nutzten damals das Internet nach Feierabend zuhause tendenziell nicht. Inzwischen benutzen fast zwei Drittel der Befragten das Internet auch privat in der eigenen Wohnung.

Das Internet entzieht dem Fernsehen Widmung

Noch kann das Internet zumindest in Europa wohl kaum mit der Fernsehnutzung konkurrieren, doch gerade hier zeigen US-amerikanische Zahlen einen neuen Trend auf: In den USA verbrachte ein durchschnittlicher US-Bürger 1995, nach Zahlen des EITO, schon fast die Hälfte der Zeit, die er am Fernsehgerät verbringen würde, am Computer. Diese Zahlen schließen allerdings die Arbeit am Computer mit ein. Immerhin sollen nach der durch EITO zitierten Studie Web-User bereits 59 Prozent weniger fernsehen als der durchschnittliche Fernsehzuschauer. Gewagte Prognosen behaupten sogar, daß im Jahre 2005 die Zeit, die vor dem Fernsehbildschirm verbracht wird, nur noch halb so groß sein wird wie die Zeit, die vor einem Computerbildschirm verbracht wird. Obwohl die Zeit, die in Europa insgesamt vor dem Fernsehgerät verbracht wird, trotz eines Teilausstiegs

277 vgl. auch www.desi.excite.com/News/971211/15.TECH-PC.html
278 Basis der nachfolgenden empirischen Beschreibung sind die beiden folgenden Studien: Eimeren et al. 1998; EITO 1998

bestimmter Zielgruppen noch immer minimal ansteigt, fällt die Fernsehnutzungszeit in den USA insgesamt bereits minimal.

Das kostenlose Videotext-Angebot macht den Verkauf von Onlinedaten an Normalbürger schwierig

Videotext ist als Fernsehbegleittext das erfolgreichste Online-Medium in Deutschland. Wenn ein Internet-Nutzer aber ans Netz geht, so kann man davon ausgehen, daß die Nutzungszeiten deutlich höher liegen als bei der Videotextnutzung. Das Internet muß sich mit Videotext als Minimalkonkurrenz in Hinsicht auf die Aktualität und Zugänglichkeit des Angebotes vergleichen lassen. Das kostenlose Videotextangebot läßt das Angebot von aktuellen Kurznachrichten als zugkräftiges Verkaufsargument für den Internetzugang ausscheiden. Die Hauptleistung des Internets muß deshalb auf einem anderen Feld als dem der aktuellen Kurzinformation liegen.

Das Internet ist mehr als ein Surf im WWW

Demzufolge müssen die Angebote im Internet für die User auch inhaltlich und ästhetisch deutlich attraktiver sein als das Videotextangebot. Das Internet scheint dann im Erfolgsfalle eine Sogwirkung auszuüben, die in vergleichbarem Umfang bei der Videotextnutzung nicht feststellbar ist. Das Internet bringt eben neben den neuesten Kurznachrichten noch eine Menge anderer Serviceleistungen bis hin zu Chats oder den umfassenden Bestell- bzw. Buchungstransaktionen, und das Unterhaltungsangebot, insbesondere im erotischen Bereich, geht weit über den klassischen Videotext hinaus. Dennoch ist die Bereitschaft, unter den aktuellen Kostenbedingungen persönlich zu zahlen, vorerst noch sehr niedrig. Die Gruppe der „Zahler" ist deutlich niedriger als die 7-Millionen-Gemeinde aller deutschen Onlinenutzer. Online ist zumindest in Deutschland nicht gleich Internet.

> *„Nur 47 Prozent der bundesdeutschen Onliner bezeichnen sich als häufige Internetanwender. Allerdings ist im Vergleich zum Vorjahr ein deutlicher Anstieg in der Zuwendung zum ‚Netz der Netze' festzustellen. 1997 gaben nur 30 Prozent der bundesdeutschen Onlinenutzer an, häufig im Internet zu surfen."* [279]

Das Internet ist noch zu stark auf den PC-User zugeschnitten

Die Online-Nutzung unter „Onlinern" hat in der gleichen Studie inzwischen ein erstaunliches Ausmaß angenommen und gerät in Konkurrenz zur Nutzung anderer Massenmedien. So ist die werktägliche Online-Nutzung rund 76 Minuten, während sie am Wochende rund 80 Minuten beträgt. Die häufigste Nutzergruppe sind die 14-19-jährigen, die werktäglich durchschnittlich 91 Minuten und am Wochende sogar 121 Minuten pro Tag im Internet verbringen. Analog hierzu ist eine geringere Online-Nutzung der über 50-jährigen zu beobachten. Diese surfen rund 68 Minuten an Werktagen und am Wochende rund 66 Minuten. Die Konkurrenz zu den klassischen Massenmedien scheint evident zu sein. So gibt beispielsweise mehr als ein Drittel der Befragten an, daß die Online-Nutzung zu Lasten des Fernsehens gehe.[280]

Geht man allerdings davon aus, daß momentan nur zwischen 15 und 25 Prozent aller Bundesbürger privat einen Computer nutzen (die Berechnungsgrundlagen und Datenquellen sind zu unterschiedlich um hier zu einem exakten Schätzwert zu kommen), so zeigt sich, daß zwischen 75 und 85 Prozent schon auf

279 ebenda
280 ebenda

diese Weise prinzipiell von der Internetnutzung ausgeschlossen sind. Dies hat nicht nur mit der vorfindbaren Technik zu tun. Vielmehr hängt dies damit zusammen, daß die Angebote des Internet auf PC-User zugeschnitten sind; und diese denken und leben zum Teil anders als die Mehrheit der Gesamtbevölkerung. Computernutzer sind Enthusiasten. Sie geben viel Geld für ihr Lieblingstool aus, und bei einigen unter ihnen ist der Computer bereits über die Gunst für den PKW hinausgewachsen, der in früheren Untersuchungen zu diesem Thema immer an erster Stelle lag.

Der Browser-Markt wird zum strategischen Eingriffspunkt

Unter der grafikorientierten Windows-Oberfläche sind dem Rest der Bundesbürger, und das ist die Mehrheit der Bevölkerung, allerdings Computer noch immer zu kompliziert und zu störanfällig. Unübersichtliche Zugangsprogramme (Browser) für das Internet mit komplizierten Anmeldeprozeduren (log-ins) und Zusatzprogrammen (plug-ins) erschweren den Zugang zum Netz. Zudem haben ständig neue Software- und Gerätegenerationen sowie ein kontinuierlicher und rapider Preisverfall den Durchschnittskonsumenten mehr als verunsichert. Anders als der Computerfreak setzt er auf gebrauchsfertige und stabile Lösungen, die ihm die Computerbranche aber vorerst noch nicht zu liefern vermag. Auch Set-Top-Boxen für das digitale Fernsehen haben bisher nur wenig Resonanz gefunden, da vermutet wurde, daß diese Boxen das Angebot durch die Einführung von Pay-TV nur verteuerten. Die Chancen für die in ihnen angelegte Interaktivität wurden deshalb bisher kaum genutzt.

Auf dem Weg zum „Volks"-Computer

Der Widerstand gegen neue Techniken speist sich häufig aus trivialen Motiven

Neue Anwendungen müssen sich nach dem bisher Gesagten für den einzelnen Haushalt nicht primär als nützlich und ökonomisch preiswert beziehungsweise effizient erweisen, vielmehr sollten sie auf eine angenehme und möglichst kaum merkliche Art und Weise mit den besonderen privaten Qualitäten des häuslichen Lebens verbunden sein. Schon dann, wenn neue Techniken, zum Beispiel durch die damit verbundenen wohnungsinternen Baumaßnahmen für die Verkabelung nur unwesentlich in die private Dramaturgie des Wohnens eingreifen, werden sie argwöhnisch beobachtet und häufig abgelehnt.

Der „Volks-Computer" als Leitbild und Metapher

Nicht neue Zwangsinstrumente mit dem zusätzlichen Martyrium neuer Gebrauchsanweisungen sind gefragt, vielmehr sollen die neuen Produkte und Dienstleistungen, die der Haushalt nutzen und letztlich dann auch bezahlen will, an seinen bequemen, und jeweils individuell unterhaltsamen oder informativen Lebensstil ohne große Zusatzaufwendungen entsprechend „anschließbar" sein. Die Metapher „Volks"-Computer scheint für das aktuelle Streben nach einer benutzerfreundlichen Umgebung für neue interaktive Dienste so plausibel und zentral zu sein, daß der Begriff inzwischen in seiner deutschen Variante in den englischen Sprachschatz eingegangen ist. Er weckt Erinnerungen an den Erfolg des Volkswagens und bildet für die Vermarktung neuer Produkte eine zentrale Herausforderung.

„Boxen sind eine Metapher für die Unterschiedlichkeit des Innovationstempos unterschiedlicher Branchen."

Der PC wird durch die Wohnung wandern

Im Wechselspiel von Fernsehgerät, Telefon, Stereoanlage und Computer wird sich eine neue Balance herausbilden. Neue Schnittstellen, neue Terminals, neue Geräte und Systeme sind dabei gefragt, die den heute bekannten Schnittstellen unter Umständen nur noch sehr wenig ähneln. Der Computer wird vom Text- und Rechenwerkzeug zur Informations- und Unterhaltungsmaschine werden, und das Telefon könnte sich in ein Internet-Phone oder ein Video-Phone verwandeln. Alle am Markt aktiven Unternehmen sind sich prinzipiell darin einig, daß der Volkscomputer einfacher und störsicherer sein muß als sein Vorgänger PC. Der Computer wird den Schreibtisch verlassen und durch die Wohnung wandern. Mikroprozessoren haben bereits Einzug in zahlreiche Haushaltsgeräte gehalten und werden in Zukunft in ihrer Verwendung stärker integriert und aufeinander bezogen sein.

Neue dedizierte Terminals

Mit der Erweiterung von Funktionen der Geräte darf die Zahl der „Fernbedienungen" als neue mobile Schnittstellen im Haushalt aber nicht weiter anwachsen. Eine entscheidende und besonders innovative Dimension der Konzeption und Realisierung verbrauchsnaher Schnittstellen könnte zum Beispiel auch die Entwicklung eines dedizierten Küchenterminals sein. Die Küche ist der Ort, wo viele Produkte konsumiert, Mangelentscheidungen bewußt erlebt und Bestellvorgänge eingeleitet beziehungsweise geplant werden. Warum sollte man hier nicht eine attraktive elektronische Einkaufsmeile etablieren, die die klassischen Fernsehmitnutzer im Haushalt ungestört läßt. Inzwischen wurde bereits mit einem Mikrowellenherd experimentiert, von dessen Frontfläche, die in Form eines Touchscreens gestaltet wurde, E-Mails versendet oder Bestellungen aufgegeben werden können. Noch wichtiger als die konsumentenfreundliche Gestaltung der Geräte allerdings ist ein umfassendes und attraktives Kommunikations- und Servicekonzept, das der potentielle Kunde auch kommerziell nachvollziehen kann, um es dann entsprechend zu finanzieren.

Die integrative Medienbox: „Wer die Box hat, hat die Q(Wahl)" – Der Einfluß von Gerätehardware auf die Akzeptanz neuer Systeme

Set-Top-Boxen sind ein notwendiger Rückschritt

Im Mittelpunkt der Auseinandersetzung um die geeignete Gerätehardware für den privaten Haushalt stehen interessanterweise sogenannte „Boxen-Lösungen". Die Boxen sind eine Metapher für die Unterschiedlichkeit des Innovationstempos im Vergleich der beiden zusammenwachsenden Branchen: Unterhaltungselektronik und datenverarbeitende Industrie. Die Box vermittelt zwischen der „schnellen" Computerindustrie auf der einen Seite, mit kurzen Innovationszyklen, und der „langsameren" Unterhaltungselektronikbranche, die an den längeren Nutzungsphasen bei Ersatzinvestitionen in den privaten Haushalten leidet. Zwischen den beiden Hauptakteuren mit ihren unterschiedlichen Innovationstempi steht die Telekommunikationsindustrie, die sich an die divergierenden Innovationszyklen mit den terminalexternen Hybridlösungen anzupassen hat. In den letzten Jahren ist die Telekommunikationsindustrie jedoch vom passiven

„Normierer" und „Vermittler" zu einem aktiven Marktfaktor geworden, der die eigenen Netze marktstrategisch auszubauen und zu entwickeln lernt.

Technische Visionen durch neue Geräte bündeln

Eigentlich bedeutet der Einsatz externer Boxen am Fernsehgerät einen Rückfall in die Zeit, in der ein Konverter für den Empfang von Zusatzprogrammen als ein Spezialgerät auf den Fernsehapparat gestellt wurde. Boxen treten immer dann auf, wenn ältere Gerätegenerationen auf neue Entwicklungen noch nicht vorbereitet waren, oder wenn ein neuer technischer Standard noch umstritten ist. Letzteres gilt sicherlich für das Digital-TV, wenngleich schon jetzt absehbar ist, daß spätere Fernsehgerätegenerationen sicher für den Empfang digitaler Programme – ohne den Anschluß einer Zusatzbox vorbereitet sein werden. Hinter den physischen Boxen stehen immer komplexere Systeme, bei denen die Art der Signalübertragung, deren Zwischenspeicherung und Modulation eine entscheidende Rolle spielen; dennoch müssen sich auch technische Visionen in Form eines „Gerätes" gedanklich bündeln lassen. Hierfür eignen sich Boxen in der Tat, da an ihnen die „Features" festgemacht werden können, mit denen man bei der Gestaltung von Anwendungen zu spielen vermag. Wünschenswert wäre natürlich die Einheitsbox die sofort einsetzbar und zudem als ein verbindlicher Standard auch plattformübergreifend, möglichst stabil, einfach bedienbar und preiswert sein müßte. Doch ist vorerst noch nicht mit einer solchen Einheitsbox zu rechnen.

Statt der Einheitsbox plurale Boxenlösungen

Es macht Sinn, Internet-TV Boxenlösungen in vier Klassen einzuteilen, wobei davon auszugehen ist, daß auf Dauer alle Boxen modular aufgerüstet werden können und entsprechend auf die gewünschten Anwendungen und Einsatzfelder skaliert werden können.

1. Unter 300 DM (very low end) Für diesen Preis wird man wahrscheinlich in den nächsten Jahren eine reine Browserumsetzung des Internets auf das Fernsehgerät inklusive eines Modems und einer Tastatur erhalten. Fraglich ist, ob zu diesem Preis auch ein Kartenleser mit integriert werden kann.
2. Unter 500 DM (low end) Solche Geräte könnten neben der very-low-end-Grundausstattung schon eine Festplattenlösung mit einschließen.
3. Unter 1000 DM (medium level) Diese Geräte werden heutigen PCs ähneln und werden mit einem DVD- oder CD-ROM-Leser sowie einer Festplatte bzw. einer leistungsfähigen Speicherplatine ausgerüstet sein
4. Über 1000 DM (high end) Dem Ausstattungskomfort und dem modularen Ausbau von Systemen werden auf Dauer nach oben kaum Grenzen gesetzt sein. Externe Geräte und Erweiterungen werden über verschiedene Schnittstellen beliebig leistungsfähige Gerätekombinationen ermöglichen.

Die Box als hypothetisches Bindeglied zwischen PC und Fernsehgerät

Die universelle Medienbox dient als Metapher für ein Gerät, das die Interaktivität des Computers mit der Leichtigkeit der Bedienung des Fernsehgerätes zu verknüpfen vermag. Das Fernsehgerät bleibt als visuelle Schnittstelle erhalten, durch die Medienbox wird die Kommunikation innerhalb des Systemes aber bidirektional. Die Medienbox wird auf Dauer plattformunabhängig konzipiert werden. Sie wird deshalb letztlich weder an das Fernsehgerät noch an den PC als Interaktionsoberfläche gebunden sein. Sie sollte zudem auf Dauer an einen Drucker angeschlossen werden können und für andere dezidierte Schnittstellenkonfigurationen wie das Internet-Telefon, den mobilen Infoman oder ein „Küchenterminal" offen bleiben. TV wird in diesem Kontext zu einem Angebot unter vielen anderen Dienstleistungen.

Am Fernsehgerät findet eine „andere" Internetnutzung statt

Die Internet-TV-Boxen zielen ein neues und anderes Publikum an als der TV-Markt, auch wenn diesen Kunden vorerst nur die Angebote offeriert werden, die im Internet für PC-Besitzer entwickelt wurden. In Amerika hat man längst begriffen, daß Internet-TV-Anwender andere Seiten im Internet abrufen und daß sie die neuen Techniken vor einem anderen Anwendungshintergrund nutzen. Für sie ist das Web eine Ergänzung zu klassischen Unterhaltungsangeboten, deshalb wollen sie einen Anschluß, der so einfach zu bedienen ist wie das Kabelfernsehen. Die neuen Geräte sollen ihnen sogar helfen, das Kabelfernsehen besser nutzen zu können. Und der Markt für solche „Zwischenlösungen" ist auf längere Sicht unter Umständen größer als der klassische PC-Markt. Settops eröffnen Chip- und Computerherstellern die Chance, wesentlich mehr Haushalte als bisher zu erreichen. Während die Zahl der amerikanischen PC-Haushalte bei knapp über 40 Millionen liegt und nur moderat wächst, haben die Kabelfernseh-Unternehmen schon jetzt mehr als 65 Millionen Haushalte als Kunden – und könnten mit ihrer Infrastruktur rasch 25 Millionen mehr an ihr Netz anbinden.[281]

Es ist aber nicht die Technik, die die Internet-TV-Entwicklung vorantreibt, vielmehr stehen hinter diesen Geräten andere Anwendungen und andere Märkte, angefangen von den Herstellern von Betriebssystemen über Anwendungssoftware bis hin zu Video- oder Computerspielen. Zudem könnte dies dem ‚E-Commerce' kräftig Aufschwung verleihen.

Fernsehorientierte Boxen – „Durchlauferhitzer" für neue Computerwelten

Es wäre auf diese Weise durchaus denkbar, daß Internet-TV-Boxen als Durchlauferhitzer für Computerlaien funktionieren, die dann zu einem späteren Zeitpunkt auch wieder leistungsfähigere Computer nachfragen. Diese Boxen funktionieren eigentlich wie Computer und sie sind es auch. Computerartige Software könnte durch sie direkt aus dem Netz wie bei den Netzcomputern geladen werden. Ebenso wie für den Massenmarkt bemüht man sich auch im High-End Bereich kaum um akzeptable und einleuchtende leistungsfähigere technische Zwischenlösungen bei der Koppelung zwischen Fernsehgerät und PC.

Der neue Computer darf kein Computer sein

Da installiert man entweder einen Computer zusätzlich in das Fernsehgehäuse oder man baut Fernsehtuner-Karten, die in den PC eingesetzt werden können. Auch wenn Personal Computer sicher leistungsfähiger und teurer sind als die genannten Boxen, werden sie noch auf viele Jahre einen entscheidenden Nachteil bewahren: sie sind für den normalen Anwender zu kompliziert und zu instabil. Besonders problematisch wird dies, wenn computergleiche Fehlermeldungen auf dem Bildschirm auftauchen, mit denen ein Fernsehzuschauer in der Regel nur

281 vgl. o.V. 1998b, S. 16.

wenig anzufangen weiß.[282] Konsequenterweise bleiben die Nachteile des klassischen Computers auch dann erhalten, wenn der Computer in unveränderter Form in das Fernsehgerät wächst. Die Preise für solche Geräte sind mit mehreren tausend DM für die deutliche Mehrheit der Konsumenten fast schon gigantisch.

Von der Internet-Set-Top-Box zu integrierten Internet-TV-Angeboten – Etappen der Marktöffnung für die nächsten 20 Prozent

Die flächendeckende Vollversorgung ist nicht aktuell

Das Internet-TV verspricht einen einfacheren Zugang zum Internet als ihn der kompliziertere und störanfälligere Computer bieten kann. Erstmals soll das Fernsehgerät zu einer interaktiven Informations- und Unterhaltungsmaschine ausgebaut werden, über die dann auch Transaktionen wie Bestellungen oder Überweisungen getätigt werden können. Der Fehler vieler Internet-TV-Strategen bei der Entwicklung von Geschäftsmodellen ist die Annahme, daß eine überzeugende Technologie schon in wenigen Jahren zu einer flächendeckenden Vollversorgung der Haushalte führen kann. Dies ist Unsinn und wird durch die Distributionskurven zahlreicher anderer neuer Medien und Technologien Lügen gestraft.

Die Marktöffnung für die nächsten 20 Prozent

Längst ist der Siegeszug der herrlich einfachen und beliebten Technologie Fax in den privaten Haushalten ins Stocken geraten, und auch der ebenso einfach zu bedienende Anrufbeantworter wird in den nächsten Jahren noch nicht in hundert Prozent aller Haushalte vorzufinden sein. Internet-TV gilt als Vorheizer für einen neuen Wachstumsmarkt der Telekommunikationsbranche, in dem Computer in neuem Gewand in die Wohnungen „gepusht" werden sollen. Internet-TV wird deshalb auch von Microsoft unter die wichtigsten strategischen Produkte eingereiht. Das Hauptargument hierfür ist, daß in den USA fast 80 Prozent aller Haushalte und in der Bundesrepublik beispielsweise mehr als 90 Prozent der Haushalte noch nicht am Online-Geschehen teilnehmen.

Der neue Browsermarkt: Chancen für europäische Unternehmen

Um einen Schätzwert für die Verbreitungschancen des Internet-TV zu ermitteln, sei auf die Zahl von 300.000 kurzfristig verkauften WebTV-Geräten in den USA verwiesen, die bereits nach einem Jahr mit nur mittelprächtigem Marketing in einer Vielzahl amerikanischer Wohnungen standen. Dies ist sicherlich eine hervorragende Zahl, was den Beweis der Akzeptanz durch die normale Bevölkerung betrifft, aber welch kläglicher Anteil, wenn damit die deutliche Ausweitung der Internetnutzung auf die Gesamtbevölkerung gemeint sein sollte. Innovative Internet-TV-Angebote, die auch als Durchgangsstadium für spätere neue Technologien gesehen werden sollten, können einen Beitrag dazu leisten, daß neben das Fünftel der Bevölkerung, das heute in Europa Computer nutzt, ein weiteres Fünftel tritt, das sich einen einfacheren und preiswerteren Weg zu neuen interaktiven Angeboten eröffnen will.

Schon zeichnet sich in fast aller europäischen Ländern (Skandinavien einmal ausgenommen) deutlich ab, daß nachdem Europa bereits bei der Einführung von Computern in privaten Haushalten und in den Schulen das Nachsehen hatte, nun auch bei der Einführung und Anwendung populärer Internetangebote für ei-

282 vgl. o.V. 1998b, S. 16

nen Massenmarkt, wieder einmal Chancen durch europäische Unternehmen ungenutzt vertan werden könnten.

Es droht eine neue Microsoft-Marktführerschaft

Mit Microsofts WebTV drängt ein außereuropäischer Gigant massiv ins interaktive Fernsehgeschäft, wenngleich – trotz großen Investments – auch ein kräftiger Gegenwind spürbar ist. Der Markt für Betriebssysteme scheint sich langsam wieder zu öffnen, und die Schnittstellen der Zukunft für das Internet-TV sind insbesondere in Europa noch nicht festgelegt. Reagieren europäische und gerade auch deutsche Unternehmen jedoch nicht innerhalb eines Jahres, so ist mit der unausweichlichen Marktführerschaft von Microsoft in Europa auf diesem Gebiet spätestens ab Ende 1999 zu rechnen.

Internet-TV muß mehr sein als eine rein technische Lösung

Inzwischen sind die deutschen Hersteller aufgewacht, doch noch immer fehlt es an überzeugenden Konzepten. Die Grundig-Box wurde als der kommende Marktführer in Deutschland gehandelt. Inzwischen sollen aber nur 20.000 statt 60.000 Boxen verkauft worden sein. Die Grundig-Box schien bisher – ohne einen entsprechenden Festplattenspeicher – allerdings wenig geeignet für ein integriertes und komfortables Angebot. Doch mittlerweile denkt man auch im Hause Grundig über die Vermarktung eines einzelnen Gerätes hinaus und verkauft die Box zusammen mit Primus Online in einer strategischen „Internet-TV-Allianz" als Teil eines Gesamtpaketes. Der Erfolg bleibt dennoch vorerst mehr als fragwürdig.[283]

Das entscheidende Kennzeichen von Internet-TV-Angeboten ist die Multifunktionalität. Je mehr Funktionen in das System eingebaut sind, um so preiswerter erscheint das Gesamtsystem. Zudem wird erwartet, daß die Preise für Boxen schon in den nächsten zwei Jahren weiter drastisch sinken werden. Mit solchen Internet-TV-Geräten kann man sowohl Angebote aus dem Internet nutzen als auch E-Mail empfangen und verschicken – und das zu einem deutlich niedrigeren Preis als bei der Nutzung eines PCs.

Auch der Computernutzer kann durch Schnelligkeit und Preis für Internet-TV gewonnen werden

Internet-TV ist der umfassende Versuch, das Fernsehgerät technisch und inhaltlich mit dem Internet in Verbindung zu bringen. Für diesen Versuch gibt es unterschiedliche Wege. Das settop-boxenorientierte interaktive Fernsehen war bisher nicht wirklich interaktiv. Dies könnte sich nun in den nächsten Jahren durch neue ergänzende Angebote des Internet-TV ändern. Das Konzept des WebTV beispielsweise ist weit mehr als eine rein technische Settop-Boxen-Lösung. Es beinhaltet ein umfassenderes Konzept zur Aufbereitung von Internet-Inhalten. Ziel ist es, Internet-Inhalte auf dem Fernsehgerät leicht bedienbar und so auf einfachem Wege zugänglich zu machen. Zudem kann durch Internet-TV ein Beitrag geleistet werden, um das Programmangebot der TV-Sender gleichzeitig inhaltlich zu erweitern und zu bereichern. Die Fernsehsender sind auf diese Entwicklung vorbereitet und bauen ihre Videotextredaktionen in Richtung auf das Internet aus.

Aber nicht alle Bürger warten auf die neuen Internet-TV-Angebote. Diese müssen sich erst einmal auf dem Markt durchsetzen. Zumindest die 20 bis 30

283 vgl. o.V. 1998i

Prozent erfahrenen Computeranwender in der Gesamtbevölkerung haben inzwischen mit ihren PCs inklusive der Online-Anbindung zu leben gelernt. Sie sind mit den Anwendungen und der Technik mehr oder weniger zufrieden und erwarten nur eine *schnellere* und *preisgünstigere* Online-Anbindung, um Transaktionen wie Bestellungen oder Buchungen zu tätigen, um E-Mails auszutauschen, um an Gesprächs-, Interessen- beziehungsweise Spielgruppen (chatgroups, newsgroups und MUDs) teilzunehmen oder um als „Surfer" nur einfach im Internet wildern zu können. Die Leistungsfähigkeit neuer Modems zur Lieferung von mehr Schnelligkeit ist begrenzt. In Zukunft müssen die Leitungswege für die neue Datenkommunikation erweitert oder in ihrer Leistung verbessert werden.

Internet-TV-Angebote sollten plattform- und providerunabhängig sein

Neue und recht preisgünstige plattform- und providerunabhängige Internet-Boxen, die beipielsweise von Firmen wie Grundig oder Pios geliefert werden, ermöglichen die Nutzung des Internets auf dem heimischen Fernsehgerät auf der Basis einer Plug&Play-Lösung. Sie sind in der Regel deutlich einfacher an das Netz anzuschließen als ein Computer und sind mit ihrer Software darüber hinaus auch absturzsicherer als ein normaler PC. Mit dem Kauf einer neuen Box alleine läßt sich, wie weiter unten gezeigt wird, eine Beschleunigung und Verbilligung der Internetnutzung aber noch nicht realisieren.

Um die Online-Zeiten während der Internet-Nutzung zu reduzieren, werden schnell zugängliche Zwischenspeicher eingesetzt (Proxies oder gespiegelte Server), die häufig genutzte Inhalte aus dem Internet herunterladen und damit die Abrufzeiten verkürzen. Werden solche Server sogar in den Kabelnetzen der Netzbetreiber oder der Wohnungswirtschaft gezielt zur Verfügung gestellt, so könnten Internet-Inhalte kostenfrei abgerufen werden, ohne dabei das teure Fernsprechnetz in Anspruch zu nehmen. Die elektronische „Nachtspeicher-Heizung", bei der zu tarifgünstigen Zeiten Inhalte aus dem Netz geladen und für viele Nutzer zugänglich gemacht werden, scheint auf diesem Wege möglich geworden zu sein.

Die Urheberrechtsproblematik bei der Internet-Zweitverwertung wird an Bedeutung gewinnen

Heruntergeladene oder redaktionell aufbereitete Internet-Inhalte werden zudem auch immer häufiger wie Videotext in Zusatzsignalen zum Fernsehbild untergebracht (zum Beispiel bei der Intercast- oder der BOT-Technologie) und können dementsprechend gebührenfrei durch eine Zusatzbox oder ein Modem ausgelesen und auf dem Fernsehgerät oder PC dargestellt werden. Hier treten allerdings neue Urheberrechtsproblematiken auf, denn nicht jeder Inhalt, der aus dem Netz „gefischt" wurde, darf ohne weiteres weitergeleitet werden, und je erfolgreicher das Internet sein wird, umso teurer und geschützter werden die Inhalte aus dem Netz.

In Zukunft wird eine Vielzahl neuer Internet-TV-Anbieter wie WebTV [284] auftreten, die umfassendere Nutzungskonzepte und ergänzende Zusatzangebote zum klassischen Fernsehprogramm für den privaten Haushalt vermarkten:

284 WebTV Networks ist als Kooperation von Microsoft mit der Deutschen Telekom seit dem Frühjahr 1998 auch auf dem deutschen Markt tätig.

WebTV Networks – der integrative „Boxenstop" für den Konsumenten?

Das 1995 gegründete WebTV Networks ist in Menlo Park, Kalifornien, angesiedelt. Im August 1997 wurde WebTV für 425 Mio. US-Dollar von Microsoft aufgekauft. WebTV bietet zwei Dienste an: WebTV und WebTV Plus. Gegenwärtig bestehen Lizenzvereinbarungen mit den Endgeräteherstellern Mitsubishi, Sony und Philips. WebTV Networks arbeitet in den USA mit rund 100 Inhalteanbietern zusammen und hat ca. 300.000 Kunden (März 1998). In Verbindung mit dem TV-Gerät erlauben WebTV-Boxen Surfen im Internet, E-Mail, Homebanking und vieles mehr. Konzipiert wurde das System für Nutzer ohne Computer- und Interneterfahrung: „enhanced TV". Nach dem Einschalten wählt das Gerät zunächst automatisch den gewählten Internet-Serviceprovider an, der für rund 20 US-Dollar einen für WebTV optimierten Dienst bereitstellt.

Hierzu sind nicht nur Boxen, sondern auch Proxies vorhanden, die direkt auf die Seitenabrufe und Informationswünsche der Endverbraucher zugeschnitten sind. WebTV bietet mehr als die reine Aufbereitung von Internet-Inhalten auf dem Fernsehgerät mit Hilfe einer Box und ist so den meisten rein technischen Internet-TV Boxenlösungen überlegen.

Im WebTV-Nachfolgesystem WebTV-Plus ist auch das Auslesen von Internetdaten aus dem TV-Signal möglich. Das System erkennt Web-Seiten im gerade übertragenen TV-Signal und kündigt diese an, beziehungsweise speichert sie für eine spätere Ansicht auf der Festplatte. Durch diese „TV Crossover-Links" können etwa Zusatzinformationen zum gerade laufenden TV-Programm übertragen werden. Durch den eingebauten TV-Tuner läßt sich auch während der Internetnutzung das TV-Programm weiter verfolgen (Bild-in-Bild-Verfahren). Die Navigation zwischen den einzelnen WWW-Seiten geschieht über die Fernbedienung oder alternativ über ein drahtloses Keyboard.

Hauptkritikpunkt an WebTV ist die Tatsache, daß es bisher nur einen proprietären Zugang ermöglicht und Internetstandards wie Java oder den Real Player bis Ende 1998 nicht unterstützte. Darin lag aber zugleich auch seine Stärke. WebTV ist ein in sich geschlossenes Konzept, das dadurch zu hervorragenden Leistungen aufläuft. Ohne den Spezialprovider ist die Box aber wertlos; dies macht die Investition durchaus riskant.[285] Denn generell sollte die Offenheit für unterschiedliche Provider ein entscheidendes Kriterium beim Kauf einer Internet-TV-Box sein. Deshalb scheint auch WebTV die Türen zu konkurrierenden Providern zu öffnen.

285 vgl. Haas 1997, S. 24ff.

Angesichts der Euphorie für Internet-TV auf der Basis schmalbandiger Lösungen sind die High-End-Lösungen ganz außer Betracht geraten, obwohl sich auch hier neue Entwicklungen ergeben haben. Vielleicht ist unter veränderten Bedingungen nun doch ein interaktiver Dienst auf der Basis breitbandiger Netze überlebensfähig. Zumindestens wird @Home in den USA nach WebTV als weiterer Shootingstar gehandelt, der mit überzeugenden technischen Leistungen aufzuwarten scheint.

Internet-TV als ergänzendes breitbandiges Angebot

Internet-TV ist also kein neues Fernsehen, es erweitert und ergänzt vielmehr die klassischen elektronischen Angebote durch neue interaktive Möglichkeiten oder Zusatzinformationen zum Programm. Das bewegte Fernsehbild wird eingebettet sein in erläuternde Daten, Grafiken oder Bilder, die ergänzend per Internet geliefert werden. Schon in wenigen Jahren werden auch Videoclips oder Tonaufnahmen zu solch einer Programmbereicherung beitragen, so daß die digitale CD beispielsweise bereits während des Sehens einer Musiksendung gegen eine geringe Gebühr in die private Stereoanlage geladen werden kann.

Der Kampf um den günstigsten Einstieg des privaten Haushalts in die Online-Welt scheint bereits eröffnet zu sein. Noch aber sind viele Fragen ungeklärt, die beispielsweise die Sicherung der Verbraucherdaten betreffen oder die sich auf die Verbindlichkeit von Willenserklärungen im Netz beziehen (zum Beispiel in Form einer elektronischen Signatur für Kauf- oder Zahlungstransaktionen). Konkurrenz für das Internet TV erwächst zudem in der Telefonie. Moderne Telefonapparate, ob als Standgeräte oder Mobiltelefone, werden auch ein Display für Internetseiten erhalten. Das Internetphone und der Infoman sind Erweiterungen der Internetnutzung über das Fernsehgerät und den PC hinaus.

Neue Schnittstellen für das Internet-TV

Der Markt für das neue Internet-TV ist nach wie vor unübersichtlich und bleibt inhaltlich, technisch und ökonomisch unsicher. Eine schlagartige und kurzfristige Revolution in den Haushalten ist durch das Internet-TV nicht zu erwarten. Der Übergang zu neuen Formen der Interaktivität im privaten Haushalt, der im nachfolgenden Kapitel genauer untersucht werden soll, wird deshalb eher langsam und fließend erfolgen.

Die Entwicklung von Speichern als integrierende Vermittlungsglieder zwischen Hardware und Software

Elektronische Speicher werden in Zukunft in privaten Haushalten eine besondere Rolle spielen. Sie sind wichtige Voraussetzung für die Verbilligung und Beschleunigung des Netzverkehrs durch die Modifikation der Online/Offline-Beziehungen. Ein Geschäftsmodell unter der Voraussetzung künstlich erhöhter Telekommunikationstarife in Europa sollte die „elektronische Nachtspeicherheizung“ zu realisieren versuchen. Günstige Tarife, zum Beispiel nachts außerhalb der Hauptverkehrszeiten, sollten für den Online-Verkehr genutzt werden, um den kostenaufwendigen aktualisierenden Download zu realisieren. Diese Funktion ist aber nur dann erforderlich, wenn öffentliche oder private Netze für den Online-

Die „elektronische Nachtspeicherheizung"

Verkehr genutzt werden müssen. „Soviel Offline wie möglich und soviel Online wie nötig" sollte der Grundsatz lauten, nach dem in ökonomisch bewirtschafteten Netzen die Netzeinbindung privater Haushalte erfolgen sollte.

Soviel Offline wie möglich und soviel Online wie nötig

Physische Datenträger wie die Diskette sind eine Vorstufe für den elektronischen Speicher und als Transportmittel für Daten von Gerät zu Gerät nach wie vor sehr beliebt. Die CD-ROM ist zum preiswertesten und interaktiv anspruchsvollsten Transportmittel für digitale Daten geworden. Zur Haushaltsausstattung wird vorerst vermittelt über den Computer in wachsendem Maße ein CD-ROM-Lesegerät gehören. Die CD-ROM wurde vor allem zur Distribution von Computerprogrammen entwickelt, ist dann zum wichtigsten Träger für elektronische Bücher und Zeitschriften und sonstige Multimedia-Anwendungen geworden und wird inzwischen auch von „Telespielern" überdurchschnittlich intensiv genutzt.

Die Festplattengrößen der in Computern verwendeten Geräte wachsen von Jahr zu Jahr. Festplatten in der Größe von mehreren Gigabyte sind bei privaten Computernutzern inzwischen selbstverständlich. Festplatten eignen sich in idealer Weise als schneller Zwischenspeicher für Daten, die im Online-Verkehr anfallen und kurz- beziehungsweise mittelfristig gesichert werden müssen. Ihr Nachteil ist der relativ hohe Preis für die Speicherung von Daten im Vergleich zur CD-ROM und die Tatsache, daß sie fest in das System eingebaut beziehungsweise integriert sein müssen. Sollten Festplatten automatisch, zum Beispiel von zentralen Servern, beschickt werden, so müßten Sie mit einem komplizierten Verfahren regelmäßig angesteuert und verändert werden, zudem entwickeln sie im Dauerbetrieb durch die mechanischen Teile (bis hin zum Ventilator) ein störendes zusätzliches Grundgeräusch in der Wohnung. Die Rolle der Zwischenspeicherung von Daten werden deshalb in Zukunft elektronische Bauteile in Form von Speicherchips oder Speicherkarten übernehmen.

Neue vollelektronische Bauteile werden halbmechanische Bild- und Tonspeicher ersetzen

Auf der Festplatte wird für verschiedene Anwendungen ein Cache (Zwischenspeicher) eingesetzt, der insbesondere Internet-Seiten, so sie sich nicht verändern, für einen längeren Zeitraum nutzbar macht. Während sich ein Cache auf einem lokalen PC befindet, setzen Provider auch Proxies ein, um häufig genutzte Internet-Seiten entsprechend zwischenzulagern. Die Browser „erinnern" sich an diese Zwischenablagen und rufen die gespeicherten Daten dann nicht noch einmal aus dem Netz ab. Proxies erleichtern den Umgang mit dem Internet. Beispielsweise gibt WebTV an, mehr als 70 (!) Prozent der gewünschten und angeklickten Seiten nach einem statistischen Prinzip auswählen und auf dem eigenen Server vorhalten zu können.

Die Art des gewünschten Angebotes ist statistisch vorhersehbar

Elektronische Speicher für den privaten Haushalt werden auch als einzelne Endgeräte angeboten. Ein Zwischenspeicher für den Empfang von E-mail und Fax (bei ausgeschaltetem PC) wurde in Berlin durch die Firma Tixi.Com GmbH bereits entwickelt. Selbst bei ausgeschaltetem PC empfängt die Box E-Mails und Faxe rund um die Uhr. Die Box ist insbesondere für Vielnutzer des E-Mail-Dienstes interessant. Haben Sender und Empfänger eine Box, so reduzieren sich die Kommunikationskosten deutlich, da für den Abruf der mails keine neuen Gebühren anfallen. Die Box kann allerdings auch in regelmäßigen Abständen den Provider anwählen und dort die entsprechend eingegangen E-Mails abholen.

Eine klug gewählte und ständig nach den Konsumenteninteressen optimierte Speicherverwaltung und Speicherorganisation ist eine entscheidende Voraussetzung für die Entwicklung neuer Medien im Internet.

Eine optimale Speicherorganisation und Speicherverwaltung tut not

Es gibt zwei prinzipiell unterschiedliche Strategien, mit denen Anwender beliefert werden können. Entweder sie fragen selber nach den gewünschten Daten, das nennt man „Pull", oder sie werden ihnen unaufgefordert (wenn auch mit einer ursprünglichen Vorauswahl) zugesendet, das nennt man „Push". Für das sinnvolle Wechselspiel von Push und Pull werden in den nächsten Jahren verschiedene Systeme erprobt werden, die alle der redaktionellen Unterstützung bedürfen. Auch bei der Pull-Technologie gibt es durch den Einsatz von Speichern günstigere Kombinationen. So können auf Proxies Seiten aus dem Internet abgelegt werden, die dem einzelnen User den Abruf beschleunigen. Schon jetzt kann man sich wie bei PointCast auf der Basis einer Menüauswahl auf den eigenen PC gezielt gewünschte Nachrichten oder Daten herunterladen lassen. Der kostenlose Service, der sich über eingeblendete Werbung finanzieren soll, hat nach eigenen Angaben schon 1,8 Millionen registrierte Nutzer.[286]

„Push" und „Pull"

Zeitversetztes Pushen und Pullen von Daten wird zwar in der Fachliteratur umfassend diskutiert, doch einfache, vom computerunerfahrenen Laien zu bewältigende Bedieneroberflächen wurden bisher noch nicht vorgestellt. Dabei liegt die Erfüllung des Traumes, Nachrichten je nach persönlicher Interessenlage, automatisch und für das individuelle Interesse genau passend zugestellt zu bekommen, nicht mehr in weiter Ferne. Hier wird die Integration und Konvergenz für den Rezipienten und Konsumenten wirklich praktisch erlebbar. Das Internet bringt auf diese Weise neue Massenmedien hervor.

Ohne Zwischenspeicher bleibt die Online-Nutzung zu teuer

Online-Speicher auf dem Endgerät, ob dies nun interne beziehungsweise externe Festplatten auf dem PC oder der Box sind, Speicherkarten ohne mechanische Teile oder sonstige noch in der Entwicklung befindliche Lösungen sind, machen die Nutzung von billigen Übertragungsraten außerhalb der Stoßzeiten möglich (in der Regel identisch mit den Tageszeiten, in denen an Arbeitsstätten hauptsächlich gearbeitet wird). Sie fungieren insofern als billige Nachtspeicherheizung zu Zwecken der Unterhaltung und Information. Problematisch ist deshalb die Tatsache, daß manche Boxen ohne einen solchen Zwischenspeicher angeboten werden. Die Internetnutzung bleibt dann sehr teuer, da ständig online nach den Daten gefragt werden muß. Auch hier ist aber nicht das Gerät sondern die Architektur der Verwendung entscheidend. Es wäre sehr wohl denkbar, daß eine speicherlose Box an einen Haus-, Siedlungs- oder Stadtteilserver direkt angebunden wird, so daß ein regionales Angebot fast ebenso schnell abgerufen werden könnte, als wenn es auf der lokalen Festplatte gespeichert wäre.

286 vgl. o.V. 1998i

5.2.3 Finanzierung und Realisierung des integrierten Angebots

Fernsehen wird teurer werden

Das Budget privater Haushalte für Telekommunikationsangebote in Europa wird in den nächsten Jahren sicher nicht deutlich wachsen. Bisher besteht bei den meisten Bürgern die Erwartung, daß elektronische Medien die Angebote mehr oder weniger kostenlos frei Haus zu liefern hätten. Das Fernsehen ist bezogen auf die relativ hohe Nutzungsdauer pro Monat dramatisch billig und wird es trotz vehementer Werbung der Pay-TV-Anbieter für die Mehrheit der Bevölkerung auch weiterhin bleiben. Der öffentlich-rechtliche Rundfunk und das „Free-TV" sind in den meisten europäischen Ländern momentan sicher nicht vom Aussterben bedroht.

Videotext ist in Deutschland noch immer das erfolgreichste interaktive Datenkommunikationssystem für die Mehrheit der Bundesbürger. Im Jahre 1997 erreichte Videotext täglich mindestens 3,36 Mio Haushalte oder 4,22 Mio Personen ab 14 Jahre. Dies sind aber täglich auch nur 10,1 Prozent aller Haushalte oder 6,8 Prozent aller Einzelpersonen über 14 Jahren. Lediglich 64 Sekunden pro Tag und Haushalt oder 45 Sekunden pro Person wurden auf das Lesen von Videotexttafeln verwandt. Videotext gibt für den „Durchschnittsbürger" den Rahmen für den Vergleich mit der Internet-Nutzung vor.

Neue Informationsangebote sind nur sehr schwer zu finanzieren

Dies zeigt, daß das aktuelle Bedürfnis nach elektronisch abrufbarer Information, selbst dann wenn sie kostenlos frei Haus geliefert wird, eher als eng begrenzt angesehen werden muß. Nur wer deutlich mehr Informationen in der „Tiefe" sucht, wird auf das Internet zurückgreifen wollen. Schon deshalb ist kaum zu erwarten, daß die Bundesbürger auf Dauer mehr Zeit und Geld als für ihre Tageszeitung aufwenden würden, um beispielsweise ins Internet zu gelangen und WWW-Seiten durchzublättern. Man kann davon ausgehen, daß die monatliche Belastung für die „elektronische Zeitung" maximal zwischen 15 und 25 DM liegen dürfte. Im Durchschnitt aller Haushalte lassen sich sicher kaum mehr als 8 DM pro Haushalt für dieses Einzelangebot realisieren, soweit es in einem Bouquet mit anderen Angeboten gekoppelt ist. Diese Einzeleinnahme würde weder ein eigenes Inkasso noch entsprechende Werbung zulassen. Aus den Gebühreneinnahmen für einen Informationsdienst allein wird sich ein neues interaktives System folglich kaum finanzieren lassen.

Das Gesamtangebot und die Plattform müssen stimmig sein

Nun wird das Informationsangebot des Internet bei einer klug gewählten Vermarktungsstrategie nicht alleine verkauft werden. In einem regional funktionstüchtigen und offenen interaktiven Kommunikationsmarkt wird auf Dauer nicht primär durch die Gebührenzahlungen einzelner Konsumenten verdient. Vielmehr bringt die Bereitstellung der Plattform für Aktivitäten der Werbewirtschaft, der Banken und Versicherungen sowie des Einzel-, Groß- und Versandhandels neue Einnahmen und sorgt für die Vermarktung eines solchen Gesamtsystems. Wichtigste Voraussetzung hierfür ist aber in einem bevölkerungsreichen Verdichtungsraum die Marktöffnung mit einer Mindestzahl von schätzungsweise 300.000

Die Marktöffnung im regionalen Multimediamarkt benötigt 300 bis 400.000 angeschlossene Haushalte

bis 400.000 angeschlossenen Haushalten. 150.000 bis 200.000 dieser Anwender könnten im Kreis der PC-Nutzer zu finden sein, soweit sie sich konsequent an das Internet anschließen. Für die anderen 150.000 bis 200.000 Haushalte müßten entsprechende Systemzugänge durch einen „Volkscomputer" beziehungsweise ein Internet-TV-artiges System gefunden werden.

Das Internet kennt noch keine wirklich abgeschlossenen Teilmärkte – auch wenn diese in Form von Userbindungen und Lebensstilorientierungen real längst existieren. Nicht jeder „Intershop" wird von allen Netzteilnehmern wahrgenommen und bildet für sie den Bestandteil eines realen Markt. Da die Zugriffe auf die Net-Shopping-Angebote sehr unterschiedlich sein können, und manche Verkaufsangebote für manche Internetnutzer trotz globaler Erreichbarkeit immer verborgen bleiben, werden sich virtuelle Metropolen – Orte hoher Nutzungsdichte – im Netz bilden. Rund um die Suchmaschinen haben sich heute schon solche „Gemeinden" herausgemendelt, und interessant zu beobachten ist die Entwicklung der Shopping Malls.

Geht man davon aus, daß, wie oben beschrieben, höchstens 20 bis 30 Prozent aller Haushalte tatsächlich durch Internet-TV Angebote zu gewinnen sind, so benötigt man einen Einzugsbereich für die erfolgreiche Marktöffnung von mindestens 700.000 Haushalten, wenn man bei optimaler Akzeptanz tatsächlich 200.000 reale Haushaltsnutzer mit dieser Technologie erreichen will.[287] Bereits hier zeigt sich, wie problematisch die Entwicklung von Angeboten, die regionale und lokale Server voraussetzen, über die Grenzen der Metropolen hinaus sein werden.

Dreistellige Millionenbeträge zur Erschließung eines verdichteten Ballungsraumes

Geht man von einer durchschnittlichen Geräteausstattung in einigen Jahren von maximal 350 DM pro angeschlossenem Haushalt aus, so beträgt die Geräteinvestition vor einer Marktöffnung alleine rund 70 Mio. DM. Für die servertechnische Erschließung und zusätzliche Verkabelung wird man pro Wohnungseinheit noch einmal circa 650 DM rechnen können. Das summiert sich für mindestens 200.000 Wohnungen auf weitere 130 Mio. DM. Um solch ein notwendiges Grundvolumen in einer einzelnen Region zu erreichen, bedarf es also der konzertierten Anstrengungen unterschiedlicher Finanziers. Hier sind insbesondere die Banken gefordert, zudem sie wichtige Nutznießer des Homeshoppings und Homebankings sein werden.

Je dichter die Nutzung in der Fläche, um so günstiger wird die Lieferlogistik

Offen bleibt die Frage, ob die Kosten pro Erschließung eines Haushalts direkt oder indirekt umgelegt werden sollten. Das Ziel, eher flächendeckende Nutzungen zu bewirken, um positive Netzeffekte zu erreichen, läßt sich unter Umständen nur dadurch realisieren, daß der einzelne Haushalt erst dann für die Netzinfrastruktur bezahlt, wenn er durch die Leistungen des Gesamtsystems von seiner Nützlichkeit überzeugt worden ist. Für den Aufbau des logistischen Lieferungssystemes im Einzelhandel ist eine hohe Anschlußdichte mehr als wünschenswert.

Die Vorteile, die der Anwender durch kostengünstigere Einkäufe im Netz haben könnte, liegen diesem vor seinen ersten Erfahrungen mit dem Gesamtsys-

287 Solche Schätzungen sind weder unüblich noch unplausibel. Selbst ein so etablierter und immer noch relativ beliebter Dienst wie das Kabelfernsehen hat nach wie vor erhebliche Akzeptanzprobleme. Obwohl im „kabeldichten" Deutschland 66,6 Prozent aller Haushalte im Jahre 1996 an das Kabelnetz direkt anschließbar waren, haben nur 44,6 Prozent oder zwei Drittel der anschließbaren Haushalte diesen Dienst auch tatsächlich in Anspruch genommen.

tem leider nicht auf der Hand. So bleibt das psychologische Dilemma, daß ein Einkäufer den günstiger getätigten Kauf nicht als Einnahme verbucht, mit der er die logistischen Kosten problemlos ausgleichen könnte. Hier ist Marketing gefragt, um dem potentiellen Anwender seinen Nutzen entsprechend zu verdeutlichen.

Wer zahlt für die Infrastruktur?

Die Finanzierung der Geräte und der Infrastruktur könnte auch im Rahmen von Modernisierungsmaßnahmen der Wohnungswirtschaft erfolgen. Hierzu wurden bereits entsprechende Konzepte für den Einsatz von Technikboxen als Werkzeuge des Facility-Managements entwickelt. Wäre durch diese zum Beispiel die einzelne Haushaltsanbindung an einen leistungsfähigen Server der Wohnungswirtschaft gewährleistet und in Form einer Umlage finanziert, so könnte das Informations-, Unterhaltungs-, und Kommunikationsendgerät von den an den Transaktionen interessierten Unternehmen unter Umständen tatsächlich umsonst zur Verfügung gestellt werden. Dem Haushalt blieben dann nur noch die reinen Transaktionskosten und die Kosten für die Inhalts-Bouquets neben der vorher erwähnten indirekten Modernisierungsumlage.

Multimedia im Kontext von Wohnungsbewirtschaftung und Facility-Management

Interessant ist in diesem Zusammenhang die Rolle von Wohnungsbaugesellschaften, privaten Immobilienfirmen oder sonstigen Vermietern und Wohnungseigentümern. Sie hätten die Möglichkeit entsprechende finanzielle Vorleistungen zu erbringen, um beispielsweise analog zu den „local area networks“ der Verwaltungen oder Betriebe ganze Siedlungen mit Netzen und Servern „in einer Hand“ zu beliefern. Auch wenn der Return of Investment in den jeweiligen Wohnungsbaugesellschaften unter den in Europa vorfindbaren Rahmenbedingungen alles andere als sicher ist, so besticht doch die Möglichkeit, daß hier ein zumindest technischer Rundum-Service aus einer Hand geboten werden könnte. Viele Einzelaufwendungen eines isolierten Haushaltes, zum Beispiel für Anrufbeantworter, Faxgeräte oder Gebührencomputer im Bereich der Telefonie aber auch für bestimmte Server oder gar Set-Top-Boxen ließen sich zugunsten der Mieter auf diese Weise sinnvoll reduzieren. Dies setzt ein funktionierendes zentral gesteuertes Kommunikationssystem als sogenannte „Campus-Lösung“ voraus, das allerdings viele andere Probleme mit sich bringt.

Gestattungsverhandlungen bestimmen den Preis

Daß die Wohnungsbaugesellschaften als Eigner oder Miteigner von technischen Anlagen an der durch neue Dienste realisierten Wertschöpfung in angemessener Weise mitbeteiligt werden sollen, ist weder von staatlicher Seite noch aus der Perspektive der Privatwirtschaft umstritten. Verhandlungsmasse ist hierbei eher die Höhe der einmaligen Zahlung pro Wohnungseinheit beim Abkauf von Nutzungsrechten in Form von Gestattungsverträgen oder der Kaufpreis für ein solches Netz, wenn es an Dritte veräußert wird. Im internationalen Umfeld werden im Rahmen solcher Gestattungsverhandlungen Preise von bis zu 1000 DM pro Wohnungseinheit und darüber hinaus erzielt, doch dies gilt für andere Rahmenbedinungen, unter denen das Kabel viel lukrativer vermarktet werden kann. In Deutschland ist für die Telekom das Kupferkoaxialkabel ja nach wie vor eine Verlustquelle und die geplanten Preiserhöhungen, die einen Preis mit sich gebracht hätten, der wohl noch immer unterhalb der Kostenschwelle gelegen hätte, ließen sich ja politisch nicht durchsetzen. Angesichts des wirtschaftlichen Konkurses der Kupferkoaxialverkabelung, soweit dies die technische Providerseite betrifft, lassen sich nur schwer lukrative Gestattungsverhandlungen führen. Auf dem deutschen Markt sind auch vor dem Hintergrund einer wenig organisierten Verhandlungsmacht auf Seiten der Wohnungswirtschaft wohl eher Beträge zwischen 150 und 250 DM pro Wohnungseinheit üblich. Zudem müßten zahlreiche Wohnungsbaugesellschaften, die in Zeiten der künstlichen Marktöffnung langfristige Verträge mit der Telekom zu Dumpingpreisen abgeschlossen haben, daran interessiert sein, daß diese Preise – weit unter Weltniveau – möglichst lange nicht verändert werden. Für die Berechnung der Werthaltigkeit von Gestattungen ist auch die Frage interessant, welchen Einfluß die Wohnungswirtschaft auf die Auswahlentscheidungen und Kundenbindungen ihrer Mieter hat, und von welchen Faktoren dieser Einfluß abhängt. Immerhin werden den Wohnungsbaugesellschaften ähnlich den Netzoperator-Firmen inzwischen auch Einspeisungsvergütungen für Leistungen in deren Netzen versprochen, die nach Aussagen von DF1, getätigt auf einer öffentlichen Veranstaltung in Leipzig, bei 1,6 Pfennig pro Kanal und Wohneinheit pro Monat liegen können. Zu einer Nettoprovision von 130 DM pro Jahr würden noch Qualitätsboni von 2 Prozent pro Monat gezahlt. Auch andere Branchen buhlen um den privaten Haushalt und werden für den Zugang zur einzelnen Wohnung entsprechend bezahlen, soweit sich hier angemessene Transaktionsgewinne realisieren lassen.

Zwischen 150 und 250 DM pro Wohnungseinheit

Provisionen für Kundenbeziehungen

Entwicklung und Finanzierung von integrierten Anwendungen, Software, „Inhalten" und Diensten

„My Internet is my castle"

Die „papierlose Verwaltung", das „virtuelle Unternehmen" und der private telekommunikative „Cocoon", in den sich die Bürger nach dem Motto *„my Internet-TV is my castle"* einspinnen, sind Visionen, die mit den pragmatischen Ansprüchen von heute lebenden Bürgern, Arbeitnehmern oder Mietern nur wenig zu tun haben. Dennoch sind Prognosen auf eine weit vor uns liegende Zukunft eine gewisse Orientierung auf dem Weg.

Die Verbreitung von Browser-Software ist von zentraler Bedeutung für das ergänzende Angebot von elektronischen Diensten. Während der Markt für Betriebssysteme noch relativ geordnet zu sein scheint, auch wenn sich hier durch den Wandel der Plattformen wieder eine neue tabula rasa Situation mit vollständig neuen Erfolgschancen für konkurrierende Anbieter ergeben kann, so ist der Browsermarkt für Computer trotz der wenigen Anbieter durch die kaum übersehbare Vielfalt an Programm„versionen" geprägt.

Entwickler können deshalb nie sicher sein, daß das durch sie gestaltete Produkt beim Konsumenten auch tatsächlich in der von ihnen ersonnenen Form ankommt. Der Massenmarkt erfordert aber genau an dieser Stelle größere Standardisierung und hierin liegt unter Umständen langfristig die Chance den Zukunftsmarkt zu dominieren, und zwar vor allem für proprietäre Internet-Provider, Digital-TV-Anbieter oder die Anbieter der neuen Internet-TV Lösungen. Noch ist der Markt für Internet-TV-Browser unübersichtlicher als der PC-Browsermarkt. Hier gibt es, auch wenn die Systeme für das Lesen von HTML-Seiten allgemein offen sind, in der Regel je Endgerät ein eigenes proprietäres Produkt.

Proprietäre Produkte sind leistungsstark für den Übergang

Spannend sind insbesondere die urheberrechtlichen Fragen, bei denen sich schon bald deutliche Änderungen ergeben könnten. Bisher ist es relativ unproblematisch „Links" auf andere Seiten zu setzen. Schon in naher Zukunft könnte sich das ändern. Es gibt bereits Anbieter, die sich erfolgreich gegen eine entsprechende Verlinkung ihres Produktes gerichtlich gewehrt haben. Nach wie vor sind die Anbieter aber vor allem an einer möglichst breiten Streuung ihres Produktes interessiert. Erst wenn mit Internet-Inhalten einmal Geld verdient werden sollte, dann könnte es sein, daß sich Anbieter gezielt gegen die Mitverwendung ihrer Produkte zur Wehr setzen. Dies gilt insbesondere für solche Inhalte, die einen erheblichen redaktionellen Aufwand erfordern. Die Annahme, daß Internet-Inhalte für immer „gemeinfrei" blieben, ist irreführend. In die Kalkulation zukünftiger Dienste und entsprechende Businesspläne über das Jahr 2000 hinaus sollten deshalb entsprechende „Lizenzkosten" oder Abgaben an die GEMA beziehungsweise andere Organisationen und Unternehmen unbedingt eingeplant werden.

Die kostenneutralen Links werden sich bald verteuern

Viele Anbieter neuer Dienste und Serviceangebote könnten sich schon in wenigen Jahren dadurch „verspekulieren", indem sie weiterhin davon ausgehen, daß das heute vorhandene, vielfältige und interessante Internet-Angebot auf Dauer kostenlos zur Verfügung gestellt werden wird, und sich die aktuelle Situation über viele Jahre erhält. Beispielsweise hat WebTV mit dieser Problematik in den USA schon zu kämpfen gehabt. Interessant ist insbesondere die Frage, ob eine Zwischenlagerung auf einem Proxie oder sonstigen Server und die ästhetische „Veränderung" der Seitengestaltung durch einen proprietären Browser schon Eingriffe in die Rechte der Autoren darstellen.

Wie aber kommt ein regionales und lokales Informations- oder gar Unterhaltungsangebot zustande, wenn es nicht primär aus der Übernahme vorhandenen Materials im Netz besteht? An den klassischen Angeboten der Massenkommunikation vorbei und über deren Doppel- und Dreifach-Verwertung hinaus scheint vorerst kein Spielraum zu existieren für die Finanzierung weiterer neuer Redaktionen und vor allem für professionell aufbereitete elektronische Rundum-Angebote, vergleichbar mit einer traditionellen Lokalzeitung. Einfacher mag dies sein für die Umsetzung von reinen Anzeigenblättern, da diese ihre Einnahmen zum Teil auf andere Weise realisieren und sich Anzeigen hervorragend für die Speicherung und den universellen und flexiblen Abruf in elektronischen Datenbanken und Netzen eignen. So liefern denn auch die Tageszeitungen schon häufig als ein „add-on" einen gut strukturierten und tagesaktuell abrufbaren Kleinanzeigen-

Nur wenig Spielraum zur Finanzierung von neuen audiovisuellen Inhalten

Der Abruf von gefilterten Daten aus einer Datenbank bedeutet einen Zusatznutzen gegenüber der Presse

markt im Internet. Regionaler und lokaler Content für Stadt- und Bürgerinformationssysteme wird sich noch über viele Jahre nur über Serviceleistungen interessierter Sponsoren und PR-Organisationen realisieren lassen. Die Bereitschaft, hierfür zu zahlen, reduziert sich auf teure „High-End"-Spezialangebote für einen deutlich marginalisierten Spezialistenkreis. Hiervon ausgeklammert ist natürlich der universelle und individuelle Zugang zu erotischen Angeboten.

Das Potential für Telekauf liegt bei den unbeliebten Einkäufen von Standardartikeln

Das Internet ist ein idealer und offener elektronischer Marktplatz, auf dem Produkte angeboten werden, die auch außerhalb des Netzes ihren Käufer finden. Weiter oben wurde bereits einschränkend angemerkt, daß sich das Auswahlverhalten der Haushalte bezogen auf Medien- und Technologienutzungen nicht aus der reinen Logik der finanziellen und zeitlichen Rationalisierung von Bestell- oder Kaufhandlungen speist. Einkaufen ist noch immer ein Abenteuer-, und Erlebnisurlaub und wird deshalb auch in Zukunft häufig gezielt außerhalb des Haushalts erfolgen. Anders ist dies, soweit unerwünschte Handlungsroutinen, wie das Ausfüllen von Überweisungen in einer Bank oder das Schleppen von Getränkekästen durch neue Serviceangebote per Internet vermieden werden können. Die Kaufkraft vieler Haushalte scheint für solche Komfortlösungen vorerst jedoch nicht auszureichen, um die noch hohen Transaktions- und Logistikkosten in akzeptabler Zeit durch Preisvorteile oder Rationalisierungsgewinne beim Einkauf von Produkten wieder einzuspielen.

Nicht alle Internet-Nutzer wollen online shoppen

Hier bleibt abzuwarten, wie sich der Aufbau logistischer Systeme im Einzelhandel entwickelt. Vorerst ist jede einzelne Transaktion, von der Bestellung der Waren bis zur Lieferung ins Haus, mit zu hohen Einzelkosten belegt. Wenn für eine Lieferung circa 10 DM Liefergebühr in Relation zu durchschnittlichen Einkaufsvolumina gesetzt werden, die in der Regel die 50 DM-Schwelle nicht überschreiten, so kann solch ein System erst vor dem Hintergrund einer entfalteten Zustellkultur, in die ein hoher Anteil von Haushalten einbezogen ist, rentabel werden.

Nur standardisierte Produkte finden ihren Markt im Netz

Eine hohe Internetdichte ist noch keine automatische Garantie für die flächendeckende Akzeptanz des Online-Shoppings. In der Bundesrepublik nutzen nach einschlägigen Schätzungen etwa 700.000 Personen das WorldWide-Web zum Einkaufen. Die Umsatzgrenzen des Shoppings im Netz lassen sich indirekt durch den Erfolg von Teleshopping-Angeboten im Kabelfernsehen abschätzen, bei denen – trotz der hervorragenden Möglichkeiten Produkte „breitbandig" in Szene zu setzen – nach einer Modellrechnung von Home Order Television in Deutschland auf 30.000 Wohneinheiten nur etwa Umsätze von 500.000 DM pro Jahr entfallen.

Daß der Verkauf von Büchern oder CDs inzwischen über das Internet funktioniert, und erhebliche Umsätze auch auf dem Feld der Distribution von Software im Netz generiert werden, ist unumstritten. Jedoch bleibt fraglich, ob das Gesamtvolumen der Aufwendungen eines durchschnittlichen europäischen Haushaltes für solche Produkte eine Amortisierung der notwendigen Infrastrukturen gewährleistet. Offen ist nach wie vor die Frage, wer die notwendigen Vorleistungen hierfür erbringt: der einzelne Nutzer, der Haushalt, der Anbieter, der Nutznießer von Bestellungen oder Transaktionen, der Netzbetreiber oder der Serviceprovider?

Selbstreferenz: Medieninhalte eignen sich gut für den medienvermittelten Verkauf

Selbst wenn sich im Internet günstiger einkaufen läßt, so ist nach wie vor ungeklärt, ob dieser Rationalisierungsgewinn im einzelnen Haushalt tatsächlich für eine Investitionsentscheidung als relevant wahrgenommen wird. Die Lieferung von „multimedialen" Inhalten scheint unabhängig von der Erleichterung von Transaktionen das eigentlich qualitativ Neue des Multimediamarktes zu sein. Für multimediale Inhalte im Netz wird von den einzelnen Haushalten aber bisher kaum Geld ausgegeben. Lukrativer ist die Nutzung des neuen Netzes für die Distribution bekannter Güter. Umso interessanter wird diese Entwicklung nun jedoch, wenn die zur Vermarktung vorgesehenen Produkte nicht mehr auf physische „Träger", wie Schallplatten, CD oder Videokassetten angewiesen sind und direkt im Netz ohne ergänzende Logistik (wie bei der Buchlieferung) übertragen und verkauft werden können.

Der Abruf von Audio-Clips ist insofern ein neuer Markt, den es ausführlich zu beobachten gilt, ein boomendes Gewerbe, wie die diesjährige Cebit-Home glauben machte. Der elektronische Tonträger scheint inzwischen sein Publikum gefunden zu haben, selbst dann, wenn der Abruf einzelner files unter Berücksichtigung aller Nebenkosten immer noch recht teuer bleibt. Ein umfassenderes audiovisuelles Unterhaltungsangebot im Internet, das mit dem interaktiven Fernsehen per Kabel oder Satellit zu konkurrieren vermag, macht hingegen bis weit in das nächste Jahrzehnt hinein schon aufgrund der hohen Finanzierungshürden in diesem Bereich keinen Sinn. Die Lizenzpreise für Unterhaltungsangebote in Form von Spielfilmen explodieren. Hier wird ein mittelständischer Anbieter im Internet, selbst dann wenn er über übertragungsstarke Leitungen und die geeigneten Server verfügt, auf Dauer finanziell nicht mithalten können.

Neue Audiovisionsangebote per Internet sind vorerst aus Kostengründen kaum zu erwarten

Zwar ist der Vorteil auf Seiten lokaler Anbieter erkennbar, im regionalen Umfeld „Kenner der Szene" zu sein, doch wird ein umfassendes multimediales Regionalprogramm kaum finanzierbar sein, beziehungsweise in Hinsicht auf den Produktionsaufwand der Sender für Film- und Fernsehproduktionen immer als „minderwertig" erscheinen. Im öffentlich-rechtlichen Rundfunk geht man von 3.500 bis 4.500 DM Kosten pro Sendeminute[288] für die Bereiche Familie, Politik und Gesellschaft aus, dort also wo ähnliche Genres zu finden sind, die für die Regionalproduktionen zu entwickeln wären. Selbst wenn sich die Minutenkosten durch kluges Management im privaten Fernsehen mehr als halbieren lassen, so bleibt wenig Spielraum für Eigenproduktionen und einen entsprechenden Return of Investment.

Geht man davon aus, daß pro Haushalt und Monat 4 DM für ein attraktives regionales Angebot zu generieren wären, und daß durch Anbieter-Kooperationen tatsächlich ein angestrebtes Mindestpotential für die Marktöffnung von 300.000

288 vgl. Clevé (1998)

Das Fernsehen kann durch das Internet preislich kaum unterboten werden

Haushalten erreicht würde, so ließen sich auf diesem Wege, wenn das Geld ansonsten für keinen anderen Zweck eingesetzt würde, auf dem Niveau des Privatfernsehens gerade einmal 600 Sendeminuten oder insgesamt 10 Stunden Programm pro Monat generieren.

Das Fernsehen benötigt für Lokal- und Regionalangebote deutlich größere Zuschauerzahlen für die Marktöffnung als die multimedialen Angebote mit wenig Bewegtbildern.

> *„Eine für Nordrhein-Westfalen erarbeitete Studie der Rinke Treuhand GmbH geht davon aus, daß die Einwohnerzahl von 1,5 Mio ausreicht, um wirtschaftlich erfolgreich zu operieren. Diese Aussage ist allerdings stark regional zu werten: Köln und Umfeld werden als rentabel eingeschätzt, Aachen, Bielefeld und Düsseldorf dagegen nicht. Grundlage der Berechnungen sind lokale Werbeausgaben und die jeweils zu erzielenden Marktanteile. Hier wird von geschätzten Werbeeinnahmen von 13 Mio DM (1995) bis 22 Mio DM (2000) ausgegangen sowie von einem 5%igen Marktanteil und einem bundesweiten Vermarktungsverbund in der Produktion von Beiträgen, dem sog. Mantelprogramm.“* [289]

Zielgruppenangebote im Internet sind teuer und müssen auf einen kaufkräftigen Nachfragerkreis stoßen

Solch günstige Rahmenbedingungen für ein eigenes lokales Regionalprogramm wird kaum ein Anbieter für sich alleine vorfinden. Selbst nicht in einem Ballungsraum wie Berlin Brandenburg, dem konzentriertesten Regionalmarkt in Deutschland, scheint der nötige Spielraum für ein rentables Regionalfernsehen gegeben zu sein. Zudem bliebe die Glaubwürdigkeit eines regionalen Monopolanbieters aus der Perspektive der Nutzer mehr als fragwürdig, und zwar relativ unabhängig davon, wer als Finanzier eines solchen Programmes auftreten würde. Ohne Berücksichtigung der sicher zu erwartenden mangelnden Zuschauerakzeptanz für ein reines „Vermieter“-Fernsehen beispielsweise, scheiterten solche Pläne für entsprechende Voll- und Rundum-Angebote der Wohnungswirtschaft schon aus den oben genannten Kosten- und Refinanzierungsgründen. Immer wieder haben sich neue Anbieter am Regional- und Lokalfernsehen finanziell überhoben. Der Abrufmarkt für solche Dienste wird umso schwerer zu etablieren sein.

Wenn überhaupt ist bisher in Deutschland nur in München ein einigermaßen rentables Ballungsraum-TV erfolgreich, wobei auch hier ein umfassendes Regionalprogramm und kein wirklich lokales Angebot vermarktet wird. Hier zeigt schon ein Blick auf das Jahresbudget von 38 Mio. DM, daß mehrere kleine oder mittelständische Anbieter mit einer solchen Programminititative allein überfordert wären. Kaum ein Anbieter außerhalb der klassischen bundes- und europaweit agierenden Medienunternehmen könnte ein solches Geschäftsfeld für sich alleine erschließen. Branchenfremden Neulingen fehlen zudem die wesentlichen medienkommerziellen, medienplanerischen und medienästhetischen Voraussetzungen, um über eigene Firmen einen solchen Markt auf lokalem Niveau auch nur annähernd lukrativ zu entwickeln.

289 vgl. Clevé (1997), S. 74

Audiovisuelle Produkte aus dem Internet oder einem internet-artigen Online-Netz für den privaten Haushalt werden folglich aus den oben beschriebenen Gründen für Regionalangebote nur wenig relevant sein und von den eher text- und grafikorientierten Angeboten im Umsatzvolumen vorerst noch weiterhin deutlich übertroffen werden. Eine Ausnahme mögen hier kleine, gut gemachte Inserts oder Trailer sein. Die Multimedia-Gestalter kleinerer Regionalanbieter müssen aus Kostengründen zu anderen multimedialen Darstellungsformen als denen der klassischen Audiovision greifen, bei denen das Endprodukt eher print-ähnlich als fernseh-ähnlich sein wird. Hier müssen die Kalkulationspreise pro Internet-Seite angesetzt werden, die erheblich variieren können, je nachdem inwieweit die Vorleistungen in den Unternehmen der Regionalanbieter, vom Tante-Emma-Laden bis zum Warenhaus, selbst erbracht werden können.

Der Medienmarkt ist ein Medienmarkt

Der „One-Stop-Shop" – Integrierte Lösungen für den privaten Haushalt aus einer Hand

Der integrierte Telekommunikationsanbieter der Zukunft muß weder ein klassischer Netz-oder Diensteanbieter noch der Inhaber von Wohnungen oder Siedlungen sein. Es kann sich bei ihm um eine Bank, eine Warenhauskette oder ganz andere branchenfremde Unternehmen mit einem direkten Zugang zu den privaten Haushalten handeln (zum Beispiel Buchclubs oder Versicherungen). Telekommunikationsanbieter werden sich durch ihre Beweglichkeit innerhalb der telematischen Netze nicht auf enge Branchengrenzen festlegen lassen, aber ein universeller telematischer Gemischtwarenladen bringt eigene Finanzierungsproblematiken und neue Investitionsrisiken mit sich.

Der One-Stop-Shop wird vom Konsumenten gesucht

Die Deutsche Telekom selbst ist das beste Beispiel für einen solchen Gemischtwarenladen. Sie zeigt mit ihrem „Mega"- Waren- und Dienstleistungsangebot einerseits Möglichkeiten auf für die Ausweitung der Wertschöpfung über das Kerngeschäft hinaus und verweist andererseits gleichzeitig auf die Grenzen, die in einem diffusen und kaum kontrollierbaren profillosen Gesamtangebot liegen.

Der private Kunde sucht einen Ansprechpartner, der ihm telekommunikative Dienstleistungen als einen sicheren Rundumservice anzubieten vermag. Problematisch wird dies für ihn nur dann, wenn dieser Komfort durch die mangelnde wirtschaftliche Leistungskraft des Gesamtanbieters erkauft wird, und dieser auf Dauer nur deutlich überteuerte Produkte und Dienstleistungen anzubieten vermag. Große Unternehmen neigen dazu allen alles anzubieten. Und Telekommunikationsanbieter könnten in Zukunft durch ihren einfachen Kundenzugang und eine entsprechende Kundenbindung zu anderen Zusatzgeschäften verführt werden.

Es fehlen kompetente Partner mit einem Rundum-Service

Daß die Wohnungstür nach wie vor das Eingangstor zu den wichtigsten Kaufentscheidungen ist, scheint unumstritten zu sein. Deshalb tobt jetzt der Kampf um die elektronische Eingangstür. Hat man diese erst einmal geöffnet, tritt die Art des medialen Zugangs und auch die Technik, mit der ein Produkt geliefert wird,

Der Kampf um die „elektronische Eingangstüre"

in den Hintergrund. Verdient werden soll auf allen Kanälen, über die sich private Konsumenten elektronisch beliefern lassen.

Beispielsweise hat der neue Bertelsmann Vorstandsvorsitzende Thomas Middelhoff bereits öffentlich angekündigt, daß die eigenen Medienangebote in Zukunft nicht mehr nach Mediengattung, sondern themenbezogen vermarktet werden sollen. Die Grundannahme hierbei ist, daß es dem Konsumenten auf die Inhalte, nicht aber auf das jeweilige Distributionsmedium ankommt. Insgesamt geht man also davon aus, daß die skizzierten Entwicklungen zu einem vollständig neuen Selektionsverhalten führen.

Geschäftsmodelle für den privaten Haushalt und der Mangel an Bedachtsamkeit

Integriertes Marketing ist für den privaten Kunden bekanntermaßen eine janusköpfige Angelegenheit. Umfassender Service ist häufig mit dem Mißbrauch von Marktmacht gepaart. Hier verläuft die Wertschöpfung in der Medien- und Kommunikationstechnik und deren marktbezogene unternehmerische Realisierung kaum anders als in anderen Branchen. Die Art und die Zahl der Szenarien, nach denen ein Ausbau der Kommunikationsinfrastruktur in den privaten Haushalten erfolgen kann, ist deshalb mehr als vielfältig und ungemein widersprüchlich. Dies sollte für Business-Modelle bedacht und berücksichtigt werden, bevor sie am Markt durch den Mangel an Bedachtsamkeit zwangsläufig scheitern. Die Wertschöpfungsketten, soweit sie den privaten Haushalt betreffen, sind vielfältiger und komplizierter geworden und weisen neue Binde- beziehungsweise Vermittlungsglieder auf.

Fazit: Wer immer von Integration und Konvergenz spricht, muß wissen, daß die technischen Probleme verglichen mit den sozialen und ökonomischen Problemen von geringer Bedeutung sind. Was technisch machbar ist, findet längst nicht mehr automatisch seinen Kommunikations-, Unterhaltungs- und Informations-Markt. Die Integration privater Haushalte in die neue Netzwerk-Ökonomie will durchdacht und geplant sein. Die genannten und beschriebenen Facetten einer integrierenden Sicht auf eine neue private Haushaltsökonomie sind alles andere als vollständig. Sie sind gedacht als die notwendigen Denkbausteine und Merkposten für ein adäquates Entwicklungsmodell.

5.3 Internet-Ökonomie und Ordnungspolitik

5.3.1 Wird Ordnungspolitik noch gebraucht – politische Implikationen der Internet-Ökonomie

Die bisherige Analyse hat sich auf die (neuen) Regeln der Internet-Ökonomie konzentriert und darauf, welche strategischen Implikationen sie für Unternehmen haben, und welche Zusammenhänge sich mit möglichen und wahrscheinlichen Veränderungen des Nutzer- und Nutzungsverhaltens ergeben. Ordnungspolitische Gesichtspunkte haben deshalb bisher keine nennenswerte Rolle gespielt. Dennoch kann natürlich nicht übersehen werden, daß nicht nur der bisherige Stand der Medien- und Kommunikationsmärkte erheblich durch staatliche Lenkungsmaßnahmen bestimmt wurde, sondern vor allem auch die zukünftigen Entwicklungen davon abhängen, welche politisch begründeten systematischen Einflüsse (Limitierungen und Anreize) wirksam werden. Ob in einzelnen Bereichen Rahmenbedingungen überhaupt gesetzt werden, mit welchen Zielen dies erfolgt, mit welchen Maßnahmen diese Ziele erreicht werden sollen, und in welchen institutionellen Rahmen staatliche Regulierung eingebettet wird – alles das wird großen Einfluß auf die Marktentwicklungen haben.

Auf der technischen Ebene ist Konvergenz durch die Digitaltechnik bereits ein Faktum, das die Grundlage für weitere technische und vor allem für darauf aufbauende ökonomische Potentiale darstellt. Auf der wirtschaftlichen Ebene stellt die Konvergenz die beteiligten (oder auch nur betroffenen) Unternehmen, die ehemals auf getrennten Märkten operiert haben, vor große Herausforderungen: ohne gewaltige Anpassungsleistungen an die neuen Bedingungen können die Chancen und Hoffnungen auf dem Weg in die Informationsgesellschaft nicht eingelöst werden. Auf der politischen Ebene wird deshalb nach dem geeigneten ordnungspolitischen Rahmen gesucht, der eine beschleunigte Entwicklung von Angebot und Nachfrage in Europa zumindest ermöglicht, möglichst sogar fördert – und zwar unter Wahrung des öffentlichen Interesses, das seinerseits überdacht und gegebenenfalls neu formuliert werden muß. Zwei gute europäische Beispiele für diese Diskussionsprozesse sind zum einen das britische „Consultation paper“ zur Regulierung der Kommunikation im Informationszeitalter,[289] zum anderen die Berichte der deutschen Enquete-Kommission Zukunft der Medien in Wirtschaft und Gesellschaft, Deutschlands Weg in die Informationsgesellschaft.[290] Die Debatte konzentriert sich auf Regulierungsinhalte (Prioritäten), Regulierungsstile (hoheitlich, schiedsrichterlich, selbstregulierend) und Regulierungszuständigkeiten (vertikal und horizontal).

Wirtschaftliche Chancen können sich in einem geeigneten Regulierungsrahmen entfalten.

Die augenblicklich in Europa vorherrschende Argumentation läßt sich charakterisieren mit den Begriffen: Vertrauen in Markt und Wettbewerb, konsequente Deregulierung und Vereinfachung der Rechtsanwendung, Vorrang der Selbstkontrolle vor Fremdregulierung. Innerhalb der EU gilt das Subsidiaritätsprinzip, nach dem so viel wie möglich auf nationaler Ebene, und nur soviel wie

289 dti (1998)
290 Enquete-Kommission (1998)

Vorherrschende Argumentationsmuster sind zum Teil Ausdruck konzeptioneller Hilflosigkeit

nötig auf der gemeinsamen europäischen Ebene geregelt werden soll. Vieles davon ist richtig, aber der vorherrschende Konsens ist nur zum Teil Ergebnis übereinstimmender Analyse und gemeinsamen Handlungswillens – er ist zum Teil auch Ausdruck konzeptioneller Hilflosigkeit angesichts des offensichtlichen Versagens überkommener staatlicher Politik. Die (De-/Re-)Regulierungsdebatte hat zu oft den Charakter eines Streits zwischen ordnungspolitischen Glaubensbekenntnissen: „Staatsversagen" und „Marktversagen" werden nicht nüchtern analysiert, sondern prallen als Vorwürfe aufeinander. Auf der einen Seite verstellt die (verständliche) grobschlächtige Anprangerung des Regulierungs-Wildwuchses den nüchternen Blick auf die gesellschaftlichen und wirtschaftlichen Funktionalitäten der Regulierung. Auf der anderen Seite hilft die (ebenfalls verständliche) zugespitzte Verteidigung gesellschaftlicher Errungenschaften der Regulierung nicht sehr weiter, wenn es darum geht, was und wie „angemessen" reguliert werden soll. Die augenblickliche Entwicklung ist nicht nur in Deutschland durch eine „paradoxe Situation asymmetrischer Deregulierung" gekennzeichnet: „während das Geflecht potentiell dysfunktionaler Detailregelungen weiter wuchert, sind in Deutschland wesentliche Grundpfeiler notwendiger staatlicher Zielorientierung erschüttert, und notwendige staatliche Vorgaben für die Investitionspolitik der Unternehmen sind so verzögert worden, daß man schon von einer Regulierungslücke sprechen muß."[291]

Neue Interpretation der Internet-Ökonomie

Die beiden genannten traditionellen Argumentationsmuster gehen davon aus, daß entweder der Staat (durch Über- oder Fehlregulierung) oder die Unternehmen (durch Unter- oder Fehlinvestitionen und/oder durch monopolisierendes Verhalten) zu Fehlentwicklungen in verschiedenen Bereichen beigetragen haben. Aus der Internet-Ökonomie ergibt sich eine andere Interpretation: sowohl die staatliche Konvergenz- und Deregulierungspolitik als auch die Markterschließungsstrategien der Unternehmen beruhen (zum Teil) auf alten ökonomischen Modellen – und deshalb greifen beide zu kurz. Auf der Basis der neueren Interpretationen der Internet-Ökonomie kann eine realistischere Sicht der Dinge entwickelt werden, aus der nicht nur für Unternehmen, sondern auch für politische Akteure handlungsrelevante Empfehlungen abgeleitet werden können. Das gilt sowohl für die begrenzende Regulierung unerwünschten (d.h. auf rechtswidrige Weise für Konkurrenten und/oder Verbraucher schädlichen) Unternehmensverhaltens, als auch für die positive Regulierung durch staatliche Vorgaben für erwünschte Entwicklungen und deren politische, rechtliche und/oder finanzielle Förderung.

Wettbewerbspolitik: neue Konzeption und wachsende Bedeutung

Die wichtigste konzeptionelle Veränderung für die Ordnungspolitik liegt auf dem Gebiet des Wettbewerbs. Das hat zwei Gründe: Erstens kann davon ausgegangen werden, daß als Folge der Konvergenz spezielle Regelungen für traditionelle Teilbereiche aufgegeben werden müssen – mit dem Ergebnis, daß die allgemeine Wettbewerbspolitik immer größere Bedeutung haben wird. Zweitens muß der Tatbestand der Marktbeherrschung neu definiert werden, an dem wettbewerbsrechtliche Überlegungen grundlegend anknüpfen: an die Stelle

291 Zerdick (1995), S. 73

statischer Marktmodelle muß eine dynamische Marktbetrachtung treten. Durch die Bedeutung von Standards und durch die besonderen Erlösmodelle („Follow the Free") sind rasch entstehende Monopolstellungen erfolgreicher Unternehmen gerade ein Kennzeichen der Internet-Ökonomie – die kurzen Technologie- und Produktzyklen und die Unwägbarkeiten des Nutzer- und Käuferverhaltens bedeuten aber zugleich, daß solche Monopolstellungen strukturell stark gefährdet sind und deshalb grundsätzlich weniger haltbar als die klassischen Oligopole traditioneller Wirtschaftsbereiche.

Die in den „Business Webs" zum Ausdruck kommenden Überlagerungen und Überschneidungen von Kooperation und Wettbewerb komplizieren eine neue wettbewerbspolitische Konzeption – aber sie sind wesentlicher Teil der künftigen Realität, ihre konzeptionelle Berücksichtigung deshalb notwendig und unvermeidbar. Sie erschweren auch eine im Ernstfall wettbewerbsrechtlich tragfähige Markt- und Wettbewerbsanalyse – gerade deshalb müssen die theoretischen und empirischen Grundlagen weiterentwickelt werden, wobei die Verlängerung und Vernetzung von Wertschöpfungsketten in den beschriebenen „Wertschöpfungsgemeinschaften" ebenso in die Analyse einbezogen werden müssen wie die unterschiedlichen globalisierenden Komponenten des (tatsächlichen oder potentiellen) Wettbewerbs. Es ist dabei zu erwarten, daß Marktstrukturen flüchtiger werden, sich als wettbewerbsrechtlicher Ansatzpunkt also weniger eignen. Marktverhalten und Marktergebnis werden deshalb als Bezugsgrößen an Bedeutung gewinnen, wenn es um die Begrenzung von (vermuteten, behaupteten oder tatsächlichen) unerwünschten Unternehmensstrategien geht.

Marktstrukturen werden flüchtiger

Im Vergleich mit den USA werden in Europa zwar die hiesigen Fernsehprogramme als qualitativ höherwertig eingestuft, aber viele technische und ökonomische Entwicklungen im Medien- und Kommunikationsbereich als unbefriedigend empfunden. Gezielte Förderung zur Behebung dieser Defizite ist deshalb wesentlicher Teil staatlicher Politik geworden – auf den Ebenen der EU, der Mitgliedsstaaten, z.B. in Deutschland auch in den Ländern und Gemeinden. Die in der Internet-Ökonomie analysierte Vernetzung der Wertschöpfungsketten bedeutet, daß nicht nur Unternehmen in ihrem Erfolg voneinander abhängig werden; auch staatliche Förderungen müssen solche Wechselbeziehungen gezielt aufgreifen, um angemessen wirksam zu werden.

Die unternehmerischen Probleme in wichtigen Teilbereichen lassen sich darin beschreiben, daß auf der Angebots- und auf der Nachfrageseite fünf typische Defizite herrschen: Standardisierungsdefizite, Kooperationsdefizite, Finanzierungsdefizite, Akzeptanzdefizite und Zahlungsbereitschaftsdefizite. Eine für die Politik handlungsrelevante Insuffizienz des Marktes („Marktversagen") liegt dann vor, wenn ein Markt, der als innovativ oder wichtig gilt, sich nicht oder nur zögerlich bzw. deutlich langsamer als in Vergleichsländern entwickelt. Aus den Indizien für strukturelles Marktversagen – die von den Marktakteuren allein nicht beseitigt werden können – ergibt sich dann die Forderung nach neuen Strategien

Strukturelle Koppelung von Markt und Politik

und Formen der „strukturellen Koppelung“ von Markt und Politik (die ihrerseits in rechtlicher Form verankert wird), d.h. nach einer neuen Ordnungspolitik. Deren Elemente sind leicht zu definieren: Glaubwürdige Zielvorgaben, Moderation und Koordination zur raschen Entwicklung und wirksamen Durchsetzung von Standards und Rahmenbedingungen. Starke Limitierungen in wichtigen Grundsatzfragen (zum Beispiel durch Vorschriften für bestimmte Vertragsbestandteile bei marktbeherrschenden Unternehmen, oder die Festschreibung von Verbraucherschutz in klaren Regeln – wie etwa die telefonische Erreichbarkeit des Kundenservice innerhalb von 90 Sekunden – statt allgemein formulierter Zielvorstellungen). Wirksame De-Regulierung zur raschen Entlastung der Märkte von regulatorischem Wildwuchs, und zur Konzentration der staatlichen Institutionen auf zielführende Grundsatzfragen. Lernfähige Re-Regulierung, um technischen und ökonomischen Entwicklungen ohne schädliche Verzögerungen gerecht werden zu können.

Gemessen an diesen Zielvorgaben haben wir es heute in Deutschland und in Europa neben der partiellen Insuffizienz des Marktes auch mit einem (mehr als partiellen) Politikversagen zu tun. Konkrete Ansatzpunkte für die Definition der wesentlichen Kernbereiche staatlicher Regulierung und für deren institutionelle Fassung sind erfreulicherweise jedoch vorhanden – aus der Perspektive der Internet-Ökonomie kommt es darauf an, sie rasch und wirksam umzusetzen.

5.3.2 Was bleibt zu regeln – Regulierungsfelder

Durch die Globalisierung und die Konvergenz der Medien- und Kommunikationsmärkte werden die Anforderungen an die Regulierungsebene(n) künftig eher zu- als abnehmen. Um eine permanente Überforderung zu vermeiden, muß die Regulierung zugleich abstrakter, konkreter und experimenteller werden. Dies klingt vielleicht widersprüchlich, ist es aber nicht: Abstraktere Regulierung entsteht dadurch, daß bewußt auf die Regelung zahlreicher Einzelaspekte verzichtet wird, und statt dessen eine Konzentration auf wesentliche Felder und auf wichtige Ziele erfolgt. Konkreter kann Regulierung dann sein, wenn sich diese Ziele nicht in allgemeinen Wunschformulierungen, sondern in klaren und harten Vorgaben ausdrücken. Experimentell muß Regulierung deshalb werden, weil sich weder die Entwicklung neuer Märkte noch die Wirksamkeit neuer Regulierungsansätze ausreichend sicher vorhersagen lassen:

Experimenteller Regulierungsansatz

> *„So wie sich neue Angebote stärker entwickeln werden, werden sich auch die Ziele und Methoden der Regulierung ändern müssen. Rasche Veränderungen zu Beginn der Entwicklung können helfen, ein angemessenes staatliches Umfeld für die digitale Zukunft schon im Anfangsstadium zu sichern. Das könnte einen wichtigen Vorsprung für (unser Land) bedeuten. Andererseits kann die zukünftige Entwicklung der Märkte unmöglich genau vorhergesehen werden. Wir würden das Risiko eingehen, ein neues Regulierungssystem auf einer einzigen Prognose*

„Die technischen Möglichkeiten und Marktverhältnisse ändern sich in der digitalen Welt schneller als die Regulierung zu folgen – geschweige denn zu führen – vermag."

über die Zukunft der digitalen Welt aufzubauen – und wenn sich diese Prognose als falsch erweist, wird das (gerade aufgebaute) Regulierungssystem (schon wieder) obsolet."[292]

Bei dieser Einstellung zum experimentellen Charakter der Regulierung darf allerdings nicht übersehen werden, daß allzu rasche (oder auch nur ungewisse) Änderungen von Regeln für investierende Unternehmen (und damit auch für die Marktentwicklung) ein Problem sein können.

Rückzug aus der Regulierungstiefe

Die technischen Möglichkeiten und Marktverhältnisse ändern sich in der digitalen Welt schneller als die Regulierung zu folgen – geschweige denn zu führen – vermag. Es entsteht der Eindruck eines permanenten Politikversagens. Als Ausweg aus dieser Situation bietet sich ein Rückzug aus der Regulierungstiefe an (Deregulierung), bei gleichzeitigem Ausbau einer „starken" und wirksamen Regulierung für den Fall einer Verletzung wichtiger Eckpunkte, z.B. bei einer Überschreitung vorher angekündigter konkreter Eingriffsschwellen. Eine solche starke Regulierung ist erforderlich für das europäische und nationale Wettbewerbsrecht, Urheberrechte, Jugendschutz, Datenschutz und Verbraucherschutz. Es ist hier nicht der Ort, darauf im Detail einzugehen; wir wollen aber die systematisch ableitbaren Felder wenigstens benennen, die sich in der Diskussion als konsensfähig und zugleich zukunftsträchtig herausgebildet haben.[293]

Britisches "Consultation Paper" formuliert Kernbereiche staatlicher Regulierung

Im Juli 1998 haben zwei britische Ministerien ein gemeinsames Konzept vorgelegt, das gerade auf dem Hintergrund der in vielen Bereichen traditionell als vorbildlich angesehenen Regelungen von besonderem Interesse ist: „Regulating communications – approaching convergence in the Information Age".[294] Bemerkenswert daran sind vor allem drei Aspekte: Erstens ist das Konzept nur als „consultation paper", also als Beratungsdokument, erschienen, das trotz seiner hervorragenden Analyse seine Überlegungen zur zukünftigen Regulierung in die Form von Fragen kleidet, die zur öffentlichen Diskussion gestellt werden. Zweitens umfaßt das Dokument die Telekommunikation und ausdrücklich nicht nur den kommerziellen, sondern auch den öffentlichen Rundfunk, mit Überlegungen zu Regelungsstrukturen, die alle diese Felder zusammenfassen könnten. Drittens werden die Kernbereiche staatlicher Regulierung („public policy objectives") in sechs allgemeinen ökonomischen Feldern und in fünf Anforderungen an Medieninhalte definiert, die auch für andere Ländern und für die EU gelten können:[295]

Ökonomische und soziale Zielsetzungen

- Sicherung des Zugangs zu kommunikativen Angeboten („access")
- Preiswerter und flächendeckender Zugang („universal service")
- Wahlmöglichkeiten („consumer choice")
- Wettbewerbsfähigkeit der Unternehmen („achieving competitiveness")
- Investitionsförderung („promoting investment")
- Förderung des Wettbewerbs („fostering competition")

292 dti (1998), S. 5
293 Dies zeigt sich an zahlreichen Beispielen neuer Regulierungsmechanismen. Deren Würdigung und Analyse sollte jedoch Gegenstand einer eigenen Untersuchung werden.
294 dti (1998)
295 dti (1998), S. 13 ff.

Für die ökonomischen und sozialen Zielsetzungen gilt die Grundregel, daß die Regierung „im Verbraucherinteresse regeln wird, wenn es erforderlich ist, aber die Regulierung wird nicht über das für den Schutzzweck notwendige Maß hinausgehen. Wenn immer möglich wird die Regierung die Marktmechanismen unterstützen und ermutigen, um Investitionen und die Entwicklung neuer Angebote zu fördern."[296] Universal service und consumer choice sind zwei Konzepte, die in den USA schon lange, jetzt aber zunehmend auch in Europa Grundlagen der Regulierung sind. Gerade an den Erfahrungen der USA läßt sich allerdings auch erkennen, wie schwierig die Umsetzung dieser relativ einfachen und klaren Ziele dann sein kann, wenn sie miteinander verbunden und mit den Unvollkommenheiten des realen Marktes konfrontiert werden müssen.[297] Das Konzept des „universal service" bedeutet, daß zunächst definiert werden muß, auf welchen Standard z.B. das Telefon-Angebot sich beziehen soll.[298] Danach muß festgelegt werden, welche(n) Anbieter die Pflicht zum „universal service" trifft. Und schließlich, wie hoch die dadurch entstehenden Kosten sind, die gegebenenfalls durch Zahlungen von Dritten auszugleichen sind.[299]

"Universal Service" und "Consumer Choice"

Zielsetzungen für inhaltliche Angebote [300]

* Meinungsvielfalt („plurality of voice")
* Unabhängigkeit und Unparteilichkeit („impartiality")
* Inhaltliche Vielfalt („diversity of content")
* Qualität („high quality content")
* Geschmack und Anstand („taste and decency")

Besondere Regelungen für den Rundfunk

Bei den Vorstellungen für inhaltliche Angebote wird davon ausgegangen, daß im Rundfunk sowohl positive (also bestimmte erwünschte Inhalte definierende) als auch negative (unerwünschte Inhalte ausschließende) Regelungen solange erforderlich sein werden, wie Rundfunkangebote (1) weit verbreitet und (2) für jeden leicht zugänglich sind, (3) die (politische und kulturelle) Wirksamkeit von audiovisuellen Programmierungen besteht, und (4) ein hohes Maß an institutioneller Kontrolle notwendig (bei Frequenzknappheit) oder möglich (bei Unternehmenskonzentration) ist.[301] Alle diese Faktoren sind von der Verbreitungsform (analog oder digital; leitungsgebunden oder über Funksignale) unabhängig – auch die Verbreitung über das Internet erfüllt das vierte Kriterium dann, wenn Markt- und Meinungsmacht an die Stelle von Frequenzknappheit tritt.

Für Deutschland erscheinen allerdings einige Regulierungsüberlegungen vordringlich zu sein, um überhaupt auf den Stand der britischen (und europäischen) Diskussion zu kommen. Generell ist eine Verknüpfung von Ordnungspolitik und Finanzierung erforderlich, die sicherstellt, daß staatliche Subventionen und/oder Finanzierungsgarantien (wie bei den Rundfunkgebühren) mit klaren Zielsetzungen eindeutig verbunden werden. Es sollte erwogen werden, die Kompetenzen für das gesamte duale Rundfunksystem und für die Telekommunikation inhaltlich und institutionell zu bündeln; allein die Diskussion darüber könnte viel bewegen. Für den gesamten Rundfunk sind klare (und verbindliche) Fristen für

296 dti (1998), S. 13
297 vgl. dazu Economides (1999)
298 In unseren Gesprächen hat Spencer Reiss die Formulierung "universal crummy service" geprägt: das gilt dann, wenn nur ein Mindeststandard für alle durch (Quer) subventionierung gesichert wird, während zusätzliche (Komfort)funktionen zu Marktpreisen angeboten werden.
299 Die dafür notwendigen hypothetischen Kostenmodelle haben Hunderte von Variablen – und sind dennoch höchst umstritten.
300 dti (1998), S. 13 ff.
301 dti (1998), S. 13 ff.

Vorschläge für die Diskussion in Deutschland

die Umstellung auf Digitaltechnik sinnvoll, für den öffentlich-rechtlichen Rundfunk die verbindliche Festlegung eines Funktionsauftrages und in Verbindung damit die Festlegung auf die ausschließliche Gebührenfinanzierung. Zur Festlegung des Funktionsauftrages könnte auch gehören, daß den aus Mitteln der Allgemeinheit finanzierten Rundfunkanstalten eine Pionierfunktion für digitale Reichweiten (DVB und DAB) übertragen wird – sogar eine grundversorgungsähnliche Rolle als Internet-Zugangsprovider erscheint innerhalb eines neu definierten Funktionsauftrages vorstellbar. Nicht Marktbesetzung, sondern Markterschließung und Marktöffnung ist dabei das Ziel; der öffentlich-rechtliche Rundfunk kann auf diese Weise gesellschaftlich wünschenswerte innovative Felder nicht nur für sich selbst, sondern auch für private Unternehmen rasch eröffnen.[302]

Zwei weitere Bereiche, die der staatlichen Regulierung zugerechnet werden können, erscheinen jenseits der genannten von Bedeutung für die weitere Entwicklung des Medien- und Kommunikationssektors: die Steuern, deren jeweilige Ausgestaltung neutral, fördernd oder hindernd für die sektor-, markt- oder sogar produktspezifische Entwicklung sein können (oder sollen), und die Herstellung und/oder Sicherung des Vertrauens in die Übertragungsverfahren in der Form von Datensicherheit und Datenschutz.

Vorteile für Europa durch höheres Niveau von Datenschutz

Im Bereich von Datensicherheit und Datenschutz hat Europa gegenüber den USA einen offensichtlichen Vorteil, der zur auch ökonomischen Entwicklung der Märkte beitragen kann – insbesondere nach der Experimentierphase durch Technikbegeisterte, d.h. beim Übergang in die alltägliche Nutzung durch die Mehrheit der Bevölkerung.

Aus Gründen der Verbrechensbekämpfung ist in den USA die Anwendung von sicheren Verschlüsselungsverfahren limitiert; damit wird in Kauf genommen, daß Unternehmen und Privatpersonen die von ihnen für erforderlich gehaltene Datensicherheit nicht immer realisieren können, deshalb auf die Nutzung der Netze in solchen Fällen verzichten, und damit der mögliche Gesamtnutzen der Netze nicht vollständig erreicht werden wird. Die Abwägung dieser Aspekte fällt in Europa zugunsten höherer Verschlüsselung und damit höherer Datensicherheit aus; in Deutschland wird sogar davon ausgegangen, daß sich daraus ein spezifischer Wettbewerbsvorteil für Softwareunternehmen ableitet, die sich auf Verschlüsselungssysteme spezialisieren.

Ein Teil der möglichen Internet-Nutzung wird dadurch behindert, daß Nutzer den Mißbrauch ihrer Daten durch Dritte befürchten; durch den Einsatz von „cookies" zur automatischen Erhebung von Internet-Nutzungsdaten und durch deren Weiterverwendung im Rahmen des sogenannten „Datamining" entstehen neue Probleme unerwünschter Datenverwendung. Dies reicht von Werbesendungen über die unkontrollierte Preisgabe von Daten an weitere Unternehmen bis zur betrügerischen Verwendung von Kreditkarten- und Bankinformationen durch kriminelle Dritte. Es liegt auf der Hand, daß solche Unsicherheit die

302 Ein gutes Beispiel für diese Strategie im Bereich der Fernseh-Technologie ist NHK in Japan.

„The US policy framework … makes rational people less willing to trust their safety on the Internet."

Entwicklungen behindert, daß also Datenschutz (jenseits seiner eigentlichen Ziele) auch einen positiven Beitrag zur Marktentwicklung leisten kann (Vertrauensbildung als Akzeptanzbrücke). Die amerikanische Regierung möchte den Daten- wie den Verbraucherschutz der Selbstregulierung überlassen;[303] eine kritische Stimme aus dem Silicon Valley beklagt den dadurch entstehenden Wettbewerbsnachteil für die USA:

Wettbewerbsnachteil für die USA

> *„Contrary to the available evidence, the administration still maintains that private businesses can somehow regulate themselves when it comes to protecting people's privacy. Not only is this visibly untrue, but laissez-faire simply won't cut it with the European Union, where governments have very different attitudes. The EU has adopted tough rules designed to prevent the misuse of personal information collected in databases, and U.S. bleatings about self-regulation are falling on appropriately skeptical ears there. The latest policy framework also, as in the past, all but ignored encryption, the scrambling of data to keep it from prying eyes. Once again, the administration persists in a policy – making life difficult for Americans who want to use or sell strong encryption – that has two negative effects. It makes U.S. companies less competitive, and it makes rational people less willing to trust their safety on the Internet. These policies don't help the Net's growth; they impede it."*[304]

Der Bereich der Steuern als Mittel staatlicher Regulierung des Medien- und Kommunikationssektors kann zu den interessanteren Feldern der weiteren Diskussion gehören. Die gegenwärtige Regierung des USA hat sich zum Ziel gesetzt, die Entwicklung des Internet auch durch den Verzicht auf (zusätzliche) Steuern zu fördern, und diese Förderung auch international durchzusetzen. Zwei grundsätzliche Positionen lassen sich hier erkennen. Die radikale Position von Nicholas Negroponte, die im Originaltext („Taxing Taxes") am Ende dieses Abschnittes abgedruckt ist,[305] geht von einer vollständigen Ersetzung materieller durch immaterielle Informationsgüter aus; insofern ist es schlüssig, wenn er keine physische und räumliche Basis der Besteuerung mehr gelten lassen will. Über die (immer noch diskutierte) „Bit-Steuer" macht er sich mit nachvollziehbaren Gründen lustig, und so bleibt für ihn am Ende nur der Grundbesitz als Anknüpfungspunkt für irgendwelche Form von Steuern.

Negroponte: Die Basis der Besteuerung entfällt im Internet

Die zweite – realistischere – Position wird nicht nur von staatlichen Stellen in Europa, sondern auch von den Bundesstaaten in den USA vertreten. Sie wird von Gillmor zusammengefaßt und zugespitzt:[306] wenn und soweit das Internet Transaktionen ermöglicht, die sich auf materielle Güter beziehen (und das ist der auch in der Zukunft weit überwiegende Teil), so bedeutet die Steuerbefreiung des Internet-Handels erstens eine unfaire Begünstigung des Versandhandels gegenüber allen anderen Formen, und zweitens eine (im Ergebnis gegenüber den ärmeren Bürgern unfaire) Erosion der Besteuerungsbasis der Bundesstaaten und Gemeinden. Die in der amerikanischen Diskussion in den Vordergrund gestellte

303 vgl. The White House, Office of the Press Secretary: Memorandum for the Heads of Executive Departments and Agencies, Subject: Successes and Further Work on Electronic Commerce. November 30, 1998; www.oma.eop.gov.us/1998/11/30

304 Dan Gillmor in: San Jose Mercury News, December 1, 1998; www.mercurycenter.com/columnists/Gillmor

305 Negroponte (1998b)

306 Gillmor (1998)

Komplexität der Zahlungs- und Versandvorgänge nimmt umgekehrt Gillmor zum Anlaß, sich über die angeblichen Sorgen lustig zu machen:

Gillmor: Steuerbegünstigung des Handels im Internet ist nicht erforderlich und auch nicht fair

> *„Suppose Congress agreed that mail-order, telephone and Internet sales – they are identical for this purpose – should not keep their current loophole. Defenders of the exemption worry aloud about the complexities of doing away with it. They worry too much. Where to tax the item is the easiest part. ... Another hang-up is the complexity of figuring out state taxes, and then sending payments to the states. This sounds like a software problem to me – but not all that tough of a problem, especially for online merchants who, after all, are doing their business with computers.“* [307]

Es bleibt dann allerdings die Frage, ob eine steuerliche Begünstigung des im Internet stattfindenden oder teilweise durch das Internet erleichterten Geschäftsverkehrs gewollt wird, und wenn ja, in welcher Höhe. Wenn elektronischer Handel günstigere Transaktionskosten aufweist, ist auch der darauf entfallende Steuerbetrag niedriger – eine steuerliche Begünstigung scheint dann nicht erforderlich zu sein. Wenn zur Entwicklung dieser Form des Handels eine gezielte (und wahrscheinlich befristete) Begünstigung erwünscht ist, dann kann entweder nur der Mehrwertsteueranteil des Internet-Agenten entfallen (oder reduziert werden), oder auch das gehandelte Produkt insgesamt von der Besteuerung ausgenommen werden. Es ist jedenfalls durchaus denkbar, daß mittelfristig steuerliche Maßnahmen (oder der Verzicht darauf) einen größeren Effekt auf die Entwicklung haben werden als andere Typen staatlicher Regulierung.

Taxing Taxes

von Nicholas Negroponte, MIT Media Lab

The mind-set of taxes is rooted in concepts like atoms and place. With both of those more or less missing in cyberspace, the basics of taxation will have to change.

After discovering the basic principle of electromagnetic induction in 1831, Michael Faraday was asked by a skeptical politician what good might come of electricity. „Sir, I do not know what it is good for,“ Faraday replied. „But one thing I am quite certain – someday you will tax it.“ Little did he know how right he was, though more than a century would pass before the word *bits* existed.

The idea of taking a tax bite out of digital communications comes courtesy The Club of Rome, specifically Arthur Cordell and Ran Ide's 1994 report „The New Wealth of Nations.“

More recently, redistributing the benefits of the information society has been championed by influential economist Luc Soete, director of the

307 Gillmor (1998)

„Maybe the information highway metaphors have gone to the heads of digitally homeless economists, who think they can assess value by something akin to counting cars."

Maastricht Economic Research Institute on Innovation and Technology. Despite their repute, supporters of such a bit tax are clearly clueless about the workings of a digital world.

Tax bytes

A typical book contains about 10 million bits, which might take even a fast reader several hours to digest. By contrast, typical video – digital and compressed – burns through 10 million bits to produce less than four seconds of enjoyment. A bit consumption tax, in other words, makes no more sense than tariffing toys by the numbers of atoms. Maybe the information highway metaphors have gone to the heads of digitally homeless economists, who think they can assess value by something akin to counting cars.

Of course, collecting taxes can be tough enough without trying to assess something you can't see, especially when you don't know where it is going or coming from. This helps explain why the Clinton administration in late February reaffirmed its commitment to making cyberspace a global free-trade zone. The policy's purpose, the brainchild of White House senior adviser Ira Magaziner, is both economic stimulus and practicable fairness. So whether or not Congress has kept its promise to vote on the related Internet Tax Freedom Act by early spring, the legislation has the full force of careful deliberation – and historically inevitability – behind it. For these and other reasons, Europe abandoned the bit tax. But the idea still survived three and a half years of consideration, despite the growing awareness that bits by their very nature defy taxation.

The locus pocus of sales tax

Even so, the principled position taken by Clinton and Congress comes, in part, because making the Net a free-trade zone works for the US federal government. The treasury derives most of its revenues from personal and corporate income taxes. If the economy sees a boost from any form of free trade, the Feds will see a proportionate rise in their own intake. Simple arithmetic.

However, many countries and most states don't work that way. Instead, a sales tax is the means – often the principal means – of filling government coffers. Ohio governor George Voinovich, chair of the National Governors' Association, declared that the Internet Tax Freedom Act „represents the most significant challenge to state sovereignity that we've witnessed over the last 10 years". Both he and the act may be right.

The sales tax is also particularly popular among bureaucrats in developing nations, where collecting income tax is even harder because the poor make so little and the rich can avoid so much. Plus, the sales tax turns retailers into a nationwide web of tax collectors. And the tax is „fair“ because it's based on what you spend versus what you earn.

Still, Voinovich and company would be smart to start looking elsewhere, because their receipts will plummet as we buy more and more online, especially if what we buy are bits.

The VAT vat

While the sales tax is fairly commonplace, the value-added tax is more or less unknown in the United States. Loosely speaking, it taxes the various stages of transforming raw material into a finished product, the last stage of value added being what you pay at the retail counter (and get back at the airport's VAT-refund counter).

This kind of tax makes even less sense in the world of bits.

Assume that bits are my stock in trade and I use Microsoft Word to refine my raw material: Should I pay a VAT for spellchecking each story? Should I pay a VAT to have it encrypted and another to have it decrypted, not to mention on each of the layers of value added by various editors? In fact, as a cheerful taxpayer, if I have to pay taxes on bits – at least those that make up words – I would be willing to pay a higher VAT for the fewest possible bits: just the right ones, please. That would be value added indeed.

Jurisdiction in jeopardy

But the most taxing aspect of cyberspace is not the ephemeral nature of bits, the marginal cost of zero to make more of them, or that there is no need for warehouses to store them. It is our inability to say accurately where they are. If my server is in the British West Indies, are those the laws that apply to, say, my banking? The EU has implied that the answer is yes, while the US remains silent on the matter.

What happens if I log in from San Antonio, sell some of my bits to a person in France, and accept digital cash from Germany, which I deposit in Japan? Today, the government of Texas believes I should be paying state taxes, as the transaction would take place (at the start) over wires crossing its jurisdiction. Yikes. As we see, the mind-set of taxes is rooted in concepts like atoms and places. With both of those more or less missing, the basics of taxation will have to change. Taxes in the digital world do not neatly follow the analog laws of physics, which so conveniently require real energy, to move real things, over real borders, taxable at each stage along the way. Of course, even analog taxation without representation is no tea party.

Getting physical

Looking ahead, taxes will eventually become a voluntary process, with the possible exception of real estate – the one physical thing that does not move easily and has computable value. The US has a jump-start on the practice, in that 65 percent of local school funds come from real estate taxes – a practice Europeans consider odd and ill advised. But wait until that's all there is left to tax, when the rest of the things we buy and sell come from everywhere, anywhere, and nowhere.

Aus: Wired Magazine, May 1998, S. 210.
Mit freundlicher Genehmigung von Nicholas Negroponte.

5.3.3 Wer soll regulieren – Strukturen und Institutionen

Überkommene Regulierung wird wirkungslos oder kontraproduktiv

Die heutigen Zuständigkeiten für Regulierung werden den laufenden Konvergenz- und Vernetzungsprozessen auf den Medien- und Kommunikationsmärkten immer weniger gerecht. Die überkommene Regulierung wird dadurch bestenfalls wirkungslos, schlimmstenfalls kontraproduktiv.

Deutschland: Aufsplitterung der Regulierung hat Medienentwicklung behindert

Die Entscheidungskompetenzen sind zu stark verteilt und zu wenig koordiniert. Die Umsetzungsverfahren sind zu kompliziert und dauern zu lange. Damit kann in vielen Fällen nicht mehr das bewirkt werden, was bewirkt werden soll. Insbesondere in Deutschland sind die Zuständigkeiten für die Regulierung des digitalen Rundfunks sektoral und vertikal aufgesplittert: EU, Bund, 16 Länder; Regulierungsbehörde für Telekommunikation und Post, 15 Landesmedienanstalten, Kommission zur Ermittlung der Konzentration im Medienbereich (KEK), Aufsichtsgremien des öffentlich-rechtlichen Rundfunks, Kommission zur Ermittlung des Finanzbedarfs des öffentlich-rechtlichen Rundfunks (KEF). Diese Aufsplitterung hat zu strategischen Fehlorientierungen der Marktakteure geführt und die Entwicklung des Marktes eher behindert.

Eine der Hauptaufgaben künftiger Regulierungspolitik wird es sein, für eine Vereinfachung, verbesserte Transparenz und Vernetzung der Zuständigkeiten zu sorgen.

Die Formulierung dieser Zielvorstellungen hat eine Voraussetzung, sie verführt zu einer naheliegende Verirrung, und sie ermöglicht mehrere durchaus konstruktive Konsequenzen. Die Voraussetzung besteht in der Annahme, daß die technische und ökonomische Konvergenz zwischen den verschiedenen Feldern der Medien- und Kommunikationsindustrien zur zunehmenden Überlappung traditioneller Regulierungsaufgaben und damit zu immer mehr Zielkonflikten führt – und daß diese Zielkonflikte durch eine Reduzierung der Regulierungstiefe und durch Zusammenarbeit (oder Zusammenlegung) der beteiligten Institutionen behoben werden können. In diesem Zusammenhang ist der Hinweis von Herbert Ungerer wichtig, daß schließlich nicht nur Medien und Telekommunikation konvergieren, sondern auch Telekommunikation und Finanzdienstleistungen oder Telekommunikation und Handel.[308] Die Überlappung von Regulierungsfeldern und -institutionen kann also einen noch größeren Problemkreis betreffen.

Weitere Bereiche der Konvergenz

Aus dieser Voraussetzung kann eine naheliegende Verirrung entstehen: wenn die Bereiche konvergieren und die Regulierungsfelder sich überlappen, dann erscheint auf den ersten Blick eine den gesamten Bereich erfassende Regulierung durch eine einheitliche Institution vernünftig – keine Widersprüche und Zielkonflikte mehr, und ein Maximum an Effizienz. Erfreulicherweise führt sich dieser Gedanke rasch selbst ad absurdum: da in unserem Bereich die Konvergenz der Sektoren ja auch mit der Globalisierung der Märkte einhergeht, müßte diese Idee der einheitlichen Regulierung in einer einzigen weltweiten Institution verankert werden – kein schöner Gedanke, nicht einmal für engagierte Vertreter regulatorischer Einfachheit und Klarheit.

Eine naheliegende Verirrung

Die offensichtliche Unmöglichkeit einer einheitlichen Institution läßt aber Raum für eine Überlegung, die in anderen Bereichen (zum Beipiel bei der Bilanzierung der Unternehmen und beim Abbau von Handelshemmnissen im Rahmen der WTO) erfolgreich angewandt wird: die vorhandenen Institutionen bleiben bestehen, behalten auch einen mehr oder minder breiten Spielraum unterschiedlicher Einzelregelungen, einigen sich aber auf einheitliche Regeln in den als besonders wichtig angesehenen Fragen. Dieses Konzept der „Harmonisierung" erscheint grundsätzlich sinnvoll, kann aber gerade im Medien- und Telekommunikationsektor dysfunktional sein, wenn man den Entwicklungsprozeß in den Vordergrund stellt:

Harmonisierung

> *„Ironically, for a world full of conflict telecommunications are probably the one sector that historically has been cursed with an excess of policy collaboration and with a compulsion to protect. But today's priorities are not the international solving of every problem, but the creation of opportunities for the new information age. Where problems emerge, they can be dealt with at the time. … It might be different tomorrow. But today, the world of telecommunications needs more policy experimentation and less harmonization."*[309]

Diese Überlegungen gelten aber nur für die internationale Ebene – für die Situation innerhalb einzelner Länder und auch für die zusammenwachsende EU als einen einheitlichen Markt sind andere Strukturüberlegungen vonnöten.

Es gilt weithin als selbstverständlich, daß die Strukturen in den USA (historisch gewachsen und ohne explizite Intention) für die heutige Situation der Konvergenz besonders geeignet sind: seit ihrem Bestehen hat dort die Federal Communication Commission (FCC) die Aufsicht über Telekommunikation und Rundfunk. Diese horizontale Integration ist eine offensichtliche Erleichterung bei der Regelung von

308 zitiert nach Winsbury (1998)
309 Noam/Singhal (1996), S. 780

Integrative Regulierung in den USA

Fragen, die sich zum Beispiel auf die Rundfunkverbreitung im Internet beziehen. Die vertikale Arbeits- und Gewaltenteilung der FCC mit den bundesstaatlichen „Public Utility Commissions" wurde 1996 zugunsten stärkerer Kompetenzen der FCC verändert. Dieser Prozeß ist aber offenbar noch nicht abgeschlossen, wie sich im Dezember 1998 in Kalifornien zeigte: Die Firma PDO versuchte, preisgünstige Internet-Verbindungen auf Telefonleitungen anzubieten, die Pacific Bell gehören (die im Ortsbereich immer noch eine vorherrschenden Marktstellung hat). Pacific Bell lehnte dies ab, und das angerufene Verwaltungsgericht sah sich zu einer Entscheidung außerstande, weil diese Frage nicht (mehr) in die Zuständigkeit des Bundesstaats fiele. PDO rief danach dennoch die California Public Utility Commission mit der Bitte an, sich dieser Rechtsauffassung nicht anzuschließen und Pacific Bell zur Freigabe ihrer Leitungen zu verpflichten – zum Zeitpunkt der Drucklegung dieses Berichts war die Frage noch nicht entschieden.[310] Das FCC-Modell wird innerhalb der USA von verschiedenen Seiten recht intensiv kritisiert; bei der Kritik stehen aber weniger Fragen der grundsätzlichen Zuständigkeitsregelungen zur Debatte als vielmehr interne Entwicklungen, die als undemokratisch und überbürokratisiert empfunden werden. Aus europäischer Perspektive bleiben am FCC-Modell zwei Aspekte interessant: erstens die erwähnte horizontale und vertikale Bündelung der Zuständigkeiten, zweitens das Selbstverständnis, weniger als hoheitliche Institution zu regulieren als vielmehr im öffentlichen Interesse (und unter Berücksichtigung öffentlicher Interessen) Impulsgeber und Schlichter für die Wirtschaft zu sein.

Optionen der EU

Die Diskussion innerhalb der EU ist Ende 1997 durch das „Grünbuch zur Konvergenz der Branchen Telekommunikation, Medien und Informationstechnologie und ihren ordnungspolitischen Auswirkungen"[311] auf breiter Front eröffnet worden. In institutioneller Hinsicht wurden drei Optionen zur Diskussion gestellt: (1) Aufbau auf bestehenden Regelungsstrukturen, (2) Entwicklung eines separaten Regulierungsmodells für die neuen Dienste, das parallel zu den rechtlichen Regelungen für Telekommunikation und Rundfunk stehen soll, und (3) Sukzessive Einführung eines neuen Regulierungsmodells, das zahlreiche bestehende und neue Dienste umfaßt.[312] Die letzte Variante war offensichtlich mit den größten Veränderungen und damit auch Risiken verbunden, die zweite unter den Bedingungen der vorher ausführlich beschriebenen Konvergenz erkennbar dysfunktional. Es war daher nicht überraschend, daß die institutionenkonservative (und zugleich inhaltlich offene) erste Variante innerhalb des nachfolgenden Beratungsprozesses ganz überwiegend unterstützt wurde.[313]

Das ändert jedoch nichts daran, daß die technische Entwicklung voranschreitet, der europäische Markt weiter zusammenwächst, und deshalb die Konvergenz der Probleme weiter Druck auf die Neuordnung auch der Regulierung ausüben wird. Die Gedanken von Rex Winsbury[314] sind unter anderem auch deshalb so anregend für unsere weitere Debatte, weil sie eine Institution ins Auge fassen, die nicht nur von den einzelnen Regierungen der Mitgliedsstaaten, sondern auch von der Europäischen Kommission unabhängig ist.

310 Healey, John: Fight over phone lines, In: San Jose Mercury News, December 16, 1998; www.mercurycenter.com/highspeed121798
311 Europäische Kommission, DG XIII/A4 (Hrsg.) (1997)
312 ebenda, S. 41-42
313 Europäische Kommission, DG X (Hrsg.) (1998), S. 11
314 Winsbury (1998), nachfolgend in Auszügen abgedruckt

Why a pan-European regulator for telecoms is only a matter of time

von Rex Winsbury, InterMedia

The question of whether there should be a pan-European regulator for telecommunications is now on the political agenda of the EU. ... New legislation (if any is needed) could be in place by about the year 2002, when other telecoms reforms (if any are needed) would also come into force. The year 2002 is also the date at which a major extension of the EU could take place, to bring in a large number of new member states. It is also the date at which UMTS (Universal Mobile Telephony Service) could make its debut in Europe. These three events in 2002 are not unconnected when considering the need for a Euro-regulator.

The cautious approach

EC Commissioner Martin Bangemann ... recently said, with uncharacteristic caution, that the issue of a pan-European regulator was still too politically sensitive, and that he preferred to start with more cooperation between national regulators. Many countries have after all only recently acquired a national regulator, and argue that it is too soon to launch yet another upheaval. Even the UK government, so often a European trend-setter in all these areas ... does not intend to tear up the present regulatory structure in the UK, with its distinction between telecoms and television – not yet, anyway. But the grounds for this decision seem to be more of a prudent refusal to anticipate a still-unclear future by premature change, rather than any affection for existing structures. ...

For (the UK and) Europe as a whole, the question is, what pressures could cause this cautious political approach to be abandoned, how forceful are these pressures, and when could or should change take place?

Where should power lie?

The question of a Euro-regulator is not a new one, and has often been phrased as ‚should there be a Euro-FCC?‘, equivalent to the US system of telecoms governance through the Federal Communications Commission. There is a certain irony in posing the question this way. For, to that hypothetical visitor from Mars, it would surely be perfectly obvious that the European Union does already have a Euro-FCC. It is called the European Commission (EC). The EC has wielded enormous power and influence, from grand theory right down to fine detail, over both the structure and the economics of European telecommunications. ...

„This is surely a nonsense … what sort of a single market is that?"

The original refusal of the governments of the EU member states to create a pan-European regulator was based on the principles of the Maastricht Treaty, notably the doctrine of ‚subsidiarity', which ordained that if a thing could be done at national level, it should be done at national level. Only if it could not be done at that level, should it be moved to supra-national EU level. And the right to regulate was something that governments were reluctant to give up, for both political and revenue reasons.

So it is now clear that, at the political level, creation of a pan-European regulator would demand not one, but two surrenders of power if that regulator is to be no mere figurehead, but an effective force. One surrender of power is by the governments of EU member states. The other is by the European Commission itself. And that might be equally difficult – and desirable. …

Pressures for change

Where would the pressure come from to drive these changes and create an ERA (European Regulatory Authority)? Not from one source, but from several, but all pointing the same way.

a) Pan-European licences – For example, there is that long-held ideal of a pan-European telecommunications licence, for a particular type of service or activity. This was an idea built into the original concept of a liberalised telecommunications regime in Europe, to make it easier for companies to compete anywhere within the EU, and to bring telecommunications into line with the ideal of the ‚single market'. … But … governments resisted it. So it is still the case that operators have to apply for 15 separate licences. … This is surely a nonsense … what sort of a single market is that? Perpetuation of 15 separate regulators would itself institutionalise the fragmentation of the European market.

b) 15 regulators, one system? – The present approach is to ensure that regulators from the different countries meet frequently enough to create a common position and sort out disparities. The EC is also trying to ensure that all 15 regulatory bodies have similar (and good enough) levels of staffing and expertise. – Fine. But if they are all doing the same thing with the same resources, why have 15 separate bodies? One body would be cheaper, and more efficient, and better able to argue trade issues with the USA and other global protagonists … – the voice of Europe.

c) UMTS and frequency management – UMTS will be an important gateway technology into mobile multi-media services. But it could … become a mess if frequencies are allocated to it by a patchwork of national regulatory authorities, if charges, fees, any auction procedures and the licensing system vary country by country, if spectrum allocation for individual services varies within allowed frequency bands, or if there are different rules about who can offer which new services.

d) Numbering – Numbering can be looked at in the same way. Numbers are a scarce resource, like frequencies, where a single market demands the same numbering for the same (or identical) service offered across boundaries. So should there be a trans-European 'numbering space', and who should administer it, if not a Euro-regulator?

e) Product life-cycles – With the commercial life-cycle of telecommunications products getting shorter and shorter, perhaps now measured in months rather than years, there should be one reference point for approvals and licences, not 15, simply to cut out delays that slice away profitability, and for Europe to stay competitive in global telecommunications markets. This problem is made worse by the fact that licence categories as well as fees and time taken to issue licences, are not always the same across the member states of Europe. Are such different licence regimes sustainable in a single market?

f) Relation to incumbent – Then again, take the still dominant position of the so-called incumbent operators in the main EU countries. There is almost bound to be a close relationship between a national incumbent and a national regulator, sometimes over-friendly, sometimes over-hostile, but hardly arms-length. Industry pressure will surely grow for single rules for a single market, administered by a clearly independent body.

Which model?

The word from the European Commission is that the basic question now to be examined for telecoms regulation in Europe is this: for any given issue, what is the appropriate level for its resolution? Then, if the answer is at EU level, what is the best way to do it?

EC officials stress that the FCC in the USA is not the only model upon which a pan-European regulator could be founded. But it is hard to see how it could be very different. For one thing, the Euro-FCC would probably have to be politically answerable to the European Parliament (much as the FCC is answerable to the US Congress) in order to detach it from the European Commission.

For another, it would surely have to cover both telecommunications and broadcasting (to use an already anachronistic term). By the time any such Euro-FCC gets created, the process of ‚convergence‘ will have moved on much further, and it will make no sense to set up a new body based on old distinctions that no longer apply, and which would inhibit it from taking key decisions in the new all-digital environment.

Not whether, but when

The evidence cited here surely points to increasing pressure from industry for EU governments to recognise that the doctrine of subsidiarity is inimical to the growth of a genuine single market in telecoms in Europe. It is just a matter of time: but not too much time.

Auszüge aus: InterMedia, the Jounal of the International Institute of Communications, ISSN 0309 11 8X, October 1998, S. 33-35.

Mit freundlicher Genehmigung von Rex Winsbury und des IIC.

Kapitel 6

Facts and Figures – Tabellenanhang

Der folgende Tabellenanhang gibt einen Überblick über die Entwicklung der europäischen Medien- und Kommunikationsmärkte in den letzten fünf Jahren und – im Sinne eines Benchmarking-Vergleichs – auch für die USA und Japan. Damit unterstützt der Tabellenanhang die Ausführungen im Textteil.

* Teil 1 enthält die wichtigsten demographischen und ökonomischen Rahmendaten (inkl. Prognosen).
* Teil 2 ist der Distributionsinfrastruktur und der Ausstattung der Haushalte mit Empfangseinrichtungen gewidmet.
* Teil 3 umfaßt die Anbieter-Bereiche Forschung & Entwicklung, Produktion und Angebot.
* Teil 4 beschäftigt sich mit der Nachfrage in den Bereichen Informations- und Telekommunikationstechnologien
* Teil 5 behandelt die Werbemärkte
* Teil 6 schließlich enthält Angaben zur Nachfrage in wichtigen Medienmärkten.

Um die Übersichtlichkeit und Nützlichkeit des Anhangs zu gewährleisten, wurden folgende Grundprinzipien soweit wie möglich eingehalten:

* Der erste Teil einer Tabelle enthält die Basisinformation jeweils in absoluten Werten, der zweite Teil eine sinnvolle Auswertung, die den wichtigsten Aspekt der Information betont. Das können zum Beispiel Zuwachsraten, Pro-Kopf- oder Pro-Haushalt-Werte sein.
* Die Angaben stehen in der Regel für die fünf europäischen Flächenstaaten (Frankreich, Deutschland, Italien, Spanien, Großbritannien), für die Gesamt-EU sowie für Westeuropa (inkl. EFTA-Staaten) zur Verfügung. Die USA und Japan wurden, wann immer möglich, als Vergleichsländer herangezogen.
* Soweit aktuell verfügbar, wurden Angaben für die Jahre 1993 bis 1997 angestrebt. Dabei wurden im Zweifelsfall auch Lücken in Kauf genommen. In manchen Fällen (zum Beispiel Videomarkt) ist das aktuellste Jahr allerdings prinzipiell 1996.
* Alle monetären Angaben erfolgen in ECU zum Kurs von 1997; damit wird zum einen die Vergleichbarkeit der Angaben zu den einzelnen Ländern gewährleistet, zum anderen werden Fehlinterpretationen infolge von

Wechselkursschwankungen vermieden. Nicht zuletzt wird auch der bevorstehenden Einführung des EURO damit Rechnung getragen.

* Basis für Pro-Kopf- und Pro-Haushalt-Werte bilden die Rahmendaten des ersten Teils, so daß immer ein einheitlicher Bezug gegeben ist. Zudem kann der Nutzer mit vergleichsweise geringem Aufwand weitere eigene Berechnungen anstellen.

* Die wichtigsten Aspekte jeder Tabelle werden in der Randspalte kommentiert.

Prinzipiell wurde der Vollständigkeit, Einheitlichkeit und Verläßlichkeit der Informationen der Vorzug gegeben vor Momentaufnahmen, die bezugslos im Raum stehen müßten und deren Validität nicht beurteilt werden könnte. Gleichzeitig muß angemerkt werden, daß trotz der wachsenden Datenpools zum Beispiel der Europäischen Audiovisuellen Informationsstelle (OBS), von Eurostat oder von Advertising Information Group über wichtige Teilmärkte weiterhin keine oder nur lückenhafte Informationen vorliegen. Das gilt zum Beispiel für den gesamten Zeitschriftenmarkt. Ebenfalls wenig beleuchtet wurde auch der gesamte Bereich der Unternehmensinformationen, die aus Wettbewerbsgründen zwangsläufig nur sehr schwer zugänglich sind.

Die getroffene Auswahl mag in manchen Punkten weiterhin Fragen offen lassen, auch die Konsistenz des Materials konnte in wenigen Punkten nicht vollständig gesichert werden. Dennoch bietet der Tabellenanhang durch die angewandten Grundprinzipien eine übersichtliche und verläßliche Datenbasis.

ECC
EUROPEAN COMMUNICATION COUNCIL

Kapitel 6

Facts & Figures – Inhaltsübersicht

Kapitel 6.1

Demographische und ökonomische Rahmendaten

6.1.1 Zahl der Einwohner: Prognose 2010

in Tausend	1990	1993	1996	2002	2010
Frankreich	56.735	57.655	58.265	59.171	59.782
Deutschland	79.365	81.179	81.818	80.839	78.631
Italien	56.737	57.049	57.333	56.951	55.840
Spanien	38.959	39.083	39.241	39.390	39.324
Großbritannien	57.465	58.191	58.697	59.037	58.925
EU5	289.261	293.157	295.355	295.388	292.502
EU15	364.430	369.715	372.666	373.243	370.195
Westeuropa	375.468	381.281	384.367	385.085	382.052
USA	249.924	257.925	264.162	272.415	280.652
Japan	123.505	124.670	125.530	126.830	126.654

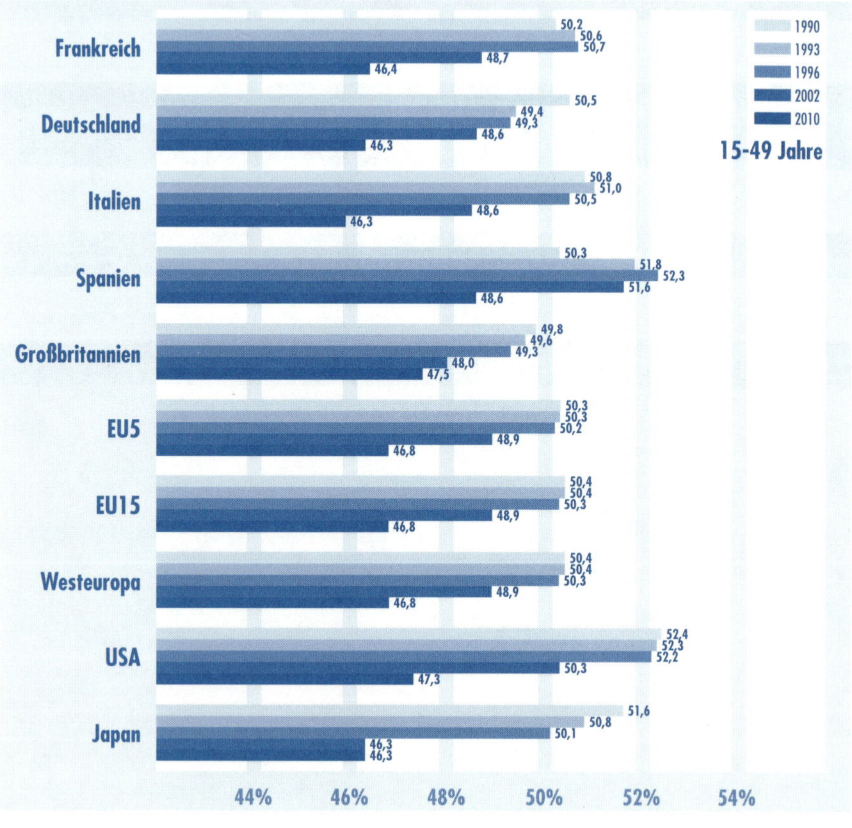

Die Zahl der Einwohner wird sich in den nächsten 15 Jahren nicht spürbar verändern. Allerdings wird der Anteil der für die Werbewirtschaft relevanten Altersgruppe der 15-49 jährigen in allen Ländern sinken. Davon werden auch Märkte betroffen sein, die sehr stark von jugendlichen Käufern abhängen, zum Beispiel der Musikmarkt.

Quellen

prognos.
Einwohnerzahlen: Projektionen inkl. Wanderungen (Wohnbevölkerung).

6.1.2 Zahl der Haushalte: Prognose 2010

in Tausend	1990	1993	1996	2002	2010
Frankreich	21.921	22.511	23.274	24.163	24.817
Deutschland	34.950	36.230	37.047	37.702	38.243
Italien	20.898	19.534	20.500	21.339	21.684
Spanien	11.392	11.867	12.244	13.033	13.889
Großbritannien	22.720	23.647	24.482	24.656	24.997
EU5	111.881	113.789	117.547	120.893	123.630
EU15	140.568	143.698	148.293	152.657	156.134
Westeuropa	145.212	148.594	153.492	158.173	161.891
USA	93.272	96.391	100.118	106.883	113.815
Japan	40.573	41.826	43.852	46.281	48.779

in %

Single-Haushalte	1990	1993	1996	2002	2010
Frankreich	27,1	27,7	29,3	30,0	30,3
Deutschland	33,7	33,7	35,1	35,6	36,1
Italien	22,4	21,6	22,7	23,0	23,5
Spanien	10,6	12,0	13,1	15,5	18,8
Großbritannien	25,5	28,2	28,3	28,6	28,9
EU5	26,3	27,0	28,1	28,7	29,3
EU15	26,3	27,2	28,3	28,8	29,5
Westeuropa	26,5	27,5	28,6	29,1	29,8
USA	24,7	24,5	25,1	25,5	26,3
Japan	20,9	22,3	25,1	27,0	29,6

Die Zahl der Haushalte wird in allen Ländern ansteigen, besonders in Spanien und den USA. Dennoch werden Italien, Spanien und die USA auch im Jahr 2010 vergleichsweise niedrige Anteile an Single-Haushalten verzeichnen.

Quellen

prognos.
Einwohnerzahlen: Projektionen inkl. Wanderungen (Wohnbevölkerung).

Arbeitslosigkeit ist das bedeutendste ökonomische wie soziale Problem in den meisten europäischen Ländern. Trotz eines Rückgangs innerhalb der letzten vier Jahre bleibt Spanien weiterhin in der unglücklichen Rolle des Spitzenreiters. Neben anderen Problemen birgt Arbeitslosigkeit das Risiko, daß wesentliche Teile einer Gesellschaft nicht an der Medien- und Kommunikationszukunft teilnehmen können.

6.1.3 Arbeitslosigkeit

Quote in Prozent	1993	1994	1995	1996	1997
Frankreich	11,7	12,3	11,6	12,3	12,5
Deutschland	8,9	9,6	9,4	10,4	11,5
Italien	10,2	11,3	12,0	12,1	12,3
Spanien	22,7	24,2	22,9	22,2	20,8
Großbritannien	10,3	9,5	8,3	7,6	5,8
USA	6,8	6,1	5,6	5,4	4,9
Japan	2,5	2,9	3,1	3,4	3,4

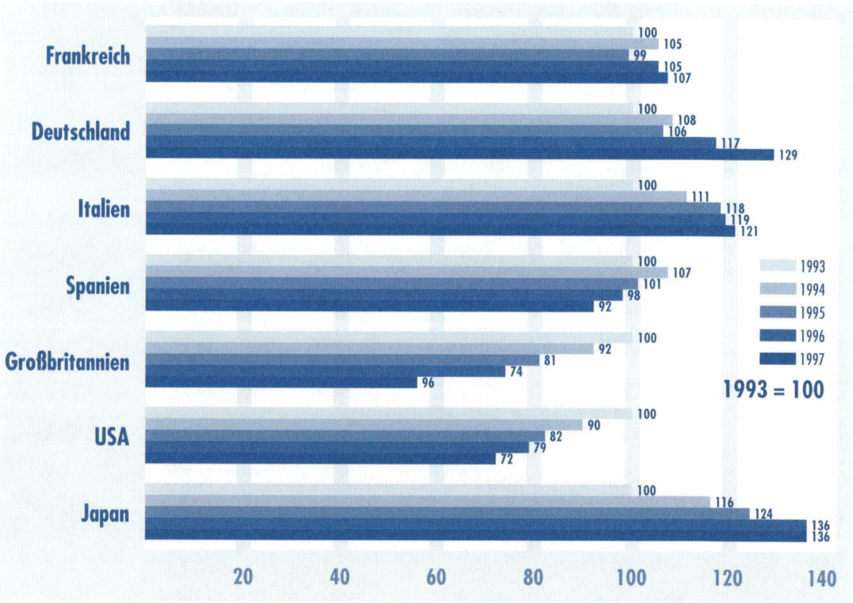

Quellen

Advertising Information Group AIG
Italien, Spanien, Großbritannien und Japan: In Prozent der Erwerbsfähigen.
USA und Deutschland: In Prozent der angestellt Beschäftigten.

6.1.4 Wechselkurse

1 ECU =	1993	1994	1995	1996	1997
Frankreich (FRF)	6,63	6,58	6,53	6,49	6,61
Deutschland (DEM)	1,94	1,92	1,87	1,91	1,96
Italien (ITL)	1.841,23	1.915,06	2.130,14	1.958,96	1.929,30
Spanien (ESP)	149,12	158,92	163,00	160,75	165,89
Großbr. (GBP)	0,78	0,78	0,83	0,81	0,69
USA (USD)	1,17	1,19	1,31	1,27	1,13
Japan (JPY)	130,15	121,32	123,01	138,08	137,08

1 USD =	1993	1994	1995	1996	1997
Frankreich (FRF)	5,66	5,55	4,99	5,12	5,84
Deutschland (DEM)	1,65	1,62	1,43	1,50	1,73
Italien (ITL)	1.572,00	1.621,40	1.628,90	1.542,90	1.703,10
Spanien (ESP)	127,20	133,96	124,69	126,66	146,66
Großbr. (GBP)	0,67	0,65	0,63	0,64	0,61
USA (USD)	1,00	1,00	1,00	1,00	1,00
Japan (JPY)	111,20	102,21	94,06	108,78	120,99

Quellen

EU, prognos, Advertising Association.
Für die Tabellen wurden die Originaldaten in lokaler Währung mit dem Wechselkurs 1997 in ECU umgerechnet. Deshalb sind Differenzen zu anderen Quellen, die auf jährlichen Wechselkursen basieren, unvermeidlich.

6.1.5 Prognose: Bruttoinlandsprodukt real (1990er Preise)

Die Europäische Währungsunion (EWU) startet am 1. Januar 1999 mit einer einheitlichen Währung – dem Euro. Hiervon werden spürbare Auswirkungen auf das Wachstum des Bruttoinlandproduktes erwartet. Über die nächsten 15 Jahre soll das BIP um durchschnittlich 2 Prozent pro Jahr wachsen. Der Wegfall von Transaktionskosten wird den Wettbewerb innerhalb des europäischen Binnenmarktes weiter verstärken und Innovationen stimulieren.

in Mrd. ECU	1990	1993	1996	2002	2010
Frankreich	984	993	1.057	1.197	1.421
Deutschland	1.235	1.398	1.486	1.693	2.020
Italien	679	683	723	813	965
Spanien	302	308	330	388	476
Großbritannien	794	790	859	996	1.205
EU5	3.995	4.171	4.455	5.087	6.087
EU15	5.007	5.201	5.578	6.386	7.654
Westeuropa	5.290	5.490	5.883	6.730	8.060
USA	5.065	5.279	5.723	6.623	7.942
Japan	3.137	3.300	3.486	3.979	4.825

Durchschnittliches Wachstum in %	90/93	93/96	96/02	02/10	96/10
Frankreich	0,3	2,1	2,1	2,2	2,1
Deutschland	4,2	2,1	2,2	2,2	2,2
Italien	0,2	1,9	2,0	2,2	2,1
Spanien	0,6	2,4	2,7	2,6	2,7
Großbritannien	-0,1	2,8	2,5	2,4	2,4
EU5	1,5	2,2	2,2	2,3	2,3
EU15	1,3	2,4	2,3	2,3	2,3
Westeuropa	1,2	2,3	2,3	2,3	2,3
USA	1,4	2,7	2,5	2,3	2,4
Japan	1,7	1,8	2,2	2,4	2,3

Quellen

prognos; Originalwerte zu konstanten Preisen (1990) wurden mit konstanten Wechselkursen des Jahres 1997 in ECU umgerechnet.

6.1.6 Prognose: Privater Verbrauch real (1990er Preise)

in Mrd. ECU	1990	1993	1996	2002	2010
Frankreich	587	602	633	707	831
Deutschland	672	814	850	965	1.138
Italien	419	424	441	497	600
Spanien	189	194	202	234	284
Großbritannien	499	500	539	628	766
EU5	2.366	2.534	2.665	3.032	3.618
EU15	2.947	3.136	3.310	3.769	4.498
Westeuropa	3.100	3.294	3.475	3.951	4.710
USA	3.385	3.565	3.870	4.519	5.423
Japan	1.819	1.924	2.057	2.340	2.787

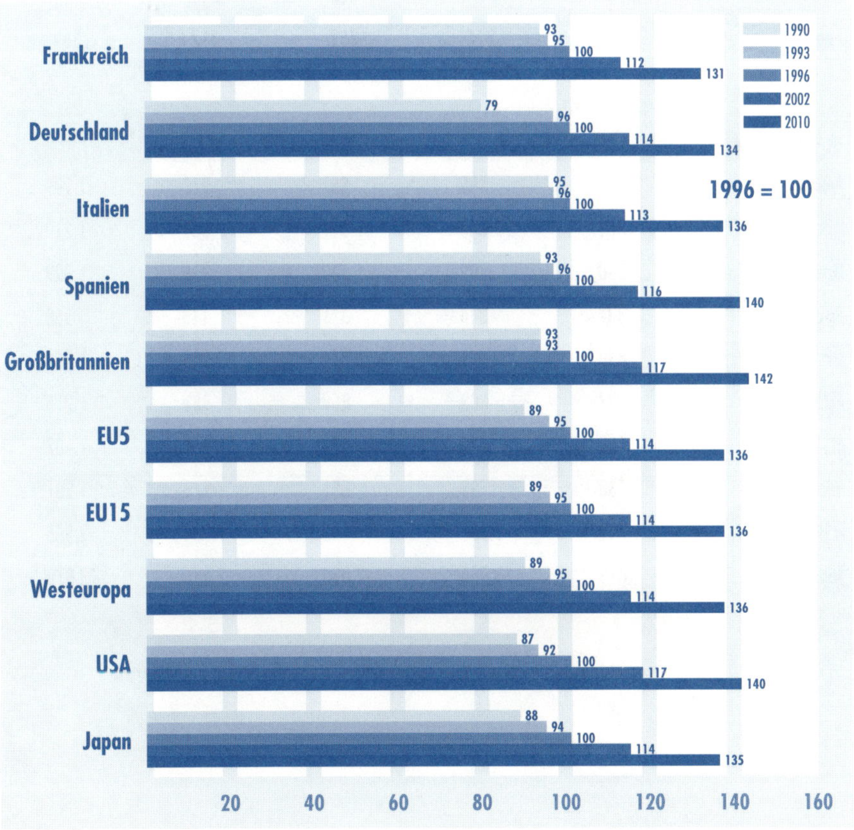

Das größte Wachstum beim Privaten Verbrauch wird für Großbritannien, Spanien und die USA erwartet.

Quellen

prognos; Originalwerte zu konstanten Preisen (1990) wurden mit konstanten Wechselkursen des Jahres 1997 in ECU umgerechnet.

6.1.7 Prognose: Ausgaben für Bildung und Unterhaltung real (1990er Preise)

Die Ausgaben für Bildung und Unterhaltung sind ein Teil des Privaten Verbrauchs. Darin enthalten sind die Ausgaben für Medien, zum Beispiel für Pay-TV, so daß die Bildungs- und Unterhaltungsausgaben ein Indikator für die Entwicklung des Medienmarktes sind. Europäische Länder werden auch mittelfristig nicht das hohe Pro-Kopf-Niveau von Japan und den USA erreichen. Die Differenz wird eher noch zunehmen.

in Mrd. ECU	1990	1993	1996	2002	2010
Frankreich	44	46	50	58	72
Deutschland	68	85	83	86	95
Italien	39	40	45	55	74
Spanien	13	13	15	17	22
Großbritannien	49	51	61	73	92
EU5	213	235	253	290	355
EU15	264	289	312	359	440
Westeuropa	277	303	327	375	459
USA	340	397	423	540	720
Japan	224	244	262	312	389

in ECU je Kopf	1990	1993	1996	2002	2010
Frankreich	784	795	851	977	1.199
Deutschland	861	1.047	1.017	1.069	1.210
Italien	680	702	782	959	1.329
Spanien	332	344	371	443	560
Großbritannien	850	879	1.041	1.243	1.566
EU5	737	803	858	981	1.215
EU15	725	783	838	961	1.187
Westeuropa	738	795	851	973	1.201
USA	1.362	1.537	1.602	1.984	2.565
Japan	1.813	1.954	2.086	2.456	3.070

Quellen

prognos; Originalwerte zu konstanten Preisen (1990) wurden mit konstanten Wechselkursen des Jahres 1997 in ECU umgerechnet.

6.1.8 Prognose: Ausgaben für Verkehr und Nachrichtenübermittlung real (1990er Preise)

in Mrd. ECU	1990	1993	1996	2002	2010
Frankreich	99	96	106	119	140
Deutschland	113	126	138	148	175
Italien	52	50	55	64	82
Spanien	87	85	96	114	143
Großbritannien	30	29	31	36	45
EU5	381	387	425	482	585
EU15	465	472	519	592	720
Westeuropa	484	490	539	615	747
USA	312	311	346	402	475
Japan	211	222	234	260	306

in ECU je Kopf	1990	1993	1996	2002	2010
Frankreich	1.748	1.671	1.817	2.015	2.338
Deutschland	1.425	1.558	1.681	1.831	2.225
Italien	908	879	957	1.130	1.470
Spanien	2.239	2.169	2.440	2.886	3.636
Großbritannien	522	504	526	617	760
EU5	1.317	1.320	1.439	1.631	1.999
EU15	1.277	1.276	1.393	1.586	1.944
Westeuropa	1.288	1.284	1.403	1.596	1.955
USA	1.249	1.204	1.311	1.475	1.694
Japan	1.707	1.779	1.865	2.048	2.413

Einen weiteren Teil des Privaten Verbrauchs stellen die Ausgaben für Verkehr und Nachrichtenübermittlung (Kommunikation) dar. Diese beinhalten zum Beispiel die Telefongebühren. Im Unterschied zu den Ausgaben für Bildung und Unterhaltung sind hier die europäischen Pro-Kopf-Ausgaben höher als in den USA.

Quellen

prognos; Originalwerte zu konstanten Preisen (1990) wurden mit konstanten Wechselkursen des Jahres 1997 in ECU umgerechnet.

Kapitel 6.2

Distributionsinfrastruktur und Haushaltsausstattung

6.2.1 TV-Haushalte

Beim TV kann von einer Vollversorgung der Haushalte ausgegangen werden. Ein Wachstum ist nur noch durch die generelle Zunahme der Haushalte zu erwarten. Der digitale Empfang von TV hat nur in den Ländern nennenswerte Anteile, in denen digitales Pay-TV erfolgreich ist: USA (DirecTV), Frankreich und Spanien (Canal+).

in Tausend	1993	1994	1995	1996	1997
Frankreich	21.442	21.517	21.557	21.701	21.911
Deutschland	34.748	35.158	35.615	35.862	36.334
Italien	18.733	18.886	18.886	18.976	19.003
Spanien	11.314	11.332	11.277	11.305	11.359
Großbritannien	22.174	22.382	23.388	23.635	23.973
EU5	108.411	109.275	110.723	111.479	112.580
EU15	136.085	137.205	138.992	140.143	141.580
Westeuropa	140.688	141.880	143.729	144.932	146.323
USA	94.178	95.500	96.000	97.000	98.000
Japan	40.667	41.328	43.000	43.560	44.000

Anteil digitaler TV-Haushalte in Prozent (August 1997)

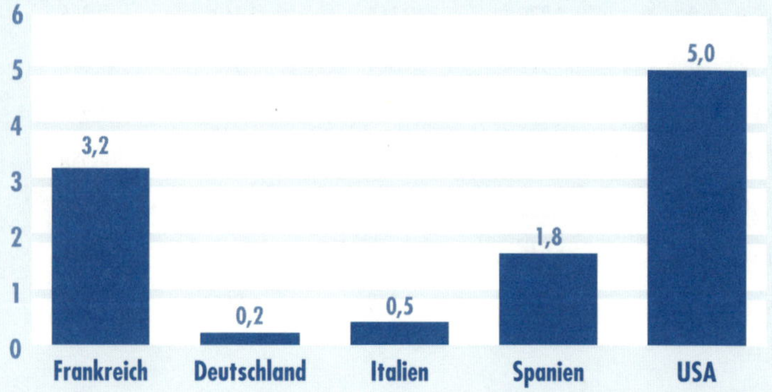

Quellen

ITU, OBS, Screen Digest, prognos.

6.2.2 Satelliten-Haushalte (Direktempfang)

in Tausend	1993	1994	1995	1996	1997
Frankreich	161	1.010	1.250	1.900	2.470
Deutschland	6.880	8.320	9.302	10.400	11.150
Italien	100	100	520	660	760
Spanien	107	390	856	1.000	1.130
Großbritannien	3.123	3.390	3.700	4.000	4.310
EU5	10.371	13.210	15.628	17.960	19.820
EU15	12.150	15.697	18.869	21.873	24.380
Westeuropa	12.452	16.092	19.335	22.383	25.090
USA	3.600	3.800	4.565	6.563	8.400
Japan	7.355	8.328	9.129	10.965	12.065

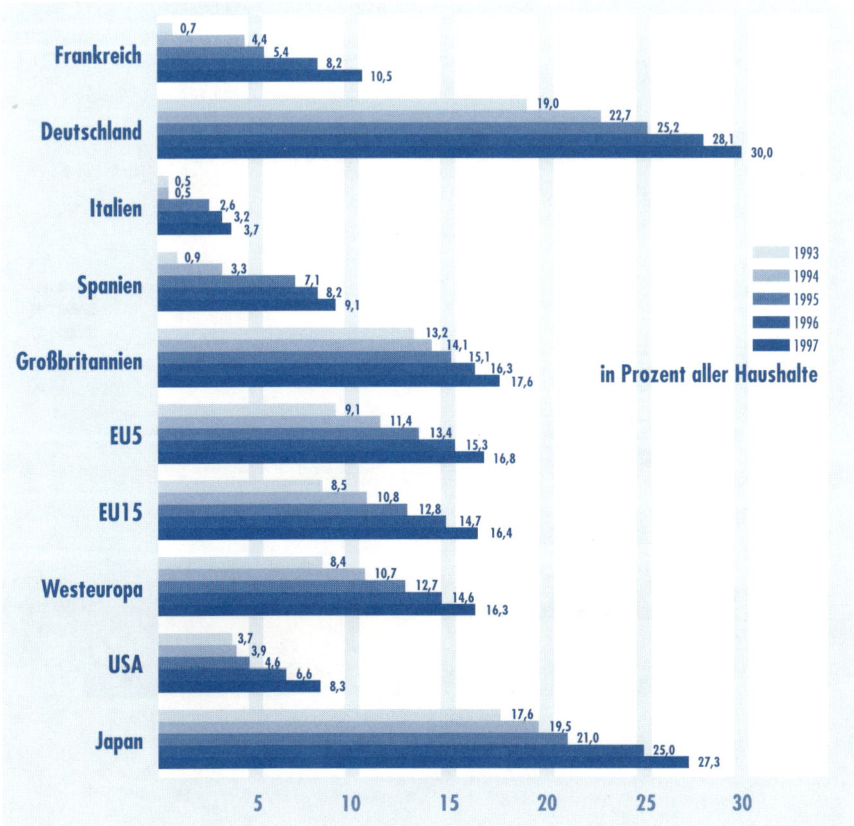

Der Anteil der TV-Haushalte mit direktem Satelliten-Empfang liegt in Deutschland fast doppelt so hoch wie im europäischen Durchschnitt. Nur in Japan wird eine vergleichbare Größenordnung erreicht. In Italien liegt der Anteil aufgrund des hohen Anteils des terrestrischen Empfangs weiterhin sehr niedrig. Hier ist jedoch ein Aufholprozeß im Gange.

Quellen

ITU-Database 1997, Screen Digest 5/98.

6.2.3 Angeschlossene Kabel-Haushalte

Vergleichbar dem Satellitendirektempfang liegt Deutschland auch bei den angeschlossenen Kabel-Haushalte weit über dem europäischen Durchschnitt. Zusammen können über 3/4 der deutschen Haushalte mindestens 30 Programme empfangen. Die Versorgungssituation ist damit besser als in den USA. Schlußlicht in der EU bildet wie beim Satelliten-Empfang Italien. Zumindest offiziell gibt es dort (noch) keine Kabelanschlüsse.

in Tausend	1993	1994	1995	1996	1997
Frankreich	1.056	1.287	1.608	1.858	2.136
Deutschland	13.309	15.655	15.782	17.080	18.020
Italien	0	0	0	0	0
Spanien	122	130	130	142	145
Großbritannien	652	783	1.056	1.327	1.900
EU5	15.139	17.855	18.576	20.407	22.201
EU15	29.194	32.166	33.428	35.125	37.156
Westeuropa	31.760	34.862	36.275	38.038	40.124
USA	57.200	59.700	62.100	63.500	64.200
Japan	9.228	10.255	11.000	12.629	k.A.

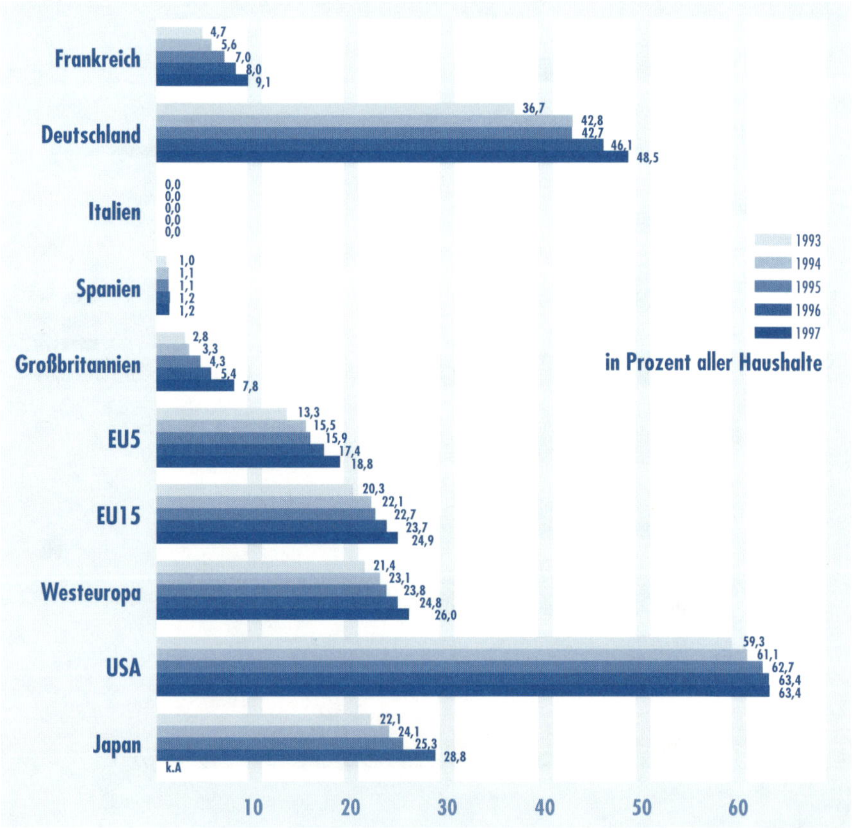

Quellen

ITU, OBS; die Angaben können wegen unterschiedlicher Bezugsgrößen (Haushalte bzw. Wohnungen) von Originaldaten abweichen.

6.2.4 Zusätzlich anschließbare Kabel-Haushalte

in Tausend	1993	1994	1995	1996	1997
Frankreich	3.630	3.996	4.194	4.394	4.496
Deutschland	12.412	12.535	14.556	14.306	14.180
Italien	0	0	0	0	53
Spanien	778	790	810	813	855
Großbritannien	2.261	2.863	3.801	4.715	6.500
EU5	19.081	20.184	23.361	24.228	26.084
EU15	21.609	22.877	26.023	27.205	29.827
Westeuropa	21.793	23.103	26.536	27.677	30.584
USA	33.400	31.900	30.600	30.200	30.000
Japan	k.A.	k.A.	k.A.	k.A.	k.A.

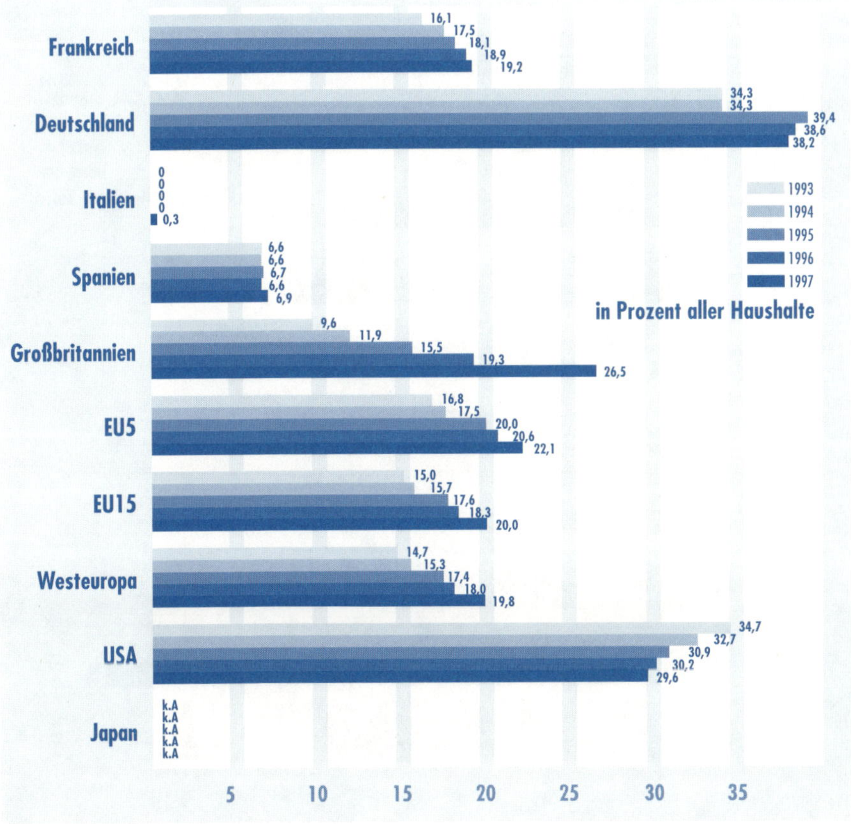

Über alle Länder hinweg betrachtet wurden die Kabelnetze in den letzten fünf Jahren noch ausgebaut, der Anteil der zusätzlich anschließbaren Haushalte stieg an. In Deutschland und den USA erreichte der Netzausbau jedoch seine Grenzen. In Konkurrenz mit dem Satelliten-Empfang ist fraglich, ob das vorhandene Potential noch vollständig erschlossen werden kann.

Quellen

ITU, OBS; die Angaben können wegen unterschiedlicher Bezugsgrößen (Haushalte bzw. Wohnungen) von Originaldaten abweichen.

6.2.5 Haushalte mit Videorecordern

Der Anteil der Haushalte mit Videorecorder steigt weiter an, wobei 1996 noch kein europäisches Land über 70 Prozent lag. Ob dieser Sättigungsgrad eine Obergrenze darstellt, wie lange vermutet wurde, muß angesichts der Werte in den USA bezweifelt werden. Bemerkenswert vor allem, daß trotz des hohen Niveaus dort auch der Zuwachs seit 1992 am größten war.

in Tausend	1992	1993	1994	1995	1996
Frankreich	12.722	13.256	14.406	14.776	15.538
Deutschland	19.480	21.281	22.938	23.491	24.639
Italien	7.577	8.363	9.251	9.852	10.538
Spanien	5.851	6.019	6.573	6.984	7.352
Großbritannien	15.361	15.870	16.390	16.338	16.661
EU5	60.991	64.789	69.558	71.441	74.728
EU15	74.823	79.931	85.987	88.813	92.882
Westeuropa	77.099	82.471	88.702	91.673	96.026
USA	68.481	73.565	78.125	85.445	86.825
Japan	29.828	31.028	32.066	33.194	34.309

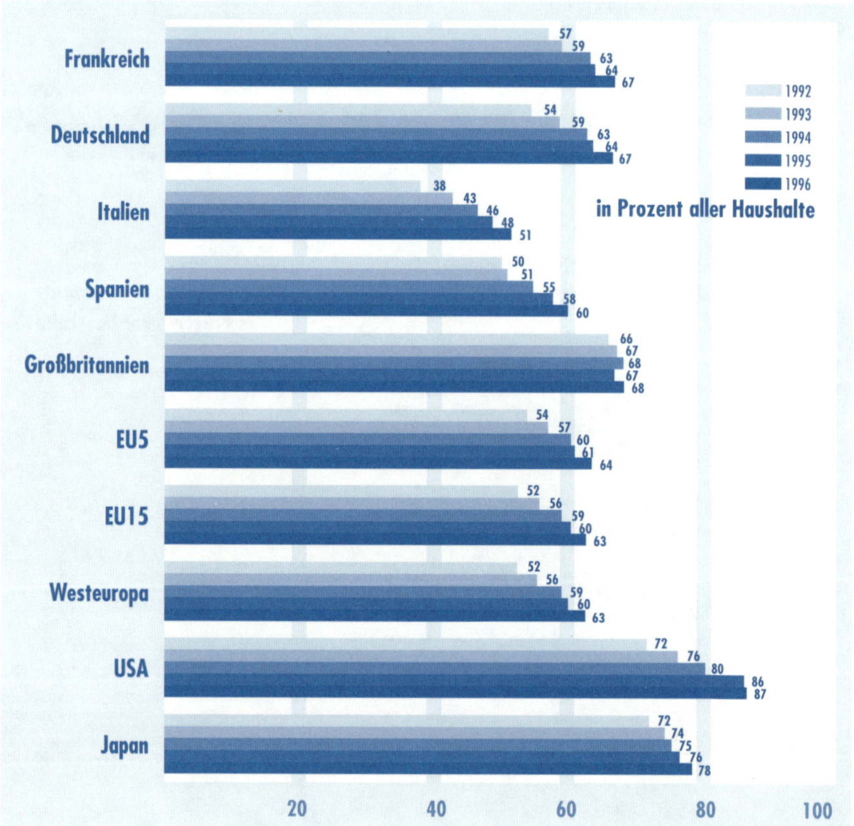

Quellen

OBS/Screen Digest, eigene Berechnungen; Daten für 1997 nicht verfügbar.

6.2.6 Telefonhauptanschlüsse

pro 100 Einwohner	1993	1994	1995	1996	1997
Frankreich	54	55	56	56	58
Deutschland	46	48	51	54	55
Italien	42	43	43	44	k.A.
Spanien	36	38	38	39	40
Großbritannien	47	49	50	52	k.A.
EU5	46	47	49	50	k.A.
EU15	46	47	49	50	k.A.
Westeuropa	46	48	49	51	k.A.
USA	58	60	63	65	k.A.
Japan	47	48	49	49	k.A.

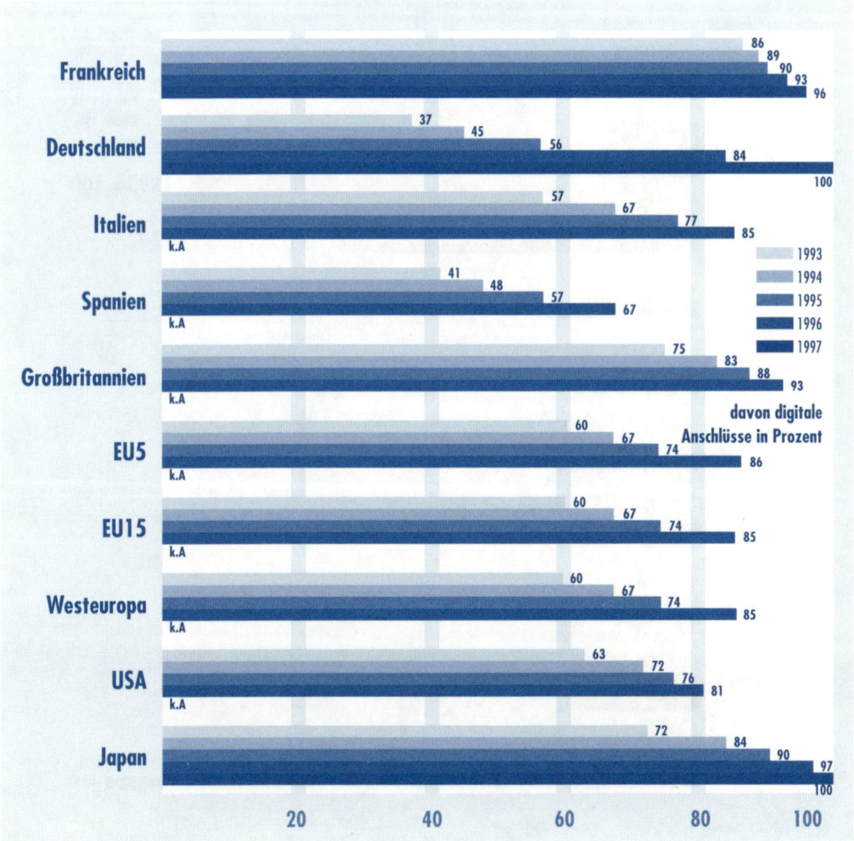

Die größte Dichte an Telefonhauptanschlüssen in Europa erreicht Frankreich mit 58 Anschlüssen pro 100 Einwohner 1997. In den USA lag dieser Wert 1996 um 15 Prozent höher. Dafür ist die Umrüstung auf digitale Anschlüsse in Westeuropa weiter fortgeschritten und z.B. in Deutschland bereits abgeschlossen. Gleiches gilt für Japan.

Quellen

TU-Database, eigene Berechnungen.
Bei den Telefonanschlüssen kann nicht getrennt werden zwischen privaten und geschäftlichen Anschlüssen.

6.2.7 Mobilfunkteilnehmer

Der Markt für Mobiltelefonie ist ein sehr dynamischer Markt und noch in der take-off-Phase, d.h. der Höhepunkt der Zuwächse ist noch nicht überschritten. Spitzenreiter hinsichtlich der Ausstattung und der Zuwachsraten ist Japan. Populär sind Mobiltelefone auch in Italien, wo der Ausstattungsgrad bereits das Niveau der USA erreicht hat.

pro 100 Einwohner	1993	1994	1995	1996	1997
Frankreich	1	2	2	4	10
Deutschland	2	3	5	7	11
Italien	2	4	7	11	20
Spanien	1	1	2	3	k.A.
Großbritannien	4	7	10	12	k.A.
EU5	2	3	5	8	k.A.
EU15	2	4	6	8	k.A.
Westeuropa	2	4	6	9	k.A.
USA	6	9	13	17	21
Japan	2	3	9	21	30

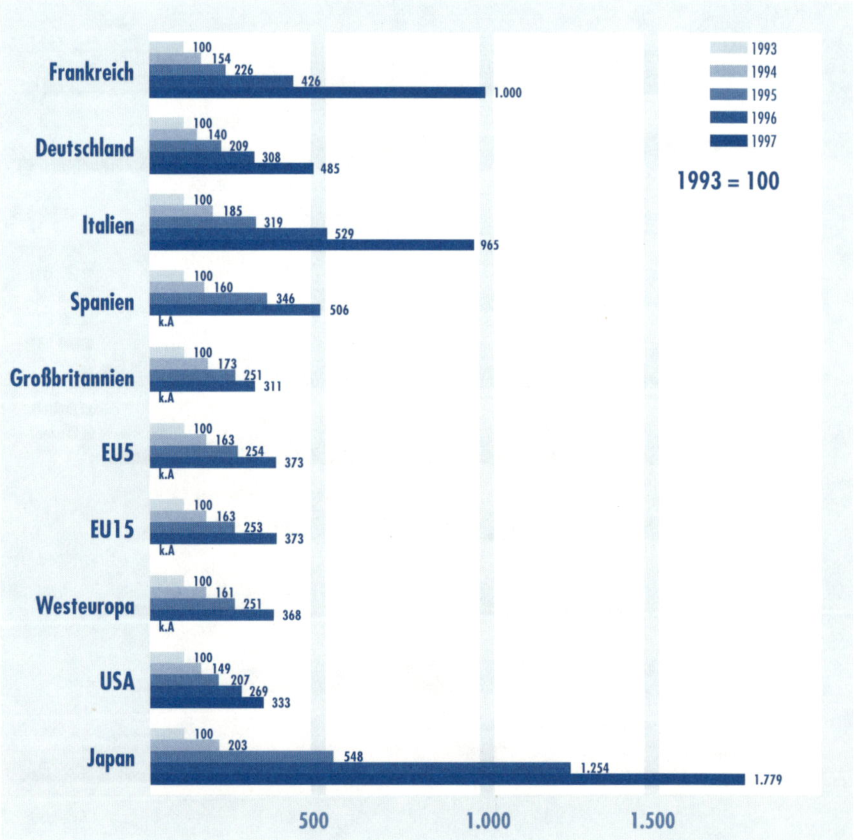

Quellen

ITU-Database, eigene Berechungen.
Private oder geschäftliche Nutzung kann nicht getrennt werden.

6.2.8 Haushalte mit Multimedia-PC

in Tausend	1993	1994	1995	1996	1997
Frankreich	37	280	1.080	1.931	2.944
Deutschland	127	1.100	3.220	4.513	5.763
Italien	48	250	1.040	1.474	2.289
Spanien	20	105	720	1.014	1.495
Großbritannien	84	509	1.200	2.270	3.646
EU5	316	2.244	7.260	11.202	16.137
EU15	441	2.643	8.424	13.468	k.A.
Westeuropa	462	2.743	8.701	13.991	k.A.
USA	k.A.	k.A.	k.A.	22.300	26.500

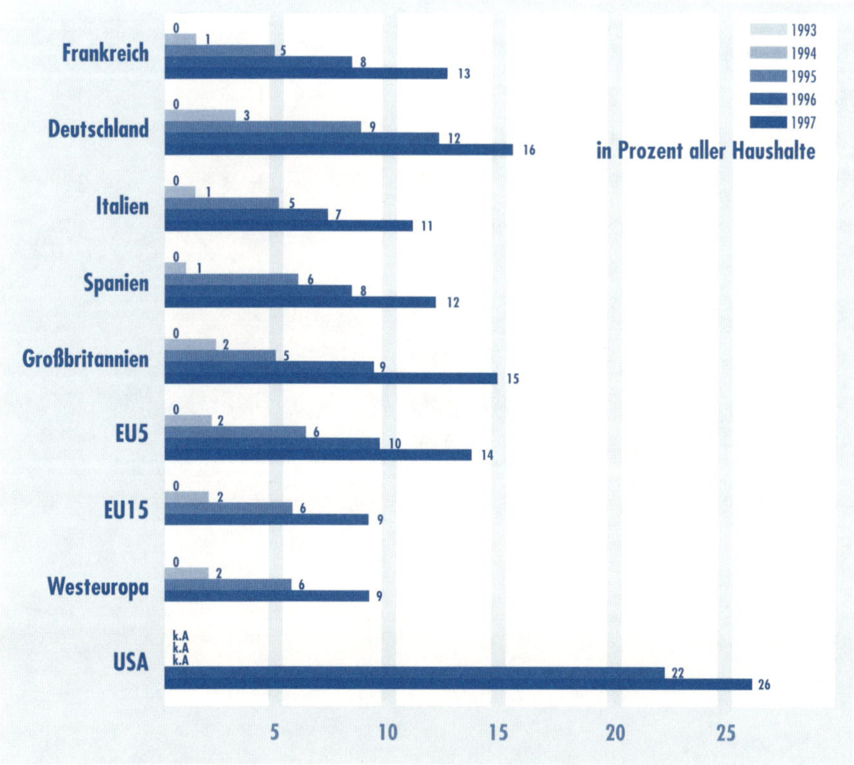

Innerhalb von fünf Jahren ist der Anteil der Haushalte mit Multimedia-PC in Europa von 0 Prozent auf über 10 Prozent gewachsen. Dennoch ist der Ausstattungsgrad in den USA noch immer fast doppelt so hoch. Die Unterschiede zwischen den europäischen Ländern sind geringfügig.

Quellen

Inteco, eigene Berechnungen.
Als Multimedia-PC wird ein PC mit CD-ROM-Laufwerk betrachtet.

6.2.9 Haushalte mit Modem bzw. privatem Internetzugang

Vergleichbar der Ausstattung mit Multimedia-PC zeigt sich auch beim Netzzugang ein deutlicher Vorsprung der USA. Zu unterscheiden ist zwischen einem Modem (z.B. für E-Mail) und einem vollwertigen Internetzugang. Da in dieser Aufstellung nur die privaten Zugänge erfaßt werden, liegen die Zahlen deutlich niedriger als in anderen Quellen, wo nach den Zugangsmöglichkeiten von Personen gefragt wird, unabhängig davon, ob diese privat oder beruflich bestehen.

Modem	HH in Tausend 1996	HH in Tausend 1997	in % aller HH 1996	in % aller HH 1997
Frankreich	907	1.549	4	7
Deutschland	2.501	3.495	7	9
Italien	765	1.236	4	6
Spanien	651	989	5	8
Großbritannien	1.601	2.544	7	10
EU5	6.425	9.813	5	8
USA	27.000	31.100	27	31

Internetzugang	HH in Tausend 1996	HH in Tausend 1997	in % aller HH 1996	in % aller HH 1997
Frankreich	281	735	1	3
Deutschland	1.404	2.315	4	6
Italien	271	633	1	3
Spanien	270	523	2	4
Großbritannien	900	1.498	4	6
EU5	3.126	5.704	3	5
EU15	4.067	7.350	3	5
Westeuropa	4.267	7.685	3	5
USA	12.800	19.800	13	20

Quellen

Screen Digest/Inteco, eigene Berechnungen.

Kapitel 6.3

Forschung & Entwicklung, Produktion und Angebot

6.3.1 IT-Patenteinreichungen für Europa

aus ...	1993	1994	1995	1996	1997
Frankreich	235	191	231	203	216
Deutschland	343	350	387	438	575
Italien	70	63	70	80	78
Spanien	13	9	8	16	15
Großbritannien	124	121	137	160	183
EU5	785	734	833	897	1.067
EU15	928	910	991	1.137	1.395
Westeuropa	1.017	1.014	1.087	1.199	1.517
USA	1.298	1.256	1.446	1.497	1.817
Japan	666	593	627	709	914

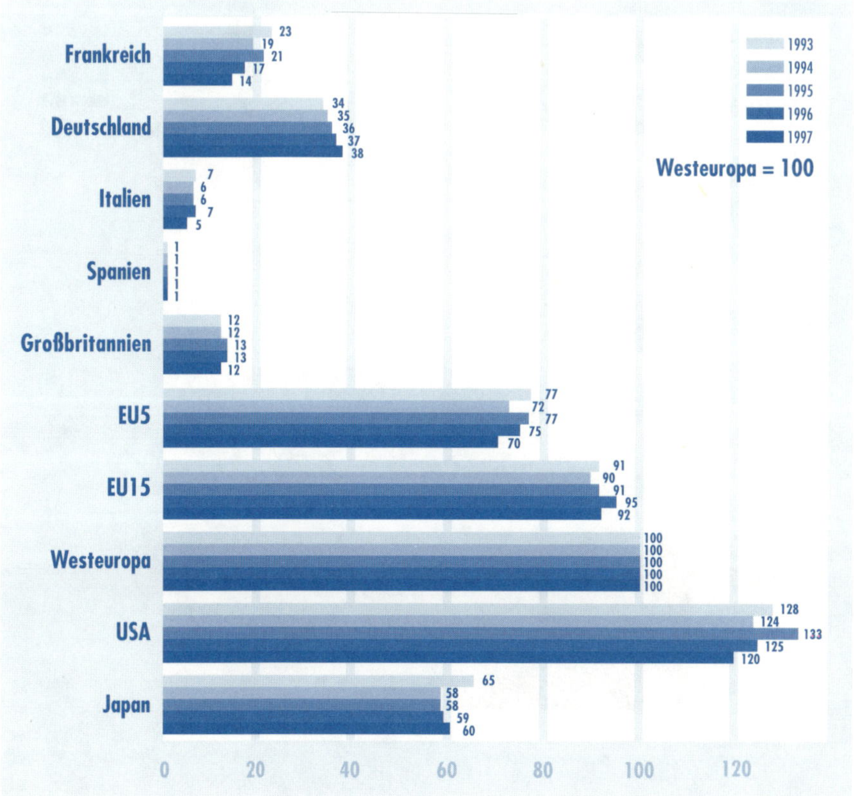

Der oft zitierte Vorsprung der USA im Bereich neuer Technologien zeigt sich u.a. daran, daß die USA für den Bereich des Europäischen Patentamtes auch 1997 noch 20 Prozent mehr Patente für die Informationstechnologie eingereicht haben als alle westeuropäischen Länder zusammen. Dennoch ist ein Aufholprozeß unübersehbar.

Quellen

Für den Bereich des Europäischen Patentamtes eingereichte Patente im Sektor Informationstechnologie (IT) nach Ursprungsland.
Europäisches Patentamt EPA, annual reports;
EU15: Finnland erst ab 1996 erfaßt, Westeuropa: ohne Norwegen.

6.3.2 TK-Patenteinreichungen für Europa

Bei den eingereichten Patenten für den Bereich Telekommunikation und Nachrichtentechnik konnten die westeuropäischen Länder ihre traditionellen Stärken gegenüber den USA in den letzten Jahren gut behaupten. Der Zuwachs seit 1993 betrug rund 60 Prozent.

aus ...	1993	1994	1995	1996	1997
Frankreich	299	312	312	347	410
Deutschland	508	502	545	581	624
Italien	90	95	99	93	92
Spanien	8	18	15	6	12
Großbritannien	219	263	216	244	301
EU5	1.124	1.190	1.187	1.271	1.439
EU15	1.501	1.617	1.651	2.022	2.424
Westeuropa	1.542	1.659	1.712	2.065	2.482
USA	1.269	1.301	1.515	1.688	1.819
Japan	959	1.070	1.083	1.254	1.480

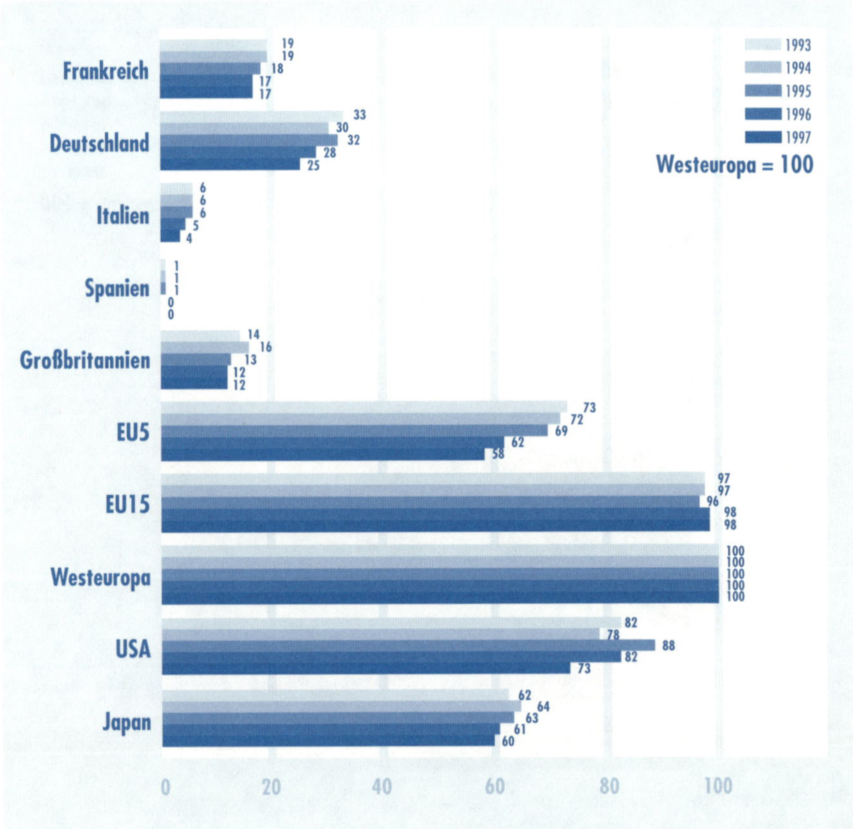

Quellen

Für den Bereich des Europäischen Patentamtes eingereichte Patente im Sektor Telekommunikation und Nachrichtentechnik (TK) nach Ursprungsland Europäisches Patentamt EPA, annual reports; EU15: Finnland erst ab 1996 erfaßt, Westeuropa: ohne Norwegen.

6.3.3 IT-Produktionswerte

in Mio. ECU	1992	1993	1994	1995	1996
Frankreich	8.621	7.432	7.888	8.940	9.351
Deutschland	12.915	12.104	12.308	13.385	14.004
Italien	5.136	4.920	7.681	7.011	6.860
Großbritannien	27.296	27.524	35.455	36.124	39.578
USA	108.459	121.545	135.976	145.427	167.678
Japan	102.558	119.799	121.705	121.654	132.116

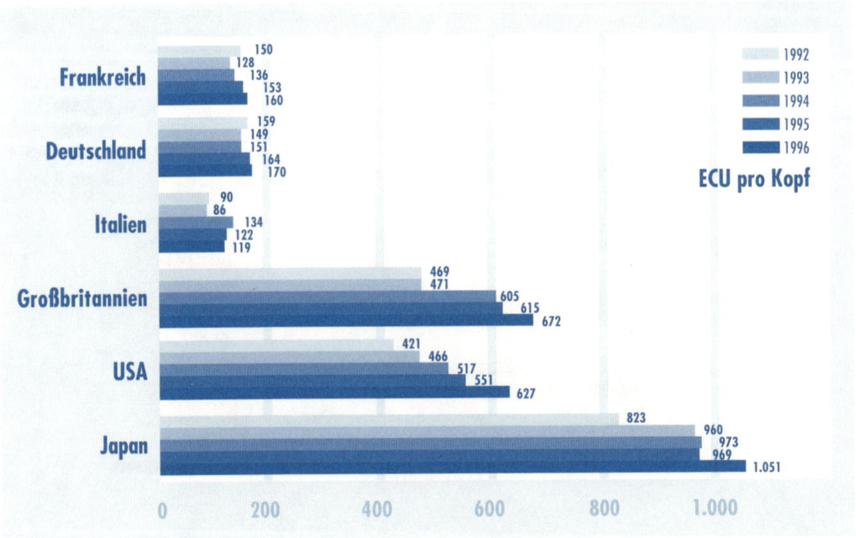

Die IT-Produktionswerte geben Auskunft über das Produktionsvolumen der IT-Industrie. Der immense Vorsprung von Japan in dieser Hinsicht wird vor allem beim Volumen deutlich; den größten Zuwachs seit 1992 verzeichneten die USA. Von den europäischen Ländern kann nur Großbritannien Schritt halten.

Quellen

ZVEI (IT=Informationstechnologie), eigene Berechnungen; Angaben für 1997 liegen noch nicht vor.

6.3.4 TK-Produktionswerte

Auch hinsichtlich der TK-Produktion liegt Japan unangefochten an der Spitze. Der Vorsprung gegenüber dem europäischen Spitzenreiter Frankreich ist sogar noch größer als bei der IT-Produktion.

in Mio. ECU	1992	1993	1994	1995	1996
Frankreich	8.406	7.962	8.369	9.156	9.998
Deutschland	10.989	10.246	10.014	11.488	12.572
Italien	4.495	3.236	4.007	3.728	4.665
Großbritannien	6.426	6.639	7.889	8.046	9.892
USA	39.335	43.537	48.558	47.674	55.779
Japan	26.560	32.195	35.359	37.041	43.708

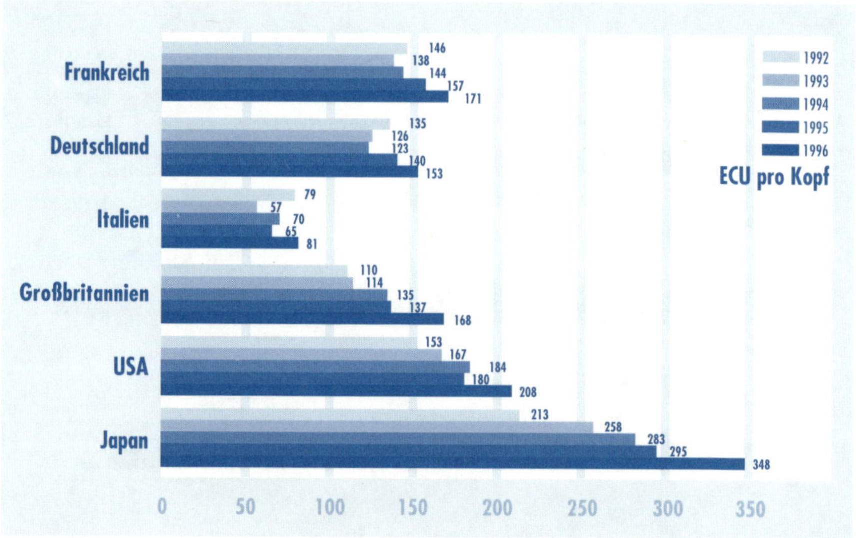

Quellen

ZVEI (TK Telekommunikations- und Nachrichtentechnik), eigene Berechnungen; Angaben für 1997 liegen noch nicht vor.

6.3.5 Spielfilmproduktion

	1993	1994	1995	1996	1997
Frankreich	101	89	97	104	130
Deutschland	67	60	63	64	k.A.
Italien	106	95	75	99	110
Spanien	56	44	59	91	k.A.
Großbritannien	60	70	76	128	k.A.
EU5	390	358	370	486	k.A.
EU15	536	500	508	588	k.A.
Westeuropa	581	551	567	602	k.A.
USA	440	410	370	421	k.A.
Japan	238	251	289	278	k.A.

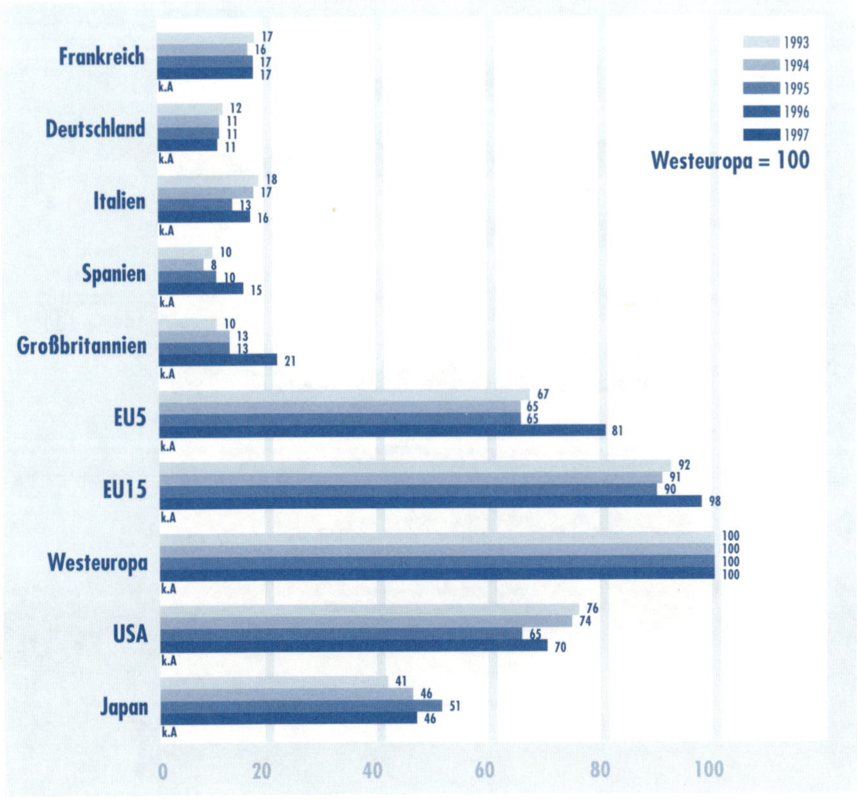

Zumindest hinsichtlich der Zahl der produzierten Spielfilme sind die Unterschiede zwischen Westeuropa und den USA nicht so eklatant, wie oft angenommen. Die reine Zahl sagt jedoch wenig aus über die kommerzielle Bedeutung. Vor allem die begrenzte Zahl von Anlaufterminen führt zu einem scharfen Verdrängungswettbewerb.

Quellen

OBS/Europäische Audiovisuelle Informationsstelle jeweils inkl. länderübergreifende Coproduktionen (Bruttozählung)
Westeuropa 1996 ohne Griechenland und Schweden; USA und Japan: Filme neu im Verleih

6.3.6 TV-Kanäle

Bei der Zahl der TV-Kanäle, deren Zählweise aufgrund der länderübergreifenden Satelliten- und Kabelverbreitung umstritten ist, muß weniger die absolute Zahl als vielmehr die enorme Zunahme seit 1992 (+ 70 Prozent) beachtet werden. Das Vertrauen in den Markt und die Marktdynamik scheinen ungebrochen, obwohl sich der Sektor zum Beispiel in Deutschland insgesamt weiterhin in einer defizitären Situation befindet.

	1992	1993	1994	1995	1996
Frankreich	11	14	14	16	18
Deutschland	8	14	14	18	19
Italien	11	12	12	13	13
Spanien	13	13	13	13	13
Großbritannien	42	52	52	64	80
EU5	85	105	105	124	143
EU15	124	159	162	189	214
Westeuropa	133	168	171	199	225

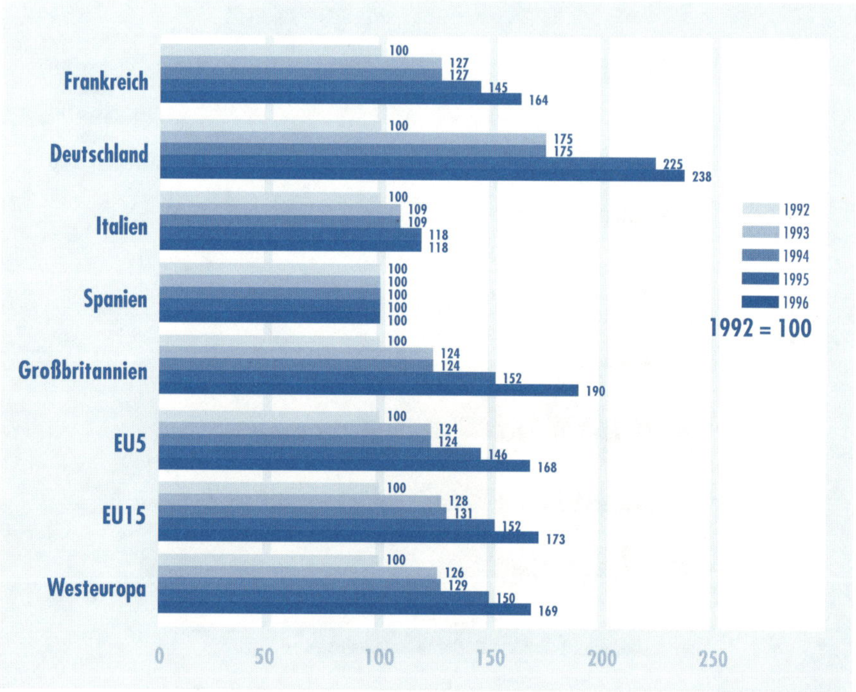

Quellen

Europäische Kommision, nur landesweit empfangbare Programme.

6.3.7 Ausgaben für TV-Programme insgesamt (Schätzung)

in Mio. ECU	1992	1993	1994	1995	1996
Frankreich	1.727	2.104	2.073	2.283	2.305
Deutschland	2.277	2.901	3.463	3.963	4.262
Italien	1.638	2.001	1.682	1.724	1.825
Spanien	521	869	807	866	946
Großbritannien	2.796	3.592	3.243	3.372	3.642
EU5	8.959	11.467	11.268	12.207	12.980
EU15	10.385	13.163	12.886	14.146	14.983
Westeuropa	10.719	13.592	13.351	14.643	15.494

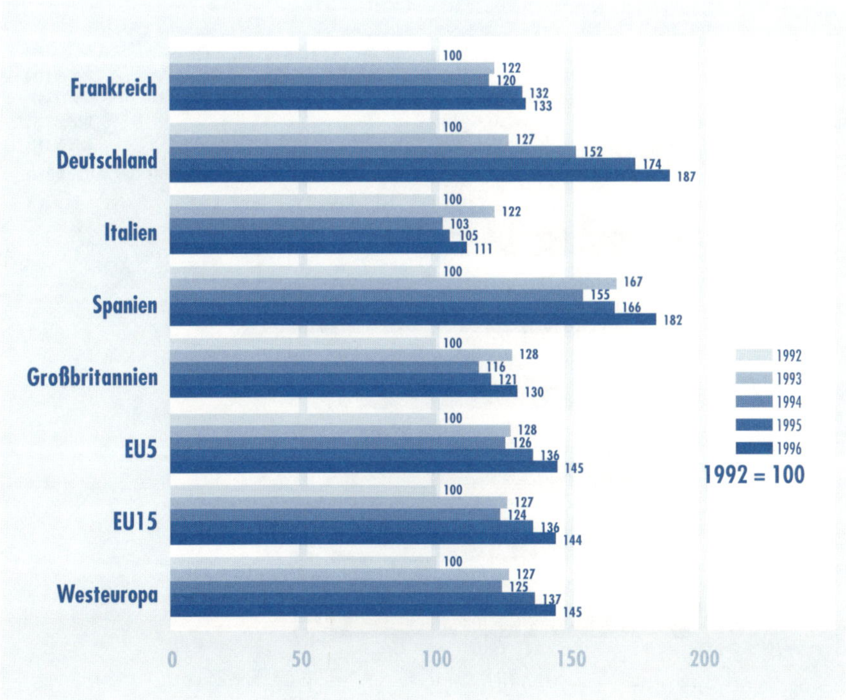

Die Angaben beruhen auf Angaben der 43 wichtigsten Veranstalter in 16 westeuropäischen Ländern. Die Informationen lagen nach Angaben von Screen Digest in sehr unterschiedlicher Qualität vor und erlauben deshalb nur eine Schätzung. Bemerkenswert sind vor allem die Zuwächse in Deutschland und Spanien. Deutschland nimmt inzwischen die Spitzenposition vor Großbritannien ein.

Quellen

OBS/Europäische Audiovisuelle Informationsstelle nach Screen Digest (Schätzung).

Für die Aussagekraft dieser Tabelle gelten vergleichbare Einschränkungen wie bei Tabelle 3.7. Vom Volumen her liegt auch hier Deutschland an der Spitze, die Anteile an den Gesamtausgaben liegen in Frankreich und Spanien allerdings höher.

6.3.8 Ausgaben für TV-Programmeinkauf (Schätzung)

in Mio. ECU	1992	1993	1994	1995	1996
Frankreich	423	514	526	565	601
Deutschland	380	457	514	678	793
Italien	181	226	212	216	232
Spanien	117	197	178	192	209
Großbritannien	290	450	431	499	625
EU5	1.392	1.845	1.860	2.149	2.461
EU15	1.616	2.119	2.141	2.472	2.797
Westeuropa	1.700	2.235	2.297	2.617	2.949

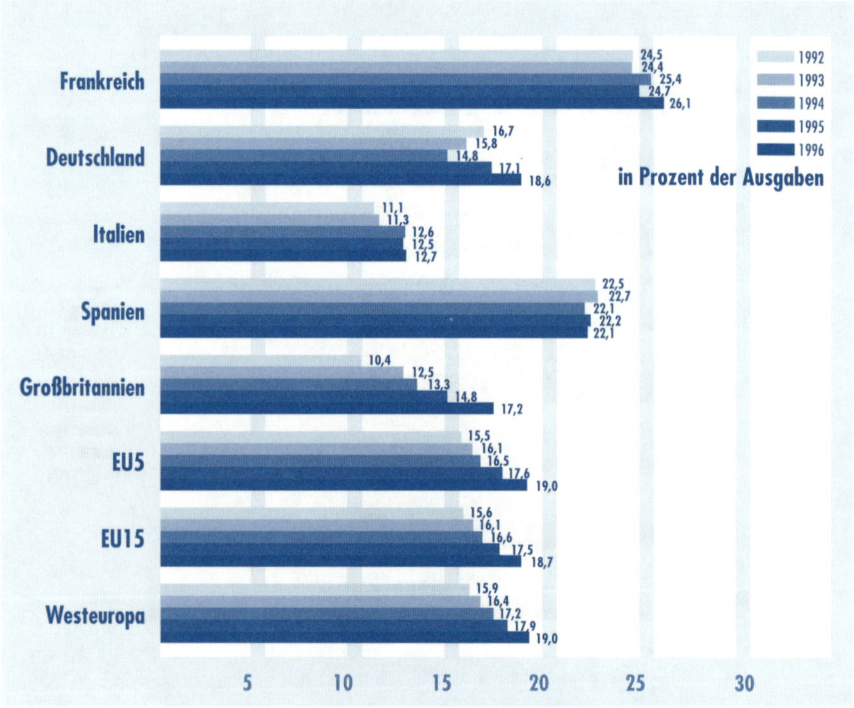

Quellen

OBS/Europäische Audiovisuelle Informationsstelle nach Screen Digest (Schätzung).

6.3.9 Tageszeitungen: Titelzahl

	1993	1994	1995	1996	1997
Frankreich	85	87	87	85	84
Deutschland	414	411	406	400	402
Italien	81	76	75	77	k.A.
Spanien	126	125	126	126	128
Großbritannien	98	99	100	99	99
EU5	804	798	794	787	k.A.
EU15	1.153	1.118	1.135	1.122	k.A.
Westeuropa	1.343	1.306	1.323	1.308	k.A.
USA	1.556	1.548	1.533	1.520	1.509
Japan	109	108	108	109	109

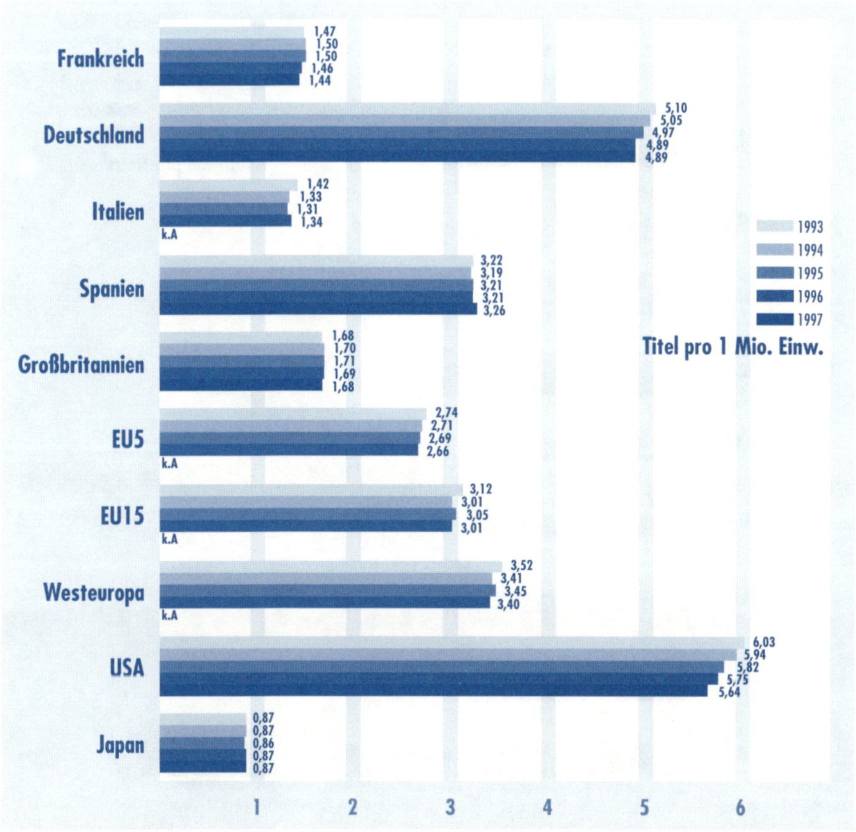

Hinsichtlich der in den Ländern angebotenen Tageszeitungstitel zeigt sich eine relativ hohe Bandbreite, von knapp sechs Titeln pro 1 Mio. Einwohner in den USA bis zu nicht einmal einem Titel in Japan. Unter den europäischen Ländern ist Deutschland das Land mit der höchsten Titeldichte, allerdings mit rückläufiger Tendenz.

Quellen

World Association of Newspapers (WAN), eigene Berechnungen.

6.3.10 Tageszeitungen: durchschnittliche Auflagen

Hinsichtlich der durchschnittlichen Auflagen der Tageszeitungen relativiert sich das Bild: trotz der niedrigen Titelzahl werden in Japan, bezogen auf den einzelnen Haushalt, die meisten Zeitungsexemplare auf den Markt gebracht. Auch Großbritannien liegt in dieser Hinsicht vor den beiden Ländern mit der höchsten Titelzahl (USA und Deutschland). In allen Ländern, mit Ausnahme von Spanien, war die Zahl der Exemplare pro Haushalt in den letzten fünf Jahren rückläufig.

aus ...	1993	1994	1995	1996	1997
Frankreich	9.090	9.080	9.284	8.820	k.A.
Deutschland	25.902	25.757	25.467	25.217	25.038
Italien	6.438	6.208	5.988	5.904	5.920
Spanien	3.950	4.100	4.237	4.180	4.265
Großbritannien	19.578	19.794	19.742	19.332	18.447
EU5	64.958	64.939	64.718	63.453	k.A.
EU15	84.189	83.566	83.226	82.181	k.A.
Westeuropa	89.388	88.793	88.349	87.272	k.A.
USA	59.812	59.305	58.193	56.990	56.728
Japan	72.043	71.924	72.047	72.705	72.699

Quellen

World Association of Newspapers, eigene Berechungen. EU15 und Westeuropa: 1994 ohne Portugal.

6.3.11 Radiostationen 1997

	Total	Private	Anteil Private in %
Frankreich	1.500	1.412	94
Deutschland	294	165	56
Italien	2.515	2.512	100
Spanien	1.800	811	45
Großbritannien	230	183	80
EU5	6.339	5.083	80
EU15	9.559	7.909	83

	Stationen pro 1. Mio. Einw.	Einw. pro Station
Frankreich	26	39.000
Deutschland	4	279.500
Italien	44	22.800
Spanien	46	21.800
Großbritannien	4	255.900
EU5	21	46.700
EU15	26	39.100

Die Radiolandschaft in Europa zeigt ein sehr heterogenes Bild. Die Zahl der Stationen pro 1 Mio. Einwohner variiert um den Faktor 10, wobei fraglich ist, ob alle erfaßten Stationen wirtschaftlich völlig eigenständig sind oder ernsthaft kommerziell betrieben werden. Der Anteil der privaten Stationen sagt noch nichts über ihre Marktrelevanz auf dem Hörer- oder Werbemarkt aus.

Quellen

WorldDAB, Frankreich, Spanien: Schätzungen (Untergrenze).
Nationale, regionale und lokale Services sowie Networks erfaßt.

6.3.12 Internet-Hosts und Webpages 1997

Die Zahl der Hosts (= an das Internet angeschlossene Rechner) und der angebotenen Webpages (= Internetseiten) im Jahresvergleich 1996/1997 zeigt die ungebrochene Dynamik dieses Marktes auch auf der Anbieterseite. Verallgemeinernd läßt sich sagen, daß die Zahl der Webpages ungefähr im Gleichklang mit den Internetzugängen der privaten Haushalte wächst (vgl. Tab. 6.2.9).

Hosts (1.000)	Juli 1996	Juli 1997	Veränderung 96/97 in %	Pages pro 1.000 Einw. 97
Frankreich	190	292	54	5
Deutschland	548	876	60	11
Italien	114	212	86	4
Spanien	62	122	95	3
Großbritannien	579	878	52	15
EU5	1.494	2.380	59	8
EU15	2.418	3.727	54	10
Westeuropa	2.641	4.084	55	11
USA	8.224	11.829	44	44

Webpages (1.000)	Juli 1996	Juli 1997	Veränderung 96/97 in %	Pages pro 1.000 Einw. 97
Frankreich	637	2.016	216	34
Deutschland	1.593	5.083	219	62
Italien	907	2.875	217	50
Spanien	271	903	233	23
Großbritannien	1.605	5.132	220	87
EU5	5.014	16.010	219	54
EU15	7.471	23.485	214	63
Westeuropa	8.243	25.764	213	67

Quellen

Europäische Kommission DG XIII.
Keine Angaben über Webpages in den USA verfügbar.

Kapitel 6.4

Ausgaben für Informations- und Telekommunikationstechnologie

6.4.1 ITK-Gesamtausgaben

in Mio. ECU	1993	1994	1995	1996	1997
Frankreich	42.294	46.059	49.237	52.428	57.001
Deutschland	66.770	66.202	72.430	75.235	79.991
Italien	24.575	29.648	31.774	34.384	37.262
Spanien	11.152	12.267	13.488	15.585	16.905
Großbritannien	44.409	49.855	55.441	61.269	66.496
EU5	189.200	204.030	222.370	238.901	257.655
EU15	236.961	256.894	280.374	302.534	327.824
Westeuropa	252.198	272.406	296.933	320.507	347.199

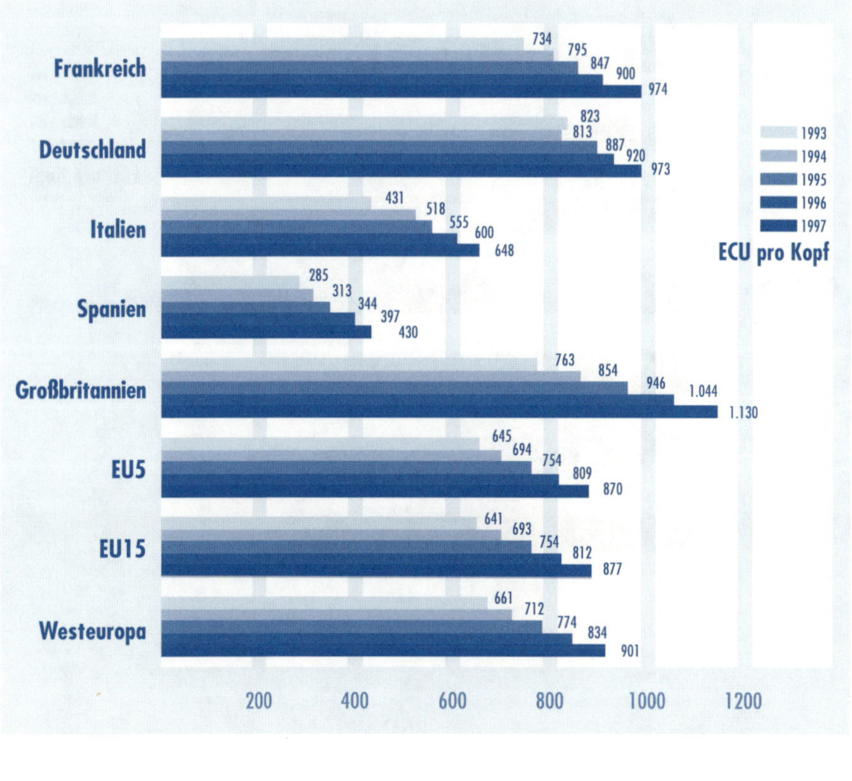

Bei den ITK-Gesamtausgaben liegt nach dem Volumen Deutschland, beim Pro-Kopf-Wert dagegen Großbritannien an der Spitze der EU: Die Pro-Kopf-Ausgaben sind dort in den letzten fünf Jahren um knapp 50 Prozent gestiegen. Dies gilt auch für Italien und Spanien, die jedoch beim Niveau weiterhin deutlich zurückliegen.

Quellen

EITO, eigene Berechnungen; alle Jahre zum Wechselkurs 1997.
Die ITK-Gesamtausgaben setzen sich zusammen aus den Ausgaben für Informationstechnologie (IT; Hardware, Software, Services) und Telekommunikation (TK; Hardware/Netztechnik und Services). Da nicht zwischen privaten und geschäftlichen Ausgaben getrennt werden kann, ist der Bezug auf die Einwohnerzahl (Ausgaben pro Kopf) als rechnerische Vergleichsgröße zu verstehen.

6.4.2 Ausgaben für IT-Hardware

Die Ausgaben für IT-Hardware sind ein Abbild der Verhältnisse bei den Gesamtausgaben: auch hier liegt Großbritannien nach einem Aufholprozeß hinsichtlich der Pro-Kopf-Werte vor Deutschland. Wiederum bilden Spanien und Italien das Schlußlicht.

in Mio. ECU	1993	1994	1995	1996	1997
Frankreich	8.485	9.850	10.487	11.115	11.899
Deutschland	16.135	15.973	17.536	18.237	19.115
Italien	4.622	5.540	5.885	5.949	6.246
Spanien	2.535	2.832	3.047	3.285	3.600
Großbritannien	10.234	14.292	15.601	17.081	18.418
EU5	42.009	48.487	52.556	55.668	59.277
EU15	52.267	61.945	67.665	71.731	76.674
Westeuropa	55.296	65.784	71.867	76.248	81.510

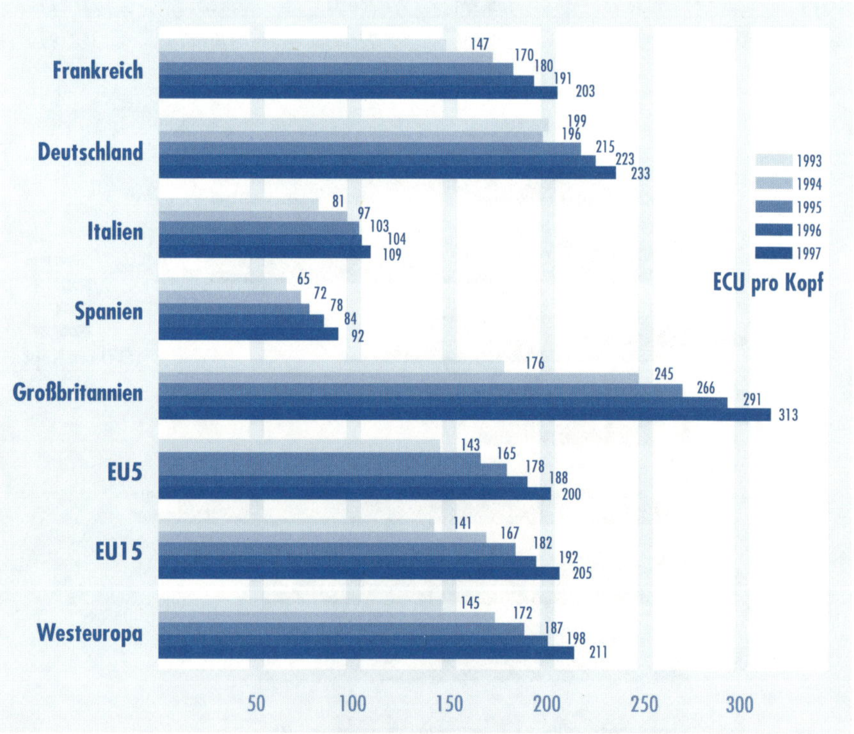

Quellen

EITO, eigene Berechnungen; alle Jahre zum Wechselkurs 1997.
Beachte die Anmerkungen zu Tabelle 6.4.1.

6.4.3 Ausgaben für IT-Software

in Mio. ECU	1993	1994	1995	1996	1997
Frankreich	3.397	3.857	4.262	4.643	5.029
Deutschland	8.157	7.930	8.695	9.349	10.055
Italien	2.140	2.415	2.514	2.651	2.792
Spanien	823	641	765	868	956
Großbritannien	4.347	5.115	5.666	6.245	7.062
EU5	18.864	19.958	21.902	23.757	25.896
EU15	23.598	24.662	27.009	29.358	32.146
Westeuropa	25.167	26.115	28.611	31.118	34.086

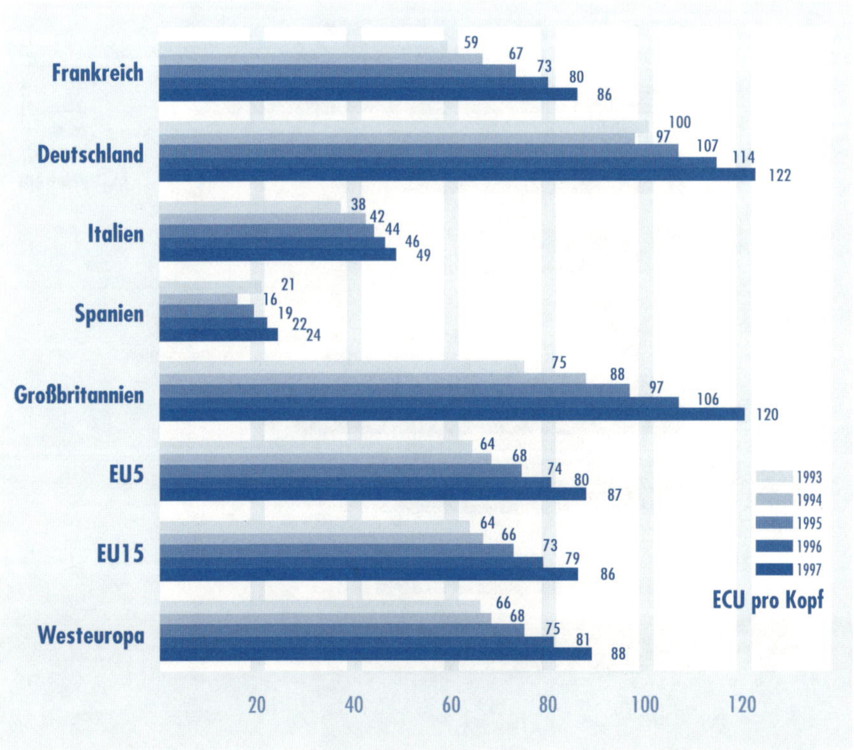

Bei den Ausgaben für IT-Software erreicht Deutschland sowohl beim Volumen als auch bei den Pro-Kopf-Werten den Spitzenplatz, allerdings verzeichnen alle Länder mit Ausnahme von Spanien in den letzten fünf Jahren höhere prozentuale Zuwächse.

Quellen

EITO, eigene Berechnungen; alle Jahre zum Wechselkurs 1997.
Beachte die Anmerkungen zu Tabelle 6.4.1.

6.4.4 Ausgaben für IT-Dienstleistungen

In dieser Ausgabenkategorie liegt Frankreich vorn, beim Volumen und bei den Pro-Kopf-Werten.

in Mio. ECU	1993	1994	1995	1996	1997
Frankreich	10.017	11.857	12.278	13.062	14.291
Deutschland	10.435	10.410	10.924	11.515	12.362
Italien	4.587	4.965	5.199	5.607	6.070
Spanien	1.479	1.644	1.714	1.848	2.075
Großbritannien	7.411	9.049	9.835	10.389	11.536
EU5	33.928	37.925	39.950	42.422	46.334
EU15	43.578	47.266	49.776	52.896	57.937
Westeuropa	46.918	50.624	53.266	56.608	61.914

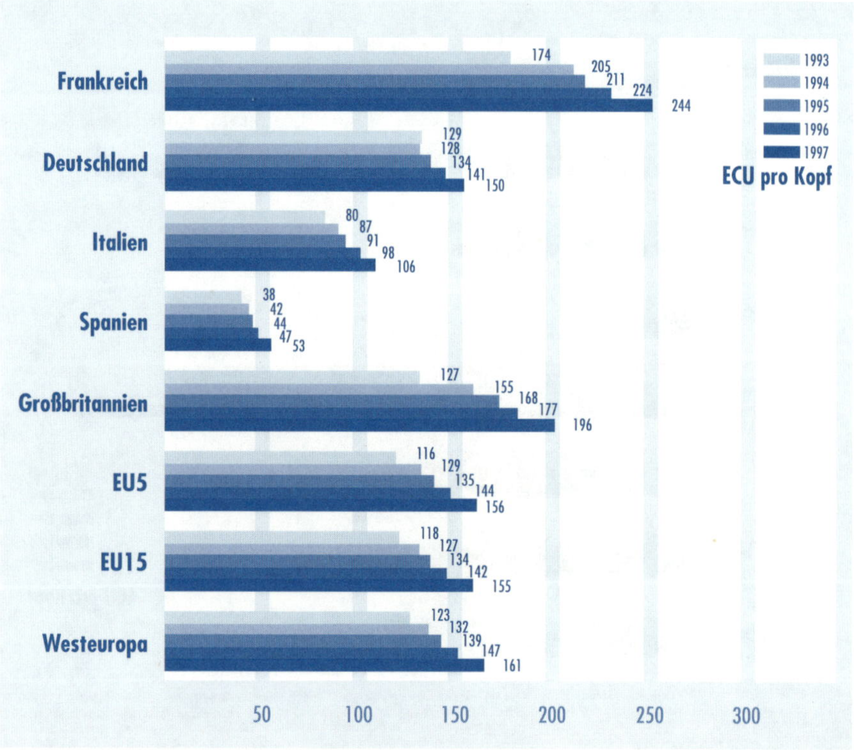

Quellen

EITO, eigene Berechnungen; alle Jahre zum Wechselkurs 1997.
Beachte die Anmerkungen zu Tabelle 6.4.1.

6.4.5 Ausgaben für TK-Netztechnik

in Mio. ECU	1993	1994	1995	1996	1997
Frankreich	2.611	2.351	2.570	2.809	3.099
Deutschland	3.298	3.554	3.866	4.122	4.380
Italien	1.285	1.588	1.694	1.923	2.057
Spanien	705	548	579	685	690
Großbritannien	2.249	2.672	2.852	3.002	3.182
EU5	10.149	10.713	11.561	12.541	13.408
EU15	12.914	13.186	14.272	15.473	16.543
Westeuropa	13.803	13.933	15.037	16.260	17.373

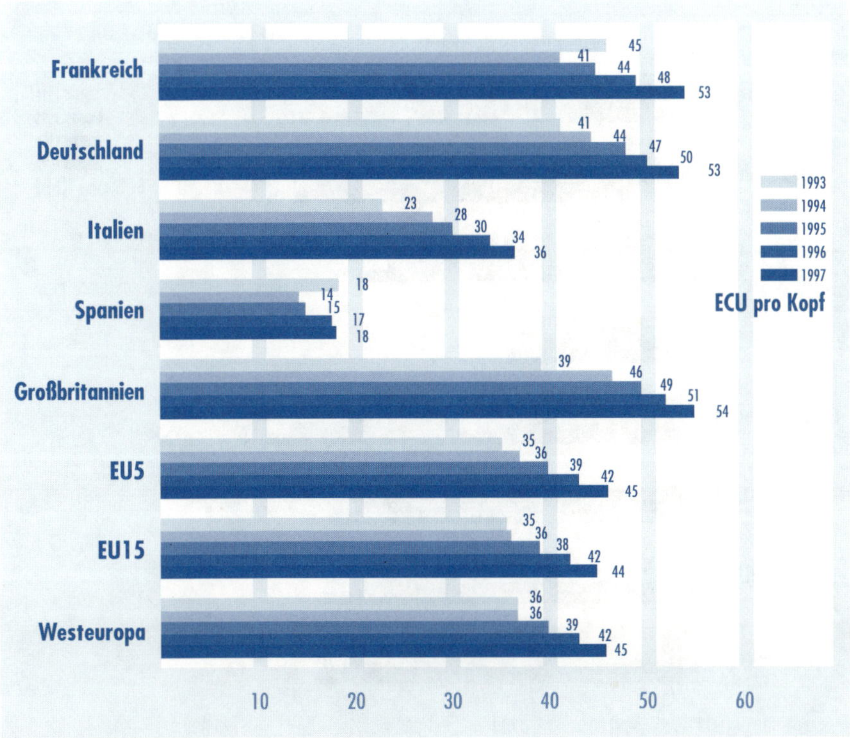

Bei den Investitionen in (öffentliche) Netztechnik liegen Frankreich, Deutschland und Großbritannien gleich auf (Pro-Kopf-Werte). In Spanien sind die Ausgaben trotz des niedrigen Niveaus zwischenzeitlich sogar zurückgegangen, so daß sich der Abstand zum übrigen Europa deutlich vergrößerte

Quellen

EITO, eigene Berechnungen; alle Jahre zum Wechselkurs 1997.
Beachte die Anmerkungen zu Tabelle 6.4.1.

6.4.6 Ausgaben für TK-Dienstleistungen

Die Ausgaben für TK-Dienstleistungen sind der bei weitem größte Einzelposten innerhalb der ITK-Gesamtausgaben. Ihr Anteil liegt bei rund 44 Prozent. Hier liegt wieder Großbritannien an der Spitze, gefolgt von Deutschland und Frankreich (Pro-Kopf-Werte).

in Mio. ECU	1993	1994	1995	1996	1997
Frankreich	17.784	18.145	19.640	20.798	22.683
Deutschland	28.746	28.334	31.408	32.013	34.078
Italien	11.940	15.140	16.483	18.253	20.097
Spanien	5.610	6.600	7.383	8.899	9.584
Großbritannien	20.169	18.728	21.487	24.551	26.298
EU5	84.250	86.947	96.401	104.514	112.741
EU15	104.604	109.834	121.652	133.076	144.524
Westeuropa	111.014	115.949	128.151	140.272	152.315

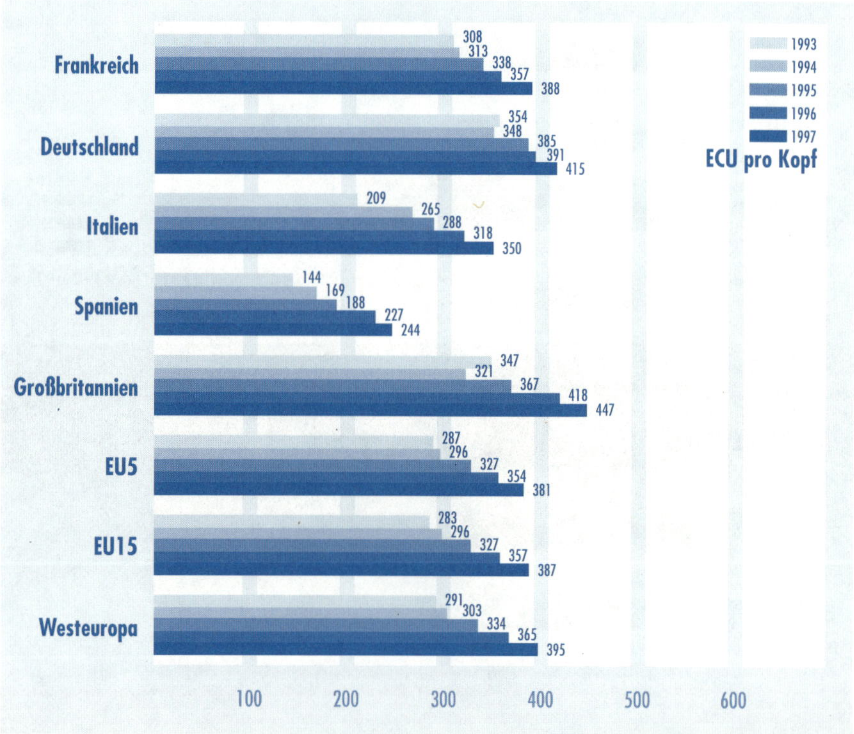

Quellen

EITO, eigene Berechnungen; alle Jahre zum Wechselkurs 1997.
Beachte die Anmerkungen zu Tabelle 6.4.1.

Kapitel 6.5

Werbemärkte

6.5.1 Gesamtwerbemarkt

in Mio. ECU	1993	1994	1995	1996	1997
Frankreich	6.989	7.343	7.644	7.873	8.172
Deutschland	14.141	15.107	16.025	16.279	16.922
Italien	4.056	4.176	4.377	4.798	5.186
Spanien	3.376	3.429	3.552	3.669	3.899
Großbritannien	9.780	10.822	11.728	12.629	13.864
EU5	38.343	40.876	43.326	45.248	48.043
EU15	46.996	50.424	53.910	56.015	55.734
Westeuropa	49.519	53.122	56.852	58.979	56.738
USA	68.411	74.698	79.619	86.307	92.603
Japan	25.256	25.570	26.854	28.765	29.764

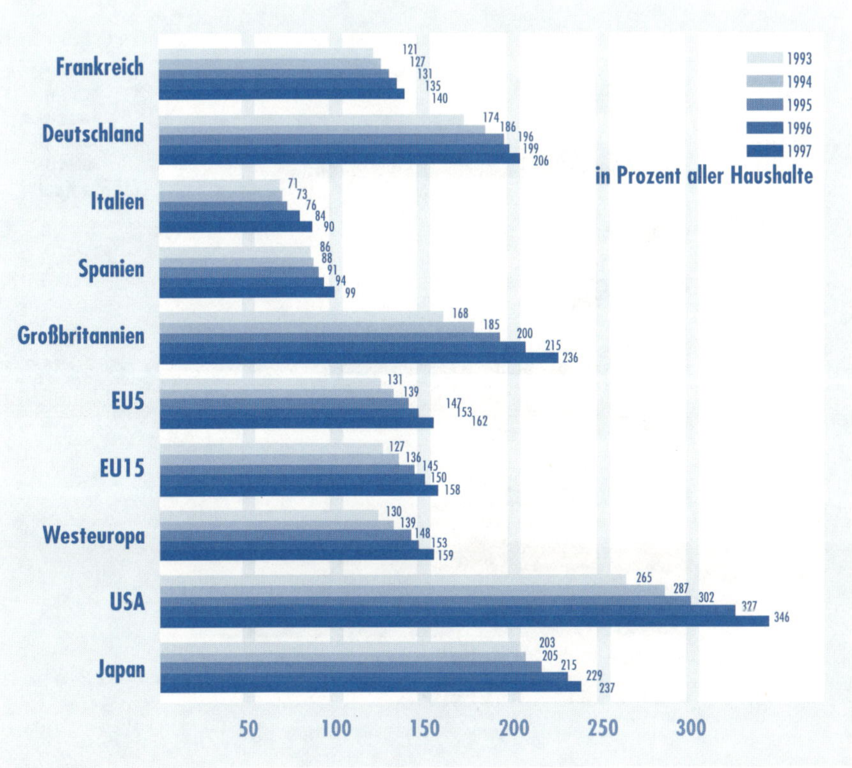

Der europäische Werbemarkt zeigt große Unterschiede zwischen den einzelnen Ländern. Die Umsätze pro Einwohner sind in den USA mehr als doppelt so hoch wie der europäische Durchschnitt. Mit einem durchschnittlichen Wachstum von 9 Prozent pro Jahr innerhalb der letzten fünf Jahre hat Großbritannien das japanische Pro-Kopf-Niveau erreicht. Deutschland bleibt jedoch weiterhin der größte europäische Werbemarkt.

Quellen

The Advertising Association, Advertising Information Group.
Die Daten wurden angeglichen, um eine Vergleichbarkeit zu erleichtern und beeinhalten Agentur-Kommissionen und Kleinanzeigen. Nicht enthalten sind Produktionskosten. 1997er Angaben beinhalten keine Daten für Dänemark, die Niederlande und die Schweiz.

6.5.2 Werbung in Zeitungen

Der Anteil der Werbeausgaben für Zeitungen am Gesamtwerbevolumen liegt im europäischen Durchschnitt bei 37 Prozent. Dabei liegt die Spannbreite zwischen 21 Prozent in Italien und 48 Prozent in Deutschland.

in Mio. ECU	1993	1994	1995	1996	1997
Frankreich	1.747	1.833	1.883	1.924	1.959
Deutschland	7.306	7.624	7.889	7.897	8.157
Italien	846	899	944	1.005	1.064
Spanien	1.040	1.091	1.119	1.154	1.220
Großbritannien	4.239	4.632	4.905	5.158	5.615
EU5	15.178	16.080	16.741	17.139	18.014
EU15	19.321	20.517	21.525	22.098	21.180
Westeuropa	20.833	22.080	23.220	23.774	21.766
USA	26.825	28.778	30.420	32.167	34.904
Japan	7.696	7.784	8.098	8.594	8.776

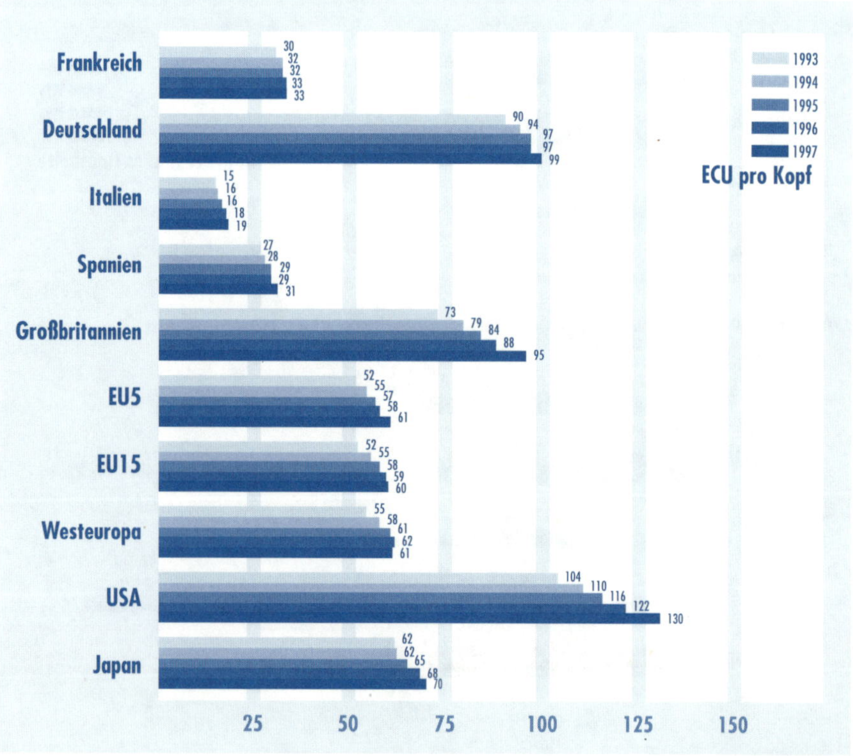

Quellen

The Advertising Association, Advertising Information Group
Die Daten wurden angeglichen, um eine Vergleichbarkeit zu erleichtern und beeinhalten Agentur-Kommissionen und Kleinanzeigen. Nicht enthalten sind Produktionskosten. 1997er Angaben beeinhalten keine Daten für Dänemark, die Niederlande und die Schweiz.

6.5.3 Zeitschriften-Werbung

in Mio. ECU	1993	1994	1995	1996	1997
Frankreich	1.645	1.701	1.743	1.800	1.888
Deutschland	2.915	2.978	3.177	3.072	3.152
Italien	743	709	737	788	829
Spanien	619	554	563	571	598
Großbritannien	1.678	1.856	2.067	2.313	2.551
EU5	7.601	7.798	8.286	8.543	9.018
EU15	9.174	9.440	10.066	10.450	10.337
Westeuropa	9.608	9.884	10.534	10.932	10.444
USA	8.911	9.464	10.189	10.758	11.693
Japan	2.334	2.371	2.553	2.779	2.998

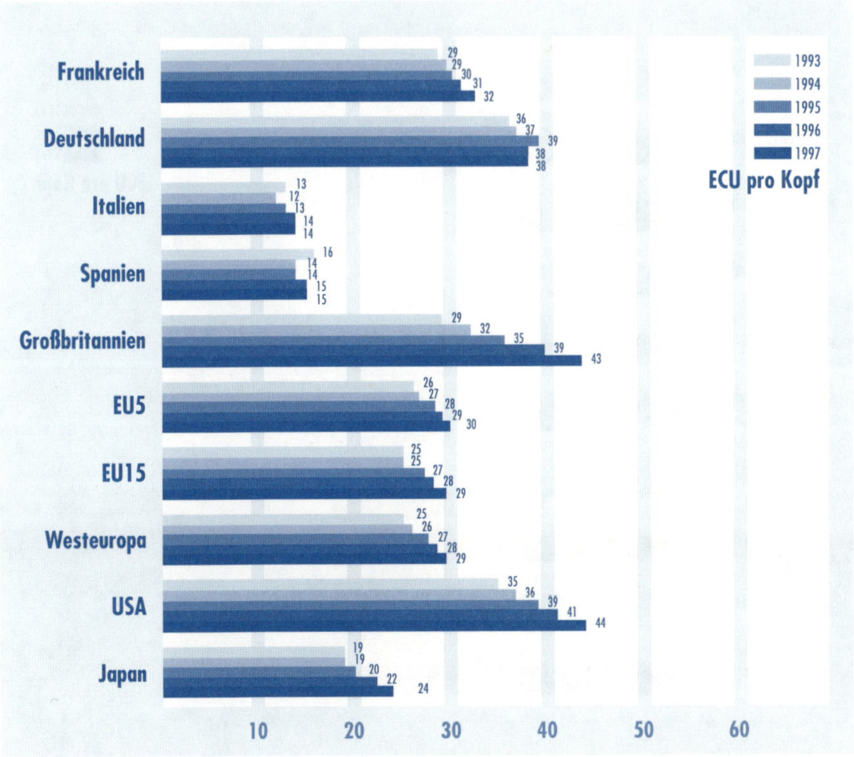

Deutschland besitzt den größten Zeitschriftenwerbemarkt Europas. Allerdings werden europaweit die höchsten Pro-Kopf-Umsätze in Großbritannien erzielt. Diese liegen nur knapp unter dem Niveau der USA.

Quellen

The Advertising Association, Advertising Information Group.
Die Daten wurden angeglichen, um eine Vergleichbarkeit zu erleichtern und beeinhalten Agentur-Kommissionen und Kleinanzeigen. Nicht enthalten sind Produktionskosten. 1997er Angaben beinhalten keine Daten für Dänemark, die Niederlande und die Schweiz.

6.5.4 TV-Werbung

Das höchste Wachstum der TV-Werbeausgaben zwischen 1993 und 1997 konnte Deutschland verbuchen, mit durchschnittlich über 11 Prozent jährlich. Daher stieg auch der Anteil der TV-Werbung am gesamten deutschen Werbemarkt auf 25 Prozent. Trotzdem hat Deutschland damit (noch) nicht den europäischen Durchschnitt von 32 Prozent erreicht.

in Mio. ECU	1993	1994	1995	1996	1997
Frankreich	2.185	2.345	2.526	2.640	2.780
Deutschland	2.730	3.185	3.587	3.901	4.207
Italien	2.275	2.394	2.508	2.721	2.982
Spanien	1.232	1.281	1.327	1.382	1.492
Großbritannien	3.204	3.546	3.848	4.083	4.499
EU5	11.626	12.750	13.797	14.727	15.962
EU15	13.680	15.281	16.728	17.441	18.210
Westeuropa	13.915	15.594	17.069	17.793	18.396
USA	24.317	27.184	29.020	32.592	34.154
Japan	10.089	10.432	11.140	12.161	12.745

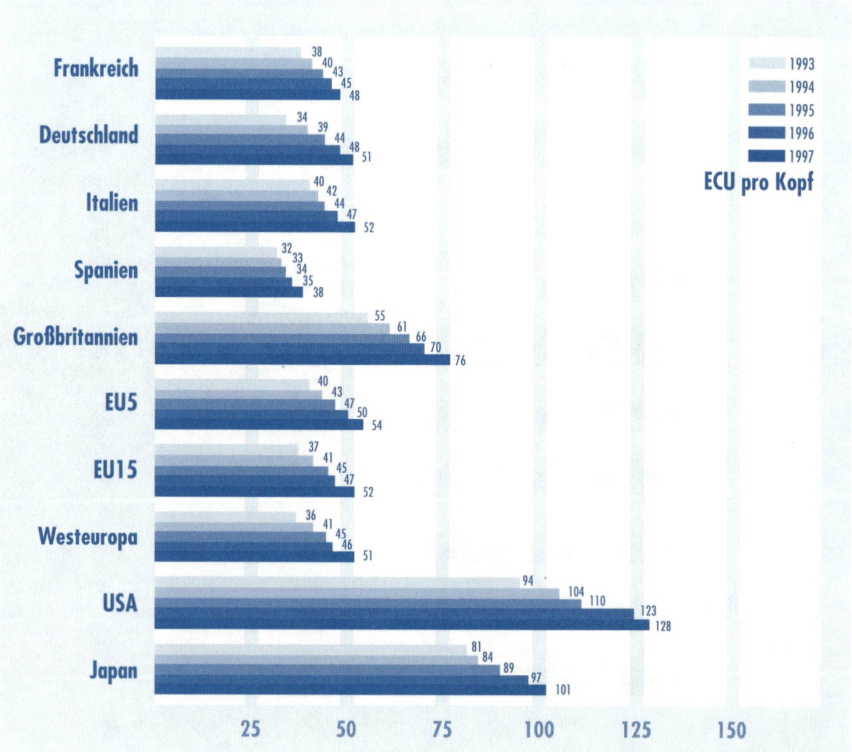

Quellen

The Advertising Association, Advertising Information Group.
Die Daten wurden angeglichen, um eine Vergleichbarkeit zu erleichtern und beeinhalten Agentur-Kommissionen und Kleinanzeigen. Nicht enthalten sind Produktionskosten. 1997er Angaben beeinhalten keine Daten für Dänemark, die Niederlande und die Schweiz.

6.5.5 Radio-Werbung

in Mio. ECU	1993	1994	1995	1996	1997
Frankreich	538	560	567	550	539
Deutschland	569	623	638	652	665
Italien	55	58	73	159	183
Spanien	311	320	347	361	378
Großbritannien	256	319	389	452	517
EU5	1.729	1.879	2.012	2.173	2.283
EU15	2.151	2.349	2.543	2.744	2.746
Westeuropa	2.224	2.447	2.669	2.881	2.848
USA	7.589	8.449	9.098	9.845	10.826
Japan	1.401	1.350	1.379	1.444	1.488

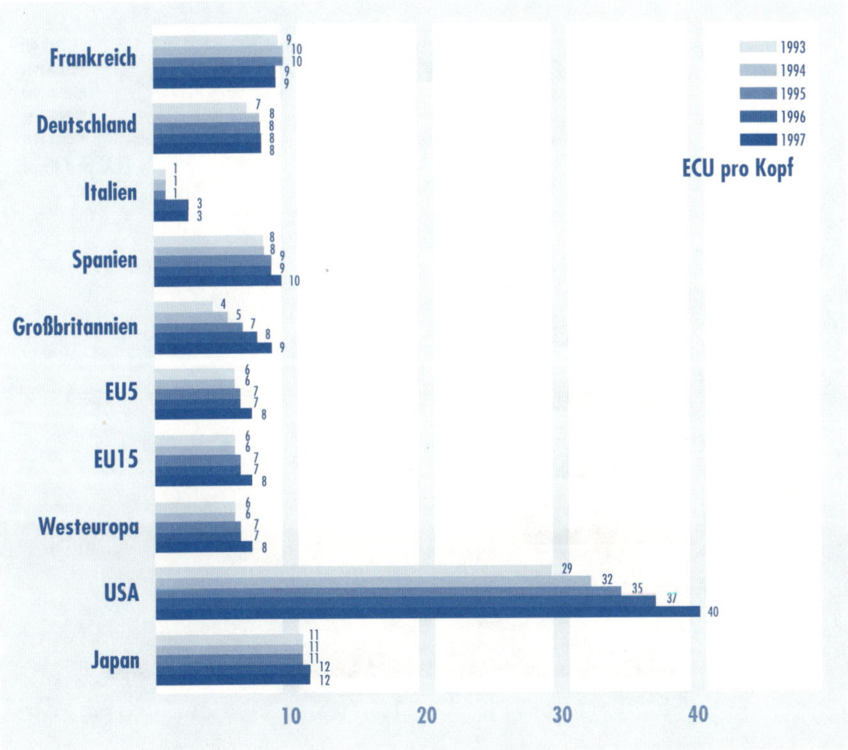

Das Niveau der Pro-Kopf-Radiowerbeumsätze ist in den USA fünfmal höher als der europäische Durchschnitt. Der Anteil der Radiowerbung am Gesamtwerbevolumen erreicht in den USA 12 Prozent, im Vergleich zu durchschnittlich 5 Prozent in Westeuropa.

Quellen

The Advertising Association, Advertising Information Group.
Die Daten wurden angeglichen, um eine Vergleichbarkeit zu erleichtern und beeinhalten Agentur-Kommissionen und Kleinanzeigen. Nicht enthalten sind Produktionskosten. 1997er Angaben beeinhalten keine Daten für Dänemark, die Niederlande und die Schweiz.

6.5.6 Außen-/Verkehrsmittelwerbung

Der Bereich Außen- und Verkehrsmittelwerbung ist der einzige Werbemarkt, in dem das europäische Pro-Kopf-Niveau höher ist als in den USA.

in Mio. ECU	1993	1994	1995	1996	1997
Frankreich	839	869	888	917	959
Deutschland	473	541	567	587	567
Italien	136	116	116	123	128
Spanien	147	155	161	167	179
Großbritannien	347	404	436	493	578
EU5	1.942	2.085	2.167	2.287	2.411
EU15	2.364	2.517	2.645	2.822	2.865
Westeuropa	2.609	2.773	2.933	3.112	2.883
USA	769	824	891	944	1.026
Japan	3.735	3.633	3.677	3.772	3.757

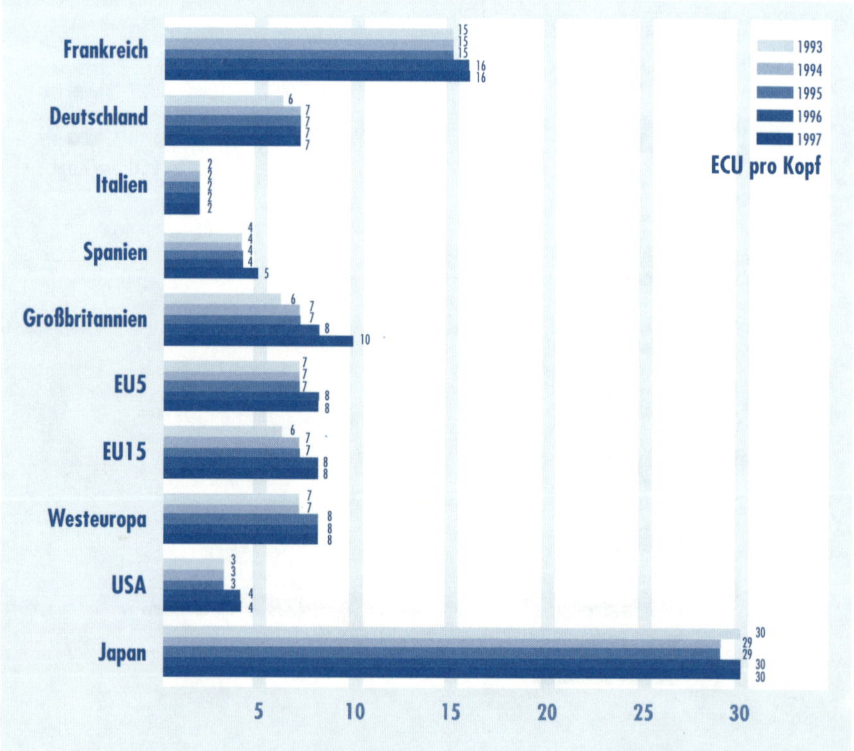

Quellen

The Advertising Association, Advertising Information Group.
Die Daten wurden angeglichen, um eine Vergleichbarkeit zu erleichtern und beeinhalten Agentur-Kommissionen und Kleinanzeigen. Nicht enthalten sind Produktionskosten. 1997er Angaben beeinhalten keine Daten für Dänemark, die Niederlande und die Schweiz.

6.5.7 Prognose: Online-Werbeumsätze

in Mio. ECU	1997	2002	2010
Frankreich	5	84	423
Deutschland	26	230	944
Italien	3	36	230
Spanien	3	43	230
Großbritannien	26	214	867
EU5	62	607	2.694
EU15	71	663	3.112
Westeuropa	74	679	3.179
USA	561	3.469	5.969

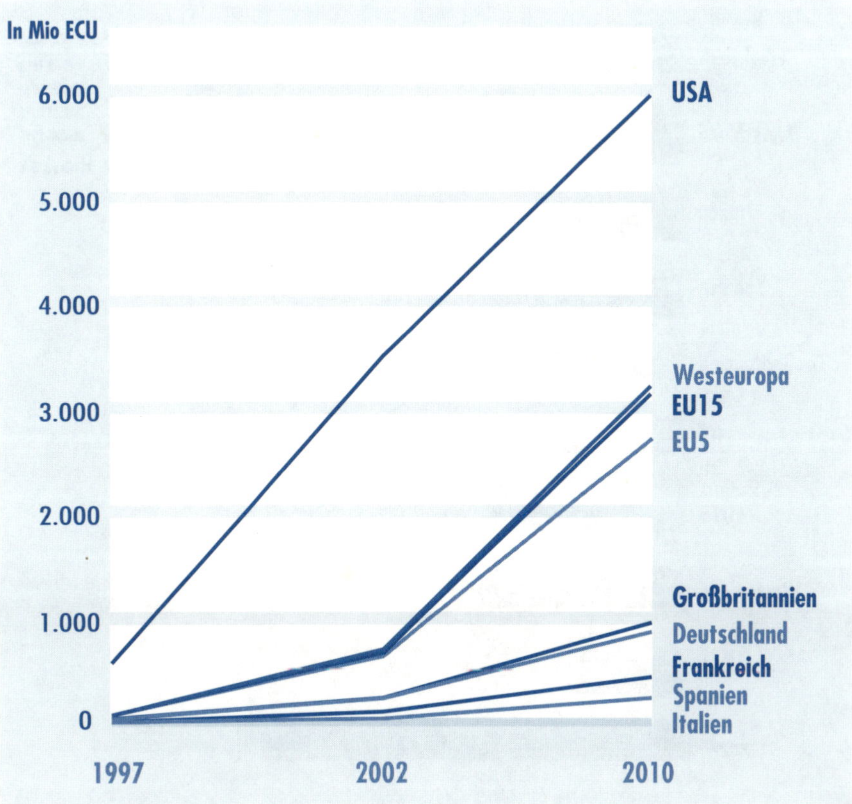

Quellen

prognos Schätzung; Nur Werbeausgaben zu Wechselkursen von 1997.
Die Online-Werbeumsätze werden deutlich zulegen: Von insgesamt 562 Mio. ECU im Jahre 1997 auf rund 3,5 Mrd. ECU im Jahre 2002. Damit ist der Online-Werbemarkt ein echter Wachstumsmarkt.

ECC
EUROPEAN COMMUNICATION COUNCIL

Kapitel 6.6

Ausgewählte Medienmärkte

6.6.1 Tageszeitungen: Vertriebseinnahmen

Die Vertriebseinnahmen tragen in Westeuropa mit durchschnittlich 36 Prozent zu den Einnahmen der Tageszeitungen bei. In den USA liegt dieser Anteil nur bei 14 Prozent, in Japan über 50 Prozent. Zusammen mit den Exemplaren pro Haushalt (vgl. Tab. 6.3.10) erklärt sich der enorme Vorsprung Japans bei den Einnahmen pro Haushalt. In allen Ländern zeichnen sich Stagnationstendenzen ab, bedingt durch die rückläufigen Auflagen, die nicht durch Preiserhöhungen aufgefangen werden können.

in Mio. ECU	1993	1994	1995	1996	1997
Frankreich	1.920	1.936	2.041	1.993	k.A.
Deutschland	2.900	3.027	3.155	3.292	3.309
Italien	1.065	1.103	1.247	1.304	1.319
Spanien	627	735	844	916	965
Großbritannien	2.609	2.570	2.609	2.775	k.A.
EU5	9.121	9.371	9.895	10.280	k.A.
EU15	11.748	12.111	12.698	13.320	k.A.
Westeuropa	12.204	12.594	13.181	13.802	k.A.
USA	5.156	5.297	5.430	5.492	k.A.
Japan	8.718	9.163	9.287	9.411	k.A.

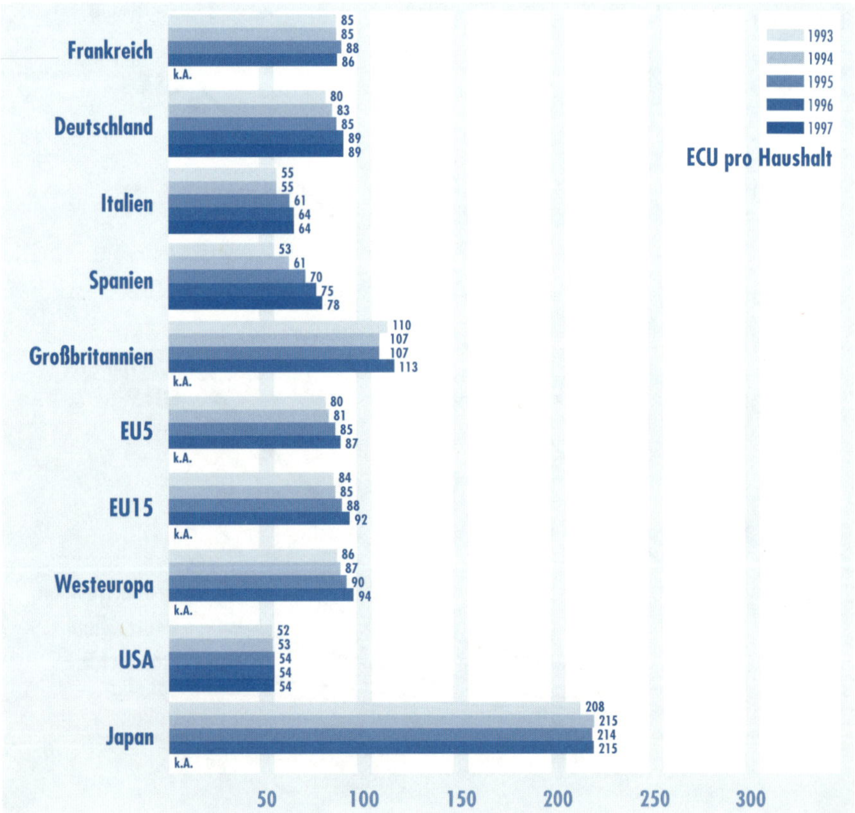

Quellen

World Association of Newspapers WAN, eigene Berechnungen
Summe EU15 ohne Österreich, Summe Westeuropa ohne Schweiz.

6.6.2 TV-Gebühreneinnahmen

in Mio. ECU	1994	1995	1996
Frankreich	1.010	1.084	1.625
Deutschland	2.811	2.865	2.852
Italien	1.166	1.224	1.249
Spanien	0	0	0
Großbritannien	2.432	2.633	2.778
EU5	7.419	7.806	8.503
EU15	9.487	9.826	k.A.
Westeuropa	9.750	10.112	k.A.
Japan	3.980	4.038	k.A.

Die Entwicklung der TV-Gebühreneinnahmen hängt ab zum einen von der gesetzlich/administrativ festgelegten Höhe der Gebühr, zum anderen von der Erfassung der gebührenpflichtigen TV-Haushalte. Aktuelle Schätzungen über den Anteil der Schwarzseher für das Jahr 1996 belaufen sich auf 5 Prozent (Belgien) bis 15 Prozent (Italien). Der enorme Anstieg in Frankreich 1996 läßt sich zu einem geringen Teil mit einer Gebührenerhöhung erklären. Ansonsten widersprechen sich die angeblich niedrige Schwarzseherquote und der steile Anstieg der Gebühreneinnahmen.

Quellen

Eurostat; keine Gebühren in Spanien, Portugal, Griechenland;
Westeuropa ohne Schweiz, Wechselkurse 1997.

6.6.3 Kinobesuche

Nach einer langen Periode des permanenten Rückgangs der Besucherzahlen ist die Abwärtsbewegung zum Stillstand gekommen. Auch wenn der Anstieg nicht kontinuierlich verläuft, lagen die Besucherzahlen 1996 bzw. 1997 in allen europäischen Ländern höher als noch 1993. Dennoch bleiben die USA mit fünf Besuchen pro Jahr und Einwohner das Kinoland schlechthin.

in Mio.	1993	1994	1995	1996	1997
Frankreich	133	124	130	137	148
Deutschland	131	133	124	133	143
Italien	92	98	91	97	100
Spanien	88	89	95	104	k.A.
Großbritannien	114	124	115	124	139
EU5	557	568	555	594	k.A.
EU15	661	676	659	703	k.A.
Westeuropa	689	705	686	731	k.A.
USA	1.244	1.213	1.222	1.265	1.350
Japan	131	123	127	120	k.A.

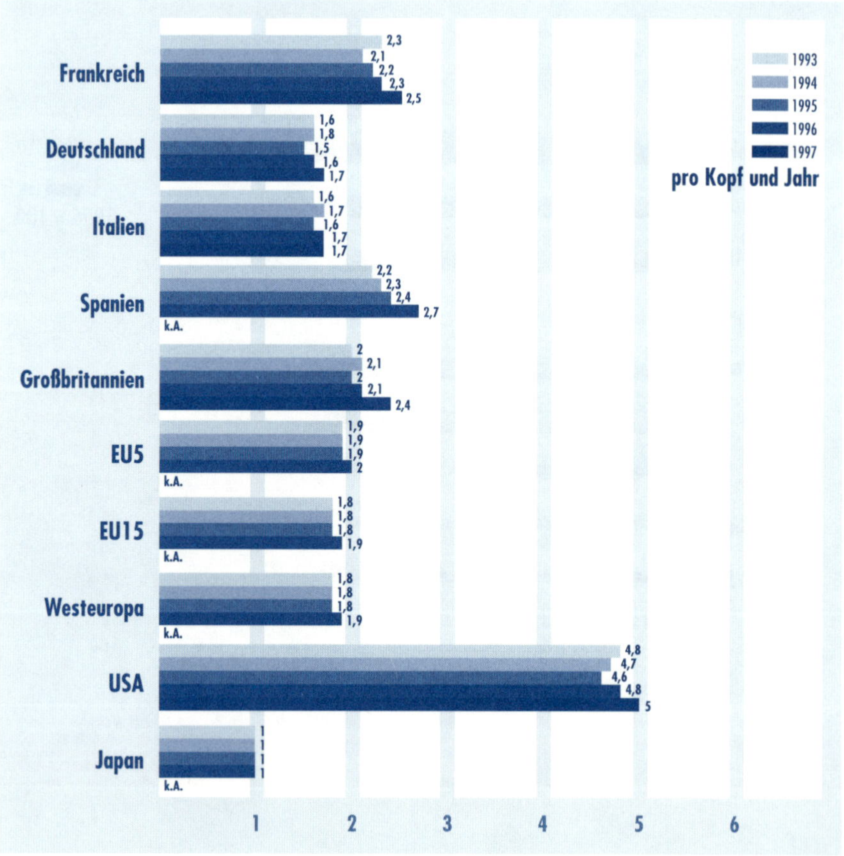

Quellen

OBS/Europäische Audiovisuelle Informationsstelle.

6.6.4 Kinoeinnahmen

in Mio. ECU	1993	1994	1995	1996	1997
Frankreich	683	648	685	718	k.A.
Deutschland	596	625	602	669	748
Italien	393	427	413	454	k.A.
Spanien	245	263	277	333	k.A.
Großbritannien	514	526	556	636	740
EU5	2.431	2.489	2.534	2.810	k.A.
EU15	2.936	3.021	3.002	3.280	k.A.
Westeuropa	3.104	3.202	3.181	3.465	k.A.
USA	4.391	4.629	4.721	5.081	k.A.
Japan	1.194	1.120	1.152	1.086	k.A.

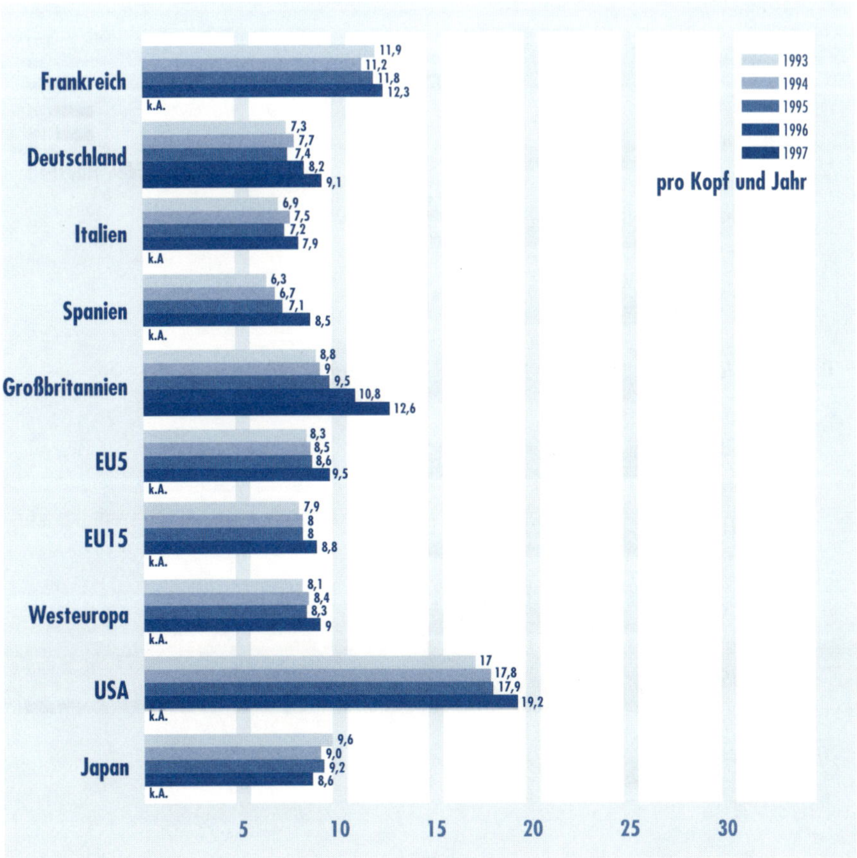

Der Anstieg der Besucherzahlen spiegelt sich auch in den Einnahmen wider. In Deutschland lag der Einnahmenzuwachs sogar mehr als doppelt so hoch wie der Besucherzuwachs. Den Kinobetreibern ist es also gelungen, das Preisniveau ohne negative Auswirkungen auf die Besucherzahlen anzuheben. Dazu hat wesentlich der Bau von attraktiven Kinocentern mit verbessertem Angebot beigetragen. Der Vorsprung der USA ist bei den Einnahmen nicht mehr so ausgeprägt wie bei den Besucherzahlen, da die Eintrittspreise in den USA deutlich niedriger liegen.

Quellen

OBS/Europäische Audiovisuelle Informationsstelle; 1995 ohne Griechenland und Portugal, 1996 ohne Griechenland, Portugal und Irland, alle Angaben zu ECU-Kurs 1997.

6.6.5 Verkaufte Videokassetten

Der Boom beim Verkauf von bespielten Videokassetten war zumindest bis 1996 ungebrochen. Die Zahl der Verkäufe pro Video-Haushalt stieg kontinuierlich an. Wie bei den Kinobesuchen liegen die USA auch bei den Videoverkäufen in einer anderen Dimension: ein US-Video-Haushalt kauft pro Jahr 2,5 mal soviele bespielte Kassetten wie ein westeuropäischer Video-Haushalt. Einer der Gründe ist die Preispolitik in den USA: neu in den Verkauf kommende Filme werden dort oft für eine bestimmte Zeit zu Sonderpreisen angeboten, um den Absatz anzukurbeln.

in Mio. Stück	1992	1993	1994	1995	1996
Frankreich	26,0	26,0	50,0	55,0	55,0
Deutschland	21,0	28,5	35,0	41,7	44,0
Italien	15,3	20,9	28,7	25,0	28,5
Spanien	3,3	8,2	10,9	12,1	12,7
Großbritannien	48,0	60,0	66,0	73,0	79,0
EU5	113,6	143,6	190,6	206,8	219,2
EU15	129,8	168,5	220,9	241,6	254,9
Westeuropa	132,2	171,9	225,9	247,5	261,9
USA	386,8	326,9	398,4	470,9	600,1
Japan	31,0	22,7	29,4	31,4	40,4

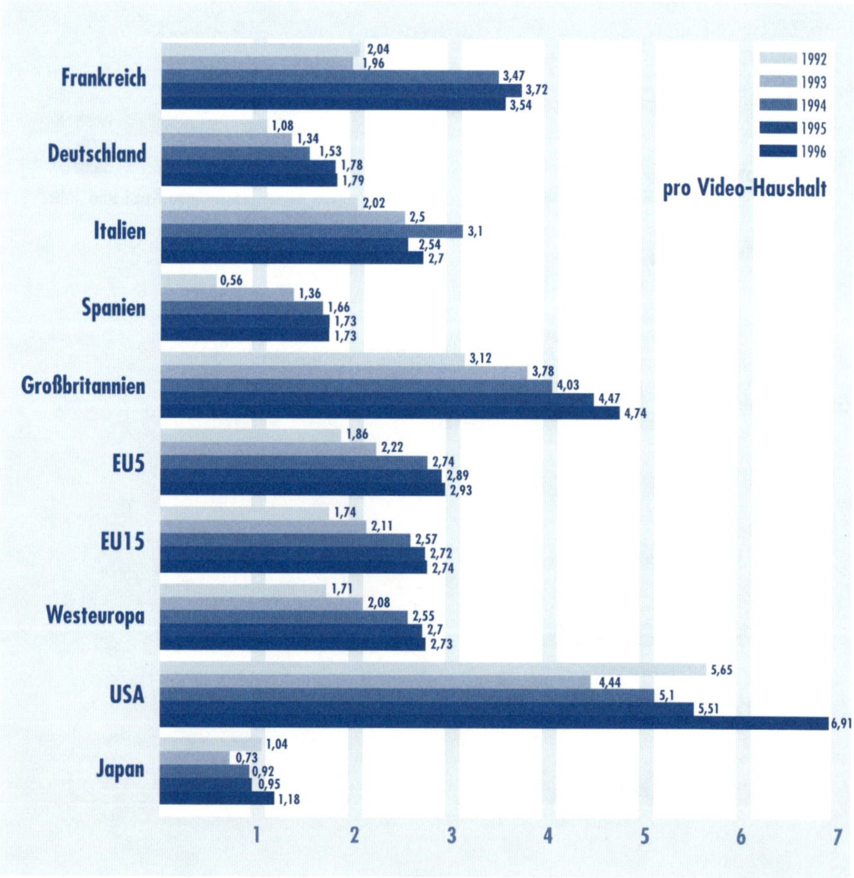

Quellen

OBS/Europäische Audiovisuelle Informationsstelle.

6.6.6 Videoverkauf: Umsätze

in Mio. ECU	1992	1993	1994	1995	1996
Frankreich	665	681	922	965	998
Deutschland	295	423	484	529	535
Italien	177	232	286	224	235
Spanien	65	106	157	175	168
Großbritannien	731	929	1.008	1.140	1.160
EU5	1.934	2.371	2.857	3.033	3.096
EU15	2.169	2.723	3.305	3.659	3.769
Westeuropa	2.223	2.803	3.392	3.755	3.879
USA	3.493	4.152	4.847	5.523	6.477
Japan	1.021	1.016	720	878	1.253

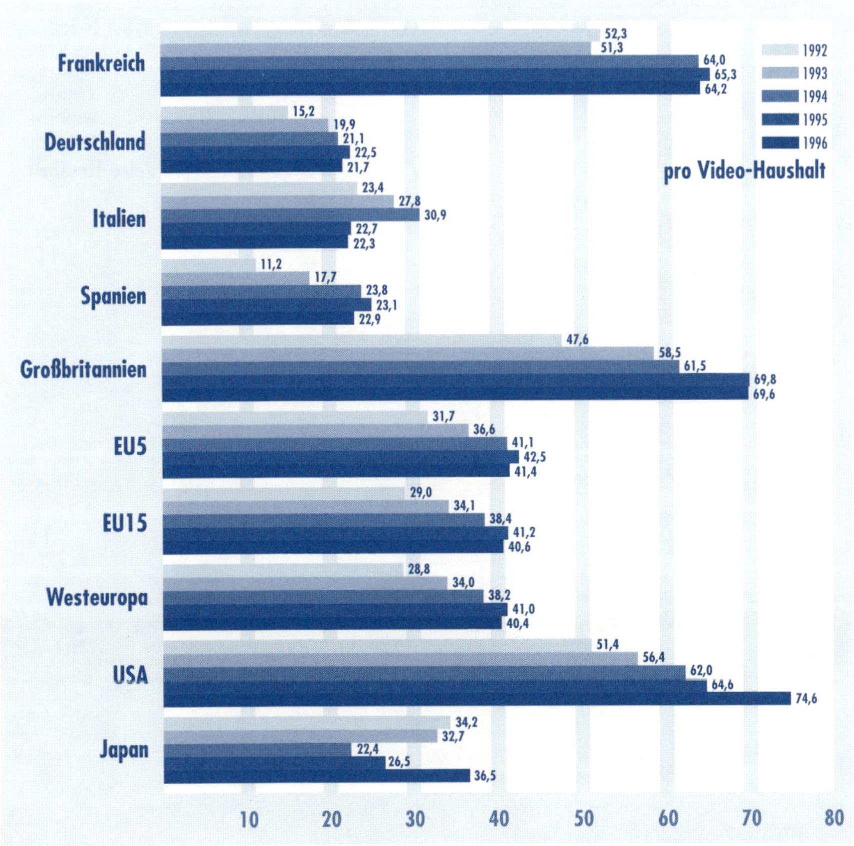

Entsprechend den steigenden Absatzzahlen wuchsen auch die Umsätze mit Kaufkassetten, allerdings nicht in gleichen Maßen. Das deutet auf einen Preisverfall hin. Am niedrigsten sind die Preise inzwischen in Italien, nachdem 1992 noch die USA das niedrigste Preisniveau aufzuweisen hatten. Der Zusammenhang Preis/Absatz pro Haushalt ist jedoch nicht eindeutig, wie das Beispiel Großbritannien zeigt: trotz durchschnittlicher Preise liegt der Absatz dort im europäischen Vergleich am höchsten.

Quellen

OBS/Europäische Audiovisuelle Informationsstelle.

6.6.7 Videoverleih: Umsätze

Mit dem Boom bei den Kaufkassetten ging ein teilweise dramatischer Rückgang der Verleihumsätze einher, in Spanien z.B. um mehr als 50 Prozent. Pro Video-Haushalt stellt sich die Situation noch schlechter dar; die neu hinzukommenden Haushalte scheinen sich beim Ausleihen von Videos gänzlich zurückzuhalten. Dennoch sorgen Programminhalte, die im Fernsehen nicht gezeigt werden dürfen (Gewalt/-Horror, Porno), für ein Basisgeschäft, das auch mittelfristig nicht substituiert werden wird.

in Mio. ECU	1992	1993	1994	1995	1996
Frankreich	34	150	160	166	170
Deutschland	458	377	367	377	397
Italien	117	106	106	100	102
Spanien	151	95	86	86	72
Großbritannien	738	660	633	660	709
EU5	1.699	1.387	1.350	1.389	1.449
EU15	2.149	1.830	1.777	1.815	1.883
Westeuropa	2.276	1.958	1.895	1.929	1.990
USA	8.595	8.780	8.391	7.994	8.133
Japan	2.957	2.618	2.445	2.490	2.748

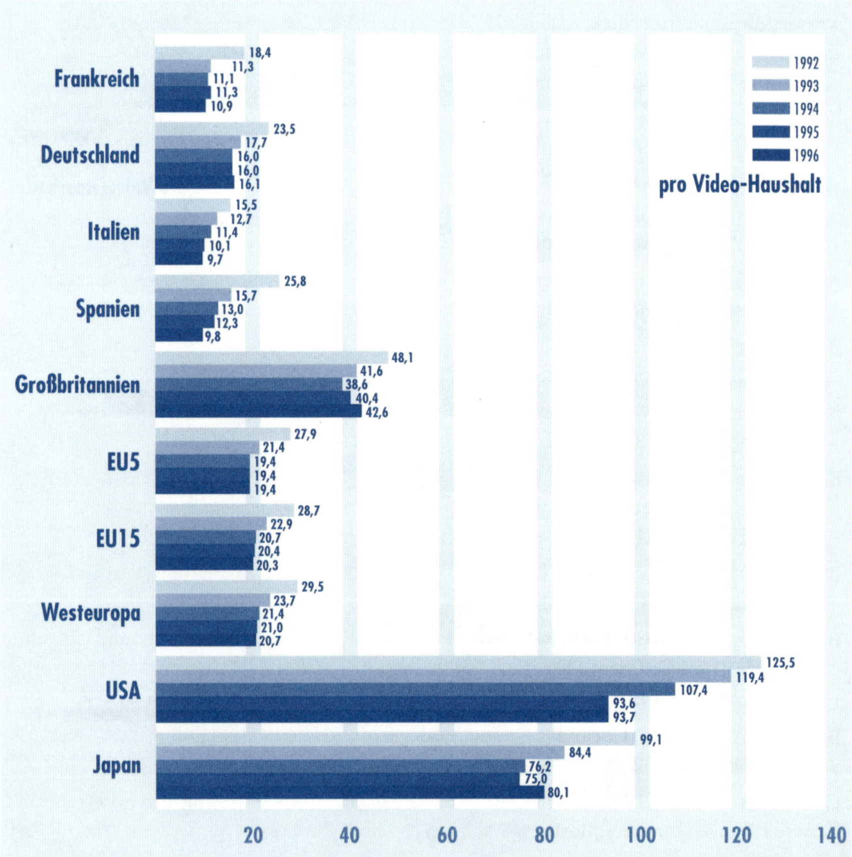

Quellen

OBS/Europäische Audiovisuelle Informationsstelle.

Literaturquellen

Adstead, Stephen; **McGarvey**, Patrick (1997): Convergence in Europe. The New Media Value Chain. London, UK: Financial Times Management Report

Aley, James (1996): The Theory That Made Microsoft. Internet: http://www.pathfinder.com/fortune/archives/htm, 29.4.96

Alden, Christopher (1998): Kingmaker. Yahoo is becoming an online service. Internet: http://www.redherring.com/mag/issue57, August 1998

Alison, Alexander; **Owers**, James; **Carveth**, Rod (Hrsg.) (1998): Media Economics – Theory and Practice. Mahwah, N.J.: Lawrence Erlbaum Associates (2nd. ed.)

Altmeppen, Klaus-Dieter (Hrsg.) (1996): Ökonomie der Medien und des Mediensystems. Grundlagen, Ergebnisse und Perspektiven medienökonomischer Forschung. Opladen: Westdeutscher Verlag

Arrow, Kenneth (1962): Economic Welfare and the Allocation of Resources for Invention. In: Nelson R.R. (Hrsg.): The Rate and Direction of Inventive Activity: Economic and Social Factors, New York, N.Y.: Princeton University Press

Artopé, Alexander; **Zerdick**, Axel (1995): Die Folgen der Media-Mergers in den USA. Die neue Ausgangssituation auf dem deutschen und europäischen Fernsehmarkt, (Hrsg.) MGM MediaGruppe München

Bachofer, Michael (1998): Wie wirkt Werbung im Web? Blickverhalten, Gedächtnisleistung und Imageveränderung beim Kontakt mit Internet-Anzeigen. (Hrsg.) STERN-Bibliothek, Hamburg: STERN Anzeigenabteilung

Bakos, Yannis; **Brynjolfsson**, Erik (1996): Bundling Information Goods: Pricing, Profits and Efficiency, SIMS Working Paper, Boston, MA.: MIT Sloan School of Business

BancAmerica Robertson Stephens (Hrsg.) (1998): E-Tailing Update. Internet Research. (Siehe auch: Internet: http://www.rsco.com), San Francisco, CA., 1998

Barlas, Pete (1998): Web Content Firm's Status: Little Profits, Fewer Investors. Internet: http://www.investorsbusiness.com, Investors Business Daily, 27.7.98

Bayers, Charles (1998): The Promise of One to One (A Love Story). In: Wired, Nr. 5/98, S.130–134; 184–187

Booz Allen & Hamilton (Hrsg.) (1997): Zukunft Multimedia. Grundlagen, Märkte und Perspektiven in Deutschland. Frankfurt a.M.: Institut für Medienentwicklung und Kommunikation (4. Aufl.)

Browning, John; **Reiss**, Spencer (1998): Encyclopedia of the New Economy (Part I). In: Wired, Nr. 3/98, S. 105–114

Brynjolfsson, Erik; **Hitt**, Lorin M. (1996): Productivity, Business Profitability, and Consumer Surplus: Three Different Measures of Information Technology Value. In: MIS Quarterly, Nr. 7/96, S. 121–142

Burrows, Peter (1998): Cheap PCs – The Model T of the Digital Age. In: Business Week, 23.3.1998, S. 28–32

Cairncross, Frances (1998): The Death of Distance. How the Communications Revolution Will Change Our Lives. Boston, MA.: Harvard Business Press

Literaturquellen

Carlton, Jim (1997): Apple. The Inside Story of Intrigue, Egomania and Business Blunders. New York, N.Y.: Times Business Books

Cerf, Vinton G.; **Kahn**, Robert (1974): A Protocol for Packet Network Interconnection. In: IEEE Transactions on Communications. Vol. 22(5), S. 637–648

Chandler, Alfred (1977): The Visible Hand. The Managerial Revolution in American Business. Cambridge, MA.: Belknapp Press

Clevé, Bastian (1997): Wege zum Geld. Film-, Fernseh- und Multimedia-Finanzierungen. Gerlingen: Bleicher-Verlag

Clevé, Bastian (Hrsg.) (1998) Investoren im Visier. Film- und Fernsehproduktionen mit Kapital aus der Privatwirtschaft, Gerlingen: Bleicher-Verlag

Collis, David J.; **Bane**, William P.; **Bradley**, Stephen P. (1997): The Converging World of Telecommunication, Computing, and Entertainment. In: Yoffie, David B. (Hrsg.): Competing in an Age of Digital Convergence, Boston, MA. Harvard Business School Press, S. 159–200

Cringely, Robert X. (1996): Accidental Empires. How the Boys of Silicon Valley Make their Millions, Battle Foreign Competition, And Still Can't Get A Date. New York, N.Y.: Harper Collins (2nd. ed.)

Cringely, Robert X. (1998): Sega, the once and future king of video games, has a plan to dominate personal computing, too, and it just might work. Internet: http://www.pbs.org/cringely/archive/may2898_text.html; PBS Online, Vol. 1.61, 28.5.1998

Databank Consulting (Hrsg.) (1997): Evolution of the Internet and WWW in Europe. Report for the European Commission, DG XII, with the support of IDATE/TNO, (Siehe auch: Internet: http://www.echo.lu), Brüssel

Dehn, Peter (1998): Als Düsenjäger über die Datenrennstrecke jagen. In: Der Tagesspiegel, 12.7.98, S. 30

De Thier, Peter (1998): AT&T sprengt das Monopol auf US-Ortsgespräche. In: Berliner Zeitung, 27./28.6.98, S. 27

Diamond, David (1998): Building the Future Proof Telco. In: Wired, Nr.5/98, S. 124–127, 178–183

Diller, Hermann (1991): Preispolitik. Stuttgart: Kohlhammer-Verlag (2.Aufl.)

Downes, Larry; Mui, **Chunka** (1998): Unleashing the Killer App. Digital Strategies for Market Dominance. Harvard, MA.: Harvard Business School Press

dti (Hrsg.) (1998): Regulating communications: Approaching Convergence in the Information Age. London: Department of Trade and Industry; Department for Culture, Media and Sport

EAO (Europäische Audiovisuelle Informationsstelle) (Hrsg.) (1998): Statistisches Jahrbuch. Film, Fernsehen, Video und Neue Medien in Europa 1998. Strasbourg

Economides, Nicholas (1996): The Economics of Networks. In: International Journal of Industrial Organization (oder: http://edgar.stern.nyu.ed/networks), vol. 14, no.2, März 1996, S. 12–35

Economides, Nicholas (1999): The Telecommunications Act of 1996 and its Impact. In: Japan and the World Economy, forthcoming; quoted from the manuscript.

Economides, Nicholas (1998): U.S. Telecommunications today. In: Business Economics, April 1998, Vol. XXXIII, Number 2, 1998, S. 74–93

Edstrom, Jennifer; **Eller**, Marlin (1998): Barbarians Led by Bill Gates – Microsoft from the Inside. New York, N.Y.: Henry Holt and Company

Eimeren, Birgit van; **Gerhard**, Heinz; **Oehmichen**, Ekkehart; **Schröter**, Christian (1998): ARD-Online-Studie 1998: Onlinemedien gewinnen an Bedeutung. In: Media Perspektiven, Nr. 8/98, S. 423–435

Eimeren, Birgit van; **Oehmichen**, Ekkehart; **Schröter**, Christian (1997): ARD-Online-Studie 1997: Onlinenutzung in Deutschland. In: Media Perspektiven, Nr. 10/97, S. 548–557

EITO (Hrsg.) (1998): European Information Technology Observatory 98, Mainz: Eggebrecht-Presse

Elstrom, Peter; **Reinhardt**, Andy; **Jackson**, Susan; **Yang**, Catherine (1998): The New Trailblazers. Special Report Telecommunications, In: Business Week, 6.4.1998, S. 48–56

Enquete-Kommission (1998): Enquete-Kommission Zukunft der Medien in Wirtschaft und Gesellschaft, Deutschlands Wege in die Informationsgesellschaft. Bonn : ZH Zeitungs-Verlag Service 1998 (mit weiteren vertiefenden Berichtsbänden)

Europäische Kommission, DG XIII/A4 (Hrsg.) (1997): Grünbuch zur Konvergenz der Branchen Telekommunikation, Medien und Informationstechnologie und ihren ordnungspolitischen Auswirkungen. Brüssel, 3. Dezember 1997

Europäische Kommission, Directorate General XIII/E (Hrsg.) (1998b): Condrinet. Content and Commerce Driven Strategies in Global Networks; Studie von Gemini Consulting im Auftrag der Europäischen Kommission. Internet: http://www2.echo.lu/condrinet/, 10.10.98

Europäische Kommission, DG X (Hrsg.) (1998a): Arbeitsdokument der Kommission, Zusammenfassung der Ergebnisse der öffentlichen Konsultation zum Grünbuch zur Konvergenz der Branchen Telekommunikation, Medien und Informationstechnologie und Themen für weitere Überlegungen. Brüssel, 29. Juli 1998

European Communication Council Report – ECC (Hrsg.) (1997): Exploring the Limits. Europe's Changing Communications Environment. Heidelberg/Berlin: Springer Verlag

Fries, Cornelia (1997): Nutzerkompetenz als Determinante der Diffusion multimedialer Dienste. Diskussionsbeitrag Nr. 184, Bad Honnef: Wissenschaftliches Institut für Kommunikationsdienste – WIK (Hrsg.)

Froitzheim, Ulf J. (1997): Reif für den Härtetest. In: Global Online, 9/97, S. 40–45

Gates, Bill (1995): Der Weg nach vorn. Die Zukunft der Informationsgesellschaft. Hamburg: Hoffmann & Campe

Geirland, John (1998): The New Mousketeer. Disney's Online Jake Winebaum on Walt, the Web, and the future of couch potatoes. In: Wired, Nr. 6/1998, S. 155

Gilder, George (1997): Feasting on the Giant Peach. Will the Internet Collapse? No Way! Internet: http://www.discovery.org/Giler/gilderaug96.html, 24.8.97

Goldhammer, Klaus (1998): Hörfunk und Werbung. Berlin: Vistas Verlag

Gillmor, Dan (1998): Mail order is unfair dodge of sales tax. In: San Jose Mercury News, 6. Oktober 1998; www.mercurycenter.com/columnists/gillmor

Grove, Andy S. (1996): Only The Paranoid Survive. How to exploit the crisis points that challenge every company and career. New York, N.Y.: Doubleday

Gründler, Ansgar (1997): Computer und Produktivität: das Produktivitätsparadoxon der Informationstechnologie. Picot, Arnold / Reichwald, Ralf (Hrsg.); Wiesbaden: Gabler Verlag

Haas, Michael H.; **Frigge**, Uwe; **Zimmer**, Gert (1991): Radio-Management. Ein Handbuch für Radio-Journalisten, München: Ölschläger

Haas, Karl-Gerhard (1997): Schöne Aussichten – das TV von morgen. In: Stern, Nr. 36/1997, S. 24–32

Hachmeister, Lutz ; **Rager**, Günther (1997): Wer beherrscht die Medien? Die 50 größten Medienkonzerne der Welt. C.H.Beck: München

Hagel III, John (1996): Spider versus Spider. In: The McKinsey Quarterly, Nr. 1/96, S. 5–18

Hagel III, John; **Armstrong**, Arthur G. (1997): Net Gain. Expanding Markets Through Virtual Communities. Boston, MA.: Harvard Business School Press

Heinrich, Jürgen (1994): Medienökonomie. Band 1: Mediensystem, Zeitung, Zeitschrift, Anzeigenblatt. Opladen: Westdeutscher Verlag

Hohensee, Matthias (1998): Fernsehen über Telefonleitung. In: Wirtschaftswoche, 23/98, Spezial Telekommunikation, S. 148

Jacob, Frank (1995): Produktindividualisierung – ein Ansatz zur innovativen Leistungsgegestaltung im Business-to-Business Bereich. Neue Betriebswirtschaftliche Forschung, Bd. 144, Wiesbaden: Gabler Verlag

Jacobides, Michael G. (1997): Information, Technology and Coordination in Firms and Markets. Working Paper, Boston, MA; Wharton School, University of Pennsylvania

Jupiter Communications (Hrsg.) (1997): Online Marketplace. Digital Commerce Monthly, Nr. 12/1997, New York, N.Y.

Jupiter Communications (Hrsg.) (1998): 1998 Online Advertising Report. New York, N.Y.: Jupiter Online Advertising Group (www.jup.com)

Kanellos, Michael (1998): Cheap computers: A scary business. In: CNET NEWS.COM, Internet: http://www.news.com/News/Item/0,4,24293,00.html, 16.7.98

Karepin, Rolf (1998): Anbieter forschen nach dem Pay Value. Info-Provider und Verlage wollen kostenpflichtige Web-Abrufdienste etablieren – aber die User sträuben sich. In: Horizont: 23.7.98, S. 64

Kelly, Kevin (1997): New Rules for the New Economy. Twelve dependable principles for thriving in a turbulent world. In: Wired, Nr. 9/97, S.140–144; 186–197

Kelly, Kevin (1998): New Rules for the New Economy. 10 Radical Strategies for a Connected World. New York, N.Y.: Viking Press

Krieger, David J. (1996): Einführung in die allgemeine Systemtheorie. München: W. Fink

Kirzner, Israel M. (1973): Competition and Entrepreneurship. Chicago, Ill.: University of Chicago Press

Kleinaltenkamp, Michael (1997): Kundenintegration, In: Zeitschrift für wirtschaftswissenschaftliches Studium, Heft 7, Juli 1997, S. 350–354

Kotler, Philip; **Bliemel**, Friedhelm (1992): Marketing-Management – Analyse, Planung, Umsetzung und Steuerung. Stuttgart: Schäffer-Poeschl

Kruse, Jörn (1994): Die amerikanische Dominanz bei Film- und Fernsehproduktionen. In: Rundfunk und Fernsehen, 42. Jhrg., Nr. 42/94, S. 184–199

Künstner, Thomas (1997): Finanzierung & Marktchancen von Net- und Online-TV. Unveröffentlichtes Manuskript zu einer Präsentation auf den Medientagen München am 16.10.1997. Booz • Allen & Hamilton: Düsseldorf

Lambert, Patrick (1998): The Latest Web Rankings. Internet: http://www.businessweek.com, Business Week Online, 23.6.98

Lange, Ulrich Th. (1998): Wohnwert Multimedia. Unveröffentlichte Vorstudie für ein Auftragsgutachten im Rahmen eines Berliner Feldversuches. Berlin: o. Verl.

Laube, Helene (1998): Daten an die Macht. In: Manager Magazin, Nr. 8/98, S. 80–84

Laube, Helene; **Preissner**, Anne; **Rieker**, Jochen (1998): Rette sich, wer kann. In: Manager Magazin, Nr. 3/98, mm-spezial Internet, S. 204–213

Leo, Angelika (1998): AOL mit über 100 Werbemillionen. In: Horizont, 12.3.1998, S. 61

Lewis, Theodore G. (1997): The Friction-Free Economy. Marketing Strategies for a Wired World. New York, N.Y.: Harper Collins

Loizos, Constance (1998): Feeling the Burn: as the Costs of Online Publishing continue to exceed ad revenues, web publishers are devising increasingly elaborate ways to make money. In: The Red Herring, April 1998, S.34–38

Luhmann, Niklas (1984): Soziale Systeme, Grundriss einer allgemeinen Theorie. Frankfurt/Main: Suhrkamp

Madden, Andrew P. (1997): Data and Voice Come Together on the Net. Internet: http://www.redherring.com/mag/issue49/top/1.html, Red Herring Online, Dezember 1997

Madden, Andrew P. (1998a): The Lawgiver Gordon Moore. In: The Red Herring, April 1998, S. 64–69

Madden, Andrew P. (1998b): The network computer's strange evolution. Internet: http://www.redherring.com/mag/issue57/nc.html, The Red Herring Online, August 1998

Malone, T. W.; **Yates**, J.A.; **Benjamin**, R.I. (1987): Electronic Markets and Electronic Hierarchies. In: Communications of the ACM, Nr. 6/87, S. 484–497

Mandel, Michael J. (1998): The New Economy Starts to Hit Home. In: Business Week, 23.3.1998, S. 34

Mankiw, Gregory N. (1997): Principles of Economics. Fort Worth (TX): Dryden Press

Mankiw, Gregory N. (1998): The Microsoft quick quiz. In: Financial Times, 26.5.98, S. 14

McKnight, Lee W.; **Bailey**, Joseph P. (Hrsg.) (1997): Internet Economics. Cambridge, MA.: MIT Press

Mertz, Andreas (1998): High-Speed über Kupferdoppelader. xDSL-Techniken im Aufwind. In: Gateway 6/98, S. 94-97

Mieszkowski, Katharine (1998): The Best Things in Life Are Free. In: Fast Company, April–Mai 1998, S. 38–40

Literaturquellen

Moore, Geoffrey A.; **Johnson**, Paul; **Kippola**, Tom (1998): The Gorilla Game. An Investor's Guide to Picking Winners in High Technology. New York, N.Y.: Harpers Business

Morgan Stanley Dean Witter (1997): Internet Quarterly: The Business of the Web..., Internet: http://www.ms.com/link24.htm, 23.9.97

Moschella, David C. (1997): Waves of Power. The Dynamics of Global Leadership 1964–2010. New York, N.Y.: AMACOM

Mougar, Walid (1998): Opening Digital Markets – Battle Plans and Business Strategies for Internet Commerce. New York, N.Y.: McGraw Hill (2nd ed.)

Noam, Eli M.; **Singhal**, Anjali (1996): Supra-national regulation for supra-national telecommunication carriers?. In: Telecommunications Policy, Nr. 10/96; S. 769–787

Negroponte, Nicholas (1995): Being Digital. New York, N.Y.: Vintage Books

Negroponte, Nicholas (1997): Reintermediated. In: Wired, Nr. 9/97; S. 208

Negroponte, Nicholas (1998): Telekommunikation und Neue Medien: Business-Strategien der Zukunft. Protokoll der Rede zur Tagung des Institute for International Research am 27.1.98

Negroponte, Nicholas (1998b): Taxing Taxes. In: Wired, Nr. 5/98; S. 210

Network Wizards (1998): Growth of the Internet Hosts. Internet: http://www.nw.com, Juli 1998

Ohmae, Kenicho (1986): Japanische Strategien, Hamburg

o.V. (1997a): Der Preis der Freiheit. In: Manager Magazin, Nr. 8/97, S. 94–106

o.V. (1997b): Neues Spiel: Der Monopolist lernt den Wettbewerb. In: Manager Magazin, Nr. 8/97, S. 108–109

o.V. (1997c): Platzangst im All. In: Manager Magazin, Nr. 8/97, S. 112–121

o.V. (1997d): Assembling the new economy. In: The Economist, 13.9.1997, S. 77–83

o.V. (1997e): Unentgeltlich telefonieren – in Schweden ein gutes Geschäft. In: Frankfurter Allgemeine Zeitung, 6.10.1997, S. 8

o.V. (1997f): Telekom-Konkurrenten dürfen Preise vergleichen. In: Spiegel Online, 3.12.97

o.V. (1998a): In the shark pond. In: The Economist, 3.1.98, S. 59–60

o.V. (1998b): Fernsehen, Computer und Internet sollen verschmelzen. In: Frankfurter Allgemeine Zeitung, 6.1.1998, S. 16

o.V. (1998c): Microsoft's contradiction. In: The Economist. 21.1.98, S. 71–72

o.V. (1998d): Zwei ungleiche Rivalen. In: Die Zeit, 22.1.98, S. 18–19

o.V. (1998e): Compaq kauft Digital Equipment für 9,6 Mrd. Dollar. In: Frankfurter Allgemeine Zeitung, 27.1.98, S. 14

o.V. (1998f): Sun and Microsoft. A simmering dispute. In: The Economist, 21.2.1998, S. 81–82

o.V. (1998g): Schneller als ISDN – die Technik bei Highspeed-Übertragung. In: Connect, Nr. 2/98, S. 69

o.V. (1998h): Netz des Vertrauens – das World Wide Web muß verläßlicher und intelligenter werden (Interview mit Tim Berners-Lee). In: Manager Magazin, MM-Spezial Internet, Nr. 3/98, S.214–222

o.V. (1998i): Grundig und Primus-Online starten Internet-TV fürs Wohnzimmer. In: Spiegel Online, 1.4.1998

o.V. (1998j): Mangel an Kundenorientierung in der High-Tech Industrie. In: Blick durch die Wirtschaft, 19.5.98, S. 3

o.V. (1998k): Deutschland ist Weltmeister im Wettbewerb. In: Handelsblatt, 16.5.98, S. 13

o.V. (1998l): ADSL macht das Rennen. In: Net investor, Nr. 6/98, S. 10

o.V. (1998m): A bid too far? In: The Economist, 16.5.98, S. 73f.

o.V. (1998n): The Rebirth of IBM - Blue is the colour. In: The Economist, 6.6.98, S.77–80

o.V. (1998o): Microsoft Narrows Netscape's Lead, Internet: http://www.wired.com, (Headline News), 13.7.1998

o.V. (1998p): Regulierer zieht positive Bilanz. In: Handelsblatt, 16.7.98, S. 1

o.V. (1998q): Intel – Zukunftsaussichten gelten als positiv. In: Handelsblatt, 16.7.98, S. 17

o.V. (1998r): Intel server chip coming soon. Internet: http://www.news.com/News/Item/04 24514, 00 html, CNet News.com, 23.7.98

Owen, Bruce; **Wildman**, S. (1992): Video Economics. Cambridge, Mass.: Harvard University Press

PaineWebber (Hrsg.) (1997): Presentations from the 25th Annual Media Conference. New York, N.Y.:Communications Research Paine Webber

PaineWebber (Hrsg.) (1998): Entertainment Focus Quarterly Review – Time for a breather. New York, N.Y.: Communications Research PaineWebber

Peppers, Don; **Rogers**, Martha (1997): Enterprise One to One. Tools for Competing in the Interactive Age. New York, N.Y.: Currency/Doubleday

Pethig, Rüdiger; **Blind**, Sofia (1998). Fernsehfinanzierung. Ökonomische, rechtliche und ästhetische Perspektiven. Westdeutscher Verlag: Opladen/Wiesbaden

Picot, Arnold; **Reichwald**, Ralf; **Behrbohm**, Peter (1985): Menschengerechte Arbeitsplätze sind wirtschaftlich! Das Vier-Ebenen-Modell der Wirtschaftlichkeitsbeurteilung. In: Schriftenreihe des RKW, Eschborn

Picot, Arnold; **Reichwald**, Ralf; **Wigand**, Rolf T. (1998): Die grenzenlose Unternehmung. Information, Organisation und Management, Wiesbaden: Gabler Verlag (3. Aufl.)

Picot, Arnold (1998a): Zusammenhänge zwischen Innovation und Marktentwicklung durch Telekommunikation. Vortrag auf dem Kongreß des Münchner Kreises am 9.1.1998, „Telekommunikation im Spannungsfeld zwischen Innovation, Wettbewerb und Regulierung" (unveröffentlichtes Manuskript)

Picot, Arnold (1998b): Die Transformation wirtschaftlicher Aktivitäten unter dem Einfluß der Informations- und Kommunikationstechnik, Vortrag anläßlich der Verleihung der Ehrendoktorwürde durch die Fakultät für Wirtschaftswissenschaften der Technischen Universität Bergakademie Freiberg am 23.1.1998 (unveröffentlichtes Manuskript)

Porter, Michael E. (1980): Competitive Strategy. Techniques for Analyzing Industries and Competitors. New York, N.Y.: The Free Press

Porter, Michael E. (1985): Competitive Advantage. New York, N.Y.: The Free Press

Quittner, Joshua (1998): Netscape's Survival Kit. How Jim Barksdale learned to stop worrying and love the monopoly. In: Wired, Nr. 4/98, S. 154–158, 182–184

Rayport, J.E.; **Sviokla**, J.J. (1994): Managing in the Marketspace. In: Harvard Business Review, Nr. 11–12/94, S.141–150

Rich, Laura (1998): Lucent Sprouts In-House Ventures. In: The Industry Standard, 24.8.98

Rupp, Hans-Björn (1996): Ein Preissystem für das Internet. Diskussionsbeitrag Nr. 164, Wissenschaftliches Institut für Kommunikationsdienste – WIK (Hrsg.), Bad Honnef

Sahal, Devendra (1981): Patterns of Technological Innovation. Reading, MA.: Addison-Wesley Publishing

Schrape, Klaus; **Seufert**, Wolfgang (1995): Künftige Entwicklung des Mediensektors. Gutachten im Auftrag des Bundesministers für Wirtschaft (Hrsg.), Berlin/Basel

Schrape, Klaus; **Seufert**, Wolfgang (1997): The Economics of New Information and Communication Technologies. In: European Communication Council – Report 1997 (Hrsg): Exploring the Limits. Europe's Changing Communication Environment. Heidelberg/Berlin: Springer Verlag, S. 69–109

Schrape, Klaus (1997): Strategien und Szenarien zur erfolgreichen Implementierung von DVB. Vortrag anläßlich des BLM-Rundfunk-Kongresses 1997 in München. Basel

Schuler, Thomas (1996): Im Netz bleibt kaum etwas hängen. In: Süddeutsche Zeitung, 30.11.96, S. VII

Schürmann, Hans (1997): Daten huckepack übers Stromnetz transportieren. In: Handelsblatt, 5.11.97, S. 47

Sennewald, Nicola (1997): Der Markt für Massenmedien: Wettbewerbswandel durch das Internet. Eine Analyse anhand der Pressebranche. Inaugural-Dissertation an der Ludwig-Maximilians-Universität München, München

Shapiro, Carl; **Varian**, Hal (1998): Information Rules: A Strategic Guide to the Network Economy, Boston, MA: Harvard Business School Press

Sherman, Barry L. (1995). Telecommunications Management. Broadcasting/Cable and the New Technologies. International Edition: McGraw-Hill.

Steinberg, Steve G. (1998): Living Room LAN. In: Wired, Nr. 8/98, S. 79

Steiner, Peter O. (1952): Program Patterns and the Workability of Competition in Radio Broadcasting. In: Quarterly Journal of Economics, 66, S. 194

Sydow, Jörg (1991): Strategische Netzwerke – Evolution und Organisation. Wiesbaden: Gabler

Sydow, Jörg et al. (1995): Organisation von Netzwerken. Opladen: Westdeutscher Verlag

Tapscott, Donald (1996): The Digital Economy. Promise and Peril in the Age of Networked Intelligence, New York, N.Y.: McGraw-Hill

Tewes, Daniel (1997): Chancen und Risiken netzunabhängiger Service Provider. Diskussionsbeitrag Nr. 179, Wissenschaftliches Institut für Kommunikationsdienste – WIK (Hrsg.), Bad Honnef

Tongue, Carole (1998): Public interest issues in European policies. In: Media in Europe, The Yearbook of the European Institute for the Media 1998. Düsseldorf: European Institute for the Media 1998; S. 70–79

U.S. Department of Commerce (Hrsg.) (1998): The Emerging Digital Economy. Internet: http://www.ecommerce.gov

Wayner, Peter (1998): Plugging In to the Internet: Many Paths, Many Speeds. in: New York Times On the Web, Internet: http://www.nytimes.com/library/tech/98/07/circuits/howitworks/02plug.html, 2.7.98

Wallis, John J.; **North**, Douglass C. (1986): Measuring the Transaction Sector in the American Economy, 1870–1970. In: Engerman, Stanley L.; Gallmann, Robert E. (Hrsg.): Long-Term Factors in American Economic Growth, Chicago/London: University of Chicago Press, 1986, S. 95–161

Weishaupt, Georg (1997): Richter brechen eine Lanze für den Wettbewerb im Telekommunikationsmarkt. In: Handelsblatt, 21.8.97, S. 2

Wenger, Albert (1998): Information Technology and Firm Size. (Unveröffentlichtes Manuskript), MIT Sloan School of Management, Cambridge (MA)

Weiber, Rolf; **Adler**, Jost (1995): Informationsökonomisch begründete Typologisierung von Kaufprozessen. In: Zeitschrift für betriebswirtschaftliche Forschung (zfbf), Heft 1/1995, S. 43–63

Weiß, Michael (1998): Electronic Commerce im Einzelhandel. Erfolgsfaktoren und Implikationen einer neuen Distributionsform. Diplomarbeit im Fach Kommunikationswirtschaft der Fakultät Verkehrswissenschaft, TU Dresden

Werbach, Kevin (1997): Digital Tornado: The Internet and Telecommunications Policy. OPP Working Paper No. 29; Office of Plans and Policy, Federal Communications Commission, Washington, DC, March 1997

Wilke, Hartmut (1993): Systemtheorie I: Grundlagen. Stuttgart: Lucius & Lucius (4. Aufl.)

Winsbury, Rex (1998): Why a pan-European regulator for telecoms is only a matter of time. In: Intermedia, 10/1998; S. 33–35

Zerdick, Axel (1995): Markt- und Unternehmenstransparenz im Multimedia-Zeitalter. In: Wolfgang Hoffmann-Riem und Heide Simonis (Hrsg.): Chancen und Regelungsbedarf im Übergang zum Multi-Media-Zeitalter, Dokumentation zum Medienworkshop am 21. August 1995. Kiel: Landesregierung Schleswig-Holstein 1995, S. 72–87